本书系国家社会科学基金项目"朝鲜王朝前期的北方经略与中朝界河形成诸问题研究"(批准号:17CSS009)资助的最终研究成果

本书获河南省高等学校哲学社会科学创新人才支持计划
(项目编号:2025-CXRC-16)资助

CHAOXIAN WANGCHAO QIANQI DE
BEIFANG JINGLÜE SHI YANJIU

# 朝鲜王朝前期的北方经略史研究

## 1392—1712

刘 阳 著

河南大学出版社
·郑州·

图书在版编目(CIP)数据

朝鲜王朝前期的北方经略史研究：1392—1712／刘阳著.－－郑州：河南大学出版社，2024.12(2025.10重印)

ISBN 978-7-5649-5557-1

Ⅰ.①朝… Ⅱ.①刘… Ⅲ.①朝鲜-历史-1392-1712 Ⅳ.①K312.0

中国国家版本馆CIP数据核字(2023)第136895号

责任编辑　马　博
责任校对　王　珂
封面设计　马　龙

| 出　版 | 河南大学出版社 |
|---|---|
| | 地址：郑州市郑东新区商务外环中华大厦2401号　邮编：450046 |
| | 电话：0371-86059701(营销发行中心) |
| | 　　　0371-22860116(南方出版中心) |
| | 网址：hupress.henu.edu.cn |
| 排　版 | 河南大学出版社设计排版中心 |
| 印　刷 | 河北虎彩印刷有限公司 |
| 版　次 | 2024年12月第1版　　印　次　2025年10月第2次印刷 |
| 开　本 | 787 mm × 1092 mm　1/16　印　张　23.5 |
| 字　数 | 431千字　　　　　　　　定　价　58.00元 |

版权所有·侵权必究
本书如有印装质量问题,请与河南大学出版社营销部联系调换

# 序　一

　　刘阳博士的专著《朝鲜王朝前期的北方经略史研究：1392—1712》一书即将出版，作为我指导的最后一位博士生，他非常希望我能写几句话以作序言。回想他在延边大学六年攻读硕士、博士学位期间，从零开始，一步一个脚印地走到现在，甚感欣慰。故愿意写几句话，以向学林推介。

　　刘阳博士自2009年硕士阶段起开始系统接受世界史（朝鲜史·韩国史方向）的学术培养。延边大学世界史专业有比较全面的朝鲜·韩国史研究门类和相关学术基础及传统。入门伊始，通过多次与他谈话和交流，我高兴地发现他古汉语基础较好，而且具有较为强烈的求学热情和研究欲望。根据我国史学界关于中朝疆界史的系统性研究不足和缺陷，以及针对国外部分学者的相关错误言论，我们选定其硕士学位论文题目为《朝鲜王朝前期的北方"六镇"设置研究》。刘阳认真学习，刻苦钻研，2012年5月他的硕士学位论文答辩成绩为优秀，显现了他业已具备了独立分析和解决历史疑难问题的学术研究能力。根据他的科研热情和能力，在博士学习阶段，我鼓励他在已有的研究基础上进一步扩展为整个朝鲜王朝"四郡六镇"与明清时期中朝边境变迁过程的研究。他不仅大量阅读中朝两国的古文献、掌握其错综复杂的历史事实，提高相关理论知识，而且积极尝试进行相关专题论文的写作训练，并多次参加中国朝鲜史研究会年会和复旦大学的韩国学博士生论坛等学术会议，发表多篇论文，逐渐表现出了较强的开创精神与求真务实的科研品质和水平。经过六年的潜心学习研究，2015年5月他的博士学位论文《朝鲜初期中朝"鸭—图"两江自然界河的形成研究》顺利通过答辩，2016年被评为吉林省优秀博士学位论文。博士毕业后，他得以进入南开大学历史学院博士后流动站工作，并在我国朝鲜半岛史研究领域的著名学者孙卫国教授的指导下进行学术深造，在此期间以博士学位论文为基础获批国家社科基金青年项目,此后又历经五年的学术积淀,最终以结项报告为蓝本形成了此部书稿。

该书稿在作者博士学位论文的基础上有了大幅度的扩充与改进,仅字数就增添了一倍,使全书变得更为厚重。就具体内容而言,该书以朝鲜王朝前期在其北疆开拓"四郡六镇"等经略历史为主线,全面系统地考察了朝鲜王朝如何在继承先代高丽王朝"北进"传统的基础上,继续将疆土拓展至图们江和鸭绿江南岸地区,以至于逐渐将鸭绿江和图们江变为中朝两国界河,并不断进行后续维护与巩固的全过程。

全书除引言与结论外,主体部分共有七章。其中,第一、二章主要交代了朝鲜王朝先代诸王朝(统一新罗至高丽王朝)形成"北进"传统的历史渊源,以及朝鲜王朝对传统北拓意识的继承与发展,并说明了朝鲜王朝建国之初所初步开展的北拓经营行动;第三、四、五章详细分析了朝鲜王朝在世宗时代(1418—1450)全面设置"四郡六镇",以及构建包括"四郡六镇"在内的"沿江防御体系"的具体过程,而正是该体系的构建,促成了中朝两江自然界河的基本定型;第六、七章继续探讨了朝鲜王朝在世宗时代以后(1450—1712)维护"废四郡"地区、设置茂山镇,以及维护和巩固"沿江防御体系"等后续经略过程,而这一后续经略,尤其是体系的后续维护与巩固,促使中朝两江自然界河得以稳定延续至清初穆克登勘界,并最终完全确立,由此不仅具有重要的历史意义,也对后世产生了深远影响。

该书主要具有以下几个研究特点或创新之处:

一是,选题新颖,具有开创性,并具有重要的学术意义与现实价值。该书通过论析朝鲜王朝的北方经略历程,来考察中朝界河的形成历程。而关于明清时期中朝疆界的形成史,是一个系列性的研究课题,国内相关学界关于1712年长白山勘界(设置穆克登碑)、19世纪下半期图们江上流边界踏查和1909年《图们江中韩界务条款》等已有不少研究成果,但系统论述图们江、鸭绿江成为中朝两国界河前期过程的还是首次。即便是朝鲜、韩国和日本等国外学界对这一系列问题的研究较多,但出于各自的研究立场及学术背景等情况的不同,仍有重新探讨的必要,尤其是针对国外部分学者提出的所谓"白头山领有权""间岛领有权"等谬说,从界河形成的历史源头出发,对中朝两国疆界变迁史进行全面、深入、系统地考察,并与长白山勘界等后续问题衔接起来,形成一条完整的历史证据链,无疑是对这些谬论的有力批驳。

二是,选取了合理的研究角度,并广泛搜集和整理了国内外的相关原始史料和研究成果。研究明清时期鸭绿江与图们江界河的形成史,则务须首先研究朝鲜王朝的北方经略史,这主要是因为朝鲜王朝是界河长期形成过程中的主导力量。该书正是把握好了这个研究切入点,努力克服国内相关学界普遍忽视研究对方的原始史料和研究成果,以我国的史料和研究成果为主,单方面论述疆界史和国际关系史的倾向或缺陷,以朝鲜半岛原始史料为主要基础、以朝鲜王朝的北方经略为主要内容,客观公正地论述了图们江和鸭绿江界河的形成过程。这一类论著,在国际学术舞台上更具有影响力和说服力。

三是,思路清晰,相关内容涵盖较为丰富、完备。该书大体以15世纪中叶为时间断限,分早期与后续两个阶段,全面考察了朝鲜王朝前期北方经略从发生、发展到延续的全过程,同时这也是中朝界河形成与延续的过程。这种分期及相应的内容布局较为合理,如此既能将朝鲜王朝在开展北方经略过程中所面临的诸多重要问题逐一呈现,从而有利于剖析其中的细节因素与规律性特征,又能随朝鲜王朝的北方经略将中朝界河形成的阶段性状况充分地展示出来,以突显出整个界河形成史的长期性、曲折性与连续性。

四是,不拘泥于旧说,注重推陈出新,提出新见解。比如,最为典型的就是该书所提出的朝鲜王朝在图们江、鸭绿江南岸构建"沿江防御体系"的观点,是针对以往学界普遍将"四郡六镇"设立作为中朝界河形成的标志而引入的新概念。与此同时,作者又将该体系与明代中国的"长城防御体系"相比较,以分辨其区别。此外,还有如对高丽末期铁岭卫事件的考察、辨析,以及对朝鲜王朝"北进"新战略的提出和"保国封疆"思想的分析等。这些都充分体现了作者具有较强的问题意识和思辨能力。

总之,该书史料基础坚实,论证较为客观、公正和合理,观点正确,对中朝疆界史研究具有重要的开创意义,而且对中朝关系史研究也有积极的学术意义。当然,该书还存在一些需要拓展和改进的地方;比如,在相关研究史梳理中,针对朝鲜、韩国史学界最新研究成果的关注和搜集就有待加强。

但瑕不掩瑜,该书仍不失为一部难得的研究力作。

最后祝贺该书出版,并期待刘阳博士在今后的学术道路上不忘初心,矢志不渝、更加精进。

金成镐
2024 年 9 月 10 日

# 序　　二

大约十年前,在朝鲜史研究会年会上初识刘阳,当时就感觉他是一位饱含学术热情、积极向上的年轻学子,留下了较深的印象。2015年春,接到他的邮件,他说在导师金成镐先生指导下,已经完成了博士学位论文,即将面临毕业,希望来南开跟随本人做博士后。对于胸怀学术理想的年轻人,本人向来支持,恰好学院刚刚迁来新校区,办公条件大为改善,校方也有意扶持博士后项目,于是九月份他就来到了南开津南"大草原"。在博士后两年期间,刘阳积极参加南开史学史中心的各种学术活动,刊出多篇学术论文。2017年又以博士后的身份,在博士论文基础上,成功申报了国家社科基金青年项目,本书稿就是在这个项目成果基础上修订而成的,也是他多年研究明清中朝疆界史的集中体现。

明清中朝疆界史研究是中朝关系史领域一个重要课题,韩国一直十分重视。韩国白山资料院专门搜集相关资料,出版了《韩国与北方领土关系资料集》《间岛领有权关系资料集》等书籍,意愿强烈,观点却十分偏狭。这个问题在中国却长期得不到关注,一度甚至是学术禁区。1992年中韩建交之后,学术环境有所改善。老一辈朝鲜史专家杨昭全先生对这个问题遂倾注大量心血,与孙玉梅教授合作,先编成《中朝边界沿革及界务交涉史料汇编》,接着刊出一系列论著,奠定中国学术研究的基础。进入新世纪,李花子研究员将学术研究与实地踏查结合起来,以严谨踏实的学风,多年潜心研究,刊出多种颇具学术水准的著作,终于树立了中国学界对这个问题研究的话语权。随后有多位学者陆续加入研究阵营,刘阳正是其中一名后起之秀,这部书稿乃是这个领域刊出的又一部新的学术成果。

既有学术成果对明清中朝疆界史的交涉问题,已有相当深入细致的研究。刘阳在此基础上另辟蹊径,紧紧抓住统一新罗以后,高丽、朝鲜王朝日渐强化的北拓意识，从而促使他们不断地经营、北扩疆土，并最终形成了中朝鸭绿江与图们江界河的疆界。事实上，高句丽、百济、新罗的三国时期，未曾见过它们统属于一国的说法。诚如朝鲜世宗所言："檀君统有三国，予所未闻。"在世宗国王看来，三国和檀君既无前后继承的关系，也很难说三国统属于一个国家。张存武先生指出，当今韩国的北方疆土意识发端于统一新罗时期，而当时其势力范畴只是到大同江流域，此后不断北拓，就成为其遵循不悖的铁律。刘阳的这部书稿，可以说正是对张先生观点的佐证与深化。

全书主要探讨了朝鲜王朝自1392年建立至1712年穆克登勘界之前，历时三百多年积极经略北方边疆的历程，并最终形成中朝鸭绿江与图们江界河的历史境况。全书主体七章，首章追述了高丽王朝承继统一新罗以来的北拓意识，并努力付诸实施的历史样态，以至于丽末生造出来铁岭卫事件，几乎和明朝爆发了战争。次章特别考察朝鲜王朝立国之初，一方面迅速和明朝建立宗藩关系，另一方面继续弘扬北拓意识，逐步实施北扩战略。第三章以朝鲜王朝在图们江南岸"六镇"的设置为对象，逐一考证了庆源、会宁、钟城、庆兴、稳城、富宁"六镇"设立的背景与经过，以具体事例说明朝鲜王朝在逐步推进北扩的步伐。第四章则以鸭绿江南岸的"四郡"为研究对象，分别考察了闾延、慈城、茂昌、虞芮"四郡"的设立，进一步论证朝鲜王朝以武力征服原本属于女真人活动的朝鲜半岛北部的广大地域。随后三章主要关注随着"四郡六镇"的设立，朝鲜王朝在鸭绿江和图们江南岸构筑了"沿江防御体系"，促成了中朝界河的基本定型。后来即便出现了"废四郡"问题，但依然无损其"沿江防御体系"，并在该体系的后续巩固下最终促成中朝界河的完全确立。之后随着朝鲜王朝边民不断地越界采参、打猎、耕作，最终引发了清代中朝勘界事件。

本书创造性地指出，承继并弘扬统一新罗以来的北拓意识，是朝鲜王朝实施北方经略的主要思想根源与动力源泉，而"保国封疆"思想与"北进"新战略则是朝鲜王朝进行北方经略实践的总体经略思想与基本战略模式，"四郡六镇"的设置是朝鲜王朝进行北方经略实践的关键步骤，"沿江防御体系"的构建则是朝鲜王朝实施北方经略的终极目标，清晰地廓清了中朝鸭绿江与图们江界河形成的思想原因、历史渊源、发展历程、确立样态的整个历史脉络,为清代中朝勘界史的研究,探本溯源,功莫大焉!

当今中国朝鲜史研究蓬勃发展,新人辈出。今喜见刘阳博士新著《朝鲜王朝前期的北方经略史研究:1392—1712》一书即将出版,应他的要求,略书片言,述其著作要旨于上,一则向学林推介,二则恭贺刘阳博士!并祝愿他今后继续努力,在学术上取得更大成绩!

孙卫国

2024 年 10 月 28 日

# 目　　录

引言 ················································································ 1
　　一、研究缘起与相关学术史梳理 ········································ 1
　　二、研究内容、方法与特点 ··············································· 7

## 第一章　朝鲜王朝前代的北方经略渊源 ··································· 13

### 第一节　高丽王朝前期的北方经略 ········································ 13
　　一、高丽王朝北拓意识的由来与发展 ································· 14
　　二、高丽王朝前期的北拓经营 ··········································· 18

### 第二节　高丽王朝后期的北方经略 ········································ 30
　　一、元朝征服下的高丽北疆 ·············································· 30
　　二、高丽恭愍王代的北拓经营 ··········································· 34
　　三、丽末铁岭卫事件及其后果 ··········································· 40

### 小结 ··············································································· 52

## 第二章　朝鲜王朝的北拓意识及经略实践的开启 ······················ 54

### 第一节　朝鲜王朝建国之初的北疆环境 ·································· 54
　　一、朝鲜王朝对明"事大"外交 ··········································· 55
　　二、朝鲜半岛北部的女真部落分布及明朝的管辖政策 ··········· 58
　　三、朝鲜王朝的女真观及针对女真人的"驭戎"策略 ············· 64

## 第二节 朝鲜王朝所继承的北拓意识及初步经略实践 …………… 68
  一、朝鲜王朝的北拓意识与总体经略思想的形成 …………… 68
  二、朝鲜王朝北方经略的初步实践 …………………………… 73
  三、明朝的东北边疆观及对朝鲜王朝初步北拓经营的态度 … 80
## 小结 ……………………………………………………………… 89

# 第三章 朝鲜王朝在图们江南岸的"六镇"设置 ……………… 91
## 第一节 庆源镇的设立 ……………………………………… 92
  一、庆源镇(府)的初设 ……………………………………… 92
  二、庆源镇(府)的首次移治与废弃 ………………………… 95
  三、庆源镇(府)的复立 ……………………………………… 99
  四、庆源镇(府)的二度移治及终设 ………………………… 102
## 第二节 会宁、钟城二镇的交错设置 ……………………… 105
  一、会宁镇(府)的设立 ……………………………………… 105
  二、钟城镇(郡)的初设 ……………………………………… 109
  三、钟城镇(府)的终设 ……………………………………… 113
## 第三节 庆兴镇在古庆源镇故址复镇 ……………………… 115
  一、庆兴镇的设置背景 ……………………………………… 115
  二、庆兴镇(府)的设立 ……………………………………… 118
## 第四节 沿江再置稳城镇 …………………………………… 122
  一、稳城镇的设置背景 ……………………………………… 122
  二、稳城镇(府)的设立 ……………………………………… 125
## 第五节 内地更置富宁镇 …………………………………… 131
  一、富宁镇的设置来源 ……………………………………… 131
  二、富宁镇(府)的设立 ……………………………………… 132
  三、富宁镇(府)设置的意义 ………………………………… 137
## 小结 ……………………………………………………………… 139

## 第四章　朝鲜王朝在鸭绿江南岸的"四郡"设置 ·············· 142

### 第一节　闾延郡(府)的设立 ······································ 143
一、闾延郡的初设 ·············································· 143
二、闾延郡的边防危机与朝鲜王朝的对策 ················ 147
三、从闾延郡到闾延府的设立 ······························ 153

### 第二节　慈城、茂昌、虞芮三郡之分置 ······················ 156
一、慈城郡的设立 ·············································· 156
二、茂昌郡的设立 ·············································· 160
三、虞芮郡的设立 ·············································· 166

### 第三节　明朝对朝鲜王朝经略"四郡六镇"之态度
　　　　 与当地女真原住民之动向 ······················ 171

小结 ································································· 177

## 第五章　朝鲜王朝"沿江防御体系"的构建 ·················· 180

### 第一节　体系构建的缘起及实际功效 ························· 180
一、体系构建的缘起 ··········································· 182
二、体系构建的实际功效 ····································· 185

### 第二节　体系的城防建设 ········································ 188
一、"骨干"工程的建置 ······································· 189
二、"枝叶"工程的建置 ······································· 192

### 第三节　体系的驻防措施 ········································ 202
一、徙民政策的开启 ··········································· 202
二、南道赴防军的加派 ········································ 210

### 第四节　体系构建的防御理念及历史意义 ··················· 212
一、体系构建的防御理念 ····································· 213
二、体系构建的历史意义 ····································· 218

小结 ································································· 222

# 第六章 朝鲜王朝前期"废四郡"问题的出现 …… 223

## 第一节 "四郡"撤废事件的发生及相关问题的评判 …… 224
### 一、"四郡"撤废事件的酝酿 …… 225
### 二、闾延府、茂昌郡及虞芮郡的同时撤废 …… 226
### 三、慈城郡的最后撤废 …… 231
### 四、"四郡"撤废原因的另一种阐释 …… 235
### 五、"四郡"撤废后原有地域的归属权辨析 …… 240

## 第二节 前期"废四郡"问题的衍化与朝鲜王朝的对策 …… 242
### 一、朝鲜王朝对"废四郡"地区形成初期的态度 …… 243
### 二、朝鲜王朝维护"废四郡"地区与许混邀功事件发生 …… 247
### 三、女真人涌向"废四郡"地区与朝鲜王朝难断驱逐 …… 251
### 四、朝鲜王朝驱逐女真人失败与前期"废四郡"问题偶然中止 …… 255
### 五、朝鲜王朝前期积极维护"废四郡"地区的根源及意义 …… 260

## 小结 …… 262

# 第七章 朝鲜王朝"沿江防御体系"的后续巩固 …… 263

## 第一节 茂山镇的建置与新"六镇"的形成 …… 264
### 一、体系构建形势下的茂山镇(堡)之初设 …… 264
### 二、茂山镇(堡)的首度移设 …… 270
### 三、茂山镇(府)二度移设的完成 …… 275
### 四、茂山镇建置的阶段性特征与影响建置的诸因素 …… 282

## 第二节 "沿江防御体系"的后续巩固状况 …… 284
### 一、体系的城防维护状况 …… 285
### 二、体系的城防调整状况之一:"骨干"工程的调整 …… 288
### 三、体系的城防调整状况之二:"枝叶"工程的调整 …… 292
### 四、体系的后续驻防状况之一:徙民政策的延续 …… 303
### 五、体系的后续驻防状况之二:南道赴防军的接续加派 …… 308

  六、体系的后续驻防状况之三：沿江把守制度的形成 …………… 311
 第三节 体系后续稳定巩固的结局及意义与影响 ……………… 314
 小结 …………………………………………………………………… 323

# 结语 …………………………………………………………………… 325

# 附录 …………………………………………………………………… 333

 A-1 "四郡六镇"（含茂山镇）设置线索图 ………………………… 333
 A-2 朝鲜王朝沿江邑城（"骨干"工程）建置情况表 ……………… 336
 A-3 朝鲜王朝沿江各邑所属要害小堡建置情况表（部分）……… 337
 A-4 朝鲜王朝平安、咸吉两道沿江行城（"长城"）构筑情况表 … 340
 A-5 朝鲜王朝"沿江防御体系"之城防体系调整情况表 ………… 342

# 主要参考文献 ………………………………………………………… 344

# 后记 …………………………………………………………………… 356

# 引　言

## 一、研究缘起与相关学术史梳理

中国大陆与朝鲜半岛山水相连,历史上的古代朝鲜半岛国家在其北方如何进行"北进"开拓与边疆经营(即统称为"北方经略"),历来是一个不容忽视的研究课题。而所谓"经略"的具体手段,包括采取发军占领、构筑城防、移民戍守、调兵驻防等多种方式,从而达成开疆拓土的目的。其中,朝鲜王朝前期①(大致相当于中国明代至清代初期)的北方经略尤为重要。正因为主要是这一时期的北方经略,使得鸭绿江与图们江(二者合称"鸭—图"两江,以下所指皆同)拥有了作为"天然疆界"(亦即"自然界河")的属性,并在此后随着二江江源连同长白山连陆区域的后续立约定界,而长久地延续了下去。

朝鲜王朝前期的整个北方经略史大体可分为两个阶段。前一个阶段(即从14世纪末至15世纪中叶)是朝鲜王朝北方经略历程的全面发起阶段。这一阶段,朝鲜王朝在继承前代北方经略成果的基础上,大举向鸭绿江与图们江南岸扩展势力,进行了在经略的总体思想、具体施政及最终成效上均甚于前代的新一轮北方经略,尤其是在图们江南岸设置庆源、会宁、钟城、庆兴、稳城、富宁"六镇"(二者合称"四郡六镇"),以及在鸭绿江南岸设置闾延、慈城、茂昌、虞芮"四郡",并构建起了"鸭—图"两江"沿江防御体系",通

---

① 一般而言,朝鲜王朝前期与后期以仁祖朝(1623—1649)为分界线,也有初期、中期、后期三分法。但本书因行文需要,并未完全拘泥于朝鲜王朝前期的时间断限,而是在仁祖朝以后稍向下延展,大致到肃宗时期(1674—1720)为止。

过这一系列经略历程,奠定了"鸭—图"两江界河早期形成的基础。而后一阶段(即从15世纪中叶至18世纪初)是朝鲜王朝北方经略历程的稳定坚守阶段,朝鲜王朝除了继续巩固此前已取得的经略成果,还在图们江上游南岸的茂山等地进一步扩大经略范围,从而使"鸭—图"两江"沿江防御体系"得以扩建至整个两江干流南岸地区,通过这一系列经略历程,使得"鸭—图"两江界河得以维系并沿袭至此后的勘界立约。由此可见,从朝鲜王朝前期北方经略的整个历程及所造就的结果来看,整个朝鲜王朝前期的北方经略史就是"鸭—图"两江界河的形成史,而朝鲜王朝正是促成"鸭—图"两江界河形成及延续的主导者。因此,本书通过对朝鲜王朝前期的北方经略进行系统考察,以期揭示"鸭—图"两江界河形成的历史根源。

学界有关本书所论课题的研究历时已久,主要涉及中、日、朝、韩四国。最早涉足该课题的是日本学界,肇始于20世纪初,二战结束后仍有相关研究成果出现。代表学者有津田左右吉、池内宏、濑野马熊、和田清、稻叶岩吉、园田一龟、河内良弘、深谷敏铁等。他们或曾著有与本课题直接相关的文章,或曾在著文中或多或少涉及本课题的研究。这些研究大多属于开创性的成果,但正因如此,多有欠缺或存疑的地方。其中,以津田左右吉(代表作《鲜初于豆满江方面的经略》及《鲜初于鸭绿江上流地方的领土》,载于《朝鲜历史地理》第2卷,南满洲铁道株式会社,1913)、池内宏(代表作《鲜初的东北境与女真的关系》,载于《满鲜地理历史研究报告》1916—1920年第2、4、5、7,另收录于其著作集《满鲜史研究:近世篇》,中央公论美术出版社,1972)和濑野马熊(代表作《朝鲜废四郡考》,载于《东洋学报》1923—1924年第13卷1、3、4号)的相关成果涉及本课题的研究较著,对后来学者乃至本书的相关研究都具有重要的启示性意义。然而,也有必要指出的是,在日本早期的研究中,如津田左右吉、池内宏、和田清等,他们以南满洲铁道株式会社为基地展开研究,并形成了上述《朝鲜历史地理》《满鲜地理历史研究报告》等调查报告性成果,其目的从当时来看不乏为日本侵略中国东北服务之嫌,因此对其中的某些相关观点之意图则务须辨本清源。

韩国学界的相关研究自20世纪三四十年代起也零星地开始出现,并在二战后至本世纪初一直未有中断。但在陆续产生的众多相关成果中,韩国学者除编著的大量本国国史内有对本课题部分史实的简要陈述外,就是在国防军事史类的关联性研究上成果较丰富。比如，在韩国国史方面有金英夏的《国史的研究》（博友社，1958）、李相佰的《韩国史：近世前期篇》（乙酉文化社，1969）、李瑄根的《大韩国史》（新太阳社，1973）、孙弘烈的《图说韩国史》（玄岩社，1977）、河炫纲的《韩国的历史》（新丘文化社，1979）、李炫熙与郑国老的《韩国史概论》（日新社，1981）、李载龑与柳永烈的《韩国史大系5：朝鲜前期》（三珍社，1983）、李丙焘的《韩国史大观》（东方图书，1983）、潘允洪的《朝鲜时代史论讲》（教文社，1986）、边太燮的《韩国史通论》（三英社，1986）、李元淳等的《韩国史》（台北幼狮文化事业股份有限公司，1987）、韩国教养国史研究会编的《故事韩国史》（菁莪出版社，1987），等等。在国防军史类方面有姜英哲的《朝鲜初期的军事道路——关于北方两江地带的境遇试考》（《韩国史论》1981 年第 7 辑）、车勇杰的《朝鲜前期关防设施的整备过程》（《韩国史论》1981 年第 7 辑）、张炳仁的《朝鲜初期的兵马节度使》（《韩国学报》1984 年第 34 辑）、许善道的《近世朝鲜前期的烽燧制（上、下）》（《韩国学论丛》1985—1986 年第 7、8 辑）、吴宗禄的《朝鲜初期两界的军事制度与国防体制》（韩国高丽大学校博士学位论文，1993）、李镐经的《世宗大王的国防政策——以北方政策为中心》（载于《暻园大学校论文集：人文系·社会系·自然系·艺术系》，1996 年第 14 辑）、姜性文的《朝鲜初期六镇开拓的国防史的意义》（《军史》2001 年第 42 号）、吴宗禄与李尚燮的《世宗的北方领土开拓与国防》（《乡土首尔》2009 年第 73 号），等等。

当然，韩国学界不乏一些与本课题个中内容关系较为密切的研究成果，而产生这些成果的代表学者主要有李仁荣、宋炳基、金九镇、梁泰镇、方东仁、李相协、李志雨、南义铉、柳在春、尹薰杓、金顺南，等等。但这些成果多以论文的形式涉及本课题研究中的某一问题。比如，李仁荣是韩国学界在该领域的早期研究者和奠基者，其代表作《鲜初废四郡地理考》（《青丘学丛》1937 年第 29、30 号）、《废四郡问题管见》（《震檀学报》1941 年第 13 号；与前文均收录于其著作集《韩国满洲关系史的研究》，乙酉文化社，1954）等，较详细地考察了朝鲜王朝北方"四郡"的地理位置及撤废的原因，是研究"四郡"及其后续问题的力作，为笔者进行相关问题的探讨提供了重要参考。再如，李相协的《关于朝鲜前期北方徙民的研究》（韩国成均馆大学校博士学位论文，1996）与李志雨的《世宗朝北方赴防的实态》（《加罗文化》

1994年第11辑)分别是有关朝鲜王朝前期的移民实边与赴防军问题的研究;尹薰杓的《朝鲜前期北方开拓与领土意识》(《韩国史研究》2005年第129号)旨在探讨朝鲜王朝前期在开拓北方的过程中所形成的北方领土意识,而金顺南的《朝鲜中宗代的北方野人驱逐》(《朝鲜时代史学报》2010年第54辑)则涉及朝鲜王朝前期的"废四郡"问题。韩国学界仅有的几部关涉朝鲜王朝北疆开拓及国境问题的专著成果,也基本是通史类著作,对有关本课题的研究所涉有限。比如,梁泰镇是20世纪八九十年代以来一直努力坚持韩国边疆史问题研究的集大成者,先后出版《韩国的国境研究》(同和出版公社,1981)、《韩国边境史研究》(法经出版社,1989)、《韩国领土史研究》(法经出版社,1991)三部著作,尤其是《韩国领土史研究》一书描述了古代朝鲜半岛国家从上古到朝鲜王朝时期全部的疆域史,可算是疆域问题的通史巨著,但其中只有一个章节谈论到"朝鲜王朝时代的北方领域",并简要述及"四郡六镇"设置等相关问题的考察,而且侧重于地理考证的层面。还有如方东仁所著《韩国的国境划定研究》(一潮阁,1997)一书,以偏考证的方式论述了从古朝鲜到朝鲜王朝初期的古代朝鲜半岛国家在北疆开拓与国境划分中的基本历程及重要事件,是韩国史学界有关本课题最重要的专著之一,但同样仅用一个章节简要讨论了朝鲜王朝初期设置"四郡六镇"等问题(另见其与车勇杰合著的《四郡六镇的开拓》一文,载于《韩国史》1995年第22辑)。

此外,必须引起注意的是,韩国学界因受到二战前形成的"民族被害意识"的认知观念影响,而长期存续着过激的民族史观问题。像宋炳基的《东北·西北界的收复》(《韩国史》1974年第9辑)、金九镇的《尹瓘九城的范围与朝鲜六镇的开拓——以女真势力关系为中心》(《史丛》1977年第21、22合辑)即此类代表作。此二文中充满着对于领土恢复的过度渴望,严重歪曲历史,而且其影响延传至今,如此观念更是或多或少地被以后的许多韩国学者所吸收或继承。比如,上述方东仁的《韩国的国境划定研究》一书中就强调并肯定了高丽王朝对高句丽"故土"的继承与恢复意识是基于历史缘故权,是具有逻辑根据及正当性的,从而不仅认为尹瓘开拓"九城"的范围应到图们江以北,更对朝鲜王朝初期"旧地恢复"意识的淡化持有一种惋惜之情,却罔顾女真领地被高丽及朝鲜王朝大肆拓占的事实。又如,柳在春的《十五世纪前后朝鲜对北边两江地带的认识与领土问题》(《朝鲜时代史学报》2006年第39辑)与南义铉的《通过古地图来看15—17世纪的边境地带——以鸭绿江、豆满江沿岸为中心》(《满洲研究》2012年第14辑)二文,甚至皆不承认"鸭—图"两江以北的疆土属于中国明、清二朝所有,为此或将古文献中存在认识误区的历史地理名词"公险镇"作为依据对象,或对古地图上反映的相关问题进行曲解。由此可见,这种史观连同其不断衍生的种种错误认知及相应谬论,都亟待明辨及纠正。

朝鲜学界与本课题相关的研究出现于20世纪50年代,目前可见其最早代表性的成果,即朝鲜科学院历史研究所1958年出版的《朝鲜通史》一书。但该书在概述"四郡六镇"设置时,便将这些地域视为"固有国土",并提出要对女真人的"侵略"进行驱逐。此后,朝鲜学者李淳信的《十四世纪末至十五世纪初朝鲜与女真关系略述》(《朝鲜历史研究论丛(一)》,延边大学出版社,1987)一文在讨论朝鲜王朝打击女真的过程中,提及了有关北疆开拓的问题,也将生活在"鸭—图"两江流域的女真原住民说成是入侵者。显然,这些有违史实的说法类同于韩国学界,反映了朝鲜学界一直以来的基本史观。甚至到了20世纪80年代以后,随着朝鲜学界最具代表性的成果即由朝鲜社会科学院历史研究所编著的多卷本《朝鲜全史》(朝鲜科学·百科辞典出版社,1979—1982)的陆续出版,其仍在延续乃至强化这种史观,如本世纪初以来新近出版的朴英海(音译)的《朝鲜对外关系史2》(朝鲜社会科学出版社,2012),其中的相关论述即如此。

中国学界在本课题的相关研究上,相较于上述三国起步较晚。最早涉足这方面研究的是以张存武为代表的台湾学者。张先生的研究主要侧重于清代中朝关系与经济贸易,早先发表过《清代中韩边务问题探源》(《"中央研究院"近代史研究所集刊》1971年第2期)一文(该文收录于作者著作集《清代中韩关系论文集》,台湾商务印书馆,1987),其中谈到"韩国的北拓传统"问题,提出"韩国自新罗以来就有北拓传统",并对清初以前古代朝鲜半岛国家的北拓史实进行了概括梳理。这种推断合乎实情,从而引起了笔者的共鸣,并给予笔者以重要启示。中国大陆学者迟至20世纪80年代,伴随着东北边疆史与东北民族史研究的展开,才开始逐步涉足本课题的相关研究。这方面的论著如有张博泉等的《东北历代疆域史》(吉林人民出版社,

1981)、杨旸等的《明代辽东都司及其卫的研究》(《社会科学辑刊》1980年第6期)、傅朗云与杨旸的《东北民族史略》(吉林人民出版社,1983)、李健才的《明代东北》(辽宁人民出版社,1986)与《东北史地考略》(吉林文史出版社,1986)、董万仑的《东北史纲要》(黑龙江人民出版社,1987),等等。

随着1992年中韩建交,中国陆续出版了一批有关中朝关系史的通史及断代史类著作,如刘永智的《东北亚研究——中朝关系史研究》(中州古籍出版社,1994)、吉林省社会科学院韩国独立运动研究中心编的《中朝关系通史(古代卷)》(吉林人民出版社,1996)、朴真奭等的《朝鲜简史》(延边大学出版社,1998)、姜龙范与刘子敏的《明代中朝关系史》(黑龙江朝鲜民族出版社,1999)等。其中或多或少涉及一些与本课题相关的史实论述。以《明代中朝关系史》一书为例,该书从明朝的角度出发,对彼时中朝关系发展变化的探讨极其细致,展现了作者在文献整理与研究方面的深厚功力。不过,该书也有值得商榷之处。比如,其在论述明成祖将朝鲜半岛东北部的十处女真人赐给朝鲜王朝这一事件时,认为这是明成祖在处理疆土归属问题上的重大失误,但实际上在明朝统治者的边疆认知中可能并不会觉察到这种"失误",同时在传统宗藩体制及双方友好密切的政治关系的前提下,明成祖的这种做法也应当看作是对藩属国施以怀柔政策的一种表现。

相较而言,更为重要的是从20世纪末开始持续到本世纪初,中国学界涌现出一批直接关涉本课题研究的代表性著作。如有杨昭全与孙玉梅的《中朝边界史》(吉林文史出版社,1993)一书,这是中国学界第一部系统论述整个中朝疆界问题的通史专著,在有关该领域的研究中具有极高的学术史意义,其中也考察了包括"四郡六镇"设置在内的朝鲜王朝前期北拓的历史,但遗憾只是简要述及,且对包括"四郡六镇"的设置时间等一些问题的看法有待商榷。王冬芳的《关于明代中朝边界形成的研究》(《中国边疆史地研究》1997年第3期)一文着重考察了朝鲜王朝初期北拓并与女真进行疆土争夺的史实,但囿于论文篇幅,所涉相关问题有限。陈慧的《穆克登碑问题研究:清代中朝图们江界务考证》(中央编译出版社,2010)以及李花子的《明清时期中朝边界史研究》(知识产权出版社,2011)与《清代中朝边界史探研:结合实地踏查的研究》(中山大学出版社,2019)等专著,皆侧重于关注清代穆克登勘界及后续中朝交涉相关问题,故书中仅部分内容涉及本课题的研究,给笔者提供了进一步研究的空间;特别需要提及的是《明清时期中朝边界史研究》一书中第一章所讨论的有关明初"公险镇"及"铁岭卫"的设置与认识分歧等问题,得出了令人信服的考证,从而给了笔者新的思考。刁书仁与王崇时的《古代中朝宗藩关系与中朝疆界历史研究》(北京大学出版社,2021)一书是新近出版的相关力作,论述了先秦、秦汉以来直至明清时期中朝宗藩关系发展史及疆界变迁史,具有重要的学术价值和现实参考价值,其中涉及本课题的部分是其第九章"明朝与李氏朝鲜近世疆界的基本确立",但同样只是作为一部专题性的通史类著作,故有关本课题内容方面的讨论亦非重点。

综上所述,中外学界对于本课题所含以"四郡六镇"为代表的诸核心问题的相关研究,已进行了长达近百年的探索,出版或刊发了较为丰硕的相关成果,其中也不乏一些具有较高参考、借鉴价值的成果。尽管如此,这些成果要么是相关著作类的局部涉及或有限研究,要么是作为相关论文针对某一具体问题的专题探讨,迄今为止尚未有集中、系统、深入地进行专门考察的贯通性成果出现。这就导致其中尚有很多盲点未能涉足、一些疑点难以解决,更何况国外尤其是韩国学界还因存在狭隘的民族史观问题,有很多观点也需要重新辨正。因此,笔者开展本课题研究,将有助于弥补或纠正以往研究的缺陷与不足。此外,与国外学界相比,中国学界涉及本课题的研究相对更为薄弱,故笔者进行本课题的探讨,作为加紧该方面研究的一次有意义的尝试,亦很有必要。

## 二、研究内容、方法与特点

本书立足于探索朝鲜王朝前期北方经略过程中所呈现出的诸问题,以朝鲜王朝建置"四郡六镇"为代表的城防设施等早期经略过程,以及"废四郡"地域维护、茂山开拓与城防巩固措施的长期稳定实施等后续经略过程为论述的重点,以便在凸显出朝鲜王朝北方经略对促成"鸭—图"两江自然界河早期形成及延续所起到的主导作用的同时,理顺此两江界河的形成源流及脉络。基于此,全书除引言和结论外,正文共七章内容,具体如下:

第一章主要概述朝鲜王朝前代倡导北方经略的历史由来。其中,包括朝鲜王朝建立前即统一新罗至高丽王朝北拓意识形成的由来；高丽前期开展北拓经营行动的大致过程；高丽前期的保州经略；高丽前期图们江以南的"九城"经略；高丽后期开展北拓经营行动的大致过程；丽末铁岭卫事件及其后果等。

第二章主要论述朝鲜王朝北拓意识的形成以及初步进行经略实践的过程。其中，包括朝鲜王朝建立后与明朝的国家关系及边疆环境；朝鲜王朝对前代北拓意识的继承与发展；朝鲜王朝建国之初所初步开展的北拓经营行动；明朝的东北边疆观及对朝鲜王朝初步北拓经营的态度等。

第三章详述朝鲜王朝在图们江南岸设置"六镇"（庆源、会宁、钟城、庆兴、稳城、富宁）的具体过程。

第四章详述朝鲜王朝在鸭绿江南岸设置"四郡"（闾延、慈城、茂昌、虞芮）的具体过程，明朝对朝鲜王朝设立"四郡六镇"的态度，以及当地女真原住民的动向问题。

第五章论述朝鲜王朝对包括"四郡六镇"等邑城在内的"鸭—图"两江"沿江防御体系"实施构建的过程，以及由此导致的"鸭—图"两江自然界河基本定型的结果。其中，包括朝鲜王朝构建"沿江防御体系"的缘由与实际功效；构成该体系的两大成分要素，即城防体系与驻防体系；该体系构建所依托的"一体化"的防御理念；该体系构建的历史意义，即促成"鸭—图"两江干流界河趋于定型并开始稳定延续等。

第六章论述朝鲜王朝后续经略过程中所发生的两大问题之一，即鸭绿江上游南岸的朝鲜王朝前期"废四郡"问题，通过详细考察"废四郡"地区的由来以及朝鲜王朝对该地区维护的具体过程，以此为例充分反映朝鲜王朝对"鸭—图"两江界河如何维系的史实状况。其中，包括"四郡"撤废事件的背景，"四郡"的相继撤废，"四郡"撤废的原因，朝鲜王朝对"废四郡"地区的维护过程，朝鲜王朝前期积极维系"废四郡"地区的根源及意义等。

第七章论述朝鲜王朝后续经略过程中所发生的两大问题之二，即图们江上游南岸的朝鲜王朝茂山镇设置问题。通过考察朝鲜王朝新设茂山镇及其所辖江防设施的具体过程，反映出整个"鸭—图"两江干流界河始完全形成的史实状况。此外，还进一步探讨了"沿江防御体系"的后续巩固措施，以及由此导致的"鸭—图"两江界河稳定延续直至完全确立的结果、意义及影响。其中,包括茂山镇的建置过程,茂山镇建置的阶段性特征与影响建置的诸因素,"沿江防御体系"中后续城防体系的增减与维护概况,"沿江防御体系"中后续驻防体系的巩固概况,体系后续巩固措施的长期稳定实施与清初穆克登勘界,"鸭—图"两江界河形成及稳定延续的历史意义与影响等。

在研究方法上,本书主要采用的是:

1.基于东亚的全局视角,采用"历史地看问题"的方法。历史问题就要历史地看待,不能以今天的价值标准加以衡量。古代东亚,以中原王朝特别是大一统王朝为中心,奉行的是"天下观"乃至"华夷观"以及宗藩等级有序的思想,形成了一种"中心—边缘"圈层结构式的政治秩序或文明分野的框架。在此框架下,宗主国与藩属国之间进行上下有序的关系维系,乃至疆土施予。其中,宗主国往往更重视这种有序关系的建立,疆土实际则略显次要。因此,研究这段历史,就要站在当时的立场进行评判,并且该立场必须是综合多方的、客观的,这对于认识及探讨作为藩属国的朝鲜王朝的北方经略问题极为重要。此外,鉴于藩属国的北疆开拓密切关涉宗主国的态度或做法,故本书在以古代朝鲜半岛国家(特别是朝鲜王朝)一方为视角而主要阐述其施政表现的同时,也将尽可能地交代相应的古代中国各朝(特别是明朝)对待古代朝鲜半岛国家北拓经营行动的反应或态度。

2.微观与宏观结合考察法。本书在研究"四郡六镇"(含茂山镇)时,既将其中各郡、各镇分开考察,又注重它们彼此之间的历史联系,即不但追求个案分析,又要进行共性挖掘,以便从中找到二者的契合点,来体现各郡、各镇在不同时期或不同条件下与"鸭—图"两江界河形成之间的微妙关系。也就是说,在对各郡、各镇个体探讨分析的同时,逐步上升到对其总体发展趋势的归纳总结,以便挖掘出其中所隐藏的普遍规律。正如,各郡、各镇的设置过程虽各不相同,尤其是"六镇"(含茂山镇)更出现了移动变迁的状况,但它们却终能殊途同归,逐步展现出以沿江防御为总体目标的普遍规律。

3.基于历史地理学的比较考证法。对于一些古代地名的解析,根据不同的古籍记载及历史地理学的相关知识,细致对比,综合分析,努力做到科学、全面的考证。比如,朝鲜半岛北部自高丽至朝鲜王朝开拓以前,大部分地区为女真领地,而其被开拓后遂改为朝鲜地名,之后又被多次变换称谓。如此便出现了同一个地方拥有多个历史名称,或者同一个地名指代不同地方的问题。那么该如何寻找其继承与对应关系,尤其是与现今地名或位置的对应关系,就需要仔细地比对、考察。因为能否对其中较为重要的地名或地点进行较为精确的分析,往往是关系到古代朝鲜半岛国家曾"北进"至何地或经略范围达至何处的关键问题。如在"六镇"及茂山镇中出现治所移动变迁的现象,对其治所的名称演变与位置变化的考察,以及因史料阙如而存在疑点的"铁岭""公险镇"等地名,对其所指大概位置或区域的推断,均属于此类情况。

此外,本书在研究的过程中,除注意学习及借鉴学界的一些既有成果外,在史料利用上也注意综合选取中国与朝鲜半岛的古文献资料。中国方面以《明史》《明实录》《大明一统志》《辽东志》《全辽志》等古籍中的史料为主;朝鲜半岛方面不仅尽可能地挖掘《高丽史》《高丽史节要》《朝鲜王朝实录》《承政院日记》等基础性古籍中的史料,更大量选用《新增东国舆地胜览》《舆地图书》《大东地志》《东国舆地志》《大东舆地图》《八道地图》《海东地图》等与本书研究密切相关的地理志或古地图中的有关内容材料,以突出从古代朝鲜半岛国家一方进行较为系统研究的特点。

在研究的创新点上,本书除较为全面、系统地考察了朝鲜王朝前期如何进行"北进"开拓与疆土维护等北方经略的过程外,与以往的研究成果相比,重点在于以下三方面的突破:

1. 鉴于学界在涉足本研究领域时,常将"四郡六镇"的设立视为朝鲜王朝前期(或中国明代)以降"鸭—图"两江界河早期形成的标志,本书提出了"沿江防御体系"的概念。该体系包含"四郡六镇",却又不止于此。它是朝鲜王朝前期主要建于"鸭—图"两江南岸的沿江邑城("骨干"工程),与要害小堡、沿江行城("长城")、烽燧等辅助工程("枝叶"工程)共同构成的城防集合体,此外还有与之并行的驻防措施。而包括"四郡六镇"(富宁镇除外①)在内的沿江诸邑城,充其量只是设于整个鸭绿江干流南岸与图们江中

---

① "六镇"中富宁镇非沿江邑城,只可算作边防邑城,但同样在"沿江防御体系"中有其功用,下文就此有专节详述。

下游干流南岸的一些孤立的关键据点,①尚不足以全面防控乃至完全囊括所涉及的两江干流以南地域,也就不足以充分说明该自然界河是否已达到早期形成的阶段,何况该阶段也只是处于基本定型的状态。因此,这就需要凭借整个体系的构建并依据体系的构建状况进行衡量及判断。

2.本书首创性地考察了高丽王朝"北进"与朝鲜王朝"北进",以及朝鲜王朝"沿江防御体系"与明朝"长城防御体系"之区别,乃至"沿江防御体系"有何独特性质等问题。尤其针对前者而言,学界在探讨"北进"政策时,普遍强调朝鲜王朝对于高丽王朝的政策继承,而往往会忽略其区别。这主要是由于未能对前后两个王朝不同的北方经略环境进行深入分析。事实上,国家关系、民族关系、外交政策以及北拓深入区域的地理状况等,都足以影响经略政策的制定。这实际上是影响北方经略的主客观因素综合构成的关于古代朝鲜半岛国家的整体北拓战略问题。因此,本书中将高丽"北进"称为"北进战略",而将朝鲜王朝"北进"称为"北进新战略"。这种新战略受到朝鲜王朝的总体经略思想即"保国封疆"思想的全面引导和规划。正是因为不得不执行"保国封疆"思想指导下的"北进"新战略,"鸭—图"两江作为自然疆界才能逐步形成,并始终稳定于此。

3.本书将朝鲜王朝前期的北方经略过程分早期与后续两个阶段进行考察,尤其注意到以往学界疏于关注的后续经略阶段,并特别以"废四郡"问题和茂山镇的建置问题为切入点,进而解析"鸭—图"两江界河如何被维系和进一步完善的全过程。这两个问题恰恰是界河延续过程中最重要的两大问题,通过论证得出这种延续过程的保持正主要得益于朝鲜王朝一方的积极维持,从而充分证明了朝鲜王朝的主导性经略贯穿"鸭—图"两江界河早

---

① 一般而言,整个"鸭—图"两江的径流分段,按其水文特征,将今中国吉林省临江市附近(或今朝鲜慈江道中江郡中江邑附近)与今中国辽宁省宽甸县长甸镇拉古哨村附近(或今朝鲜平安北道朔州郡水丰劳动者区附近)作为鸭绿江上、中、下游的两个分界点,以及将今中国吉林省龙井市三合镇附近(或今朝鲜咸镜北道会宁市中心附近)与今中国吉林省珲春市英安镇甩湾子村附近(或今朝鲜咸镜北道新星郡训戎里附近)作为图们江上、中、下游的两个分界点。但本书基于"四郡六镇"设置的历史规律及行文需要,暂且将朝鲜王朝"四郡"及其以东沿江邑城所辖地域濒临的鸭绿江河段统视为鸭绿江上游,而将朝鲜王朝江界至朔州等沿江邑城所辖地域濒临的鸭绿江河段视为鸭绿江中游,以及将朝鲜王朝"六镇"中会宁、钟城、稳城、庆源四镇所辖地域濒临的图们江河段统视为图们江中游,而将朝鲜王朝庆兴镇所辖地域濒临的图们江段视为图们江下游,特此说明,以下不再赘述。参见杨昭全、孙玉梅:《中朝边界史》,吉林文史出版社,1993,158~163 页。

期形成及延续的始终。换言之,正是在朝鲜王朝这种独特的北方经略实践下,"鸭—图"两江作为天然界河,才得以历经从基本定型到完全确立的全过程。这种对于朝鲜王朝在界河早期形成及延续过程中作为主导者和坚守者的贯通性研究,有助于解答"鸭绿江与图们江如何慢慢成为中朝界河"以及"中朝为何又不得不以此二江为界"等历史疑题,从而有力地驳斥现今学界的某些谬论,以正视听。

最后,还需说明的是,本书虽然主要研究的是朝鲜王朝前期北方经略的全过程,即研究时段主要为14世纪末至18世纪初的朝鲜王朝前期,但也会向前延伸介绍其前代高丽时期的北方经略概况,亦即上限大致起自高丽王朝建国,下限大体至朝鲜王朝肃宗时期结束。在该研究时段内,高丽时期的北方经略过程虽然占据了其中近5个世纪的时间,但仅作为背景,旨在突出高丽王朝北方经略对后来朝鲜王朝北方经略的奠基作用。而朝鲜王朝前期的北方经略过程虽仅有3个多世纪的时间,却是本书的研究重点,其中又以"四郡六镇"设置、"废四郡"地区维护以及茂山镇的建置,特别是"沿江防御体系"的构建及其后续巩固等问题为本书研究的核心点和关键点,直至与清初穆克登勘界问题(清康熙五十一年,1712年)衔接起来,以便将整个有关朝鲜王朝前期北方经略史的研究形成一个完整的论述体系。

# 第一章　朝鲜王朝前代的北方经略渊源

在古代历史上，一个王朝国家或民族政权实际统治区域的大小，被称为"疆域"，这是区别于将现代意义上的国家主权观念作为前提的"领土"而言的。[①] 伴随着古代王朝的文明发展，古代王朝疆域也常常处于不断的变化中。古代朝鲜半岛国家(本书主要指的是古代朝鲜半岛的统一政权特别是高丽及朝鲜王朝)亦如此，尤其朝鲜王朝时代的疆域伸展更是达到了极致。但由于朝鲜半岛东、西、南三面环海的地理条件所限，古代朝鲜半岛国家便主要围绕北方疆土的施政经营而进行了积极且长期的开拓经略行动，如此就会触及北方相邻的古代中国大陆政权(如与高丽及朝鲜王朝同时期的中国辽、金、元、明、清朝)统治下的边疆地带，从而导致双方最终形成了以"两江一山"(鸭绿江、图们江以及长白山)为主体的疆界状况。这种疆界状况的形成，经历了一个漫长而曲折的历史过程，其中尤以朝鲜王朝的北方经略表现得最为突出且重要。为此，本书从朝鲜王朝前代即高丽王朝的北方经略概况谈起，以便追寻朝鲜王朝北方经略产生的历史渊源。

## 第一节　高丽王朝前期的北方经略

参考现今地图可知，上述"两江一山"大致的地理分布为：鸭绿江在朝鲜半岛的西北方，自东向西南流入黄海；图们江在朝鲜半岛的东北方，自西向东南流入日本海(今朝鲜、韩国称东海)；长白山在两江之间，为两江的发

---

① 葛剑雄：《中国历代疆域的变迁》，商务印书馆，1997，第7页。

源地。

在中国古代的官方史料中,鸭绿江最早见于东汉班固的《汉书》,初名曰"马訾水"①;因其"色若鸭头",直到后晋刘昫等所撰《旧唐书》中方始称之为"鸭绿水"。② 图们江最早见于元朝脱脱等所编之《金史》,初名曰"统门水"或"徒门水"③;后直到清代方被称为"土门(或图们)江"④,意为"土门色禽"(满语),即"万水之源"。而在古代朝鲜半岛的官方史料中,鸭绿江最早可见于高丽王朝前期金富轼(1075—1151)等所撰的《三国史记》⑤,但对于图们江(朝方称之为"豆满江","豆满"意即"万",由满语而得名)的最早记载则见于朝鲜太宗时期(1401—1418)所撰的第一部《朝鲜王朝实录》,即《朝鲜太祖实录》。⑥ 根据古代中朝两国官方史料有关"鸭—图"两江早期认识的这些相关记载,我们不仅可以知晓古代朝鲜半岛国家针对此两江的认知是相对滞后的,更可以大致得出这样一种历史实情,即鸭绿江至少应在高丽王朝前期(相当于中国辽、金时期)之前、图们江至少应在朝鲜王朝初期(相当于中国明代初期)之前尚未成为界河。然而,这一切都从高丽时代开始发生急剧改变。高丽王朝在其北拓意识的催动下,自前期起即不断发起了相应的经略实践行动,从而朝着将"鸭—图"两江逐步变为天然界河的方向迈进。

## 一、高丽王朝北拓意识的由来与发展

918年,后三国时代⑦原泰封国大将王建,推翻了国王弓裔的统治,开创了新的王朝,史称高丽王朝。高丽建国伊始,便火速开启了北向"两江"流

---

① 《汉书》卷28《地理志第八下·玄菟郡》。
② 《旧唐书》卷199《列传第一百四十九上·东夷·高丽》。
③ 《金史》卷1《本纪第一·世纪》;《金史》卷3《本纪第三·太宗》。
④ 《清圣祖仁皇帝实录》卷246,康熙五十年五月癸巳;《清德宗景皇帝实录》卷154,光绪八年十一月甲申。
⑤ 《三国史记》卷6《新罗本纪第六·文武王上》。
⑥ 《朝鲜太祖实录》卷1,总序。
⑦ 后三国指统一新罗末期分裂后在朝鲜半岛产生的三个短暂的对峙政权,即900年由农民出身的甄萱建立的后百济,901年由新罗王族后裔弓裔建立的后高句丽(后改国号为泰封),以及原新罗政权。936年,高丽太祖王建吞灭各国,统一朝鲜半岛。

域的拓疆步伐。之所以有如此急切而强烈的北疆开拓意识,与其建国前深刻的历史根源密切相关。这需要从朝鲜半岛远古时代的历史谈起。

众所周知,朝鲜半岛的原住民为南端的"三韩"部族,即马韩、辰韩、弁韩。其中,马韩位于半岛的西南部,辰韩位于半岛的东南部,二者之间为弁韩。后来,这"三韩"分别演化为百济、新罗与伽耶等国家(或政权联盟),但伽耶地区很快被吞并。最终百济与新罗在半岛南部形成了对峙的局面,并由此开始不断发生战争。正是从那时起,受半岛地理条件的限制,双方在长期的战争对抗中,相继发起了向朝鲜半岛北部的疆域拓展行动,尤其以新罗为最。据古籍记载,新罗真兴王"十六年(556年,引者注)……王巡幸北汉山(在今韩国首尔市附近,引者注),拓定封疆"①,而后新罗真兴王"十七年(557年,引者注)……置比列忽州(今朝鲜江原道安边郡安边邑附近,引者注)"②。显然,彼时新罗在朝鲜半岛西北、东北面的积极开拓,表明其已然形成了向北拓疆的意识。

几乎就在百济和新罗兴起的同时,在今中国东北地区的高句丽民族亦兴起并建国。但起初高句丽与百济、新罗并不接壤。不久,随着高句丽大肆开疆拓土,其于公元4世纪将势力伸入朝鲜半岛北部,开始了与百济、新罗的直接军事对峙。尤其是427年长寿王(413—491年在位)迁都平壤后,高句丽与南方的百济、新罗步入全面军事拉锯的"三国"鼎立时代。然而,这种并立局面到了7世纪中叶即被打破。中国唐朝与新罗所组成的唐罗联军先后灭亡百济与高句丽,这使得新罗此后成为朝鲜半岛的第一个统一王朝。但在成为统一王朝之前,新罗希冀的原百济与原高句丽故地仍被唐军所控制,甚至唐朝还为此特设安东都护府等军政机构予以管治。这便引起了新罗的不满,其一面暗中支持朝鲜半岛的反唐势力以求驱逐唐军,一面屡次上书唐朝请求赐予土地。最终,新罗得偿所愿,蒙"赐浿江(今朝鲜大同江,引者注)以南地"③,从而使得其先前的拓疆意识在实践中得到了极大的发挥。由此,整个统一新罗时代的北方疆界即被保持为:西北方相当于以今大同江

---

① 《三国史记》卷4《新罗本纪第四·真兴王》。
② 《三国史记》卷4《新罗本纪第四·真兴王》。
③ 《三国史记》卷8《新罗本纪第八·圣德王》。

为界,而东北方大概相当于以今朝鲜江原道文川市境内南川江为界。①

统一新罗分裂后,又经过后三国时代,直至10世纪高丽建国。随后,新生的高丽王朝很快重新统一了朝鲜半岛。在这个过程中,一方面,高丽在继承了原统一新罗的版图时,更汲取了其北拓思想,并由此开始将之发展成为古代朝鲜半岛国家根深蒂固的北向开拓意识。另一方面,高丽起家于朝鲜半岛北部原属高句丽的部分疆域,故其将高句丽视为半岛国家,对半岛疆域的统一自然要包含原高句丽的疆土,尽管彼时原高句丽的大部分疆土在其已据有的疆域之外,尤其是在两江以外,但这一现实非但不能阻止其形成如此的认识,其还要在此基础上加以发展,正如其前身泰封国初名高句丽的深意一样,秉持着"复兴"高句丽的理念而妄图获取其全部的疆土。② 基于上述两方面,正是在源于统一新罗的北拓思想与自我认定的疆土所有的综合作用下,高丽统治者产生了甚于前代的更为主动的北疆开拓意识,并由此贯穿于其几乎整个时代的政治与军事活动中。比如,高丽太祖王建(918—943年在位)"屡幸西都,亲巡北鄙,其意亦以东明(指高句丽东明王朱蒙,引者注)旧壤,为吾家青毡,必席卷而有之"③,即从第一代王开始就树立了要"恢复"高句丽故土的拓疆意识,成为其后世子孙效法的榜样。再如,辽朝第一次(即993年)进攻高丽时,辽军主帅萧逊宁要求高丽归还拓疆侵吞的女真土地,高丽使臣徐熙辩称:"我国,即高勾丽之旧也,故号高丽,都平壤,若论地界,上国之东京(即辽阳,引者注),皆在我境,何得谓之侵蚀乎? 且鸭绿江内外,亦我境内……"④这是古籍中所记载的高丽统治阶层对于疆土欲望

---

① 据朝鲜王朝金正浩撰《大东地志》卷30《方舆总志卷二·历代志·新罗·统合后疆域》条载:"新罗疆域北(指东北界,引者注)至井泉郡之泥河。"其中,井泉郡即朝鲜王朝时代咸镜南道德源邑的古称,相当于在今朝鲜江原道元山市世古洞(音译,意译为"三街洞",旧称"德源洞")附近,此无异议;但学界却普遍将"泥河"认定为今朝鲜金野郡(旧称"永兴郡")之金野江(旧称"龙兴江"),则值得商榷。据《新增东国舆地胜览》卷48《咸镜道·永兴大都护府·山川》条载:"龙兴江,在府东北二里,古名横江。"这说明龙兴江在永兴邑城近旁,而距德源邑城较远,似不应指代"泥河"。另据《大东地志》卷19《咸镜道·德源·山水》条载:"龙津川,北二十五里,文川院岐川下流,经龙仓入于海,古云泥河,一名泥川,新罗北界止于泥河者,此也。"显然,以此"龙津川"(又称"院岐川")指代"泥河"似乎更佳,而该河疑为今朝鲜江原道文川市境内南川江。

② 鼎盛时期的高句丽政权的疆域范围相当于涵盖了今中国东北部和朝鲜半岛汉江流域以北的广大地区,即整个疆域跨越了"鸭—图"两江南北,属于跨区域的民族政权。

③ 《高丽史节要》卷1,太祖神圣大王癸卯二十六年五月。

④ 《高丽史节要》卷2,成宗文懿大王癸巳十二年十月。

表现最突出的一次,深刻反映了高丽自太祖以来历代传承的北拓意识。总之,基于历史因素的影响,高丽王朝所形成的北拓意识成为其整个时代的北方经略实践行动得以推行的动力源泉。

当然,对于北拓意识的历史继承,仅是高丽王朝拓疆的主观动因,凭此还不足以令其具备充分的北拓条件。因为尚需要有利的客观环境作为支撑,此即高丽建国后的时代背景。

从918年高丽建国到1392年高丽亡国,在这段时间里,与之相接壤的中国版图上共经历了辽、金、元、明四代。其中,高丽王朝主要在与其前期相对应的辽、金时代及与其末期相对应的元末明初时期进行过以北拓为目的的经略实践,而这正是可观的拓疆环境产生有效作用力的结果。接下来先介绍高丽前期的情况。这一时期,高丽王朝北拓所拥有的便利环境主要表现在以下两个方面:

其一是高丽前期与辽、金国家关系稳定。916年,契丹先于高丽建国,后改国号为辽。辽兴起后,向东扩展势力,灭渤海国,降女真,与高丽的交涉一并随之展开。922年,"契丹来归橐驼、马及毡"①,这是辽首次与高丽交往,此时仍属于平等外交。但随着辽的愈发强大,其不满足于此,遂要求高丽臣服,而高丽却扩张势力与之对抗,因此辽便派兵三征高丽。面对如此危局,高丽审时度势,"奉表如契丹,告行正朔"。② 最终,高丽以向辽称臣纳贡、满足辽要求为代价,换取了辽的"宽大处理",即辽不再追究高丽已扩展的疆域事实。此后,两国一直保持这种稳定的宗藩关系,直至辽亡。1115年,女真完颜部首领阿骨打反辽建国,即为金朝,后代辽统治,并接替辽朝继续与高丽交往。就在金初兴之时,高丽权衡利弊,再次发扬了先前对辽"以小事大"③的作风,主动向金称臣纳贡。高丽此举收获奇效,不仅未雨绸缪地化干戈为玉帛,从此几乎未受金军侵扰,与金延续和睦关系直至其亡,更保证了其在辽时所获疆土的巩固与稳定,甚至还新有所得(即后文将述之"保州")。由此可见,从辽至金,高丽由于实施了降服称臣的策略,从而维

---

① 《高丽史节要》卷1,太祖神圣大王壬午五年二月。
② 《高丽史节要》卷2,成宗文懿大王甲午十三年二月。
③ 《高丽史节要》卷9,仁宗恭孝大王一,丙午四年三月。

系了与宗主国的稳定关系,保障了宗主国不干涉其拓疆。

其二是高丽前期可供其北拓的空间大、阻力小。在辽朝,实际上,起初辽军直辖地与高丽并不接壤,因为辽的东部大部分地区为女真属地。虽说女真降辽后,其地亦归属于辽之版图,但辽只在此实行松散的"羁縻"政策,而其中就包括两江流域及长白山南北地域。比如,辽在鸭绿江流域设立"鸭绿江女直国大王府",在长白山地区设立"长白山女直国大王府",在图们江以南(今朝鲜咸镜南、北道)的沿海平原地区设立"蒲卢毛朵部女直国大王府"等。① 也就是说,辽直接统辖的地区与高丽北部边境之间隔着地域广阔的女真居住区,而在这片区域散居的女真部落势力不足以与高丽抗衡,且辽又更关注于中原事务,对此地疏于防范的情况下,这片区域实际等同于一处"空当",从而为高丽留下了充分的北拓空间。尤其是辽东京辽阳府与高丽西北边境之间的鸭绿江女真所属地域,由于这里平原广阔、水资源充沛,地理条件十分优越,且紧邻高丽政权中心松都(今朝鲜开城市中心附近),遂成为高丽王朝优先筑城开拓的区域。由此可见,辽朝对其东部与高丽相连的女真居住区实行宽松的管理模式及不甚重视的态度,给了高丽北拓以可乘之机。再加上后来两国的国家关系逐渐趋于稳定,辽对高丽北拓基本不再干涉,这就使得高丽前期绝大部分的北拓成果都是在该时期完成的。而到了金朝,如上所述,主要是保持了辽时的北拓成果并小有发展。

总之,得益于上述有利的对外关系和北拓空间两方面的拓疆环境局面,高丽前期成为整个高丽时代北拓持续时间最长、最具连续性的时期。

## 二、高丽王朝前期的北拓经营

既然有了北拓的主观动力,又有了成熟、便利的客观条件,那么高丽王朝前期具体是如何在北拓的过程中展开经略实践的呢?《高丽史》中有详细的描述:

---

① 这三个大王府分布区域,分别可参考刘子敏、金宪淑:《辽代鸭绿江女真的分布》,《东疆学刊》1998年第1期;刘子敏、金星月:《辽代女真长白山部居地辨》,《延边大学学报(社会科学版)》1998年第4期。

太祖二年(919年,引者注),城龙冈县……城平壤;三年,城咸从县……十二年,城安定镇,又城永清、安水、兴德等镇;十三年,城安北府……十八年,城伊勿及肃州;二十年,城顺州……二十二年……城大安州……

定宗二年(947年,引者注),城德昌镇,又筑西京王城及铁瓮、三陟、通德等城……

光宗元年(950年,引者注),城长青镇、威化镇;二年,城抚州……三年,城安朔镇;十一年,城湿忽及松城;十八年,城乐陵郡……二十年,城长平镇……城泰州……二十四年,城和州……城高州……

景宗四年(979年,引者注),城清塞镇。

成宗二年(983年,引者注),城树德镇……三年,城文州……十三年,命平章事徐熙率兵攻逐女真,城长兴与归化二镇及郭、龟二州;十四年,命徐熙帅(率,引者校)兵深入女真,城安义、兴化二镇……城猛州……十五年,城宣州……

穆宗三年(1000年,引者注),城德州……八年,城镇溟县……城郭州……九年,城龙津镇……十一年,城通州,城登州……

显宗……三年(1012年,引者注),城……长州……五年,城龙州……七年,城宜州……铁州城……十四年,城耀德镇……十六年,城霜阴县……二十年,遣平章事柳韶等修古石城,置威远镇……城定戎镇……二十一年,城麟州……城宁德……

德宗……二年(1033年,引者注),命平章事柳韶创置北境关防,起自西海滨古国内城,界鸭绿江入海处,东跨威远、兴化、静州、宁海、宁德、宁朔、云州、安水、清塞、平虏、宁远、定戎、孟州、朔州等十三城(应为"十四城",引者校),抵耀德、静边、和州等三城,东传于海,延袤千余里,以石为城,高、厚各二十五尺……又城静州镇……

靖宗……五年(1039年,引者注),都兵马副使朴成杰奏:"东路静边镇,蕃贼窥觊之地,请城之。"从之……七年,崔冲城宁远、平虏二镇……九年,城宁朔、树德二镇;十年,命金令器、王宠之城长州、定州及

元兴镇……城宣德镇……①

由上可知,高丽王朝自建国初继承统一新罗西界大同江、东界龙津川的北方疆界后,就迅速展开了北拓疆域及相应的边镇、城池建置行动,并呈现出如下轨迹及特点。其中,在朝鲜半岛西北部的北拓经营可分为以下四个阶段:②

第一阶段主要是在太祖至惠宗时期(918—945)。高丽早于919年就越过大同江,在其北岸修建了平壤、龙冈二城(今朝鲜平壤市及平安南道龙冈郡一带)。此后,高丽急速向北扩进,仅用时十余年,以930年新建安北府(今朝鲜平安南道安州市一带)为标志,已将其势力拓展到了清川江南岸地区。

第二阶段是在定宗至景宗时期(945—981)。高丽越过清川江,以947年建造德昌(今朝鲜平安北道博川郡一带)、969年建造泰州(今朝鲜平安北道泰川郡一带)等城为标志,将势力推进至大宁江南北两岸。

第三阶段是在成宗至显宗时期(981—1031)。高丽在大宁江以北、鸭绿江以南,以兴建郭州(今朝鲜平安北道郭山郡一带)、龟州(今朝鲜平安北道龟城市一带)、兴化(今朝鲜平安北道义州郡南一带)、龙州(今朝鲜平安北道龙川郡一带)、通州(今朝鲜平安北道宣川郡一带)、铁州(今朝鲜平安北道铁山郡一带)等"江东六城"③为标志,将势力延伸至今朝鲜平安北道西北部地区。

第四阶段是在德宗至靖宗时期(1031—1046)。高丽在该阶段的主要成果是修建了从西北部的鸭绿江入海口至东部海岸的"千里长城"④,"以御女真"⑤。至此,高丽前期在朝鲜半岛西北部的北拓经营基本上结束。

综合这四个阶段,从北拓经营的时间上来看,前后历时仅一个多世纪。

---

① 《高丽史》卷82《志卷第三十六·兵二·城堡》。
② 所拓建的各城之地理分布,可参见金正浩撰《大东地志》卷32《方舆总志卷四·历代志·高丽·州郡·北界全图》。
③ 《高丽史节要》卷3,显宗元文大王壬子三年六月。
④ 该长城的地理走向,可参见李基白著《韩国史新论》(国际文化出版公司,1994,第132页)中的《高丽北境图》。
⑤ 《新增东国舆地胜览》卷48《咸镜道·定平都护府·古迹·古长城》。

而从北拓经营的地域上来看,却由大同江流域到清川江、大宁江流域并直至鸭绿江入海口附近,足见高丽王朝在其西北地域的开拓之迅猛、规模之宏大,并且在整体上明显呈现出了一种步步为营、渐次拓展的特点。

相比之下,高丽前期在朝鲜半岛东北部的北拓经营却要逊色得多。① 这不仅表现在北拓经营的时间上要晚于西北方面,即从光宗二十年(969)以建造长平镇城(今朝鲜咸镜南道金野郡东一带)为起点才开始其东北方面的开拓,而且表现在拓展的地域空间上要较西北方面小很多,仅仅"北进"至定州(今朝鲜咸镜南道定平郡一带)、元兴(今朝鲜咸镜南道定平郡南一带)、宣德(今朝鲜咸镜南道定平郡东一带)即"千里长城"之"三关门"② 一带便止步于此。

总之,基于迫切的北拓意识及有利的北疆经略环境,高丽王朝在其前期向西北与东北两个方面进行了全方位的经略实践,而尤以西北方面最为显著。最终,高丽凭借在其西北面至东北面修建"千里长城"的方式,大致将其前期的北方疆界确定下来,直至金末。只不过,该长城界线中的西北、东南两端还曾稍有"出入"或"波动",接下来就此分别详述。

**(一)高丽"千里长城"西北端以外的保州经略**

10—11世纪的高丽王朝如上实施了大规模的北拓经营,直至修"千里长城"作界为止。该长城界线初步形成之时,正值中国辽朝。其西北端起于鸭绿江入海口的状况,似乎代表着高丽彼时已拓疆至鸭绿江下游南岸地区。但事实上,当时鸭绿江下游南岸的绝大部分地段仍在辽朝的控制之下,而这正是由于辽设立保州(在今朝鲜平安北道义州郡义州邑附近)的缘故。

保州,又名"抱州"或称"把州"③,设立于辽圣宗时期(982—1031年),

---

① 所拓建的各城之地理分布,可参见金正浩撰《大东地志》卷32《方舆总志卷四·历代志·高丽·州郡·东界全图》。
② 金正浩:《大东地志》卷32《方舆总志卷四·历代志·高丽·疆域》。
③ 《高丽史》卷58《志卷第十二·地理三·北界·义州》。

"隶东京统军司,统州、军二,县一",即"宣州定远军、怀化军及来远县"。①辽设置它的初衷,恰与其在圣宗朝的"三征高丽"密切相关。而辽对高丽的这三次征伐,又与高丽前期的北拓经营存在背景上的直接关联性。

据前文可知,高丽在成宗时代(981—997)之前历经数代北拓经营,已将疆域扩展至大宁江流域。但其仍不满足,当成宗一即位,就有大臣提议:"以马歇滩(在大同江附近,引者注)②为界,太祖之志也;鸭江边,石城为界,大朝之所定也;乞择要害,以定疆域。"③其意显然欲更进一步,直达鸭绿江岸,并为此进行了相关经略实践。④ 尽管高丽一时未达目的,但其此举很快引起了辽朝的注意。辽本与高丽为平等关系,随着国力的增长,至圣宗时达到鼎盛时期,但面对高丽的咄咄之势,遂决定派大军征讨高丽。为此,辽还给出了征讨的理由:"大朝既已奄有高句丽旧地,今尔国侵夺疆界,是用征讨。又移书云,大朝统一四方,其未归附,期于扫荡,速致降款,毋涉淹留。"⑤从中可以看出,辽的目的是要高丽投降、臣服。由此可见,辽称高丽拓疆才要征讨的说法,实际是一种"表面化"的借口,是辽为了压制高丽气势的托词而已。后来的事态发展亦证明了这一点。993年,辽对高丽发动第一次进攻,随即便在当年被高丽使臣徐熙的灵活外交所化解。而这正是由于徐熙看准了辽此次来犯的真实意图,果断答应了辽朝望其称臣的要求,并以此作为条件趁机向辽提出疆土要求,欲攫取鸭绿江南北特别是江南的疆土。⑥ 结果,辽竟然大体同意了高丽所请,"诏取女直国鸭绿江东数百里地赐之"。⑦ 这就等于既承认了高丽之前的拓疆合理合法,又赋予其新的疆土权益,产生了相当严重的后果与影响。但同时,这也反映出辽其实并不非

---

① 《辽史》卷38《志第八·地理志二·东京道》。该条史料中称保州为"高丽置州",又说"开泰三年取其(高丽,引者注)保、定二州",实误。因为辽开泰三年为高丽显宗五年(1014),由前文可知,此时高丽尚未拓疆至鸭绿江岸,故不可能为高丽置州。下文在阐述保州的设置原因时,亦会证明其为辽初所置州,并非取自高丽。

② 《新增东国舆地胜览》卷51《平安道·平壤府·山川》条中有"马滩",疑指此"马歇滩"。

③ 《高丽史节要》卷2,成宗文懿大王壬午元年六月。

④ 据《高丽史节要》卷2 成宗文懿大王甲申三年五月条载:"命刑官御事李谦宜城鸭绿江岸,以为关城,女真以兵遏之,虏(掳,引者校)谦宜而去。"

⑤ 《高丽史节要》卷2,成宗文懿大王癸巳十二年十月。

⑥ 《高丽史节要》卷2,成宗文懿大王癸巳十二年十月。

⑦ 《辽史》卷115《列传第四十五·二国外记·高丽》。

常在乎疆土的有限得失,而真正在乎的是高丽的臣服之心。

然而不多久,辽便为自己的轻率尝到了苦头。1009年,由于高丽权臣康肇(《高丽史》作"康兆",当为一人,笔者注)弑君之"逆举"引起了辽圣宗的愤怒,辽遂发起了对高丽的第二次征讨,但在高丽的顽强抵抗下很快便失败而归。此时高丽亦顺势求和,遣使"乞称臣如旧"。① 为了检验高丽之诚意,辽圣宗下旨召其新即位之王(即高丽显宗,1009—1031年在位)入朝觐见,却遭拒。这就使原本已遭受军事失败的辽圣宗的怒火更被激发了出来,故辽圣宗遂要求高丽归还辽的疆土即"江东六城"。② 此六城是高丽前期第三阶段的主要北拓经营成果,亦是高丽在辽前番"赏赐"下的新成果,但从辽二次征讨开始反倒成为抵御辽军的前沿阵地,使辽军苦不堪言。可尽管如此,辽此次反悔索地,归根结底还是为了迫使高丽知错进而能继续恭顺臣服。但显然高丽不可能主动放弃此六城,其也没有悔罪之诚心。在这种情况下,辽便又要诉诸武力,因此开始准备对高丽的第三次征讨,而这也成为保州设立的契机。

1018年,辽集结大军对高丽展开全面进攻。鉴于上次征讨溃败的教训,尤其是鸭绿江的阻隔导致辽军进退不利,辽早在四年前(1014年)便预立先机,"造浮梁于鸭绿江,城保、宜义、定远等州"。③ 保、宜义、定远,即保州宣义军、宣州定远军,皆位于鸭绿江下游南岸的今朝鲜义州郡至新义州市一带。④ 辽试图以此作为其集结、输送兵力及后勤供给的基地,从而更好地把握战争主动权。然而,结果却事与愿违,由于辽军"轻敌深入"⑤,最终三度败归。此次惨败带给辽沉重的打击,加之后来辽朝内乱迭生,国力渐趋衰落,从此再也无力发动此类攻势了;而高丽亦见好就收,"奉表如契丹,请称藩纳贡如故"⑥。在这种情形下,双方恢复宗藩关系,维持和平局面直至辽亡。但和平的到来却使得关于保州的交涉问题也一并凸显开来。保州本作为战争环境下的产物,彼时已初步展现了其在鸭绿江南岸所具有的独特的

---

① 《辽史》卷115《列传第四十五·二国外记·高丽》。
② 《高丽史节要》卷3,显宗元文大王壬子三年六月。
③ 《辽史》卷115《列传第四十五·二国外记·高丽》。
④ 赵永春、玄花:《辽金与高丽的"保州"交涉》,《中国边疆史地研究》2008年第1期。
⑤ 《高丽史节要》卷3,显宗元文大王己未十年二月。
⑥ 《高丽史节要》卷3,显宗元文大王庚申十一年二月。

军事战略价值,曾引起辽、高丽双方的关注与争夺。① 待战争一结束,它的角色也随之发生转变,即由后方基地变成了边防前沿,从而更被辽所看重,亦马上成为高丽耿耿于怀、急切求索的焦点。因为这种战略要地凭借其"桥头堡"的身份,对于辽而言,已然成为辽在和平时期威慑高丽的一张"王牌"。相反,对于高丽来说,却是"如鲠在喉"的感觉;因为这种威胁的存在,不仅将使高丽承受巨大的军事压力,更严重阻碍了其继续北拓的步伐,这是高丽无法容忍的。因此,为了尽快拔去这根"刺",高丽在与辽的交涉中手段百出,一方面打着曾在辽圣宗朝蒙赐江东之地的旗号,屡次上书奏请归还保州之地,如称"宣、定两城,致人筑于我疆之内,未蒙还复……寻陈,乞放行人,并归侵地"②,表现出对保州极大的占有欲;另一方面,高丽对辽在保州的一举一动保持高度警惕,但凡发觉任何异常,便要上书反映,比如其曾上书阻止辽在保州设立弓口门、城桥、邮亭等,试图最大限度地化解潜在的危险,减轻该地带来的军事威胁。但是,由于辽对保州利益相当重视,始终不愿放弃对其的所有权,高丽的种种外交努力终究未能如愿。结果,保州问题在辽朝因为始终没有得到妥善解决,遂成为遗留问题,直到金朝兴起之后方才出现转机。

1116年,即金太祖建国第二年,已如强弩之末的辽朝被强悍的女真大军所席卷,瞬间处于覆亡的边缘。而辽之保州亦未幸免于难,"金将撒喝攻辽来远、抱州二城,几陷"。③ 当此之时,对保州极度敏感的高丽迅速做出反应,遣使至金求取称:"保州本吾旧地,愿以见还。"④面对高丽的要求,金太祖鉴于灭辽的首要任务以及尽可能地拉拢反辽势力,故一时并未反对,但提出让"其自取之"。⑤ 得到了这个允诺,高丽喜出望外,遂立即筹划攻取保州的事宜。就在此时,一直以来顽强抵御金兵的辽保州将帅,在自觉大势已去的情况下准备逃遁,并在临行之时突然决定把保州等城连同土地一并送与

---

① 如《高丽史节要》卷3显宗元文大王乙卯六年正月条载:"契丹,作桥于鸭绿江,夹桥筑东、西城,遣将攻破,不克。"其中,东、西城指的就是保州及其所属来远城。
② 《高丽史节要》卷4,靖宗容惠大王乙亥元年六月。
③ 《高丽史节要》卷8,睿宗文孝大王二,丙申十一年八月。
④ 《金史》卷135《列传第七十三·外国下·高丽》。
⑤ 《金史》卷135《列传第七十三·外国下·高丽》。

高丽。这让高丽始料未及,就连金军也未曾想到。面对盼望已久并唾手可得的城池与地界,高丽自然毫不犹豫地发兵"入其城,收兵仗及钱谷甚多,王大悦,改抱州为义州防御使,以鸭江为界,置关防"。① 然而,高丽虽然兵不血刃地得到了其渴求之物,但事情的结束哪会如此轻巧,毕竟其还没有得到金朝正式的封赐,而前番答复也仅仅是不反对、不干涉而已。由此,高丽数次遣使请赐,并在辽亡后向金主动纳贡称臣,"一依事辽旧例"。② 果然,成效显著:金帝对高丽的这些举动异常欣喜,表现出了与之前辽帝一样欠缺的疆土所有意识,即一旦满足了甘愿臣属于其的需求,认同其的正宗统治,也就不再计较一城一地的少许得失。为此,高丽先于1126年得到了金"以保州地赐之"③的许诺后,继而于1128年得到了金朝的再次批复:"准奉圣旨:保州之地,初有诏谕,更不收复。意谓贵国,必能只率旧章,遵奉王室。故朝廷不爱其地,特行割赐。"④两年后,金朝又准高丽"免追索保州投入人口"之请。⑤ 至此,"保州封域始定"⑥,即保州问题得到完全解决。

综上所述,最初仅是辽用于征讨目的而设的保州,引发了辽、金与高丽纷争逾百年的疆土交涉问题。这种纷争的来源主要在于保州在地理位置上有特殊的战略价值。尤其是对高丽而言,保州的存在最让其难以容忍又不能释怀的一点是阻挡了其北拓的步伐,成为其北方经略道路上的"拦路虎"与"绊脚石"。为此,高丽自然要想方设法地"踢"开它,或者最好占有它。高丽采取了最突出、有效之策即称臣纳贡、求得认同。由于高丽很好地利用辽、金统治者们对于君臣名分、礼数的看重更甚于寸土得失的认识,从而获"利"匪浅。这种结果造成的最直接、最重要的影响便是填补了高丽之前拓建"江东六城"后仍距鸭绿江入海口以上的干流河段咫尺不及的缺憾,初步达成了其全面北拓至鸭绿江下游南岸的目标。显然,这对于高丽王朝来说是一次里程碑式的北方经略实践,成为高丽实现与古代中国王朝正式以鸭绿江为界的开端,亦即从那时起,整个鸭绿江下游河段开始了最早成为古代

---

① 《高丽史节要》卷8,睿宗文孝大王二,丁酉十二年三月。
② 《高丽史节要》卷9,仁宗恭孝大王一,戊申六年六月。
③ 《高丽史节要》卷9,仁宗恭孝大王一,丙午四年九月。
④ 《高丽史节要》卷9,仁宗恭孝大王一,戊申六年十二月。
⑤ 《高丽史节要》卷9,仁宗恭孝大王一,庚戌八年十二月。
⑥ 《金史》卷135《列传第七十三·外国下·高丽》。

中、朝间天然界河的历史。

### (二) 高丽"千里长城"东南端以外的"九城"经略

高丽前期除了在"千里长城"西北端外积极经略保州外,还在"千里长城"东南端外于睿宗时期大力推行"九城"经略。只不过,相比高丽对保州的永久占领而使其西北界发生了实质性的改变而言,"九城"经略仅仅是"昙花一现"。

据前文可知,高丽长城界东南端乃定州、元兴、宣德"三关门"之地,而其"九城"经略正是发端于该关门以北地域。在这里,有必要先提及一下高丽睿宗以前该关北地的形势。当时,包括该关北地在内的高丽长城界以东、以北广大地域皆为辽统治下的女真居地,包括前文所述的鸭绿江、长白山及蒲卢毛朵部等部族,他们曾被高丽称之为"西北女真""西女真""北女真""东女真"或"东北女真"等。① 由于高丽的生产力水平高于这些女真部族,故而对其产生了一定的向心作用,加之高丽实施"恩威并济"的政策,导致许多女真部落纷纷"内附"于高丽。其中,"东女真"与"东北女真"可谓众女真"内附"的典型,正所谓"东北边十五州外蕃人,相继归附,愿置郡县,于今不绝"。② 而恰恰是在这些"东蕃"女真"内附"的过程中,高丽遂开启了"九城"经略。

众所周知,女真黑水部完颜氏一族在金兴之前与上述女真其他部落一样,亦为辽之下属。从11世纪初其族长乌古廼(即金景祖)被辽册封为"生女直部族节度使"③开始,该部族便日益强大。正是在这个过程中,它在不断兼并其他女真部落的同时,与高丽的冲突亦随之而来。其实,完颜氏所属黑水部女真本与高丽相距甚远,至12世纪初其族长盈歌(即金穆宗)即位后才与高丽始有联系,但彼时其已将势力延伸至图们江以南、近于高丽东北

---

① 在《高丽史》中,有时又将"西女真"记为"西蕃","西北女真"记为"西北蕃","北女真"记为"北蕃","东女真"与"东北女真"同记为"东蕃"。
② 《高丽史节要》卷5,文宗仁孝大王二,癸丑二十七年四月。
③ 《金史》卷1《本纪第一·世纪》。

边境的"曷懒甸"地区①,这便引起了高丽的强烈不满。因为一直以来,高丽都在欣然接纳并努力促成女真人内附,尤其是对其边境附近的女真人内附更为重视。如此做法之意义,且不究长远如何,单论对其当时的边境安宁亦至关重要。显然,当时正值女真人内附的高峰期,完颜部欲控制曷懒甸女真之举与高丽产生了巨大的矛盾,更何况高丽也不希望由于完颜部的参与而在其附近形成一个强大的女真部落联盟。于是,当"曷懒甸诸部尽欲来附(完颜部之时,引者注),高丽闻之不欲使来附,恐近于己而不利也,使人邀止之"②,但终究未能成功。此后,高丽又两度用军事手段欲阻止之,却皆败绩。为此,高丽要倾全力三讨女真人,随即爆发了经略"九城"的事件,也正是因为该事件的发生,此次征讨又被称为"九城"之役。

1107年十月,在经过精心准备后,刚即位不久的高丽睿宗(1105—1122年在位)宣布了出关东征的旨意,"以尹瓘为元帅,吴延宠副之"③,"军凡十七万,号二十万"④,分左、中、右三路浩浩荡荡地向曷懒甸攻去。经过数场战役,高丽大破女真人,并占领其地。紧接着,"瓘(于当年,引者注)又分遣诸将画定地界,又遣日官崔资颢相地,于蒙罗骨岭下筑城郭九百五十间号英州,火串山下筑九百九十二间号雄州,吴林金村筑七百七十四间号福州,弓汉伊村筑六百七十间号吉州"⑤,加上次年所筑咸、宜二州城与公险镇城以

---

① 学界就曷懒甸的位置历来说法不一,或认为在摩天岭以南、定平邑以北地域,或认为是在图们江以南的咸镜道地区,或认为在咸关岭以南、定平邑以北地域,还有认为在吉州邑以南、咸兴邑以北地域,等等。笔者认为第一种观点的可能性相对较大。参见卢启铉:《高丽外交史》,紫荆、金荣国译,延边大学出版社,2002,第167页。
② 《金史》卷135《列传第七十三·外国下·高丽》。
③ 《高丽史节要》卷7,睿宗文孝大王一,丁亥二年十月。
④ 《高丽史节要》卷7,睿宗文孝大王一,丁亥二年十二月。笔者认为从高丽斩杀的女真人数量来看,此军队数目应不实。
⑤ 《高丽史节要》卷7,睿宗文孝大王一,丁亥二年十二月。

及通泰、平戎二城,此即"为北界九城"。① 与此同时,高丽又以咸州城为大都督府,在各城设立行政官署机构,并"徙南界民实之"②,共徙民约6.9万户。③ 显然,高丽的这一系列举动似有永久据有这些女真地域的意图。为此,高丽竟还"立碑于公崄(同'险',引者注)镇,以为界至"④,希望以此方式来宣告其对这片新开拓的"九城"疆土的最终所有权,以便能尽早结束此次规模、耗费皆巨大的武力经略行动。然而,高丽如此迅猛的开拓,毕竟过于仓促,甚至还要"撤内城材瓦,以筑九城"。⑤ 此外,高丽诸将也立功心切,筑城拓疆之后又大喜过望,自以为从此"晏然高枕无东顾之忧矣"⑥,由此产生了骄怠、轻惰的心理,导致其疏于防御之事。与之相反,就在高丽从出击到筑城的过程中,女真人却一直没有放松过对高丽的斗争,只不过起初仅局限于局部的防守与伏击,但当高丽筑城侵地的消息传至完颜部后,在以阿骨打为核心的女真主战派的倡议下,很快便决议集合大军对高丽进行集中反攻,并同时"遣使告辽,还其九城"。在女真人军事与外交的双重攻势下,以金存仁为代表的高丽大臣认为:

> 人主之取土地,本欲育民也。今争城而杀人,莫如还其地而息民,今不与,必与契丹生衅……国家初筑九城,使告契丹,表称女真弓汉里乃我旧地,其居民亦我编氓,近来寇边不已,故收复而筑其城。表辞如

---

① 《高丽史节要》卷7,睿宗文孝大王一,戊子三年三月。关于"九城"范围的考察,目前学界尚存在分歧,最具代表性的有以下三种观点:(1)咸兴平野说,如池内宏的《完颜氏的曷懒甸经略与尹瓘的九城之役》(《满鲜地理历史研究报告》第9,东京帝国大学文学部,1922,第161~242页);(2)吉州邑及其以南说,如金正浩的《大东地志》(卷20《咸镜道·吉州·典故》);(3)图们江附近及其以北说,如卢启铉的《高丽外交史》(延边大学出版社,2002,第183~184页)以及方东仁的《韩国的国境划定研究》(一潮阁,1997,第177页)等。笔者认为从《高丽史》尹瓘传和吴延宠传中关于女真人进攻"九城"与"九城"相互支援,以及《金史·列传九·斡鲁》中有"高丽筑九城于曷懒甸"的记载来看,"九城"绝不可能达于图们江一带,顶多以吉州邑或其以南为限。
② 《高丽史节要》卷7,睿宗文孝大王一,戊子三年三月。
③ 据《高丽史》卷82《志卷第三十六·兵二·城堡》载:"号咸州曰镇东军置户一万三千,号英州曰安岭军,雄州曰宁海军各置户一万,福、吉、宜三州各置户七千,公崄、通泰、平戎三镇各置户五千。"各城徙民总计6.9万户,但短期之内如此大规模的移民,笔者怀疑此数目有误。
④ 《高丽史节要》卷7,睿宗文孝大王一,戊子三年二月。
⑤ 《高丽史节要》卷7,睿宗文孝大王一,戊子三年三月。
⑥ 《高丽史》卷96《列传卷第九·尹瓘》。

是,而弓汉里酋长多受契丹官职者,故契丹以我为妄言,必加责让。我若东备女真、北备契丹,则臣恐九城非三韩之福也。①

此建议得到了高丽睿宗(1105—1122年在位)以及多数高层臣工的支持。因此,高丽遂于1109年七月,"始撤九城,自吉州,以次收入战具资粮于内地"②,标志着其此次"调兵多端,中外骚扰"③的"九城"经略以完全归还所占女真疆土的结局而告终。

从1107年十月至1109年七月,高丽雄心勃勃的"九城"经略之举最后因完颜部女真的强力干涉,维持了不足两年便化为泡影,可谓整个高丽拓疆史上一个短暂的"小插曲"。这也使得高丽东北疆"复界以都连浦"④,即又重新回到"千里长城"东南端的"三关门"一线。尽管如此,高丽的此次"九城"经略仍有着不可忽视的历史意义,并对其后世产生了深远影响:

其一,虽说高丽此次在其东北疆的经略方面未能像其西北疆一样取得实质性突破,特别是在"千里长城"界外的突破,但毕竟是其在"三关门"外的第一次经略尝试,这就为其后世在该方向上积极北拓经营提供了榜样,进而为以后其东北疆界的持续北移并直达图们江岸埋下了伏笔。

其二,在此次北拓经营行动过程中,高丽对其所拓"九城"之地称"本勾高丽(即高句丽,引者注)之所有也……夫勾高丽失之于前,今上得之于后"⑤,再次展现了前文所述其以"复兴"高句丽疆土为己任的强烈的北拓意识,并在此次经略实践中得到了进一步继承与发展,并由此"传承"下去,为其后世的经略实践继续提供着足以效法的说辞及内在动力。

其三,高丽此次经略失败的结局也充分证明了在金兴前夕这种客观形势不利的情况下,其妄图依靠一次大规模的军事进攻就在短期内达成迅速拓疆是不现实的。因此,高丽此后若欲再次谋求其东北疆的开拓,首先就不得不继续等待新的有利之机;此外,其前期在朝鲜半岛西北部所采用的步步

---

① 《高丽史节要》卷7,睿宗文孝大王一,己丑四年五月。
② 《高丽史节要》卷7,睿宗文孝大王一,己丑四年七月。
③ 《高丽史》卷58《志卷第十二·地理三·东界》。
④ 柳馨远《东国舆地志》卷8《咸镜道》。都连浦,在定州海边,"千里长城""尾接于此"(同书卷8《咸镜道·定平都护府·山川》)。
⑤ 《高丽史》卷96《列传卷第九·尹瓘》。

为营、渐次开拓的方案,也或可继续作为其后世效法的北方经略模式的一种选择。①

## 第二节　高丽王朝后期的北方经略

从13世纪开始,高丽进入王朝后期,中国则先后进入到元、明统治时期。高丽的北部疆界出现了反复变迁:先是因元朝的崛起及其对高丽实行军事征服乃至政治干涉的政策,高丽不但丧失了其在前期北方经略的全部所得,甚至超出了该范围,致使其北界一度南移。但这种状态时隔不久又被打破,随着元朝统治的瓦解以及明朝的建立,高丽随即实施反元亲明的政策,不仅重新占有了之前被夺取的疆土,还突破其在前期的疆域范围,再次掀起了新一轮经略北疆的"热潮",从而使其彼时之北界由此发生剧变。

### 一、元朝征服下的高丽北疆

1206年,成吉思汗统一了蒙古草原。此后,蒙古人东征西讨,平金灭宋,至世祖忽必烈时期统一中国,中华大地也由此进入元朝统治时期。

其实,元朝与高丽因相距甚远而原本"未尝……有旧好"②,直到1218年因其追击后辽③叛军至于高丽江东城(今朝鲜平壤市江东郡一带),才与高丽有了首次交往。但此次和平往来仅仅维持了十余年,便随着元朝势力的增长及征服欲望的膨胀而被彻底打破。1231年,元朝借口其索贡使臣被

---

① 不过需要强调的是,后来到朝鲜王朝时期虽也采取了逐步建城北拓的类似的北方经略模式,但并不意味着这种模式的落实在其所受制的思想乃至依托的战略等方面就与高丽完全相同。事实上,由于二者经略的客观条件大有差别,朝鲜王朝所继续采取的这种北方经略模式,只是在具体实施手段的形式表现上与高丽有些类同而已。对此,下文将详述。
② 《高丽史节要》卷15,高宗安孝大王二,戊寅五年十二月。
③ 后辽,即1216年原辽朝皇族后裔耶律留哥部将耶律厮不背叛留哥后,其于澄州(今中国辽宁省海城市附近)建立的反蒙政权,后因内讧亡于1219年。

高丽"盗杀之于途"①，开始了对高丽的第一次征讨。此后，元朝借口各种理由，派遣军队对高丽又先后进行了规模不等的多次征讨。② 最终，一直以来以掌控高丽政权的崔氏武臣集团为代表的反蒙势力被完全打压③，迫使高丽不得不向元朝屈服。

臣服于元朝的高丽，至1260年元世祖忽必烈④即位后进入了关系相对稳定、和平的时期，但同时也开始了其遭受元朝系统性干涉内政的时期。这种干涉，范围之广，程度之深，在古代中国中原王朝与古代朝鲜半岛国家的关系史上可以说是空前的。⑤ 尤其是元朝对于高丽国王及王权的操控，是所有干涉行径中最为严酷且严密的。其主要表现为：设置征东行省，并任命元朝官吏与高丽王分权，且连带对其监督；⑥下嫁公主于高丽王，以便借政治联姻对其密切监控；⑦左右高丽王位继承人的废立；⑧强迫高丽王入朝觐见，并将世子作为人质入朝宿卫；⑨更定高丽王的庙号及行政用语，以严明

---

① 《元史》卷208《列传第九十五·外夷一·高丽》。

② 关于元朝征讨高丽的次数，学界说法不一，如朴真奭等的《朝鲜简史》（延边大学出版社，1998，第178页）认为共有六次，杨昭全、何彤梅的《中国—朝鲜·韩国关系史》（天津人民出版社，2001，第374页）认为共有七次，李春虎等的《朝鲜通史（第二卷）》（延边大学出版社，2006，第195页）认为共有九次，卢启铉的《高丽外交史》（延边大学出版社，2002，第262~312页）也认为共有九次。

③ 由于高丽长期重文轻武，致使武臣怨恨，终于至毅宗时期（1146—1170）爆发了郑仲夫、李义方等武人弑君谋逆之乱（1170年）。此后，高丽政权上至国王的废立，下至臣民的生杀予夺便长期掌握在各个武臣手里。而崔氏家族便是其中之一，也是高丽武臣统治的最高峰。崔氏集团不愿因降蒙而有损其统治权益，便倡导据岛反蒙的政策（如胁迫高丽君臣迁居江华岛与蒙军抗衡等），但在元朝的武力强压下失败。崔氏家族本身也于1258年，因其最后一个继任武臣崔竩被杀而宣告其统治结束。

④ 1271年，忽必烈改国号为"大元"，其即元世祖。

⑤ 李春虎等：《朝鲜通史（第二卷）》，延边大学出版社，2006，第212页。

⑥ 征东行（中书）省，原为元朝为东征日本而设，后成为控制高丽的行政机构。元朝以高丽王为征东行省左丞相主管高丽国事，同时又另立元朝官员于该机构任职，以便于监控。

⑦ 据《高丽史》记载，高丽自忠烈王至恭愍王统治下的七位国王中，有五位皆以元朝公主为妃，致使高丽成为名副其实的"驸马国"。

⑧ 高丽王位的继承人选皆由元朝指定，但凡元朝发现继任者有不忠或不端之行，即可将其废黜，如高丽忠肃王与忠惠王，便因此先后发生过即位遭贬黜后再复位的状况。

⑨ 据《高丽史》记载，高丽王经常被元帝以各种理由召去问训，而高丽自元宗至恭愍王等八位国王大多有成为元朝质子的经历。

君臣之分①等。如此干涉,使得高丽俨然成了元朝的附庸国而任其摆布,高丽君臣没有任何施展政治作为的余地。

诚然,元朝对高丽的武力征服和政治干涉,对高丽社会、经济各个方面尤其是内政造成了严重损害。不过,总的来说,对高丽打击最大、产生最直观影响的莫过于对高丽疆土的分割与占领,而尤以高丽北疆为甚。高丽东北部疆土是最早遭遇"变故"的地方。1258年,即元朝最后一次征讨高丽的过程中,蒙军以主力进攻高丽西北部地区之时,又另出一偏师以散吉大王为统帅攻打高丽东北部地区。为了抵御蒙军,高丽任用慎执平为东北面兵马使,组织该地区军民开展防御工作。但为了避祸,原本高丽东北部"高、和、定、长、宜、文等十五州人,徙居猪岛。东北面兵马使慎执平以为猪岛城大人少,守之甚难,遂以十五州徙保竹岛。岛狭隘,无井泉,人皆不欲。执平强驱而纳之,人多逃散,徙者十二三"。② 如此一来,高丽因所用非人,施策不当,其在东北部的防御事宜不仅未能组织得力,反而造成了民众的反感与恐慌。恰在此时,"龙津县人赵晖、定州人卓青等"趁高丽竹岛守军"粮储乏少""守备稍懈"之机,"与朔方道登、文州诸城人合谋,引蒙兵乘虚杀执平。登州副使朴仁起、和州副使金宣甫及京别抄等遂攻高城,焚烧庐舍,杀掠人民,遂以和州迤北附于蒙古。蒙古乃置双城总管府于和州,以晖为总管,青为千户"。③ 显然,在高丽因施策问题引发内乱的情况下,元朝几乎兵不血刃就达到了攻占其东北疆的目的,并最终以在和州(今朝鲜咸镜南道金野郡金野邑附近)建立双城总管府的方式实现了对该占领区的统治。

紧接着出现"变故"的是高丽的西北部疆土。1269年,高丽国内发生了推翻崔氏武臣集团的功臣们的争权内讧事件。结果,权臣林衍因先发制人,成了最后胜利者。夺权后的林衍,欲再次上演如崔氏武臣一样操纵高丽政

---

① 高丽自立国以来皆以"祖""宗"作为庙号,遭到元朝的禁止,高丽所历经元朝统治的九位国王中的前八位,皆被元冠之以"忠某王"的谥号,就连高宗(谥"忠宪王")、元宗(谥"忠敬王")也未例外。同时,元朝还禁止高丽使用"朕""陛下""圣旨""太子"等象征皇权的特殊用语,以及"三省六部"等宗主国才能使得的官署称号,等等。

② 《高丽史节要》卷17,高宗安孝大王四,戊午四十五年十月。猪岛、竹岛,均在今朝鲜江原道元山湾内。

③ 《高丽史节要》卷17,高宗安孝大王四,戊午四十五年十二月。

权的一幕,遂武力逼迫已与元朝建立密切关系的元宗退位,而另立元宗族弟王滇为王,妄图实现其傀儡统治。但是,该消息很快就传入元朝,并引起了元世祖的勃然大怒;因为如此以下犯上且"不告朝廷,臣下擅自废置"①之举,显然就是对已掌握高丽支配权特别是王位处置权的元朝的挑衅,是对其权威的极大挑战。因此,元朝严令高丽立即恢复元宗王位并惩办林衍一党,否则就兵戎相见。在元朝的强力干预下,林衍最终不得不复立元宗,而林衍一党也在随后不久被铲除。然而,即便如此,林衍弄权之事却无意间在高丽西北部地区诱发了一场反叛行动。

> 西北面兵马使记官崔坦、韩慎,三和县人、前校尉李延龄,定远都护郎将桂文庇,延州人玄孝哲等,以诛林衍为名,啸聚龙冈、咸从。三和人杀咸从县令崔元,夜入椴岛营,杀分司御史沈元濬、监仓朴守奕、京别抄等以叛。②

这股叛乱势力不仅随意杀害高丽官员,侵吞州县,意图割据自立,甚至还欲"凭仗蒙兵,潜有乘虚吞国之志"③,但却受到高丽君臣的积极抵制。最终,以崔坦为首的叛乱者在其计谋不成的情况下,"以州府县镇六十城来归"元朝④,而元朝亦求之不得,"赐崔坦、李延龄金牌,玄孝哲、韩慎银牌有差,诏令内属,改号东宁府,画慈悲岭为界"。⑤ 虽然此举当即遭到了高丽元宗的强烈反对,其一再请求元朝归还城池、土地并处置崔坦等人,但在元朝的压制与干预下未能得偿所愿,不得不眼看其西北部的大片疆土真正成了元朝的直属地。

综上,从高丽的东北疆迫于元朝征讨的形势而失陷,到高丽的西北疆被分割,元朝的武力强权使得高丽的疆土利益接连受到严重损害。根据相关史料记载,元朝占领地双城总管府与东宁府的辖域范围是:前者北至元哈兰

---

① 《高丽史节要》卷18,元宗顺孝大王一,己巳十年八月。
② 《高丽史节要》卷18,元宗顺孝大王一,己巳十年十月。
③ 《高丽史节要》卷18,元宗顺孝大王一,庚午十一年正月。
④ 《元史》卷59《志第十一·地理二·东宁路》。
⑤ 《高丽史节要》卷18,元宗顺孝大王一,庚午十一年二月。

府(今朝鲜咸镜南道咸兴市中心附近),南达高丽铁岭山①,即标志着高丽东北部与元朝从此以铁岭山为界,该界以北完全沦为元朝的疆土;后者北至元代的婆娑府(今中国辽宁省丹东市辖内九连城附近),南达高丽黄州及其下辖安岳、长命(分别相当于在今朝鲜黄海北道黄州郡、黄海南道安岳郡及殷栗郡长连里一带)等地②,即标志着高丽西北部与元朝将以黄州等地为界,该界以北亦成了元朝之地。从中显而易见元朝从征讨到干涉对高丽疆域造成的直接影响,即高丽北疆出现了疆界南移或者说疆域倒退的现象,这意味着不但高丽前期的北疆经略所得顷刻间化为乌有,甚至连丽初沿袭于统一新罗的北部疆界都不能保有,这一时期其整个疆域一度变成了高丽时代最小的时期。③

总之,从13世纪初至14世纪前半期,随着元朝的兴起及征战,整个高丽王朝最终不仅被迫经受其长达一个多世纪的征服统治,还不得不因此承受本国疆土被肢解并占领的命运。而这种命运直到14世纪中叶元亡明兴之时才被完全改变。④

## 二、高丽恭愍王代的北拓经营

1351年,由于元代长期实行民族分化政策并进行残暴统治,终于引发了元末红巾军大起义,导致其迅速覆亡,中国过渡到明朝统治时代。在此形势下,受元朝深刻影响的高丽王朝也迎来了新的历史发展时期,而首先开启该新时期的核心人物当属高丽恭愍王(1351—1374年在位)。正是他所领导的"反元自主"斗争,掀起了高丽时代北方经略的又一高潮。

---

① 《新增东国舆地胜览》卷48《咸镜道·咸兴府·古迹·哈兰府》。铁岭山,高丽王朝时代在此置关门号"铁关",朝鲜王朝时代为咸镜道与江原道分界岭,现在今朝鲜安边郡辖境南部。

② 《元史》卷59《志第十一·地理二·东宁路》。

③ 其实,元朝除了占领了高丽北疆大片疆土外,还于1273年占领了高丽南部的耽罗岛(今韩国济州岛),即分别从东北、西北及南面三面"包围肢解"高丽疆土并派军驻扎,至少在形式上对高丽形成军事高压。

④ 其中,东宁府因于1290年被元朝撤罢,其辖地遂重归高丽。但双城总管府及其辖地却要等到元末方才回归高丽手中,此点将在下文详述。

恭愍王,"讳颛,古讳祺,蒙古讳伯颜帖木儿"①,早年曾入质元朝宿卫,目睹了其兄忠惠王被元朝流放致死、其侄忠定王因对元朝心怀不满而被废位赐死的悲惨结局,对元朝因愤恨产生了日后"反元自主"的迫切心理;但同时,他在元朝的这一段经历,又为他积累了人脉,得以娶元宗室公主为妻,密切了与元朝的关系。最终,恭愍王成功被元朝看中,得以于1351年取代忠定王回国即位。恭愍王执政之期,恰逢元朝内乱迭生之时。但显然,这对恭愍王来说是实现其"反元自主"目标千载难逢的机会。基于此,恭愍王开始了长达十余年的反元斗争,并采取多种手段及方式以保证反元事业的持续推进。比如,在内政方面,他首先清除了元朝后族"奇氏一党"②,排除了元朝设于高丽内部进行监视与干预国政的最大威胁与障碍。随即"罢征东行中书省理问所"③,"复旧官制"④,甚至停奉元朝正朔等。又如,在外交方面,为了保障内政反元工作的顺利开展,他表面上维持与元朝的宗藩关系,对元表现得毕恭毕敬,暗中却在时刻窥测天下形势,对元朝实际上是阳奉阴违。1368年明太祖朱元璋大军攻克元大都(今北京)建立明朝之后,他便立刻转而亲明,接受明朝册封,向明称臣纳贡,并"始行洪武年号"。⑤ 由此可见,以上种种举措无不展现出恭愍王力求"反元自主"之决心与意志。不过,促使他将反元斗争发挥到极致之举,还要数其对高丽前期所开拓北疆之地的重新占领并加以扩大化。恭愍王五年(1356),他始"以评理印珰、同知密直姜仲卿为西北面兵马使,司尹辛珣、俞洪、前大护军崔莹、前副正崔夫介为副使,攻破鸭江以西八站;以密直副使柳仁雨为东北面兵马使,前大护军贡天甫、前宗簿令金元凤为副使,收复双城等处"⑥,由此彻底吹响了全面武力反元的号角。

然而,诚如上文所述,高丽前期北拓经营的成果仅达鸭绿江下游南岸及

---

① 《高丽史节要》卷26,恭愍王一,序言。
② 关于"奇氏一党",据《高丽史节要》卷25忠惠王庚辰后元年四月条载:"元封奇氏为第二皇后,后本国幸州人,总部散郎子敖之女,生皇太子爱猷识理达腊,轼、辙、轮、辕皆后兄也。"另据《元史》卷114《列传第一·后妃一·完者忽都》载:"初,奇氏之族在高丽者,怙势骄横,高丽王怒,尽杀之。"
③ 《高丽史节要》卷26,恭愍王一,丙申五年五月。
④ 《高丽史节要》卷26,恭愍王一,丙申五年七月。
⑤ 《高丽史节要》卷29,恭愍王四,庚戌十九年七月。
⑥ 《高丽史节要》卷26,恭愍王一,丙申五年五月。

"千里长城"一线,而后因元朝的占领才使该疆界发生短期"南移",因此如若以反元为由进行此次所谓的"复原"疆土行动,也顶多推进至此前经略北疆后的疆界,但这时的恭愍王已不再满足于此,而要有效地利用当时元廷败局已定以及新朝更替的有利时机,将反元成果扩大化,由此再次掀起了新一轮北拓经营的热潮。这个过程中,高丽在其东北部地区的进展最为迅速。即恭愍王命令柳仁雨率军攻占双城总管府,并迫使当年叛民赵晖、卓青的后代赵小生、卓都卿①"逃入伊板岭(今朝鲜咸镜南、北道分界岭即摩天岭,引者注)北立石之地"②之后,继续马不停蹄地一路向北攻取。"于是,按地图收复和、登、定、长、预、高、文、宜州及宣德、元兴、宁仁、耀德、静边等镇诸城。盖咸州以北哈兰、洪献、三撒,本为我疆,自高宗戊午没于元,凡九十九年,今皆复之。"③此处"哈兰、洪献、三撒"等地皆为"千里长城"东南端"三关门"外原元朝统治下的女真地域。这就意味着高丽不仅已收复了之前被元朝占领的"三关门"以南地段,还越出"三关门",侵入到女真地域,意图趁势以夺取女真之地的方式来扩展其东北部疆土。为此,高丽甚至不惜派出"千户丁臣桂,领兵过伊板岭,与女真军战……斩获甚多,虏(掳,引者校)其魁帖木儿,传首于京"。④最终,在高丽军队势如破竹的猛烈攻势下,高丽将其东北部疆域急速推进至相当于今朝鲜咸镜北道的镜城郡一带,并于此后不久又"以寿春君李寿山为东北面都巡问使,定女真疆域"⑤,建立行政建制,从而逐步完成了对该地区的经略(见表1-1)。

---

① 赵小生、卓都卿皆袭其祖先的双城总管府总管、千户之职,为元朝管理该地。
② 《高丽史节要》卷26,恭愍王一,丙申五年七月。
③ 《高丽史节要》卷26,恭愍王一,丙申五年七月。
④ 《高丽史节要》卷26,恭愍王一,丙申五年九月。
⑤ 《高丽史节要》卷27,恭愍王二,壬寅十一年十二月。

表 1-1　高丽恭愍王代的东北疆经略

| 今名 | 咸兴 | 洪原 | 北青 | 端川 | 吉州 | 镜城 |
|---|---|---|---|---|---|---|
| 元朝及之前的地名 | 元称哈兰府 | 古称洪肯或洪献 | 元称三撒 | 女真吴林金村，元称秃鲁兀 | 元称海洋（一云三海洋） | 女真称亏笼耳 |
| 开拓的起始（或关键）时间 | 恭愍王五年 | 恭愍王五年 | 恭愍王五年 | 恭愍王五年 | 恭愍王时期，具体时间不详ª | 恭愍王时期，具体时间不详ᵇ |
| 开拓后的建制 | 初改为知咸州事，后升牧 | 高丽末始置洪献县 | 初置安北千户防御所，后改北青州万户府 | 初称福州，辛禑八年（1382）改置端州安抚使 | 仍称海洋，恭让王二年（1390）置雄吉州等处管军民万户府 | 起初称谓不详，朝鲜太祖七年（1398）始置镜城万户 |

资料来源：本表据《高丽史》《高丽史节要》《朝鲜世宗实录·地理志》《新增东国舆地胜览》《舆地图书》《大东地志》等相关古籍记载综合而得。

注：a.金正浩认为"海洋"（吉州）之地是在"恭愍王五年收复"。① 但据《高丽史节要》载，直到恭愍王七年（1358），尚有原元朝双城总管府的"赵小生、卓都卿逃据阳（即海洋，引者注），海阳人完者不花率兵千八百来投"②，可见高丽占据"海洋"的时间应不早于该年。

b.金正浩亦认为"亏笼耳"（镜城）之地是在"恭愍王五年收复"。③ 但既然高丽攻占"海洋"之地当在恭愍王七年以后，而"亏笼耳"又在"海洋"以北，那么高丽攻占"亏笼耳"的时间自然应更晚一些，笔者疑在恭愍王统治末期。

表 1-1 所显示的咸兴以北的几个关键地点，仅代表了高丽此番在其东北疆逐步开拓经营新占地域的大致过程，关于此中细节，因文献资料不足，至今已无从详知。但值得一提的是，表 1-1 中各地皆分布于今朝鲜咸镜南、北道沿海地区。由此可以推测，高丽应是由南向北以攻占女真人沿海岸线的这些重要据点的方式来进行开拓的，并建立行政建制，逐渐地向周围尤其是北边进行渗透。如此一来，高丽在其东北部成功经略的事实成为定局，其在图们江以南的疆界就此发生剧变。

此外，高丽在卓有成效地经略其东北疆时，也不失时机地向西北疆进行拓展。诚如前文所述，高丽在其西北部原被元朝所占领的疆土早于 1290 年因东宁府的撤罢而还复。也就是说，高丽此时虽仍以"千里长城"西段的大

---

① 金正浩：《大东地志》卷 20《咸镜道·吉州·沿革》。
② 《高丽史节要》卷 27，恭愍王二，戊戌七年四月。
③ 金正浩：《大东地志》卷 20《咸镜道·镜城·沿革》。

部分乃至义州邑城所处的鸭绿江下游南岸为界,但为了反元,恭愍王趁元朝无暇顾及之机,不仅派出了印瑭军马,还在此后另指派时任东北面兵马使的李成桂(即后来的朝鲜太祖)率领大军,先后越过鸭绿江进攻元朝的辽东地区,并一度肃清了该地邻近高丽西北边境区域的元守军,甚至因此而发生了"东至皇城(今中国吉林集安市附近,引者注),北至东宁府(今中国辽宁桓仁满族自治县附近①,引者注),西至于海,南至鸭绿,为之一空"的现象。② 结果正是在此期间,高丽利用元朝在辽东东部地区特别是鸭绿江以南失于统治的间隙,越过"千里长城"界线,溯鸭绿江而上扩展其疆土,直至相当于今朝鲜慈江道的碧潼郡及江界市一带,并如同其东北疆所拓区域一样,在建立相关行政建制后,逐步完成了该地区的经略(见表1-2)。

表1-2 高丽恭愍王代的西北疆经略

| 今名 | 昌城 | 碧潼 | 楚山 | 江界 |
| --- | --- | --- | --- | --- |
| 元朝及之前的地名 | 古昌州[a] | 本女真所居林土、碧团之地 | 本女真所居豆木里之地[c] | 古称秃鲁江 |
| 开拓的起始(或关键)时间 | 恭愍王十八年(1369)[b] | 恭愍王六年 | 恭愍王十一年(1362)[c] | 恭愍王十年(1361)[b] |
| 开拓后的建制 | 初置泥城万户府,设镇平、镇康、镇静、镇远四军,差上副千户掌之[b] | 改林土为阴潼,以碧团隶焉,抄南界人户以实之 | 恭愍王时人物渐实,并将山城改号为理山[c] | 初置秃鲁江万户,后改今名为万户府,设镇边、镇戎、镇安、镇宁四军,差上副千户管之 |

**资料来源:** 本表据《高丽史》《高丽史节要》《朝鲜世宗实录·地理志》《新增东国舆地胜览》《舆地图书》《大东地志》等相关古籍记载综合而得。

**注:** a.古昌州,即高丽前期靖宗(1034—1046年在位)时"城梓田,徙民实之"(《高丽史节要》卷4,靖宗容惠大王乙亥元年九月)所筑之昌州城。这是史料中关于古昌州的最早记录。显然,该记载既简短又模糊,使得其中至关重要的古昌州城的地理位置无法确知。这里关键在于"梓田"位置的确定,但后续各史料皆未对此有直接的说明,只知道到高宗(1213—1259年在位)时因元朝征讨使其城邑从此废弃。这就使得古昌州城的位置成为历史之谜。不过,后来在《新增东国舆地胜览》等地理古籍中出现了有关"昌洲镇"的记载,该镇在朝鲜王朝时期的昌城邑城以东45朝鲜里的鸭绿江南岸之地,如金正浩在《大东地志》中便认定该镇即古昌州城③。但笔者认为,由于高丽前期的西北势力除义州之地外尚未超出"千里长城",故不可能在靠近鸭绿江岸的地方,顶多应在"千里长城"一线附近甚至以内。比如,《新增东国舆地胜览》卷53"平安道·昌城都护府·古迹"条另有"古城,在府东一百五十里"的记载,不知是否

---

① 河内良弘:《关于明代辽阳的东宁卫》,杨旸、梁志忠译,《黑河学刊》1988年第3期。
② 《高丽史节要》卷29,恭愍王四,庚戌十九年正月。
③ 金正浩:《大东地志》卷32《方舆总志卷四·历代志·高丽·州郡·北界全图》。

指的是古昌州城所在地,而《舆地图书》上册"平安道·昌城府·古迹"条则认为此"古城"疑为高句丽古城遗址。不过,朝鲜王朝时代的古地图如《八道地图·平安道分图》(古4709-23)、《海东地图》(古4709-61)中①,也专门标绘了"旧昌城"(古昌州)的位置,即大概在昌城邑以南的大、小防墙岭(关隘)南侧或朔州邑所辖幕岭镇附近;若据此而言,古昌州城似应在今朝鲜平安北道昌城郡辖地的南部,靠近暎洲川源头、南仓川源头以及昌城江源头所在的分水岭附近某处。直到恭愍王派军占据泥城一带后,才表明高丽始开拓古昌州城以北临近鸭绿江的区域。

b.有学者考证认为,泥城万户府和江界万户府的设置存在一个逐步推进的过程。即,恭愍王六年,高丽始派军侵入泥城等处,逐渐击走当地女真人,至十八年正式设置泥城万户府;而秃鲁江万户治所起初应在秃鲁江(今朝鲜慈江道将子江)中上游一带,高丽派军侵入秃鲁江流域,先于恭愍王十年在秃鲁江中上游设置秃鲁江万户,后于十八年才沿江而下移治于后来的江界之地(今朝鲜慈江道江界市中心附近),并改称江界万户府。②

c.可能由于史料的缺失,高丽时期对拓占的女真"豆木里"地域的经营并未见载于《高丽史》地志。朝鲜王朝初期的地理文献《世宗实录·地理志》及《新增东国舆地胜览》也只是模糊记载了高丽恭愍王时人物渐实的状况,以此表明该地在恭愍王代已成为人口集聚之地。③但朝鲜王朝后期的地理文献《舆地图书》中有这样两段文字:"本府(指理山,引者注)本女真豆木里也,自元仁宗延祐甲子(应为丁巳,引者校)、高丽忠肃王四年(1317年,引者注)始设豆木里万户。古理山,旧万伊地,至文宗至顺、忠肃王(应为惠宗至正、忠惠王,引者校)癸未(1343年,引者注)改号理州,移设山城,称迁石万户。元至正、高丽忠惠王(应为恭愍王,引者校)壬寅(1362年,引者注)改号理山,升为地郡司兼劝农"④;"古理山山城,在府南一百三里,石筑……高丽忠肃王(应为忠惠王,引者校)癸未万户白达里所筑"⑤。这说明豆木里(亦即理山)地域在自恭愍王代逐渐成为人口集聚地之前,已经历经高丽近半个世纪的开拓经营过程,而且主要是围绕所营建的理山山城展开经略行动。此理山山城即为古理山(今朝鲜慈江道古丰郡内,即旧称"古面旧衙洞"附近),距后来的理山郡治(今朝鲜慈江道楚山郡楚山邑附近)大概有百余(朝鲜)里远。⑥

从表1-2中各地的依次展列,可知高丽在西北疆逐步开拓经营新占地域的基本过程与开拓经营东北疆类似。比较而言,虽然西北疆的开拓时间稍晚于东北疆,在开拓进度上也不似东北疆那样迅猛,但仍不失为一次颇具规模、速度的开拓。况且,由于以上新开拓地中的"泥城"及"阴潼"所辖"碧团"等皆是位于鸭绿江中游南岸的临江之地,而"豆木里""秃鲁江"虽距江稍远,却在"泥城""阴潼"等地偏东或东北的位置,这就意味着高丽已将其西北疆域初步扩展至鸭绿江中游南岸一带,并有着完全拓占鸭绿江中游南

---

① 此二图均可参见李灿执笔《韩国的古地图》,韩国图书馆学研究会,1977。
② 蒋秀松:《高丽末期的东、西女真》,《黑龙江民族丛刊》1994年第3期。
③ 分别参见《朝鲜世宗实录》卷154《地理志·平安道·江界都护府·理山郡》;《新增东国舆地胜览》卷55《平安道·理山郡·建置沿革》。
④ 《舆地图书》(上)《平安道·理山府·建置沿革》。
⑤ 《舆地图书》(上)《平安道·理山府·古迹》。
⑥ 《新增东国舆地胜览》卷55《平安道·理山郡·古迹》。

岸地区的趋势。

综上可见，在整个恭愍王统治时期，高丽从其东北方沿海岸线、西北方沿鸭绿江，仅用十余年时间就拓展了大量的疆土。尤其是高丽的东北疆经略，在规模上史无前例，不仅再次夺回了先前在睿宗时期"旋得旋失"①的"九城"所在的疆土利益，甚至更超出了"九城"经略的范围，如此连同其西北疆的经略一起，为其后世继续朝着朝鲜半岛北部直至"鸭—图"两江全线的北拓经营开辟了新起点。那么，这样富有力度的北方经略行动，就会引出一个值得我们深思的问题，即此次兼具速度与规模的北拓经营之举得以促成，缘由为何？笔者认为除有元朝衰败的有利时机，以及恭愍王因反元而北拓的积极性强、所用将领指挥得力等种种因素外，还有一个不容忽视的原因，即高丽恭愍王代经略北疆前后，在所拓区域持续形成的高丽人的迁徙运动，其中有些是政府导向的强制迁徙运动，也有非政府强制力作用下所形成的高丽人的自然迁徙运动。比如表1-2中，高丽西北疆所拓豆木里之地到"恭愍王时人物渐实"，正是高丽在经营该地域的过程中伴随有移民运动的一个明证。再如，高丽在其东北疆的开拓经营活动中，更可用一个人物事迹作为典型例证，此即下文将要阐述的李成桂（1392—1398年在位）及其祖先的发迹史。

总之，发生于元末明初这一特殊历史时期的高丽北拓经营行动，伴随着恭愍王将反元斗争变成了既得的疆土实利，促使高丽在其西北疆拉开了以鸭绿江中游与古代中国王朝为界的序幕，以及造就了图们江以南高丽东北疆疆域的剧变，从而为其后世将北方经略行动继续深入推进，创造了极为有利的基础条件。

## 三、丽末铁岭卫事件及其后果

1374年，由于恭愍王突然被"宦者崔万生、幸臣洪伦等"所弑②，原"江

---

① 《新增东国舆地胜览》卷50《咸镜道·会宁都护府·城郭·行城》。
② 《高丽史节要》卷29，恭愍王四，甲寅二十三年九月。

宁府院大君"牟尼奴①即位,是为禑王(1374—1388年在位),高丽进入禑王统治时期。然而,由于禑王当政后不久一反恭愍王时期"反元亲明"的对外国策,转而亲近已日薄西山的元朝残余势力,即北元政权②,这就逐渐引起了早已建交并一直以来高丽都对之尊奉如初的明朝的不满,加之当时恰巧又发生了高丽"贡使金义杀朝使蔡斌"③之事,从而使得高丽、明双方的关系一度降至"冰点"。正是在这种背景下,1387年,明太祖"命户部咨高丽王:'铁岭北、东、西之地,旧属开元者,辽东统之。铁岭之南,旧属高丽者,本国统之。各正疆境,毋侵越。'"④由此便引发了造成高丽政局剧烈动荡的丽末"铁岭卫事件"。

该事件虽说受到高丽在禑王时期与明朝外交矛盾的影响,但就其实质而言,应是一起疆土纠纷问题。因为当时明军在追剿北元势力的过程中,已逐步收复了元辽东地区,即将达到高丽边境,故而自然就会产生疆土及疆界划分的问题。何况,明朝在将高丽视为"不征之国"⑤的前提下,本欲诚心与高丽划界而治,因此才如上所述,按照以往划界的传统主动向高丽申明了疆界的位置,即以铁岭为界。然而,恰恰是由于这个叫铁岭的地方被设定为分界依据的提案,无意间触动了高丽的"神经",引发了高丽的激烈反应。正如前文已述,高丽东北部(相当于在今朝鲜江原道安边郡辖境南部)有座"铁岭山",曾作为元朝双城总管府与高丽的分界岭,因此高丽在得知明朝立卫于"铁岭"的消息后,认为明朝此举意在步元朝之后尘,即想要强硬回收其北疆疆土,尤其是恭愍王代的新拓疆土。对于明朝这种看似"无理"的划界提案,极其看重并擅于攫取疆土利益的高丽是无论如何也不会接受的。于是,高丽遂一面以密直提学朴宜中为专使立即向明朝申辩,"请还铁岭迤

---

① 《高丽史节要》卷29,恭愍王四,癸丑二十二年七月。
② 北元政权,指退出中原后的元统治阶层在北方草原地区所形成的残存势力。在明初,北元政权曾一度统治过包括辽东在内的广大地域,故而当时还与高丽有过一段密切联系期(主要指高丽禑王时期)。
③ 《明史》卷320《列传第二百八·外国一·朝鲜》。
④ 《明史》卷320《列传第二百八·外国一·朝鲜》。
⑤ 明太祖在立国之初曾下令在《皇明祖训》中定下15个海外"不征之国",朝鲜王朝(当时还是高丽)居其中之首位。

北"。① 但另一面,一直存在亲元倾向的禑王及以门下侍中②崔莹为代表的强硬派却在暗中"密议攻辽"③。由此可见,高丽深受刺激直至有如此反常的举动,足以体现出其对于疆土归属之类的事情是绝不会妥协与迁就的。只是,至此却存在一个必须值得考虑的问题:高丽所指的"铁岭",明朝能否熟知? 换句话说,明太祖所提出的作为分界处的"铁岭"是否即为高丽君臣所习惯认知的"铁岭"? 显然,这是此次铁岭卫事件的症结所在,也是如何看待、理解该事件及其后果、影响等一些重大问题的关键所在。正因如此,该事件不仅成为古代中朝关系史上的重要事件,更成为研究明清时期中朝疆界史时无法回避的重要问题。

有关铁岭卫事件的研究由来已久,大致从 20 世纪初开始,中、日、朝、韩学术界已有约百年的学术研究历程。日本学者最早涉足该问题,其最初以满鲜铁道株式会社为基地,对该问题进行了开拓性的调查研究,如和田清、池内宏、稻叶岩吉等。韩国及朝鲜学者在 20 世纪后半叶及以后也陆续开展这方面的研究,如李基白、金龙德、朴英海(音译)等,但其主流观点大体吸收并继承了日本学者早期的成果。中国学者的研究起步最晚,基本始于 20 世纪末中韩建交之后,但随着中国边疆学以及世界史(朝鲜·韩国别史)学科的发展与相关研究的逐步深入,除了注意吸收日、韩已有成果外,还创新性地进行了多种思路的探索,并产生了一些新的观点,如王颋、张辉、李花子等先生。④

---

① 《高丽史节要》卷 33,辛禑四,戊辰十四年二月。
② 门下侍中,高丽王朝官名,相当于明朝的丞相。
③ 《高丽史节要》卷 33,辛禑四,戊辰十四年二月。
④ 最具代表性的观点首先出自日本学界,即和田清的《明初的满洲经略:上篇》(载《东亚史研究(满洲篇)》,东洋文库,1955,第 312～321 页)、池内宏的《高丽辛禑朝的铁岭问题》(载《满鲜史研究·中世(第 3 册)》,吉川弘文馆,1963,第 235～264 页)、稻叶岩吉的《置疑铁岭卫的位置》(《青丘学丛》1934 年第 18 号),这三种观点随后被中、朝、韩三国所吸收。其中,和田清的观点影响最大,韩、中两国绝大部分论著属于此观点,比如有韩国学者李基白的《韩国史新论》(国际文化出版公司,1994,第 172 页)、中国学者杨昭全与孙玉梅的《中朝边界史》(吉林文史出版社,1993,第 129～132 页)等;而朝鲜学界也赞同此观点,并将明朝设置铁岭卫说成是侵略,比如有朴英海(音译)的《朝鲜对外关系史 2》(朝鲜社会科学出版社,2012,第 110～118 页)。不过,还有与这三种观点不同的一些论著,如韩国学者金龙德的《铁岭卫考》(载《中央大论文集》,1961 年通卷第 6 号)以及中国学者王颋的《鲜祖效变——威化岛回军事件新考》(载《驾泽抟云——中外关系史地研究》,南方出版社,2003,第 274～277 页)、张辉的《"铁岭立卫"与辛禑朝出师攻辽》(《中国边疆史地研究》2003 年第 1 期)、李花子的《铁岭位置再探》(载《明清时期中朝边界史研究》,知识产权出版社,2011,第 25～37 页)等,但尚未在学界产生共鸣(这些观点的总结,部分参考了李花子先生的《铁岭位置再探》一文,下述该文中观点亦皆来源于此,不再赘述)。

总的来说,到目前为止,学界对于铁岭卫问题仍不能形成统一意见,而其中主要的分歧在于铁岭卫的初设地点及是否发生过移动。对于这些分歧,国内中朝疆界史研究的前辈李花子先生曾在其著作《明清时期中朝边界史研究》一书中的"铁岭位置再探"部分(以下简称李文)有过系统的归纳、整理,概括起来即主要包含以下五种观点:(1)朝鲜半岛铁岭山立卫及移动说(以和田清博士为代表);(2)凤城立卫及移动说(王颋先生);(3)集安立卫及移动说(以池内宏博士为代表);(4)江界立卫及移动说(以稻叶岩吉博士为代表);(5)辽东立卫及非移动说(金龙德先生)。其中,第(2)、(3)、(5)这三种观点区别于其他两种观点,显然旨在强调铁岭最初于辽东立卫,而李文在基本赞同"最初立卫辽东"的基础上,又提出了第六种观点即"辽东奉集县旧铁岭城初设位置"说。① 同时,李文进一步指出铁岭卫事件的发生主要是由于明、高丽双方误解造成的,即高丽以为明朝将要接管旧元双城总管府,而明朝则以为高丽对辽东疆土怀有野心,但事实上明朝自始至终都没有想在朝鲜半岛内设置铁岭卫,也没有想收回旧元双城总管府领地,而是一开始就将铁岭卫设于奉集县(作者注解为今沈阳市东南四十里奉集堡),在此之前并未发生过移设现象。笔者认为确如李先生所论,铁岭卫最初既未被预设于朝鲜半岛,也根本不存在初设地移动的可能。为此,本节将作如下补证,并分析造成误解的原因。

(一)上述相关诸说之补正

**补证一:关于朝鲜半岛之铁岭山立卫说**

从史料有关以明太祖为首的明朝君臣对朝鲜半岛地理认知状况的记载来看,明朝不太可能会选择在朝鲜半岛铁岭山立卫为界。

由于中国古代的官方史料,尤其是正史的记载中存在着重中原而弱边疆的特点,因此对于朝鲜半岛历史的记载本身就相对不多,而其中关于该地

---

① 实际上,关于该分歧,张辉先生的《"铁岭立卫"与辛禑朝出师攻辽》一文(以下简称张文)是最早进行系统归纳、总结的论著,其首先概括了以上前三种观点。通过对以往观点的总结,张文在进行辩驳的同时,支持明初士人始终都是在辽东立卫以及本意欲以鸭绿江为界的观点,但仍未放弃"移动说"。而李文与张文的部分观点一致,却不同意"移动说",其在韩国学者金龙德观点的基础上,又提出了新观点即"辽东奉集县旧铁岭城初设位置"说,这给予笔者重要启示。

地理状况的记载就更加有限。那么，对于立国不久而主要从前代史料中汲取朝鲜半岛知识的明太祖等明朝君臣来说，其对朝鲜半岛地理状况的掌握自然不会超出前代太多。事实也果然证明了这一点。据《明太祖实录》载：

> （洪武二年，引者注）十二月……壬午……上谓中书及礼官曰："今安南、高丽皆臣附，其国内山川宜与中国一体致祭。"于是礼部考其山川……高丽山有三，曰鲁阳、曰嵩、曰苇；水有四，曰川礼成，曰盐难水，曰浿水，曰马訾水，即鸭绿江也。遂命著之祀典，设位以祭。①

由此可见，明初明朝君臣在对高丽山川的认知中较清楚的是以上"三山四水"。即便在此"四水"中，其却把在鸭绿江中游以北的盐难水，即今中国浑江，认定为高丽境内之水。这说明其对于高丽山水地理的认识是粗略、模糊乃至混乱的。其较为了解与关注的应只有鸭绿江，但并非整条江，而只是该江除长白山天池源头外的中下游地区②，其中最熟悉的就是该江下游地区。

甚至，后世明人对朝鲜半岛地理的认知虽有所增长，但相较于对中原内地地理状况的掌握而言，还是相当有限的，其中特别是对鸭绿江的认知更一直无非常显著的发展。这从明中后期续编的《辽东志》中的《辽东河东地方总图》（或《全辽志》中的《全辽总图》）③所描绘的鸭绿江状况，以及《开原控带外夷山川图》（或《全辽志》中的《开原控带外夷图》）④所描绘的辽东东、北部山水地理状况中便可以看出，即可作为上述认知之旁证。特别是《开

---

① 《明太祖高皇帝实录》卷47，洪武二年十二月壬午。
② 基于前人对鸭绿江的认知，明初士人已粗知鸭绿江发源于长白山天池。如《大明一统志》卷25《辽东都指挥使司·山川》载："鸭渌江，在都司城东五百六十里。按，《唐书·东夷列传》有马訾水，出靺鞨之白山。"《大明一统志》卷89《外夷·女直·山川》载："长白山……其颠有潭，周八十里，南流为鸭绿江。"
③ 分别参见任洛等撰《辽东志》卷首《凡例》后《辽东河东地方总图》，李辅等撰《全辽志》卷1《图考志·全辽总图》。该总图仅显示了鸭绿江下游，甚至还未及其中游，此即明人最为熟知的鸭绿江面貌。
④ 分别参见任洛等撰《辽东志》卷首《凡例》后《开原控带外夷山川图》，李辅等撰《全辽志》卷1《图考志·开原控带外夷图》。《辽东志》（或《全辽志》）正文中，有关鸭绿江有限的文字记载并未言明除发源于长白山天池之外的其他上游河段的信息，而在前述这些地图中甚至没有在长白山以西绘制鸭绿江发源的上游河段，即表明直至此二志书的作者创作之时，仍不十分清楚或不太在意鸭绿江上游乃至全流域的翔实状况。

原控带外夷山川图》(或《开原控带外夷图》)右下角所显示的对于朝鲜半岛东北部地理的认知状况,其中的"铁里关"似指朝鲜半岛东北部南端的"铁关",即明人可能已知有此关隘,而铁岭山在此图中却未标注,这说明明人似乎并不十分清楚该山名乃至"铁岭"地名及其与"铁(里)关"的关系等详细的地理信息,甚至对于此关隘在朝鲜半岛的具体、确切的位置乃至历史渊源亦不一定很清楚,实际也不是特别重视。①

综上所论,可以推断明朝君臣应对鸭绿江特别是其下游的印象最为深刻,而不清楚所谓的朝鲜半岛铁岭,故不可能选此作为立卫处。但在中外学界以往的研究中,往往容易忽略这一点,以至于像以和田清博士为代表的朝鲜半岛铁岭山立卫说至今仍是学界主流。而这一点恰恰是最为重要的。

**补证二:关于鸭绿江下游北岸附近之凤城立卫说**

如果明朝不可能初选朝鲜半岛作为铁岭立卫处,那么该卫应立于何处?有没有可能如王颋先生所论,立卫于凤城?上述所谓起初立卫铁岭又作何解释呢?

对此,《明史·地理志》中有载:"铁岭卫,洪武二十一年三月以古铁岭城置。二十六年四月迁于古嚚州之地,即今治也。……东南有奉集县,即古铁岭城也,接高丽界,洪武初置县,寻废。"②另据《大明一统志》载:"铁岭卫,在都司(辽阳,引者注)城北二百四十里,古有铁岭城,在今卫治东南五百里,接高丽界。"③显然,这两条史料首先共同指明了两个问题:第一,铁岭卫的初设地在其东南部的古铁岭城;第二,从最初的古铁岭城置卫,到后来的古嚚州铁岭卫,其间只经过了两次设置、一次移置的过程,并未有其他关于该卫设置或移置的记载。此即如李文所言不存在铁岭卫两次移设的情

---

① 在《辽东志》的正文中涉及朝鲜半岛东北部地区的记载十分有限,主要是将其放在最后一卷中简单列举(如卷9《外志·外夷卫所·开原东陆路至朝鲜后门》条中,按习惯将朝鲜王朝咸镜道称为朝鲜"后门",又列举了实际为朝鲜王朝端川、北青的所谓"秃鲁""散三"等个别地名),而对于所谓的"铁里关",连列举的文字都没有。其实,不仅如此,《辽东志》对于辽东东、北部其他地域(主要是女真居地)的地理状况也大多持一种粗略的认知,尤其以对今中朝相邻地带("鸭—图"两江流域)的有限认知最具代表性,而这正与明朝人士大夫特别是明朝统治高层的东北边疆观密切相关,本书后续对此问题有专节阐述。

② 《明史》卷41《志第十七·地理二·辽东都指挥使司》。

③ 《大明一统志》卷25《辽东都指挥使司·建置沿革》。

况。显然,如果初次在凤城立卫,或者说古铁岭城就在凤城,那么就必须历经"凤城—奉集县—古嚚州"三地两次移设过程,且与《明史·地理志》中"奉集县,即古铁岭城"的说法存在矛盾。

不过,上述两条史料也有存疑之处:第一,《明史·地理志》中指出奉集废县就是古铁岭城,而《大明一统志》并未说明;第二,《大明一统志》所提出的古铁岭城的具体位置即"在今卫治东南五百里"处,并未被《明史·地理志》采纳,这大概是由于《明史》的编纂者亦深知若全部采用《大明一统志》的说法即出现矛盾的缘故。①

既有这些问题,便存在两种可能性:第一,《明史·地理志》误引存在错误的《明实录》,即按《大明一统志》所载古铁岭城的位置而言,铁岭卫自始至终应与奉集县无关;第二,《明史·地理志》及其所引《明实录》中的记载确为可信,即奉集县就是铁岭卫初设地,那么《大明一统志》中"五百里"之说则存在问题。倘若按前一种可能性,那么古铁岭城应在靠近鸭绿江下游北岸的地方,即有可能正如上述"凤城立卫"之说,为"今凤城市东南边门的古城铁岭"。但如此便与铁岭卫最初设置之目的不符。此即如李文中所言:"其设置是为了起到安抚与管治北元降众以及牵制高丽向辽东扩张的作用。"而笔者认为其设置首要且最重要的目的正是招降纳叛,亦即上述《明实录》引文中所谓"抚安其众……招抚鸭绿江以东夷民"之目的。当时,明朝刚刚收降了盘踞在金山(今中国辽宁省昌图县金山堡)的纳哈出势力,急欲接管这一区域,故按常理须就近设卫以达目的,即如《明实录》所言较为合理,而若设卫于凤城等地,就等于舍近求远,不合逻辑。既如此,就只有

---

① 众所周知,《明史》为清人整理明朝档案资料所编,其在记述铁岭卫时可能综合依据了《明实录》《大明一统志》中的记载。据《明实录》载:"置铁岭卫指挥使司。先是,元将拔金完哥率其部属金千吉等来附;至是,遣指挥佥事李文、高颙,镇抚杜锡置卫于奉集县,以抚安其众。徙置三万卫于开元。先是,诏指挥佥事刘显等至铁岭立站,招抚鸭绿江以东夷民。"(《明太祖高皇帝实录》卷189,洪武二十一年三月辛丑)显然,《明史·地理志》首先采纳了《明实录》中"置卫于奉集县"的说法,又附加引用了《大明一统志》中"在今卫治东南,接高丽界"的说法。其之所以放弃"五百里"之说,是因为这与奉集县的位置相矛盾。据《辽东志》载:"奉集废县,在辽阳城东北八十里……今为堡。"(《辽东志》卷1《地理志·古迹·奉集废县》)若此,作为古铁岭城的奉集县到移置后的铁岭卫的距离,应在160—240里(辽阳城到移置后的铁岭卫间距)之间(现今实际距离按李文的注解在沈阳市东南40里,加上沈阳市至铁岭市间距约150里,共190里),与500里相去甚远。或许是《明史》的编纂者发现了这一问题,故将以上两种文献中的记载提取、拼凑,粗略记述而未予深究。

后一种可能性存在。那么,这"五百里"之说该如何解释?笔者认为这并非误记,当为虚指。正如李文中所言的那样,初设奉集县的铁岭卫位于辽东各卫所最东边,距离高丽疆界最近。铁岭卫以东至高丽疆界之间的地方皆属其辖域,而"五百里"之说正是虚指该辖域辽远的东界,即似乎以此来暗指鸭绿江界河之意。

鉴于明太祖等明朝君臣对朝鲜半岛地理知识的缺乏,按常理他们应选择熟知之地作为立卫定界之处,而事实上也的确如此,其选择了有深刻印象的鸭绿江,以继续保持该江自前代起就已作为界河的地位,只不过实际认知的是其最为熟悉的鸭绿江下游界河而已。这是明朝史料中所反映的明太祖多次声明过的事情①,而上述金龙德、王颋、张辉以及李花子四位前辈的文章也皆注意到了这一点。但王颋先生却由此得出凤城立卫说,而张文亦支持此说,则有待商榷。

简言之,以明太祖为代表的明朝君臣最初直接选取在奉集县立卫,正是欲以该地及其辖域②指代以鸭绿江作为疆界的缘故。

**补证三:关于鸭绿江中游两岸之集安或江界立卫说**

至于上述以稻叶岩吉博士为代表所提出的江界立卫说,或者以池内宏博士为代表的集安立卫说,笔者认为若最初如此立卫,除存在移置而不符合如上所论外,还有如下存疑的地方,即其不符合史料尤其是中方史料的某些记载。除了上述所引《明实录》中的记载,《辽东志·周鹗传》中对此有更加翔实的记载:

> 洪武九年,纳哈出犯金州,叶旺以鹗率精兵逆战……未几,叶旺招抚春台等处,得人口、孳畜甚众;又总率诸军征哨鸭绿江与东宁、黄城等地方,所获人口马牛无算。继往东宁、那丹府、嘉州,前后招获安抚使高

---

① 明太祖多次强调过以鸭绿江为界。如《明太祖高皇帝实录》卷163洪武十七年七月己未条载:"辽壤东界鸭绿北接旷塞,非多算不能以御未然,尔能算有余则名彰矣"。即,早在立铁岭卫之前,明太祖就已确认了鸭绿江作为疆界之事。

② 古代国家对于疆界划分的要求并非如现今一样苛刻,其往往将边城与疆界(线)间的地域皆算作分界区域,此处的奉集县辖域即属此类。

阔出、副使刘显,并头目人民四千五百五十、马牛二百七十及金银牌、铜印、诰文。二十一年,领军铁岭创立卫站,至黄城招致江界万户金完奇等二千七百余口。二十三年,征进迤北,率兵为前锋,直抵一都山……①

综合上述记载,不难看出铁岭卫最初由周鹗创站(而非《明实录》中的刘显),后才由李文等人奉旨正式立卫,而该卫创立的原因与目的均在于进剿尤其是招降与安抚残元势力。特别是该卫创立后,可以以此为前线基地,吸纳降众,比如上述《辽东志》引文中所显示的去黄(皇)城招降等,同理也就不难理解《高丽史》中崔元沚所报铁岭立卫之事②,即可能是明军在招降的过程中无意间越过鸭绿江到了江界辖域,而被崔元沚侦知了明果然已立铁岭卫的消息。③ 由此说明,明军在立完铁岭卫后,只是为了招降,故曾经过集安甚至江界,而并非要在这些地方立卫,即所谓"江界立卫"或者"集安立卫"之说,从史实考证的角度来看过于牵强。

### (二) 铁岭卫事件误解探源

通过以上对铁岭卫事件的补证分析可知,有一点是毋庸置疑的,即再次论证了李文中重点提及的关于以明太祖为代表的明朝君臣立卫之初衷,实质上是在宣称以鸭绿江为界的事实。然而,当时高丽方面并不能对明太祖之深意予以领会,反过来,明朝也不知晓高丽已生误会,故而对其实际举动再生误会,由此就产生了恶性循环。最终,这不仅恶化了两国关系,更对高丽政局的持续动荡带来了不可逆转的严重后果。

学界中首先明确指出其中有误会存在的是王颋先生,但只有李文中针

---

① 任洛等:《辽东志》卷5《官师志·名宦·国朝·周鹗》。
② 因《高丽史》卷137《列传第五十·辛祦五·十四年三月》条中有如下记载:"西北面都安抚使崔元沚报,辽东都司遣指挥二人,以兵千余来至江界,将立铁岭卫。帝豫设本卫镇抚等官,皆至辽东。自辽东至铁岭,置七十站,站置百户。"故而成了诸如"江界立卫"等说法的主要依据,但显然通过上述中方史料的解读,这些说法有待商榷。
③ 当时,在高丽使臣朴宜中将申辩奏表送达明廷之前,明已立铁岭卫的事实被崔元沚预先得知上报,随后又有辽东百户王得明专程来高丽"告立铁岭卫"(《高丽史节要》卷33,辛祦四,戊辰十四年三月),以进一步确认此事。事态迅速发展到如此地步是高丽君臣始料未及的,由此也给了祦王等强硬派进攻辽东的借口。

对双方造成该误会的具体过程以及事件真相被掩盖的历史原因,进行了令人信服的考证。只是,针对该事件在当时情境下产生误会之原委,同样有待深究,这就涉及造成该事件的背景因素。毋庸置疑,对于该事件之误会,有因明朝所立铁岭与高丽境内所存铁岭的名称相同、双方均未能互通彼此用意或所指以及高丽内部攻辽东派的过激反应等多种因素①巧合地交织在一起的缘故,但仅仅凭此似乎只能说明误会为事件的偶然性结果,而事实上,它是必然要发生的,在众多偶然性因素激发的基础上有着难以避免的趋势。具体而言,这就牵涉到该事件发生之前的明、高丽关系问题。

如前所述,在元朝,高丽本为元之"驸马国",而恭愍王执政后一改前状,实行了一系列反元措施。洪武元年(1368),明朝建立伊始,高丽又迅速与明朝展开了交往。对于与高丽建交,起初明太祖是寄予厚望的,希望与之建立起稳定、有序的宗藩关系,如此一是为了感念高丽为四夷之中最早前来宾服者,二是为了向高丽宣告其正统地位,重建自宋以来由汉人统治的合乎传统礼仪规范的中华世界秩序,三是为了拉拢高丽,至少保证能够稳住高丽,避免高丽成为北元势力的"帮凶",以便于其日后进军辽东能减少阻力。然而,高丽一方面自知元朝大势已去,明智之举自然是追奉明朝,并借此为其反元提供后台支撑,另一方面又受到与之邻近的北元势力的笼络与威胁,因此在现实矛盾的外交抉择中不得不采取灵活的做法,有学者称为所谓的"两端"外交。② 只是,这种做法受制于高丽内部亲明派与亲元派势力的消长。所以,在恭愍王代,高丽在以恭愍王为首的亲明派政权的统治下,与明朝的关系尚能维持着大体稳定的状态,但到了禑王代,亲元派势力抬头并主政,情况便迅速反了过来。

洪武五年(1372)在高丽开京(今朝鲜开城市一带)发生了明使"孙内侍自缢"事件③,对此,高丽选择了隐瞒不报,却终究被明朝发觉,引起了明太祖对于高丽"事大"之心的疑虑,只是念在此时的恭愍王还算至诚,故"是以不较区区之过",④未予深究,但此事毕竟成了明、高丽之间隔阂的开端。随

---

① 有关这些因素的具体情况可参见李文中的论述。
② 于晓光:《元末明初高丽"两端"外交原因初探》,《东岳论丛》2006年第1期。
③ 《高丽史》卷43《世家卷第四十三·恭愍王六·二十一年五月癸酉》。
④ 《高丽史》卷44《世家卷第四十四·恭愍王七·二十三年六月壬子》。

后不久,在洪武七年(1374)九月至十一月仅仅三个月的时间里,高丽内部又接连爆发了前述"恭愍王遇弑"以及高丽"贡使金义杀朝使蔡斌"等事,这使得明太祖极为愤怒,诏斥高丽道:"今王颛(恭愍王名,引者注)被弑,奸臣窃命,将欲为之首,构仇怨于我,纳之何益?以《春秋》论之,乱臣贼子,人人得而诛之,又何言哉。"①由此造成明、高丽关系急剧恶化。不仅如此,高丽禑王政权还主动与北元政权接触,甚至一度接受北元册命并复行其正朔②,这就使得明朝更为不满,并就此对高丽萌生高度警惕之心。如此直到洪武二十一年(1388),尽管在此期间,高丽多次向明朝奏请"请谥"前王号并"承袭"王位,而明朝也鉴于在辽东尽快征剿元军的考虑,曾应允了高丽的请求,"册禑为王,又赐敬孝王谥恭愍"③,双方关系似有缓和的迹象,但是高丽禑王集团并未珍视这种局面,反而因在贡物问题上与明讨价还价且不遵旨意,让明太祖再度震怒。明太祖认为"但试他那心"④,而"高丽不能体朕之至意……其国执政之臣,轻薄谲诈之徒,难以信凭……至今,凡百期约,非过则不及,未尝诚意相孚,可以绝交,不可与之往来"。⑤ 由此,双方关系在之前本就存在裂痕的基础上,变得更加严峻,几乎降至"冰点"。

显然,通过上述简要梳理,明初明朝与高丽关系的总体状况可见是由稳定转入紧张并不断恶化。那么,在这种状况下,双方就难以建立长久有效的政治互信,反倒渐生彼此猜疑乃至高度警戒之心,从而愈发不利于后续的交涉,以致形成了恶性循环。尤其是到了高丽禑王执政末年,甚至发展到了明朝要与之绝交的地步,而对此,禑王集团自然也极度不满进而焦躁不安。因此,在这种背景下,当明朝欲立铁岭卫的圣旨传到高丽王廷时,禑王集团岂能不因前事之疑虑而表现出惊恐之状?这从其之后急切而过激的言行举止中便可看出,其似乎非常担心明朝突设铁岭卫之举是否在惩罚其之前对明之不诚?有了这种因提心吊胆而致急躁的心理,再加上铁岭重名等因素,高丽禑王集团便只会不顾一切地在上表申诉乃至军事行动上抢占对明先机,

---

① 《高丽史》卷134《列传卷第四十七·辛禑二·五年三月》。
② 《高丽史节要》卷30,辛禑一,丁巳三年二月、三月。
③ 《高丽史节要》卷32,辛禑三,乙丑十一年九月。
④ 《高丽史》卷136《列传卷第四十九·辛禑四·十三年五月》。
⑤ 《高丽史节要》卷32,辛禑三,丁卯十三年二月、十一月。

而无暇深思其他,对明产生误会自然是情理之中的事了。与此同时,反观明朝,明太祖对高丽"事大"之心已久有微词,不久前还正就高丽之不诚发难,故当其面对高丽之申诉时,基于以往印象而对此事的第一反应,岂能想到为之调查、分辨?只会在深感莫名其妙之余,怒疑高丽或有何不良动机。所以,由此进而也对高丽产生了误会,以致明太祖言称:"高丽旧以鸭绿江为界,今饰辞铁岭,诈伪昭然。其以朕言谕之,俾安分,毋生衅端。"①

综上,基于双方缺乏信任甚至成见颇深的前提,当明朝以宗主国身份突然强势宣称铁岭设卫之时,高丽禑王政权在惊恐之下出于维护自身统治地位,势必对明产生误会,才有了急于应对的过激表现。同理,明朝面对高丽的过激表现,出于对自己所做事务的合理认定以及对高丽政权以往所为的判断,才在高丽误会之后更生误会。也正是从这个角度出发,该事件虽说典型、特殊,却并非单一、孤立,只有将其放置于明初中朝关系史的全局中予以考虑,才能更深刻地理解其中除去偶然之外的误解发生之谜。

总之,长期与北元保持"暧昧"关系而对明朝存有戒备甚至敌意之心的高丽禑王等掌权派,由于未能仔细体察、领会明太祖之用意,反而因冲动产生误解并将其转化为对明更大的敌意,最终在遣使申辩无果且又得知明朝确已立卫的消息后,最终走上了军事进攻明辽东的冒险之路。由此造成了相当严重的后果:一方面,李成桂等将领因不愿攻辽东而从前线回军发动政变,废黜了禑王并逮捕了崔莹等掌权派,致使高丽政局发生剧变,即以李成桂为首的新兴阶层从此登上了高丽最高政治舞台,为高丽王朝的最后覆亡以及朝鲜王朝的新生埋下了伏笔。另一方面,因禑王等攻辽东行动的搁浅,高丽在此次铁岭卫事件结束后不仅并未能新获取任何疆土,依然维系恭愍王末期的疆域状况,反倒因此更加损伤了与明之关系,引起了明太祖的高度警惕与不满,为后来朝鲜王朝在建国之初与明之间的关系埋下了极为不利的种子。

---

① 《明史》卷320《列传第二百八·外国一·朝鲜》。

## 小结

古代朝鲜半岛国家以"北进"拓疆为宗旨的北方经略行动,自高丽时代就已得到全面推行。在朝鲜半岛三面环海的地理条件制约下,高丽王朝既继承了自统一新罗以来传统的北拓意识,又以高句丽的继承者自居而妄图获取其全部故土。在这两方面因素的综合作用下,高丽王朝形成了更为积极、强烈的北拓意识,这种意识成为其整个时代进行北方经略实践的动力源泉。

高丽前期拥有有利的北拓经营环境。一方面因其实行实利外交,维系了与宗主国辽、金的稳定关系,从而保障了宗主国对其拓疆的"不干涉";另一方面,可供其北拓的空间大、阻力小,尤其是其西北部地区因自然条件相对优越且紧邻行政中心,故成为其优先开拓的区域。正是在这两个便利的客观因素下,高丽王朝迅速北拓至"千里长城"一线并以之为界,即其西北部至于鸭绿江南入海口附近,而其东北部仅至于该长城"三关门"一带。紧接着,高丽又在"千里长城"的东、西两端,尝试越出该长城开展新的北拓经营行动。首先开展的是"千里长城"西北端以外的保州经略,高丽为此与辽、金两朝进行了长期的交涉,最终得偿所愿,占据了保州之地并更名为"义州",从而促使鸭绿江下游全面作为古代中朝自然界河的状况就此初现。而后是在"千里长城"东南端以外的东女真居地所进行的"九城"经略,高丽意图像其在西北部地区一样能够凭此取得拓疆成效,却遭到了新兴的完颜部女真的全力阻挠而彻底失败。

高丽后期,虽并未如其前期那样一直都有有利的北拓经营环境,最终却依然能利用有利时机获取了大量疆土。先是,元朝的崛起及其对高丽的征服与干涉,使得高丽前期北拓经营的成果一度化为乌有。但到了14世纪中叶的元朝末期,高丽恭愍王又借元朝衰落、无暇东顾之机而反元,其中重要的举措就是"复原"高丽前期已占有的北方疆土,并顺势实施了进一步的北拓经营行动,即在其东北部拓展至相当于今朝鲜咸镜北道镜城郡一带,而在其西北部拓展至相当于今朝鲜慈江道的碧潼郡及江界市一带,由此不仅促使鸭绿江中游在历史上开始成为古代中、朝间的自然界河,也为后来图们江自然界河的逐步形成奠定了重要的基础。然而,不久到了明初,高丽在祸王等亲元派势力的统治下却因新获取的这些疆土利益,陷入了与明朝的铁岭卫事件纠纷。原本,以明太祖为代表的明朝君臣设立铁岭卫之初衷在于强调以鸭绿江为界(实际所指主要为鸭绿江下游界河),但因双方的误解,高丽祸王集团为此竟不惜攻打明辽东地区,由此引发了李成桂等将领"威化岛回军"政变事件的发生,进而为高丽王朝的最终覆亡以及朝鲜王朝的新生埋下了伏笔。

# 第二章　朝鲜王朝的北拓意识及经略实践的开启

自14世纪末开始,朝鲜半岛进入朝鲜王朝时代。新朝代的来临,同样也深刻影响了朝鲜王朝的北方经略,即:不仅给朝鲜王朝的北拓经营带来了客观因素的新挑战,更给朝鲜王朝的拓展思维带来了区别于前朝的新转变。结果,在此主客观双重因素的综合作用与指引下,朝鲜王朝得以形成新的总体经略思想并进行了相应实践,其北拓经营在继承前朝已有成果的基础上,在其建国之初就有了新发展,从而使其北疆疆界在此新时期又有了新变化。

本书接下来即从朝鲜王朝建国之初的国际环境、边疆环境等角度出发,就其这种北拓意识与总体经略思想的形成以及初步的北方经略实践分别进行探讨,并考察明朝在此期间的相应态度问题。

## 第一节　朝鲜王朝建国之初的北疆环境

从14世纪末至15世纪初,取代高丽王朝而新生的朝鲜王朝,为了适应明朝作为宗主国、北疆迁居来了新的女真部族等诸多新环境的变化,积极进行对外政策的调整:一方面根据以儒立国思想之外延确立了针对"上国"明朝的"事大保国"的基本国策①,另一方面则根据边疆环境中女真形势之变

---

① 朝鲜王朝对明朝"事大保国"的外交政策是其符合自身利益的自主选择,同样明朝对于朝鲜王朝则有"字小"之义,此二者是一种双向的互利友好关系。对于这个问题,前人不乏相关阐述,如王臻的《古代中朝关系史中"事大"与"字小"问题的认识论》(《学术界》2013年第3期)一文,就是有关该问题专门考察的代表作之一。由于本书重在考察彼时朝鲜王朝的北方经略问题,本节探讨朝鲜王朝对明外交政策也是为了说明此政策对其北方经略的影响,因此为了行文需要,接下来便主要论述这种双向外交关系中朝鲜王朝一方的政策。

化,也适时地制定出了对付女真人相当成熟的"恩威制御之术"。这些新政策的出台,对于朝鲜王朝北方经略新思想的形成及相关经略实践的开展,都具有决定性的意义。

## 一、朝鲜王朝对明"事大"外交

明洪武二十五年(1392)七月十七日,高丽前门下侍中李成桂正式取代恭让王(1389—1392年在位),登上了国王的宝座,此即后来朝鲜王朝的开国"太祖王"。他的即位,标志着已存续近五百年的高丽王朝至此终结,代之而来的是一个即将确立的新兴王朝,即朝鲜王朝。①

就在朝鲜王朝建国前后,以李成桂为首的新兴统治阶层发起了一场旨在推翻前朝陈旧统治基础以便于新时代改造的全方位的革新运动。在该运动中,最为重要的一项改革便是倡导并确立了以儒学作为立国根本思想的政治理念,并以此作为维系新王朝此后长久统治之基石。这种"尊儒"理念贯穿于朝鲜王朝内政、外交的各个方面。在内政方面,其以儒家经典朱子学之要义,推出了独具特色的朝鲜王朝儒学即性理学,宣扬儒家礼仪尤其是朱子家礼,将儒学之内在精华用作对内治国及社会改造的思想基础;而在外交方面,则更淋漓尽致地反映了其对于儒学之外延即"事大保国"思想的积极运用,形成了朝鲜半岛历史上的"事大"典范。鉴于行文需要,本节只重点探讨儒学在外交方面发生的作用,即朝鲜王朝对明"事大"之表现。

所谓"事大保国"思想源自《孟子·梁惠王下》:"惟仁者为能以大事小……惟智者为能以小事大……以大事小者,乐天者也;以小事大者,畏天者也。乐天者保天下,畏天者保其国。《诗》云:'畏天之威,于时保之。'"②而古代朝鲜半岛国家也很早就有对中国中原王朝"事大"的传统,比如新罗因"仰慕"唐朝而"事大",高丽王朝曾分别向辽、金、宋、元四朝"事大"。其"事大"有着多样化的原因或表现,或是出于生存与安全的需要,或是为了

---

① 李成桂是以高丽"权知国事"的身份即位的,因此即位之时其国仍称高丽,直至次年(1393年)明太祖赐予"朝鲜"国号后,其始称为朝鲜国王。

② 《孟子》卷2《梁惠王下》,万丽华、蓝旭译注,中华书局,2010,第20页。

政治、经济等方面的利益需要，或者基于社会发展乃至对先进文化积极诉求的需要；甚至有时只行名义上"事大"，将"事大"停留于朝贡义务之表面。正如高丽王朝，其为了保证国家的和平发展或保存王室政权而理智地选择了主要向辽、金、元三朝"事大"，只有部分时间是因"慕宋"而暗中主动对宋"事大"；同时，其在前期对辽、金"事大"时还兼具"实利外交"的目的，即以称臣纳贡作为换取疆土实利之资本，这在上文已述。朝鲜王朝对明"事大"，既全面汲取了以往朝代"事大"的经验、教训，又在"事大"的原因和表现上有其专门的侧重点。具体而言，其"事大"既有出于彼时整个东亚的背景形势，延续以往的"事大"传统并为了寻求大国庇护，而顺势选择了"保国"安邦的一面，更为了让自己这个新生政权获得明朝认可，以至于在思想文化上因对明朝所代表的中华文化的向往与认同，而展现出一种尤为典型的"慕华"之举。① 这是一种融合了"保国"与"慕华"两方面因素但更倾向于"慕华"的"事大"方式，是通过"慕华"来解决其政权正统性即符合儒家正统理念的外交定位②，更是凸显在精神归属层面上紧紧依从象征华夏的明朝的信仰准则。因而，朝鲜王朝为此始终恪守"事大"至诚之心，积极向明朝靠拢，加之其与明朝陆路疆土相连，便于"事大"交往，其又总能"事大"以勤，在相当长的时期内都与明朝稳定保持着十分友好密切的关系，使得朝鲜王朝的整个"事大"外交活动成为古代中朝关系友好发展之典范。

朝鲜王朝将对明"事大"，作为其外交准则甚至是建国后的基本国策。然而，需要强调的是，这种国策之所以能够被确立，并获得明朝的信赖乃至赞许，主要缘于朝鲜太祖、太宗、世宗（1418—1450年在位）等这些建国初期的国王们的努力经营。③ 事实上，早在朝鲜王朝建国之前即铁岭卫事件发生时，当时还是高丽将军的李成桂就已提出了务必对明"事大"的看法，其言："以小事大，保国之道，我国家统三以来，事大以勤……今不俟命，遽犯大邦，非宗社生民之福也。"④从那以后，其也一直抱定对明"事大"的理念，

---

① 孙卫国：《论事大主义与朝鲜王朝对明关系》，《南开学报（哲学社会科学版）》2002年第4期。
② 孙卫国：《大明旗号与小中华意识：朝鲜王朝尊周思明问题研究（1637—1800）》，商务印书馆，2007，第44页。
③ 朝鲜太宗前还有定宗，但因其在位时间仅有两年，此处暂忽略不计。
④ 《朝鲜太祖实录》卷1，总序，辛禑十四年五月。

直至开国。此后,尽管因受到铁岭卫事件以来与明关系恶化而曾屡遭明太祖责难之影响,发生了诸如三次"表笺风波"①之类的事件,但太祖李成桂却总能"卑辞谨事之"②,不变对明诚心"事大"之初衷。正是由于李成桂的努力坚持,最终得到了明太祖对其"至诚"③的认可,积极维持了与明朝的友好关系。这就给后继之君对明"事大"树立了榜样,开了好头。太宗王即位后,秉承其父"至诚事大"之志,对明更加恭敬,其非但曾因积极向刚刚发动"靖难之役"而新即位的明成祖朝贺,而得到了明成祖"嘉其识时通变"的赏识④,甚至此后还主动要求派世子亲自朝觐。最终,太宗王的努力收效颇大,彻底改变了其父在位时期明朝的怀疑态度与看法,得到了明朝的信赖。得益于太宗王时期承上启下的"铺垫"作用,世宗王在即位后随之进入到对明"事大"外交的全面发展时期。这主要表现在以下两个方面。一是"事大"的各种礼仪、文化渐趋规范化与制度化,其中最突出的表现就是在接待明使的礼仪方面,不仅形成了所谓的"远接宣慰制度"⑤,而且在安顿使臣之后的"慰劳"问题上更是礼遇有加。⑥ 二是因"事大"的名目较前王时期更加繁多与复杂⑦,导致这一时期朝鲜王朝赴明使节相当之多,而同时明朝亦

---

① 第一次见《朝鲜太祖实录》卷9五年二月丁酉条载:"(礼部,引者注)咨曰:'今本国差使臣进洪武二十九年正朝表笺文内,轻薄戏侮,又生一衅'";第二次见《朝鲜太祖实录》卷9五年三月丙戌条载:"(礼部,引者注)又咨曰:'近日奏请印信诰命状内,引用纣事,尤为无礼'";第三次见《朝鲜太祖实录》卷12六年十二月丙申条载:"(明朝礼部尚书郑沂,引者注)书曰:'前者为本国进贺表笺文内,用字讥侮……今次将来启本内字,又不停当,此皆是所用秀才设机用意,故将字样声响相似者,辏成语句讥侮,自生衅端。'"

② 《朝鲜太祖实录》卷3,二年五月己巳。

③ 《朝鲜太祖实录》卷11,六年三月辛酉。

④ 《朝鲜太宗实录》卷5,三年五月丁亥。

⑤ 远接宣慰制度指的是迎送明使时所形成的礼制。有明使前来,即遣远接使迎于义州城并一路护送至王京,明使归去,则遣伴送使一路护送至义州邑前之国界。在护送明使途中,另于平安道义州、安州、平壤,以及黄海道黄州、京畿道开城留后司自北向南设"五处宣慰",并遣议政府重臣为宣慰使在这五地等候慰劳使臣。关于此,可参见《朝鲜世宗实录》卷25六年九月至卷26六年十一月中的相关记载。

⑥ 明使前来宣旨完毕后,国王立即率领群臣于当日在使臣馆驿为使臣特设"下马宴"。次日,王先亲去馆驿为使臣设"翌日宴",以此为开端,王世子、王室宗亲、议政府、六曹等随后依次设宴慰安,除此之外,国王还时常另遣专人向明使问安或赠物。在明使回国临行前,国王专设"饯宴",为使臣饯行,直至亲送其出宫为止。关于此,可参见《朝鲜世宗实录》卷25六年九月至卷26六年十一月中的相关记载。

⑦ 关于朝鲜世宗朝遣使名目的例证等问题,可参见杨昭全、何彤梅:《中国—朝鲜·韩国关系史》,天津人民出版社,2001,第465~466页。

与之回应而数次遣使前来,这就在客观上促使两国间的关系愈发友好与密切。尤其是在明宣德朝,因明帝对国王充分信任①,直接促使两国友好关系快速发展,达到了尤为紧密的阶段。正所谓"(朝鲜王朝,引者注)事大之礼益恭,朝廷亦待以加礼,他国不敢望也"。②

总之,从朝鲜太祖至世宗数代国王一步步完善"事大"政策的历程,可以发现朝鲜王朝至诚尊奉明朝不仅从无间断,而且一代胜于一代。究其原因,诚如上述,朝鲜王朝虽有建国乃至保国的现实需求,但更在于其对明朝礼仪文化的景仰与追求,所以才要对明朝始终亲慕如初,视之如"天朝"。反之,明朝也认可朝鲜王朝王室之忠诚,并"嘉其能慕中国礼"③,将对其之信任程度与礼遇标准提高到了远超其他诸夷的水平,视之如"礼仪之邦"。④由此,这种因朝鲜王朝"慕华"习礼作为关键的内在动力而发展起来的与明朝友好稳定的相互关系,连同在朝鲜王朝前期不断形成的稳定有序的"事大"模式,成为从朝鲜太祖到世宗以后双方关系的政治与文化传统而延续了下去。结果,朝鲜王朝如此"事大",而明朝又如此回应,对于事关朝鲜王朝在北方经略过程中所遭遇的诸多利害问题,产生了重要甚至是决定性的影响。

## 二、朝鲜半岛北部的女真部落分布及明朝的管辖政策

女真族起源于中国大陆东北古代"四大族系"⑤之一的肃慎族系,其历史源远流长。同时,女真族在自我发展的过程中,其称谓在各个时期也多有不同。据文献记载,女真人最初被称为肃慎,到东汉时被称为挹娄,北魏称之为勿吉,隋唐称之为靺鞨,直至辽方称之为女真。

辽将女真人分为熟女真与生女真,"其在南者籍契丹,号熟女直;其在北者不在契丹籍,号生女直。生女直地有混同江、长白山,混同江亦号黑龙

---

① 关于这一点,《朝鲜世宗实录》多有记载,如卷46十一年十二月乙酉条载:"王父子敬事朝廷,多历年岁,愈久愈笃,朕所深知,非左右近习所能间也,王无虑焉。"
② 《明史》卷320《列传第二百八·外国一·朝鲜》。
③ 《明史》卷320《列传第二百八·外国一·朝鲜》。
④ 《朝鲜世宗实录》卷8,二年七月戊子。
⑤ 这"四大族系"分别为:肃慎族系、秽貊族系、东胡族系以及汉族。

江,所谓'白山、黑水'是也"。① 其中,如前文所述,辽对生女真实行"羁縻"统治。在这片"白山、黑水"中逐渐兴起的女真族,很快便推翻辽朝建立了金朝。

金亡后,继统的元朝在东北女真居地设置开元、咸平等路统辖,其中最值得关注的是其所设"合兰府水达达等路"。史载,元以该路女真所居"土地旷阔,人民散居。元初设军民万户府五,抚镇北边。一曰桃温……一曰胡里改……一曰斡朵怜。一曰脱斡怜。一曰孛苦江。各有司存,分领混同江南北之地。其居民皆水达达、女直之人,各仍旧俗……有合兰府水达达等路,以相统摄焉"。② 据考证,这五大军民万户府以及合兰府水达达等路女真人分布于今松花江流域直至东部沿海地区③,主要是原来生女真所在的区域。显而易见,元接替了辽的政策,对这些东部女真仍然实行松散的统治,更重要的是这一统治方式随后又被明所沿用。

相比之下,明朝还甚于前代,虽对所有"羁縻"之女真都实行松散统治,但却以"羁縻卫所"的形式对"洪武、永乐间边外归附者,官其长,为都督、都指挥、指挥、千百户、镇抚等官,赐以敕书印记,设都司卫所"。④ 即采用较为细化的方式对这些女真进行管辖。为此,明朝共设置了"都司一(奴儿干都司)、卫三百八十四、所二十四、站七、地面七、寨一"⑤,形成了一个庞大的女真人统辖网,并由奴儿干都司总管,由此也奠定了辽延续下来的以女真治女真的明朝女真人统治政策。

就在以上从辽朝以来的古代中国历朝对生女真区域进行"羁縻"统治之时,作为辽朝生女真重要分布区之一的朝鲜半岛北部,尤其是"鸭—图"两江流域,所居生的女真人亦在该类形式的统治之中,例如前述辽朝的三个"女真国大王府"就是辽对这里的女真人(下面均以"本土女真"代指)进行如此统治的例证。到了元朝,依旧大体如辽,设置合兰府、南京万户府及奚

---

① 《金史》卷1《本纪第一·世纪》。其中,称混同江为黑龙江之说是不准确的。混同江,应为松花江、第二松花江、嫩江、黑龙江等江之总称,但主要指的是松花江。
② 《元史》卷59《志第十一·地理二·合兰府水达达等路》。
③ 李燕光、关捷主编《满族通史(修订版)》,辽宁民族出版社,2001,第14~16页。
④ 《明史》卷90《志第六十六·兵二·卫所 班军·羁縻卫所》。
⑤ 《明史》卷90《志第六十六·兵二·卫所 班军·羁縻卫所》。

关万户府①,对朝鲜半岛北部的"本土女真"进行象征性的一般统治。然而到了明朝,虽然"羁縻"统治的方式大同小异,但在管理的精细程度上较优于前朝,更重要的是在统治的内容上也发生了新变化。这里的女真人不再局限于"本土女真",而是有了"外来户",而这又涉及了上述"五大军民万户府"。

据朝鲜古籍《龙飞御天歌》载:

> 野人酋长,远至移阑豆漫……如女真,则斡朵里豆漫夹温猛哥帖木儿、火儿阿豆漫古论阿哈出、托温豆漫高卜儿阕、哈阑都达鲁花赤奚滩诃郎哈、叁散猛安古论豆兰帖木儿、移阑豆漫猛安甫亦莫兀儿住、海洋猛安括儿牙火失帖木儿、阿都哥猛安奥屯完者、实眼春猛安奚滩塔斯、甲州猛安云刚括、洪肯猛安括儿牙兀难、海通猛安朱胡贵洞、秃鲁兀猛安夹温不花、斡合猛安奚滩薛列、兀儿忽里猛安夹温赤兀里、阿沙猛安朱胡引答忽、纫出阔失猛安朱胡完者、吾笼所猛安暧秃古鲁奚滩孛牙、土门猛安古论孛里、阿木剌唐括奚滩古玉奴,兀良哈则土门括儿牙八儿速,嫌真兀狄哈则古州括儿牙乞木那、答比那、可儿答哥,南突兀狄哈则速平江南突阿剌哈伯颜,阔儿看兀狄哈则眼春括儿牙秃成改等是也。②

其中,前三处"斡朵里""火儿阿"(或称"兀良哈")、"托温"分别为"五万户"中的"斡朵怜""胡里改"和"桃温"。中间"哈阑"至"阿木剌"等十七处女真部族即所谓的"本土女真"③,他们主要是辽朝长白山女真的后裔,被史学界称为"狭义女真"。④ 后四处的"土门兀良哈"即相当于分布在今图们江中游南、北两岸的毛怜兀良哈,"嫌真兀狄哈"及"南突兀狄哈"即相当

---

① 孙进己、孙泓:《女真民族史》,广西师范大学出版社,2010,第289~291页。
② 《龙飞御天歌》卷7,第52章。
③ 根据董万仑先生考证,这十七处"本土女真"基本为散居于朝鲜半岛东北部的女真人,且大多分布于图们江以南。此外,朝鲜半岛西北部也有"本土女真",被称作"鸭绿江以东夷民"(不含这十七处女真部族中的甲州女真),但正如前述,他们于高丽末期在高丽拓疆的驱逐、打压及明朝设立铁岭卫后的招抚下,本已所剩不多,后来到朝鲜王朝建立初期又被进一步搜捕、驱赶乃至"向化",最终难见踪迹。参见董万仑:《〈龙飞御天歌〉记东女真族属与分布研究》,《黑龙江民族丛刊》1993年第2期。
④ 董万仑:《东北史纲要》,黑龙江人民出版社,1987,第332~333页。

于分布在今中国黑龙江省宁安市至吉林省敦化市之间牡丹江流域及大绥芬河流域山区的野人女真,"阔儿看兀狄哈"即相当于分布在今图们江下游两岸至东部沿海一带的骨看兀狄哈。①

　　以上前三处女真部落就是最重要的"外来户"。② 而其之所以重要,一是因为其人户众多、实力雄厚,他们原处地域的所谓"移阑豆漫",即"三万户"之意③,可见其皆是规模庞大的女真部落。二是因为三者之间关系密切,尤其是斡朵里部与兀良哈部还有姻亲关系,后来自然会引起明朝的重视,甚至像兀良哈部首领阿哈出还成了"皇亲国戚"。④ 这三处女真部落,原本并不是朝鲜半岛北部"鸭—图"两江流域的女真人,据考证其起初居住于牡丹江至松花江下游地区的今中国黑龙江省依兰县及汤原县一带⑤,主要是由于元末东北政局混乱以及屡遭女真兀狄哈等部落的袭扰而被迫不断迁徙,最终于15世纪前期在三者汇聚之前各自大体固定了下来。其中,斡朵里部在其首领猛哥帖木儿的率领下最终定居图们江上游南岸的阿木河(又名"斡木河",图们江支流,即今朝鲜咸镜北道会宁川)一带。兀良哈部先是在其首领阿哈出的带领下徙居凤州⑥(又称方州、坊州,今中国吉林省梅河口市山城镇附近⑦),后又随首领李满住移居婆猪江(鸭绿江支流,即今中国

---

① 据董万仑先生考证,嫌真兀狄哈首领乞木那、答比那、可儿答哥即《朝鲜王朝实录》常提及的金文乃、多非乃、葛多介兄弟三人,而南突兀狄哈为速平江诸姓兀狄哈(朝鲜王朝常称为"七姓野人")之一。他们居住山林,社会发展落后,故常寇掠。与此相反,骨看兀狄哈则性温顺,不寇掠。参见董万仑:《〈龙飞御天歌〉记东女真族属与分布研究》,《黑龙江民族丛刊》1993年第2期。

② 其实,除"五万户"外,以上其他女真部落中亦不乏"外来户"的存在。比如,十七处"本土女真"中有一部分是14世纪中期从松花江流域迁来定居的,毛怜兀良哈女真则大多是从黑龙江流域迁来的,等等。参见李燕光、关捷主编《满族通史(修订版)》,辽宁民族出版社,2001,第33、63页。

③ 李善洪:《猛哥帖木儿与朝鲜关系述略》,《史学集刊》1999年第3期。

④ 董万仑:《东北史纲要》,黑龙江人民出版社,1987,第375~377页。

⑤ 李燕光、关捷主编《满族通史(修订版)》,辽宁民族出版社,2001,第16页。

⑥ 董万仑的《东北史纲要》(黑龙江人民出版社,1987)第356页认为阿哈出的兀良哈部初移居图们江上游、阿木河以西的地带。其实,在阿哈出率部迁至凤州后,大概在图们江中上游即东良北(在图们江上游以南,今朝鲜咸镜北道茂山郡境内)、愁州(在图们江中游南岸,今朝鲜咸镜北道稳城郡钟城劳动者区附近)等地仍居住有不少的兀良哈人。如《朝鲜世宗实录》卷18四年十月丙戌条载"兀良哈二百余人寇庆源府",后在本月壬辰条载"遣司马边者,往东良北谕兀良哈等";又如《朝鲜世宗实录》卷39十年二月癸丑条载"咸吉道东良北住兀良哈指挥甫郎只、千户都乙温等三人,来献土物";再如《朝鲜世宗实录》卷42十年十二月丁酉条载"愁州住兀良哈千户巨乙加介等二人……来献土宜"。

⑦ 董万仑:《东北史纲要》,黑龙江人民出版社,1987,第338页。

浑江流域)一带。而托温部的定居地,有学者考证为图们江南岸的"多温(平)"。① 至此,综合上述"本土女真"及"外来户"的迁移路线,可见其所展示的明前期朝鲜半岛北部包括"鸭—图"两江流域的女真分布状况的画面:除从朝鲜半岛东北部直至图们江流域散居着的"本土女真"以及图们江北极富攻击性的野人女真之外,在图们江南北两岸还交错杂居着兀良哈(火儿阿)、斡朵里、毛怜兀良哈、托温、骨看兀狄哈等女真部族,而鸭绿江仅北岸居住着兀良哈一部。显然,朝鲜半岛东北部特别是图们江南、北地区是女真人在朝鲜半岛北部及"鸭—图"两江流域的主要分布区,故也成为明朝重点"羁縻"之对象。

明朝在以上女真居地设卫"羁縻",是与其对这些女真人招抚工作的顺利开展相辅相成的。明初自洪武年间起在征剿北元势力的同时,就曾致力于对女真人的招抚。如前文所述,在设立三万卫及铁岭卫时,明朝对朝鲜半岛北部的"鸭绿江以东夷民"就进行过大量的招抚。但真正将对女真人的招抚工作纳入系统、全面的制度化轨道,是从明永乐时期开始的。永乐元年(1403),"女直野人头目阿哈出等来朝,设建州卫军民指挥使司,阿哈出为指挥使,余为千百户、所镇抚,赐诰印、冠带、袭衣及钞币有差"②,由此便拉开了明在朝鲜半岛北部及两江流域设卫的序幕。永乐三年(1405),"毛怜等处野人头目把儿逊等六十四人来朝,命设毛怜卫,以把儿逊等为指挥、千百户等官,并赐诰印、冠带、袭衣及钞币有差"。③ 即在阿哈出所领兀良哈部设立建州卫后,明朝又在把儿逊所领毛怜兀良哈部设立了毛怜卫。几乎与此同时,"吾都里(即斡朵里,引者注)万户童猛哥帖木儿等入朝,帝授猛哥帖木儿建州卫都指挥使"。④ 这标志着明图们江建州卫的设立,随后在此基础上又于永乐十年(1412)另改置为建州左卫。以上兀良哈建州卫、毛怜卫、建州左卫,再加上后来加入建州卫的托温部⑤以及在明正统年间由建州

---

① 董万仑:《〈龙飞御天歌〉记东女真族属与分布研究》,《黑龙江民族丛刊》1993 年第 2 期。多温(平)在图们江中游南岸,即后来的"四郡六镇"之一的稳城镇设置地。
② 《明太宗文皇帝实录》卷 24,永乐元年十一月辛丑。
③ 《明太宗文皇帝实录》卷 49,永乐三年十二月甲戌。
④ 《朝鲜太宗实录》卷 11,六年三月丙申。
⑤ 董万仑:《〈龙飞御天歌〉记东女真族属与分布研究》,《黑龙江民族丛刊》1993 年第 2 期。

左卫分出的建州右卫①,它们共同构成了对以后历史产生深远影响的建州女真之主体。这也就是说,在朝鲜半岛北部及两江流域遍布的这个"外来户"绝非一般的女真部族,而是一个势力强大且很有影响力与融合力,值得明朝必须重点安抚的建州女真集团。

当然,明朝除了在建州女真处立卫外,还在上述的其他女真居地设置了诸多卫所。如:设于嫌真兀狄哈所在牡丹江上游古州(今中国黑龙江省宁安市一带)等地的阿速江卫等,设于南突等诸姓兀狄哈所在绥芬河流域的速平江卫等,设于骨看兀狄哈的主要居地即图们江下游及其以东颜楚河流域的喜乐温河卫等。② 此外还有不少与以上建州女真居地相邻的卫所,像虎儿文卫(今中国吉林省温水河流域)、吉河卫(今中国吉林省辉发河支流角河流域)、渚东河卫(今中国吉林省辉发河支流珠敦河流域)、禾屯吉卫(今中国吉林省安图县古洞河流域)、合兰城卫(今中国吉林省海兰江流域)、爱和卫(今中国图们江上源)、童宽山卫(今中国吉林省珲春市东北通肯山区)、古鲁浑山卫(今中国吉林省珲春市南部敬信镇黑顶子山区)、卜忽秃河卫(今中国吉林省延边州布尔哈通河流域)等。③ 显然,明朝进行这些卫所的设置,标志着明朝宣告对该处女真部族拥有正式的管辖权及其领地所有权。换句话说,这些卫所设到哪里,就意味着明朝的疆域及疆界延伸到哪里。但问题是,以上所设卫所基本处于"鸭—图"两江附近尤其是图们江北,唯独在上述十七处"本土女真"中大多数所分布的图们江以南、朝鲜半岛北部地区,不见相关卫所设置,此是何故?因为这些"本土女真"涉及朝鲜王朝与明朝产生分歧的"十一处女真人"问题。对此,将在下文中再具体阐述。

---

① 《大明一统志》卷89《外夷·女直·沿革》。
② 杨旸、袁闾琨、傅朗云:《明代奴儿干都司及其卫所研究》,中州书画社,1982,第126~128页及192~202页。
③ 杨旸、袁闾琨、傅朗云:《明代奴儿干都司及其卫所研究》,中州书画社,1982,第301~311页;谭其骧主编《中国历史地图集(第七册)》,中国地图出版社,1982,第82~83页;杨旸主编《明代东北疆域研究》,吉林人民出版社,2008,第257~268页。

## 三、朝鲜王朝的女真观及针对女真人的"驭戎"策略

众所周知,古代朝鲜半岛国家因其与女真人相邻的特殊地理位置,故与古代中国王朝一样,与女真人的交往历时已久。特别是朝鲜半岛北部至"鸭—图"两江流域的女真人,距离古代中国王朝在东北边疆直辖地区的行政中心较远,反而与古代朝鲜半岛国家的联系更加频繁、紧密。正是在与女真人交往的过程中,古代朝鲜半岛国家对女真人的总体认识亦随之形成,逐渐呈现出了一种愈发蔑视的态度。

其实,古代朝鲜半岛国家之所以有如此观念,根本原因在于其民族与中原汉族同为农耕民族文化圈,有别于北方蒙古、女真等游牧—渔猎民族文化圈。其生存方式决定着文化心理的趋向。而这种观念与心理,如前文所述,是伴随着其"慕华",并向中原汉族王朝学习的过程中逐步形成的。早在统一新罗时代之初,新罗就"袭唐仪"以求"以夷易华"①,其仰慕上国文明礼仪、排斥夷狄的文化心理便已在酝酿之中。到了高丽时代,整个王朝更是以王公大臣为中心正式形成了一种"鄙夷"的观念认识,史料对此也多有记载。如从高丽太祖开始,太祖王建便已定性:"北蕃之人(指女真人,引者注),人面兽心,饥来饱去,见利忘耻,今虽服事,向背无常。"②甚至,这种看法不只针对女真人,还扩大到连同建立辽朝的契丹人在内。为此,王建于晚年曾亲授"训要十条",告诫子孙:"惟我东方,旧慕唐风,文物礼乐,悉遵其制,殊方异土,人性各异,不必苟同。契丹是禽兽之国,风俗不同,言语亦异,衣冠制度,慎勿效焉。"③显然,这一训令淋漓尽致地再现了高丽自继承新罗"衣钵"以来"慕华鄙夷"的心理。此后,高丽后继之君一如既往地遵循着该训令,对女真人所建立之金朝、蒙古人所建立之元朝均存蔑视之态,对其臣服如上所述,不过是为了王国或政权的存续发展,"不得已而从之"。④ 而即

---

① 《三国史记》卷33《杂志第二·色服》。
② 《高丽史节要》卷1,太祖神圣大王辛卯十四年十一月。
③ 《高丽史节要》卷1,太祖神圣大王癸卯二十六年四月。
④ 《高丽史节要》卷9,仁宗恭孝大王一,戊申六年六月。

便是在元朝处于完全被支配的状态下,高丽也不忘奏请"风俗百事,许令依旧"。①

朝鲜王朝立国后,高丽君臣的"鄙夷"之风不仅完好地延续了下来,而且在此基础上更加强化。由于此时的中国已由新的汉族王朝即明朝所统治,代表古代中国继唐宋以来汉文化的再次"回归"。明朝在对元战争中还逐步控制了辽东等边疆地区,成了当时中国的正统王朝,并与朝鲜王朝直接接壤。这就彻底结束了高丽时代只能跨海"慕宋"的艰辛局面,开启了朝鲜王朝全面尊明"慕华"的新时代。在此背景下,原本亦自我定位为"夷"的朝鲜王朝极力接近明朝②,力求将自身纳入"华夷文化圈"之"华"的行列,较之于前代反倒更加呈现出一种"鄙夷"姿态,而该"夷"之一正是女真一族。

女真人特别是一些生女真由于"无市井城郭,逐水草为居,以射猎为业"③,即主要采取的是渔猎采集的生产生活方式,有自己原生态的、独特的民族文化。④ 再加上他们的生产、生活资料往往较为匮乏,不得不对邻近的农耕民族如朝鲜王朝,产生强烈的经济诉求。因此,他们一般会采取两种经济诉求方式,一是互市贸易,二是袭边掠夺。基于此,在朝鲜王朝时代的古籍中,往往将女真人描绘成"野人"之类的形象,认为他们野蛮、未开化,乃毫无礼数之辈,加之有些女真部族常有劫掠的习性,便更被朝鲜王朝所不齿,以至于笼统地对整个女真群体都极尽贬斥。而长此以往,这就在朝鲜王朝社会中形成了有关于女真人形象认知的"社会集体想象物"以及所谓的"套话"。⑤ 无独有偶,朝鲜王朝对女真人的这种认知实际上源自"上国"明朝。由于明朝视女真人为"穴居衣皮善射好盗……食生肉饮麋酒"的"野

---

① 《高丽史节要》卷22,忠烈王四,庚子二十六年七月。
② 孙卫国:《大明旗号与小中华意识:朝鲜王朝尊周思明问题研究(1637—1800)》,商务印书馆,2007,第44~48页。
③ 《元史》卷59《志第十一·地理二·合兰府水达达等路》。
④ 由于接受农耕民族影响程度的不同,女真各部发展水平不尽一致。明朝"女真南支"如建州女真人从事部分农业生产且发展较快,社会经济水平在女真各部中相对较高,逐渐成为"熟女真"。分别参见孙进己、孙泓:《女真民族史》,广西师范大学出版社,2010,第293~301页;吕光天、古清尧:《明代女真族的分布与发展》,《社会科学辑刊》1985年第2期;朱永杰、韩光辉:《明代建州女真发展前期农业区域特征述论》,《北方文物》2011年第2期。
⑤ 徐东日:《试论朝鲜朝燕行使臣眼中的满族人形象》,《东疆学刊》2011年第4期。

人"①,那么朝鲜王朝君臣上下在"师明"之时,为证明自己接近"华风",会尽力模仿明朝,以求摆脱原本为"夷"的身份,"以夷易华",成为"小中华"②,从而拉开与女真人的差距,反过来对女真人却不屑一顾。因此,基于以上历史的"遗传"以及对明朝的模仿,朝鲜王朝最终形成了根植于其君臣士大夫内心深处的强烈的"鄙夷"女真观。这样的观念,对于朝鲜王朝处理女真问题尤其是制定针对女真人的边疆政策至少产生了如下三点影响:

其一,出于"鄙夷"的态度本身,朝鲜王朝君臣往往会对女真人与本国交往过程中的言辞举动保持高度警惕,不会轻信其言,并在一定程度上也会因这种先入为主的感官印象,而成为其与女真人发生矛盾甚至借机动武的"催化剂"。

其二,出于朝鲜王朝自觉向明朝"看齐"之举,加之其至诚"事大"明朝,自然也会得到明朝的回报,即在政治上得到与同为明藩属的女真人"不一般"的信任优待③,正所谓"(大明皇帝,引者注)待野人以禽兽,待我国以礼仪,故其疏数厚薄如此"。④ 这种心理很大程度上免去了朝鲜王朝在需要对女真人动武时的顾虑,可以随意打击既定的女真目标,实现其预想目的。

其三,出于"慕华"而欲"类华"的强烈认同感与"鄙夷"女真观的巨大反差,朝鲜王朝自视为仅次于明朝的"华"的代表,是在女真人遍布的东北亚大陆地区除明之外的"华"的唯一象征,自认在以明朝为中心的中华世界秩序中居于仅次于明朝的地位⑤,故其积极充当又一个"华"的中心,也就是所谓的"小中华"。而在展现对女真文化优越感的同时,就像明朝对待周边"四夷"行自上而下的"夷狄"之策一样,朝鲜王朝也对女真人拿出了效法于中国的相应民族政策,此即"来则抚之,去则不追,寇则御之"的"驭戎大

---

① 《大明一统志》卷89《外夷·女直·风俗》。
② 孙卫国:《大明旗号与小中华意识:朝鲜王朝尊周思明问题研究(1637—1800)》,商务印书馆,2007,第44~48页。
③ 明朝对朝鲜王朝、女真二藩采取的是以夷制夷、藩邦互制的基本方略,但在具体实施中往往较偏向于朝鲜王朝。
④ 《朝鲜世宗实录》卷69,世宗十七年七月乙酉。
⑤ 费正清编《中国的世界秩序——传统中国的对外关系》,杜继东译,中国社会科学出版社,2010,第2页。

略"。①

基于上述女真观,朝鲜王朝针对女真人所采取的这种"驭戎"策略,反映在实践方面就是所谓的"恩威制御之术"。该策略反映在实践方面就是所谓的"恩威制御之术"。具体来说,"来则抚之"就是"恩",即招抚纳款之法,比如接受女真人朝贡、给予实物赏赐、授予职衔等;但若有不愿接受恩抚者,那就随他而去,不必非要勉强,也就是所谓的"去则不追"。而有"恩"就有"威",但"威"通常隐含在"寇则御之"中,就是在抵御女真人来寇的过程中会适时地采取武力威慑之道,甚至不惜付诸战争,予以直接的军事打击。"恩"搭配"威",足以诠释"制御"术中"制"的一面,正所谓"或示恩,或示威,使彼颠倒迷失于我之智度之中,而莫知端倪,然后可也"。② 显然,从实质上讲,这种"制"类似于古代中国中原王朝对待夷狄的"羁縻"方式。此外,抵御女真人来寇还要加强边防,这就是"御"的一面;而"御"之策通常又要与"制"之策相结合,二者相辅相成、相得益彰。朝鲜王朝往往会依时据势,协调二者并合理定策,使之成为对付女真人惯用的手段。

不过需要强调的是,以上策略及手段事实上并非始自朝鲜王朝,早在高丽时代就已频繁地使用过,但主要集中于高丽统治早期(大致相当于中国辽朝)。③ 当时,"鄙夷"之高丽君臣亦曾表现出"华"之中心的姿态,并因此早就提出过"来则惩而御之,去则备而守之,要在羁縻而已"④的对待女真策略,更重要的是还能将其应用于实践。即在"制"的方面,招抚过女真人内附⑤,赐予过女真人诸如怀化将军、柔远将军、奉国将军等职衔⑥,也对女真人的袭扰发兵惩戒过;而在"御"的方面则建造过诸如"千里长城"等城防设施来防范女真人。由此可见,朝鲜王朝的女真策略及实践手段虽取自古代中国王朝,但绝少不了高丽王朝早先的"榜样"及其结合本国边疆实际状况

---

① 《朝鲜世宗实录》卷59,世宗十五年二月己亥。
② 《朝鲜世宗实录》卷74,世宗十八年九月壬戌。
③ 如前所述,这主要是建立在辽对女真人实行松散的"羁縻"统治的基础上,才让高丽有了实施女真策略的有利背景。
④ 《高丽史节要》卷9,仁宗恭孝大王一,丙午四年七月。
⑤ 高丽有以"华"为中心的文化优越感,不仅招抚过女真人,还招抚过渤海人,甚至还有当时"上国"的契丹人。
⑥ 《高丽史节要》卷5,文宗仁孝大王二,庚戌二十四年八月、辛酉三十五年正月。

的经验"传承",只是高丽王朝彼时尚未达到朝鲜王朝那样"娴熟"、游刃有余的程度而已。那么,当到了朝鲜王朝建国后,在女真人的分布状况已与高丽前期不同且宗主国亦不相同的情况下,朝鲜王朝在此后应对女真人的具体实践中,自然也将更加积极、长期、有效地利用这种饱含了高丽经验的"驭戎"策略。

## 第二节　朝鲜王朝所继承的北拓意识及初步经略实践

基于上述对外关系以及边疆环境出现的新变化,朝鲜王朝自建国伊始就开始接续前朝北方经略的大业。这首先表现在北拓意识方面,但有别于前代的新需求与迫于周边环境形势变化的新思考,朝鲜王朝形成了本朝特定的总体经略思想及经略的侧重点。在此思想的指引下,朝鲜王朝进行了北方经略的初步实践,并取得了巨大成效,只是此后随着北拓的步步深入而产生了新问题。尽管如此,此次实践毕竟开启了朝鲜王朝北拓经营的新征程,意义重大。而在朝鲜王朝北拓取得"收获"的背后,也深刻反映了中国明朝在疆土问题上的意识与态度。

### 一、朝鲜王朝的北拓意识与总体经略思想的形成

由太祖李成桂建立的朝鲜王朝,在承继高丽末期疆域的同时,也顺其自然地延续了其北拓意识。这里面既包含了对自统一新罗以来传统北拓意识的延续,又包含了对高丽王朝的高句丽"旧地"占有意识的延续。尤其值得一提的是后者。正所谓:"惟我海东,三面阻海,一隅连陆,辐员之广,几于万里。高丽太祖兴于高句丽之地,降罗灭济,定都开京,三韩之地归于一统……西北自唐以来以鸭绿为限,而东北则以先春岭为界。盖西北所至不及高句丽,而

东北过之。今略据沿革之见于史策者,作《地理志》。"①此是朝鲜世宗时代的官方著作《高丽史》对于高丽疆域的总体描述。显然,其中不乏谬论及夸张之处,重要的是其与高句丽联系了起来,以之作为衡量高丽北部疆域大小的标准,表现出对于已有疆土状况的不满,而这恰恰反映了朝鲜王朝对于高丽所秉承的高句丽"旧地"占有意识的接纳与吸收。随后,这种意识也被朝鲜王朝全盘"移植"于专门描述本朝地理的著作中。如在此方面现存最早的地理古籍《朝鲜世宗实录·地理志》中,对北部京畿、江原、黄海、平安、咸吉五道描述时,无不首先言明"本高句丽之地",由此可见其被打上的高句丽"旧地"意识烙印。其实,朝鲜王朝之所以有这种意识,一方面是由于"历代地志粗见于三国、高丽二史而未之详焉"②,即缺少供参考的地理资料,但为了彰显高句丽—高丽—朝鲜王朝这种疆域继承关系,以达到其继承高丽疆土的合理性而不得不如此。另一方面,基于上述继承关系,认可并接受高丽的高句丽"旧地"占有意识,就等于承认高丽时代的北方经略之举,而这对于其进一步经略北疆,无疑具有历史榜样的力量。总而言之,从高丽王朝继承来的保有双重内涵的北拓意识,再次成为朝鲜王朝北拓经营的一大动力源泉。

此外,在朝鲜王朝的北拓意识中还有一个影响其北拓经营至关重要的因素,而该因素也充分反映了其北拓意识与高丽北拓意识之区别。事实上,这种区别正与朝鲜王朝王室自身的独特需求密切相关,涉及李成桂及其祖先的发迹史,由此决定该王朝所开展的北方经略有了异于前代的新的侧重点。据《朝鲜太祖实录·总序》中载③,李成桂的祖上本居于全州(今韩国全罗北道全州市中心附近),自新罗始便在朝中为官为将,乃全州的李氏世家大族,待至穆祖④时开始了家族迁徙史,而这也成为其家族兴起的转折点。其迁徙过程可分为以下六个阶段:

第一阶段,从全州到三陟。穆祖年轻时便"性豪放,有志四方",但"因官妓事,与州官有隙",被迫"徙居江陵道三陟县(今韩国江原道三陟市中心附近,引者注),民愿从而徙者,百七十余家"。这说明穆祖当时在全州有不

---

① 《高丽史》卷56《志卷第十·地理一·序言》。
② 《新增东国舆地胜览·序》。
③ 下述内容皆根据该史料总结而得,其中引文除个别另有标注外皆为该史料原文。
④ 李成桂建国称王后,曾追尊其父祖穆、翼、度、桓四代为王,其中穆祖即为李成桂之高祖父。

小的号召力。①

第二阶段,从三陟到宜州。不久,穆祖为避战乱,又徙居"至东北面宜州(今朝鲜江原道元山市世吉洞附近,引者注)止焉,民一百七十余户亦从之,东北之民多归心焉。于是,高丽以穆祖为宜州兵马使,镇高原以御元兵"。这是李氏家族首次在朝鲜半岛东北部居住,也是首次担任这里的地方官,标志着这里从此将继全州之后成为该家族复兴的"根据地"。

第三阶段,从宜州到时利。由于元朝散吉大王率兵攻占了高丽东北部、铁岭山以北地区,并置双城总管府,"穆祖不得已率金甫奴等一千余户降",但可能不愿受傀儡总管赵晖、卓青等辖制而"奔于北",其家族遂又迁居,"由水陆路至时利(今朝鲜咸镜南道利原郡旧邑里附近,引者注)"。在此期间,穆祖与散吉建立了良好的私人关系,这就为其此后在已归属于元朝的朝鲜半岛东北部地区站稳脚跟,甚至在元朝境内被委以重任打下了基础。

第四阶段,从时利到斡东。在时利短暂停留后,穆祖来到了"开元路南京(今中国吉林省延吉市城子山山城附近,引者注)之斡东居焉",在散吉的推荐下被任命为元朝南京万户府下辖斡东千户所"首千户兼达鲁花赤"。斡东地处女真居地,"距今庆兴府(今朝鲜咸镜北道罗先市四会里稍东之地,即旧称'古邑洞'附近,引者注)东三十里",即图们江下游至入海口以北附近地区。② 穆祖任职于此,意味着除了管辖手下的族人及追随百姓外,还将管理辖域内众多的女真人。此外,穆祖又与当地附近的其他女真千户、达鲁花赤交游甚密。正所谓:"东北之人咸归心焉,王业之兴自此始。"③

第五阶段,从斡东到宜州。穆祖在斡东任上薨逝,"葬于孔州(即后来的庆兴府,引者注)城南五里",称"德陵"。而后翼祖袭职,恰逢元朝东征日

---

① 或许跟随者不乏李氏之族人、部曲等。
② 郑允容:《北路纪略》卷2《圣迹·圣址·庆兴》称斡东在图们江外。其载:"豆漫江外有大池八,绵延数十里,流入豆漫江,第三池之上有山曰黑角峰,峰下有村曰金塘,即穆祖旧居。"而据上述《朝鲜太祖实录》总序中载:"斡东西北百二十余里,有豆门城(大致在图们江中游北岸一带,引者注),又其西百二十余里,有斡东沙吾里。沙吾里,女真言站也。站在斡东管内,故云。其平有大土城,南京之平亦有大土城,其北七八里又有大石城,皆穆祖管领军民之所居也。穆祖虽居斡东,而往来诸城,不常厥居。"由此可知,斡东虽在图们江下游至入海口以北附近,但其辖域似乎达到了图们江中游北岸地区。不仅如此,据《北路纪略》中的其他相关史料反映,穆祖乃至之后的翼祖在此的活动范围更是扩大到图们江中下游沿岸直至滨海一带的地域。
③ 《龙飞御天歌》卷1,第2章。

本，因征兵而幸遇高丽忠烈王，得到高丽王室的信任，从而为其家族后人被高丽再次重用埋下了伏笔。然而，由于翼祖与其父穆祖一样厚待女真诸部之人，广积人脉，使其"威德渐盛，诸千户手下之人多归心焉"，因而遭人嫉恨，处境危急，故被迫南归，"复以水路，还居宜州，孔州之民皆从之"。

第六阶段，从宜州到咸州。"翼祖薨，葬于安边府（今朝鲜江原道安边郡安边邑附近，引者注）"，称"智陵"。而后度祖袭职。由于"咸州土地平衍沃饶"，包括斡东之民在内的南来此地聚集居住者颇多，度祖对其进行了收养及管理，为便于行事而"移居咸州"。至此，李氏家族开始在此定居，从而宣告其迁徙活动的结束。此后，"度祖薨，葬于咸兴府（今朝鲜咸镜南道咸兴市中心附近，引者注）"，称"义陵"，又由桓祖袭职。这时已到了元末高丽恭愍王执政时期，而桓祖凭借祖上所积累的高丽王室对其家族的好感，获取了恭愍王的青睐，被委任配合密直副使柳仁雨攻取双城总管府，又在双城以北的朝鲜半岛东北部进行了快速的疆域扩展。于是，桓祖因功"出为朔方道万户兼兵马使"，但不久就病逝，葬于咸兴府，称"定陵"。而桓祖之子即李成桂，他出生于和宁府（今朝鲜咸镜南道金野郡金野邑附近，引者注），因父祖荫佑而出仕，历任东北面上万户、元帅、都指挥使等职，直至"威化岛回军"发动政变、建立新王朝为止。

综上所述，自穆祖从全州开始家族迁徙，其主要活动时间跨越整个元朝，主要活动范围从今朝鲜江原道北部直至咸镜南、北道的朝鲜半岛东北部地区，甚至一度达到图们江沿岸。他们不仅在这里居住、成长、繁衍后代，而且以此地为根基逐步跻身于统治者的行列，更重要的是这里虽为元朝辖地，但主要还是女真人的聚居地，而他们却能妥善地维持与女真的关系，吸引女真来附并予以管理，甚至到了连四代祖坟都可安然置此的地步。由此可见，李氏家族在此地经营之久、根基之深、影响力之大，以致其在高丽恭愍王时期的北拓经营行动近乎无阻。① 正因为如此，李成桂开国后，以其为代表的朝鲜王朝王室以及后继之君对这片孕育其生长、培植其势力的土地，寄予了

---

① 需要提及的是，元初及元末动荡的政治与社会局面使不少高丽人北迁，如李氏家族之部曲及其追随百姓等。这正是前述在非高丽政府强制下所形成的高丽人的自然迁徙运动的典型，而他们的北迁并与当地女真人的融合，显然也极大地便利了高丽的北拓经营。

深厚的情感,抱定了归属之心,视之为"我朝之幽岐也"①,亦即所谓的"龙兴之地"。有鉴于此,朝鲜王朝对该地格外关注,并饱含理所应当拥有这片直至图们江岸的土地的心理。但显然,这种需求与当时的事实状况是相悖的,因为朝鲜王朝继承自丽末恭愍王时期以来的北拓所得疆土尚未及于图们江,即图们江以南地区仍有大量未能涉及之地,况且先前不久新拓展的疆土还须巩固。在这种情况下,朝鲜王朝王室遂产生了急于完全领有该地域的迫切愿望,并将此愿望深深地根植于内心,历代传教不息,最终转化为要继续不断地北拓经营图们江以南疆土的意识。而对于这种意识的经略实践,他们称为"恢复祖宗旧地"。因此,就像高丽起家于朝鲜半岛北部原属高句丽的部分疆土,而有了高句丽"旧地"占有意识一样,此即朝鲜王朝时代的"旧地"占有意识。只不过,其名虽相似,但来源与含义却不同,这直接导致其北拓经营的侧重点不同,即总的来看,高丽王朝当然会优先侧重于自然条件相对优越且紧邻高丽政权中心松都的其西北疆的经略,而朝鲜王朝首先会偏向于自然条件相对更恶劣但寄托了王廷上下深厚的祖先情感的东北疆的经略。②

综上,朝鲜王朝在因独特原因而形成特有的"旧地"占有意识,并杂糅了源于前朝的北拓意识的基础上,发展出强烈的进一步的北拓意识。这种意识推动着朝鲜王朝力主经略东北疆同时兼顾西北疆,即在继高丽之后仍痴迷于整个北向拓疆的行动。然而,由于新的国际形势及朝鲜半岛北部新的特殊边疆环境等客观因素的存在,朝鲜王朝在实际的北方经略行动中却备受限制,其总体的经略思想也受到了一定的影响。

具体地讲,一方面,一统中华的明朝的存在,毕竟对朝鲜王朝产生了相当的威慑力。尤其是在此前提下,以明太祖为代表的明朝君臣还有对以鸭绿江为界的事实认定,尽管此认定之处实际所指主要为鸭绿江下游界河。而以"事大"立国的朝鲜王朝还奉行"慕华",对明忠慕,自知任何北方经略

---

① 郑允容:《北路纪略》卷2《圣迹·龙兴旧迹》。
② 朝鲜半岛东北部大体指的是今狼林山脉以东地域,主要包含今朝鲜咸镜南、北道以及两江道、江原道的部分地区。这里多山地、高原,如盖马高原、白茂高原、咸镜山脉、赴战岭山脉、摩天岭山脉等,在地理环境上要逊于拥有更多平原旷野之地的朝鲜半岛西北部地区。况且朝鲜半岛东北部还较西北部纬度高,气候条件也相对恶劣,历来被朝鲜王朝士人视为"关北苦寒之地"。

行动都应在不影响两国外交关系的基础上进行。因此,在上国"威"、自身"慕"的情形下,朝鲜王朝在实际北拓经营时产生了一定的自我克制力,反映在其北方经略的总体政策方面,即沿用了"事大"中的所谓"保国"之道。

另一方面,朝鲜半岛北部女真人尤其是建州女真的存在,更对朝鲜王朝的北方经略产生了不小的阻力。何况这些女真部落大多为明朝卫所之所在,即明朝的地方行政机构,而朝鲜王朝恰恰只在这些地区可拓疆。如此说来,朝鲜王朝为了开疆拓土,既要打击这些女真部落,又要防范女真人的随时袭扰,更要讲求策略以便与明朝交涉。因此,女真人的阻碍作用,对朝鲜王朝的实际北拓经营产生了较强的制约力,甚至超出其自我克制的抑制效果,使其被迫在北拓的进程中愈发地注重防守而非冒进,反映在其北方经略的总体政策方面,即形成了最为重要的所谓"封疆"之道。

以上两者结合,便是朝鲜王朝锐意进取的北拓意识在面临具体的客观状况后,逐渐调整形成的"保国封疆"的总体经略思想。

在历史上,高丽王朝也曾因受到强大的"上国"辽、金、元政权以及女真边患的制约影响,而有过类似的"保国封疆"之举,但由于背景大相径庭,高丽此举完全达不到朝鲜王朝"谨守"的程度。也就是说,高丽王朝可以高效率、大范围地"北进"开拓,即使有了以"千里长城"为代表的用于"封疆"的边防工程,也不能限制其北拓,故才有了诸如高丽前期的"九城"经略以及高丽末期越出"千里长城"在朝鲜半岛东、西北部的经略。朝鲜王朝虽也继续倡导推行北拓经营的行动,却难有高丽那样"越出封疆"的力度,最终只达到鸭绿江与图们江所形成之两江界河一线。

## 二、朝鲜王朝北方经略的初步实践

基于上述北拓意识的内在驱动,朝鲜王朝自开国初期便迅速启动了其拓疆的"战车",进行了北方经略的初步实践。该实践是在继承高丽北拓经营成果基础上的继续开拓,而如前所述,高丽恭愍王代已分别将其东北、西北疆域扩展至相当于今镜城郡及碧潼郡、江界市一带,那么朝鲜王朝就将以此为起点重新迈开北拓的步伐。只不过,在北拓意识中"旧地意识"的力促下,朝鲜王朝首先开展的是其东北疆的经略实践。对此,《朝鲜太祖实录》有如下描述:

三国之末,平壤以北,悉为野人游猎之所。高丽时,徙南民以实之,自义州至阳德,径筑长城,以固封疆。然不安其居,数为畔乱,至于用兵以讨之……安边以北,多为女真所占,国家政令不能及。睿宗遣将深入,克捷有功,建置城邑,然寻复失之,羁縻而已。上受命以后,声教远被,西北之民,安生乐业,田野日辟,生齿日繁……自义州至闾延沿江千里,建邑置守,以鸭绿江为界……东北一道,本肇基之地也,畏威怀德久矣。野人酋长远至移阑豆漫皆来服事,常佩弓剑,入卫潜邸,昵侍左右,东征西伐,靡不从焉。如女真则斡朵里豆漫夹温猛哥帖木儿、火儿阿豆漫古论阿哈出、托温豆漫高卜儿阏……上即位,量授万户千户之职,使李豆兰招安女真,被发之俗,尽袭冠带,改禽兽之行,习礼义之教,与国人相婚,服役纳赋,无异于编户。且耻役于酋长,皆愿为国民。自孔州迤北,至于甲山,设邑置镇,以治民事,以练士卒。且建学校,以训经书,文武之政,于是毕举,延袤千里,皆入版籍,以豆满江为界。江外殊俗,至于具州,闻风慕义,或亲来朝,或遣子弟,或委质随侍,或请受爵命,或徙内地,或进土物者,接踵于道……①

显然,在以上多有夸张的记载中,展现了继统高丽疆域后的朝鲜太祖李成桂在进行北疆建设时,尤其着重于东北疆的开发,正因为这里是"本肇基之地也"。其中包含两个新拓展之地,即"孔州"与"甲山"。据史载,早在朝鲜太祖二年(1393),李成桂便"遣东北面都安抚使李之兰(即李豆兰,引者注),城甲州、孔州"。② 甲州即甲山城(今朝鲜两江道甲山郡甲山邑稍东之地附近)③,位于长白山以南、赴战岭以北,今朝鲜两江道中部的盖马高原等

---

① 《朝鲜太祖实录》卷8,四年十二月癸卯。
② 《朝鲜太祖实录》卷4,二年八月乙酉。
③ 此次修建之甲州城,应是"高丽恭让王三年(1391年,引者注)置万户时所筑"的"长平(坪)山石城"。后来,朝鲜世宗时期又在该城以西的虚川江东岸新建了邑城(今朝鲜两江道甲山郡甲山邑附近),而该城大概在新建邑城"东十三里"的位置。分别参见《朝鲜世宗实录》卷155《地理志·咸吉道·吉州牧·甲山郡》;《舆地图书》(下)《咸镜南道甲山府邑志·古迹·长平山古城》。

高原、山地地带①；而孔州城位于图们江下游南岸临近入海口的地方。② 这也就是说，朝鲜王朝仅在开国不足一年的时间内，通过在新开拓地筑造城池而将疆域进一步拓展至图们江（即上引文中朝方所称的豆满江）下游（连同入海口）南岸直至长白山南的高原、山地一带。尤其是对图们江下游南岸的占据，更造就了图们江下游作为古代中朝自然界河的历史就此初现。由此可见，朝鲜王朝急于尽取"祖先旧地"的北拓之心，昭然若揭。

除继续迅速扩大对北疆的经略外，朝鲜王朝接下来要做的自然是如何巩固这些既得的经略成果，尤其是高丽恭愍王代经略后的众多成果，仍以东北疆为主。以上引文中虽多溢美之词，但也形象地反映了朝鲜王朝在该地民事、军事、文化建设等方方面面的基础性治理。事实上，朝鲜王朝的确曾为此特命郑道传为东北面都宣抚巡察使，令他"缮完城堡，以安居民，量置站户，以便往来"。③ 郑道传受命后，"分定州府郡县之名"④，不仅新设"永兴、吉州"二道（即后来的咸镜南、北道），还大力修城抚民，遍立各种地方行政机构，展开了全面的治理。而如此深入地进行东北疆的巩固，俨然已将该地彻底纳入了其国版图，意图永占该地。

至于朝鲜王朝的西北疆，其在建国之初主要是对丽末经略成果的巩固，且也有一定拓展。以上引文中似乎就有一些关于该地巩固及开发疆土的反

---

① 甲州在《新增东国舆地胜览》卷49《咸镜道·甲山都护府·建置沿革》条中有载："本虚川府，久为女真所据，屡经兵火，无人居。高丽恭让王三年始置甲州万户府，本朝太宗十三年改今名为郡。"据此，甲州之地起初应为女真人的一个聚落，其"本虚川府"是因流经此地的虚川江而得名，实际到1391年高丽就已决策拓疆至此而将其命名为甲州，但可能由于山高路远、丽末政局动荡等原因，当时尚未来得及真正实现有效治理，故1393年的甲州经营应是对丽末决定甲州开拓后的正式应对施策。此外，这里还需指出的是所谓"屡经兵火，无人居"不合史实，因为如《龙飞御天歌》中所述，此处在丽末鲜初一直还居住有属于前述十七处"本土女真"中的甲山女真，例如甲州猛安云刚括等。

② 关于孔州在开拓之前的名称由来，目前暂无法考证，唯一能确认的是其与甲州之地一样，起初也是女真人的一处聚落。虽说《朝鲜世宗实录》卷155《地理志·咸吉道·吉州牧·庆源都护府》条称"古孔州，或称匡州，久为胡人所据，高丽大将尹瓘逐胡人，置公险镇防御使"；《新增东国舆地胜览》卷50《咸镜道·庆源都护府·建置沿革》条亦言："古称孔州，一云匡州，后人掘地得铜印，其文曰'匡州防御之印'……高丽尹瓘逐女真，设砦为公险镇内防御所。"但如《东国舆地志》卷8《咸吉道·庆兴都护府·建置沿革》条却认为："《高丽史》未有考，不知何所据也。《高丽史·地理志》'公崄镇'阙其所在，而郑麟趾注其下曰：'一云孔州，一云匡州，一云在先春岭东南、白头山东北，一云在苏下江边'，岂《胜览》因此既录公崄镇于豆满江北七百里之地，而又于此牵就以成文也欤。"

③ 《朝鲜太祖实录》卷12，六年十二月庚子。

④ 《朝鲜太祖实录》卷13，七年二月庚辰。

映,而事实上也确实如此。由于朝鲜半岛西北部大部分区域早在高丽前期便已开拓并得到了长期的巩固①,故朝鲜王朝接下来重在对丽末恭愍王代北拓经营后尚未得到充分开拓的鸭绿江中游南岸地区,实施进一步的巩固措施。这基本也表现在行政辖域的调整及地名的改变方面,即调整了泥城万户府、豆木里、江界万户府、阴潼之辖域,并将其分别改设为昌城郡(后为昌城府②,今朝鲜平安北道昌城郡峰川里稍西之地,即旧称"城丰洞"附近)、理州郡(后为理山郡③,今朝鲜慈江道古丰郡内,即旧称"古面旧衙洞"附近)、石州郡(后为江界府④,今朝鲜慈江道江界市中心附近)、碧潼郡(今朝鲜平安北道碧潼郡东主里附近)⑤。其中,特别是将理山与江界二邑之辖域扩展至靠近鸭绿江岸的山羊会(今朝鲜慈江道楚山郡莲舞里附近)、都乙汉(今朝鲜慈江道渭原郡古城里附近)、烽火台(今朝鲜慈江道渭原郡古堡里附近凤游山一带)、外怪(今朝鲜慈江道满浦市乾上里附近,今尚有外怪古城遗址见在⑥)等地,由此使这些自高丽恭愍王代北拓之后的新开拓地域,全面得到朝鲜王朝的行政确认。这表明朝鲜王朝已大体完成了对鸭绿江中

---

① 不过,朝鲜王朝建国后对这些高丽巩固已久区域上的许多城邑,都重新进行了行政调整或改名。例如,前述保州城,在高丽时期就已"改为义州"并"升为牧"后,朝鲜王朝"太宗二年(1402年,引者注)始置判官,以静州及威远镇来属";又如朔州邑,"本高丽宁塞县,显宗九年(1018年,引者注)改今名为防御使,后升为府。本朝(即朝鲜王朝,引者注)太祖三年(1394年,引者注)以犬牙相错,割古龟州及附近十二村合之,降为郡;太宗十三年(1413年,引者注)升为都护府",等等。分别参见《新增东国舆地胜览》卷53《平安道·义州牧·建置沿革》,《新增东国舆地胜览》卷53《平安道·朔州都护府·建置沿革》。

② 据《新增东国舆地胜览》卷53《平安道·昌城都护府·建置沿革》条载,昌城郡在朝鲜世宗朝升为都护府。另据《朝鲜世宗实录》卷81二十年六月戊寅条载,昌城郡于该年(1438)"升为都护府设镇"。

③ 据《新增东国舆地胜览》卷55《平安道·理山郡·建置沿革》条载,理州郡于朝鲜太宗十三年更名为理山郡。此次更名"理山"等于恢复到高丽末期的曾用名,但因拓而扩大了该郡的管辖范围,故再称作"理山"的意义已与先前大为不同。

④ 据《新增东国舆地胜览》卷55《平安道·江界都护府·建置沿革》条载,石州郡于朝鲜太宗三年(1403)改称江界府,十三年又升为江界都护府。

⑤ 据《朝鲜太宗实录》卷3二年四月丁丑条载:"泥城道右翼属泥城伊彦、昌城、碧潼、阴童、大小波儿、亏农库等各处伊彦合为一州,号称昌城郡,以右翼团练使兼之。江界道中翼属立石、古哈、外怪等各处伊彦合为一州,号称石州,以中翼团练使兼之。右翼属豆木里、山羊会、都乙汉、烽燧(火,引者校)台等各处伊彦合为一州,号称理州,以右翼团练使兼之。"其中,"伊彦"为女真语,"女真谓民为逸彦"(《朝鲜太祖实录》卷1,总书),"逸彦"当同"伊彦"。另据《朝鲜世宗实录》卷154《地理志·平安道·朔州都护府·碧潼郡》条载:"至本朝太宗三年癸未,以团,阴潼改今名为郡。"

⑥ 参见《朝鲜乡土大百科》"外贵镇城",网址: https://terms.naver.com/entry.naver? docId = 2854367&cid = 58028&categoryId = 58037,访问时间2023年2月19日。

游南岸疆土的占据,从而将此前已初步形成的鸭绿江中游自然界河变得更为稳固。

总之,通过新拓疆土以及行政治理措施的推行,朝鲜王朝不仅将其东北疆域进一步推进至图们江下游南岸,以及进一步加强对鸭绿江中游南岸地区的开拓,更对丽末以来新拓展的北方地域全面推行了行之有效的行政巩固措施,由此使得这些区域逐渐无异于其南方之地。

然而,正当朝鲜王朝欲将其北疆尤其是东北疆新拓区域完全收入囊中,甚至以此为阵地继续北拓经营之时,明朝的介入却突然中止了这一进程。之所以如此,是因为以下两次有关女真人的事件。

第一,关于"十处女真人民准请"事。明成祖即位后,明朝开始逐步加大对东北女真人的招抚力度,尤其对于朝鲜半岛北部乃至"鸭—图"两江流域而言,因朝鲜半岛东北部直至图们江流域为女真人的主要分布区,故自然成为明朝招抚的重点。在这一背景下,1404年明朝首先派辽东千户王可仁携带敕书去朝鲜半岛东北部执行女真人招抚的任务,由此引发了与朝鲜王朝关于女真人的第一次矛盾冲突。王可仁所赍之敕书曰:"敕谕叁散(同"三散",引者注)、秃鲁兀等处女真地面官民人等知道……今招谕叁散、秃鲁兀等一十一处……"①其中提到的这十一处女真人所在地,正涵盖了前述十七处"本土女真"的主要居地,根据董万仑先生的分析②可知,这包含了从今朝鲜咸镜北道之咸兴市向北延伸至今中国吉林省延边州珲春市的广大地域。显然,其绝大部分都在图们江以南的朝鲜王朝所拓区域,这就意味着这些女真人完全被置于朝鲜王朝东北疆已进行全面巩固的辖域内,甚至其中的不少女真人可能已改"被发之俗,尽袭冠带,改禽兽之行,习礼义之教,与

---

① 《朝鲜太宗实录》卷7,四年四月甲戌。
② 据董万仑的《东北史纲要》(黑龙江人民出版社,1987)第333页考证,明朝敕谕列举的这十一处女真人所在的地名中,"哈兰"在今咸兴市一带,"洪肯"在今洪原郡一带,"叁散"在今北青郡一带,"阿沙"在今利原郡一带,"秃鲁兀"在今端川市一带,"都夫失里""阿都歌""大伸"在今吉州郡一带,"海童"可能在今甲山郡稍北,"斡合"在今镜城郡附近。可见以上十处女真人皆分布在图们江以南(今朝鲜咸镜南、北道或两江道),只有"溪关"一处在江北(今中国吉林省延边州珲春市三家子满族乡高力城屯)。

国人相婚,服役纳赋,无异于编户",变成了所谓的"向化女真"。① 明朝对这些女真人进行招抚就等于要收回其管辖权,虽说没有指明是否收回土地,但至少管土与管民脱节②,对于朝鲜王朝来说也是一件相当"难受"的事情。换句话说,这在实质上将极大地损害朝鲜王朝的北拓利益。显而易见,朝鲜王朝对此无论如何也无法"容忍",于是立派使臣金瞻朝京上书奏请。最终,在朝鲜王朝使臣的诡辩下③,明成祖非但未予深究,反而下旨:"朝鲜之地,亦朕度内,朕何争焉?今兹准请。"④结果,朝鲜王朝不仅获取了除"奚关"女真人之外的十处人民的管辖权,更是以明文确定了这片地域的归属权。对于这次来之不易的"胜果",朝鲜王朝君臣自当深知其重要性:"叁散等十处人物准请,是土地人民,并赐于我,永为国家之民……"⑤甚至,为了能永久保持这种既得利益,太宗王在其晚年还曾叮嘱臣僚:"谨守准请十处之文,以备不虞……"⑥

第二,关于"建州女真招抚"事。这是朝鲜王朝与明朝的第二次正面"交锋",相比第一次更加激烈。这主要是由于在明朝招抚女真人之时,朝鲜王朝在其女真观的作用下也在迅速推进针对女真人的招抚计划,尤其对邻近的一些较为重要的女真部落,如建州女真各部,自然会格外关注。朝鲜王朝所惯用的女真策略即"恩威制御之术",其中的"恩抚"之策,对于建州女真这样具有较大规模与影响力的女真部族而言,则更需积极、妥善地运用。因为这样做至少有以下两大好处:(1)可以尽可能地减少女真人异动与扰乱,甚至"化敌为友",隶其为本国"藩篱",从而最大限度地保证边地安

---

① "向化女真"指受到"德化"后逐渐融入朝鲜王朝社会的女真人,实质为朝鲜王朝的"同化"政策。由于该政策结果的实现并非一时之功,故引文中的"夸赞之词"所指至少应上溯至丽末经略东北疆之时。

② 王臻:《朝鲜前期与明建州女真关系研究》,中国文史出版社,2005,第69页。

③ 关于朝鲜王朝如何谋划应对,特别是其使臣诡辩的全过程,史载:"甲申夏,女直(真,引者校)遗民佟景、王可仁等以'我国咸州迤北古为辽、金之地'奏于帝,帝降敕索十处人民,上遣瞻计禀,乞许仍属本国。瞻至京,佟景等犹孰(执,引者校)迷,诉于礼部。瞻告礼部曰:'若考辽、金《地理志》,则虚实自明矣。'礼部官然之,乃考二国之志,果无十处地名,具以实奏。"参见《朝鲜太宗实录》卷35,十八年五月癸丑。

④ 《朝鲜太宗实录》卷35,十八年五月癸丑。

⑤ 《朝鲜世宗实录》卷81,二十年五月戊戌。

⑥ 《朝鲜世宗实录》卷3,元年四月己亥。

宁;(2)可以尽可能地利用女真"归顺者",最好能变其为本国臣民,正如"向化女真"一般,如此就可兵不血刃地达到北拓疆土的目的。其实,早在丽末恭让王时期(1389—1392年),当时已掌握国家实权的李成桂就继续利用其家族在朝鲜半岛东北部的影响力,屡次派人招谕图们江流域的建州女真诸如斡朵里、兀良哈等部族。① 那么,他在建国称王之后就更要将此政策继续推行下去,如前引文中所述"使李豆兰招安女真",欲招安的对象仍以斡朵里、兀良哈等建州女真为先。但是,明朝很快参与了进来,首先招抚了阿哈出部并设立了建州卫。② 此后,在"十处女真人民准请"事之后,明朝又迅速向仍在图们江流域的建州女真其他部族发出谕令。如此一来,就必然会与朝鲜王朝的势力"碰撞"。果然,明朝于1405年先派千户高时罗等人前去招谕猛哥帖木儿等建州女真首领。为了阻止明朝的诏谕,朝鲜王朝亦火速制定对策:"遣人于东北面,使猛哥帖木儿、波乙所(即把儿逊,引者注)等,不得生变于使臣。"③结果,正是在朝鲜王朝的阻挠下,明朝第一次招抚无功而返。不久,明朝又派王教化的及金声等人再次招谕斡朵里、毛怜两部女真,但当朝鲜王朝也再欲行阻挠时,局势却发生了戏剧性的逆转。原来,首领猛哥帖木儿及把儿逊等人虽宣称"不变素志,仰事朝鲜无贰心"④,实际却是"阳为不顺朝廷招谕者,以示郭敬仪,内实输写纳款无贰之诚于王教化的,潜理妆欲随教化的赴京师"⑤,这让当时不知内情的朝鲜太宗在后来"深悔之"。⑥ 不仅如此,有些招架不住的朝鲜王朝也曾另遣使臣李行,为索取猛哥帖木儿等女真人的归属权而赴京奏请,结果因遭到明朝的责难而不得不作罢。最终的结局是:此次利益"交锋"以朝鲜王朝的完全失败而收场。

以上事关女真人的两次朝、明冲突,表面上看是关于女真人治理权的争

---

① 如在《高丽史》卷46《世家卷第四十六·恭让王二》中,三年七月条载"是月,我太祖献议,遣人赍牓文招谕东女真地面诸部落";三年九月条载"遣前祥原郡事李龙华宣慰斡都里、兀良哈";四年三月条载"戊子,我太祖享斡都里、兀良哈于第……庚子,斡都里、兀良哈诸酋长皆授万户、千户、百户等职有差……又牓谕诸部落曰:……再差李必等赍牓文前去招谕,牓文到日,各各来归"。

② 前文已述,此时阿哈出部已迁离图们江流域,向西徙至辉发河流域的凤州一带。

③ 《朝鲜太宗实录》卷8,四年七月癸丑。

④ 《朝鲜太宗实录》卷9,五年四月乙酉。

⑤ 《朝鲜太宗实录》卷10,五年八月辛卯。其中,郭敬仪为朝鲜王朝所派、陪同王教化的做招谕工作的伴送使,实际另奉王命监督猛哥帖木儿等人的举动,以便及时采取"制御"对策。

⑥ 《朝鲜世宗实录》卷54,十三年十月丁未。

取,实质上却是朝鲜王朝巩固其已获取的疆土权益及进一步争夺北拓利益。同时,这也是朝鲜王朝自建国以来在北方经略的道路上首次连续遭遇阻力。具体就事件的结果而言,朝鲜王朝在这两次冲突中"一成一败"的结局,更深刻反映出了两大问题:一方面,朝鲜王朝在"十处女真人民准请"事件中的成功,侧面反映了明朝在边疆认识上的不足及态度上的轻率,而这种认识与态度不仅被朝鲜王朝在此次事件中试探性地成功利用,更成为其以后获取疆土利益的心理筹码与策略依据。另一方面,朝鲜王朝在"建州女真招抚"事件中的失败对其是一次沉痛的打击,尤其是该事件直接导致了建州女真各部卫所林立,给朝鲜王朝以后的北拓经营带来巨大的障碍,正所谓"帝于东隅置建州卫,是扼我咽喉掣我右臂也"。① 这种已然存在的现实状况意味着朝鲜王朝自丽末恭愍王以来顺利、快速拓疆的局面被终结。但正如朝鲜太宗所言"往者不可追,来者犹可图"②,朝鲜王朝不仅没有且不会就此终止其北方经略,反而极有针对性地选择了新的经略方式。此即:在前述"保国封疆"的总体经略思想框架的指引下,伺机全面实施"四郡六镇"建设战略的重大举措。

## 三、明朝的东北边疆观及对朝鲜王朝初步北拓经营的态度

明朝自成立以来,高丽及朝鲜王朝先后与明历经"铁岭立卫""十处女真人民准请"以及"建州女真招抚"这三次实质涉及疆土纠纷的事件。在这三起事件中,明朝虽说通过铁岭卫事件曾迫使高丽西北疆的经略止步于鸭绿江南岸,却未能在此后阻止高丽及朝鲜王朝持续进行的东北疆经略,更重要的是到了朝鲜王朝建国后,丽末以来在朝鲜半岛东北部的这些北拓经营成果还得到了明朝的认可。这种情况的出现,对于明朝来说,除了起初在元、明交替的特殊时局下,其因在东北的力量不足而被高丽乃至朝鲜王朝所利用外,不得不说更有其对于东北边疆地域的女真居地的认知及态度使然,尤其是在"十处女真人民准请"事件中,深刻反映了其作为"上国"的传统疆

---

① 《朝鲜太宗实录》卷12,六年八月庚戌。
② 《朝鲜太宗实录》卷10,五年九月己酉。

域认识。

"上国"的传统疆域认识,基于当时的生产力水平、交通等客观条件,一定是在古代东亚特有的宗藩体制框架下才产生的。因此,其所认定的统域范围既包含宗主国直接统辖的内地(尤其是汉地)成分,也包含依附于宗主国的内属"边夷"的成分。甚至,在"溥天之下,莫非王土,率土之滨,莫非王臣"的"天下"视域的导引下,将"外夷"藩属国的子民亦视作统域内的臣民的一分子。这种统域范围的认定在"天下共主"这一尊奉意识的包装及渲染下,使得宗主国在其疆域认识方面凸显出两大特征,即自我中心主义与"柔远"思想。具体来讲,首先是古代中国人把"天下"想象成一个以自我为中心并向外不断延伸的巨大空间世界,在此背景下,宗主国往往以"天下"中心自居,如此容易放松对中心边缘及其外围地区具体而深入的考察,这就使其对整个空间世界仅能得到中心清晰而边缘模糊的层次化的视觉效果,甚至是局限性的视域范畴,而且这种关于世界的想象,空间意味与文明意味常常互相冲突和混融,有时候文明高下的判断代替了空间远近的认知。① 这一特征最突出的表现之处正是边疆地区。宗主国不在乎边疆一城一地的得失,在乎的是其控制力及影响力所能达到的范围。因此,宗主国对其疆域所及只做整体、大概的了解,甚至有时基于传统的华夷观,对于边疆尤其是"边夷"居地乃至"外夷"藩属国,以文明与否的视角取代了深入的地域状况认知(尤其是地理认知)兴趣,如此一来,难免就会出现对于边疆地带(尤其地理方面)粗略或模糊甚至错乱的认知结果。② 另外,宗主国又满足于"天下"尊奉的形式,在疆域认识方面因怀柔包括域外藩属在内的诸"夷"而产生了"天下一体"的观念,正所谓"柔远能迩",进而形成一种对待域外藩属的传统政策,特别是对于周边藩邦(主要是陆路邻国③)而言更是如此。这

---

① 葛兆光:《宅兹中国:重建有关"中国"的历史论述》,中华书局,2011,第44~46页。
② 一般来说,中国古代北方少数民族建立的王朝(如辽、金、元、清等)在此层面的表现相较于汉族王朝要好不少,特别是清朝到了中后期对于边疆的认知已到了远甚于以往的较高水平,因而这一特征主要适用于清代以前的古代中国王朝,尤其是以明朝为代表的中原汉族王朝。
③ 除本书阐述的古代朝鲜半岛国家较为典型外,还有安南王国、缅甸王国等。比如,宋朝神宗皇帝在位期间将广源州等地赐予安南,清朝雍正年间又将小赌咒河以南土地赐予安南;清朝乾隆年间将孟拱、孟养、木邦、蛮暮诸土司所在土地赐予缅甸,等等。分别参见彭巧红:《中越历代疆界变迁与中法越南勘界问题研究》,厦门大学博士学位论文,2006,第28~37、107~120页;王春桥:《明清云南西部边地土司"内外"分际的历史过程》,《中国历史地理论丛》2019年第1期。

种情况最易发生之处亦是宗主国了解不多的边疆地区,尤其是与藩国邻接之地。在这种"柔远"思想及政策环境的左右下,宗主国较容易淡化边疆及疆界意识,当遇到这些陆路接壤的藩国在疆土问题上的要求时,有时就会以他们忠诚与否作为衡量的重要标准甚至唯一标准而决定是否施与。并且,这种"柔远"思想往往是作用于自我中心主义基础上的进一步表现,因直接关系到宗主国的这种边疆认知及态度表现所造成的最终后果及程度,故而是上述宗主国传统疆域认识的两大特征中相对更重要的特征。①

以上以"十处女真人民准请"为代表的三次事件,正是以明朝为代表的宗主国基于其疆域认识的两大特征,出现这种边疆认知及态度表现所造成后果的典型例证。这主要与当时的明朝对于以辽东为中心包括朝鲜半岛在内的东北部地区的管控模式密切相关。由于这里同时存在着臣属于明朝的半岛王国(即指高丽及朝鲜王朝,下文相同指代不再赘述),以及与辽东地区东、北面疆域相连的女真居地,故明朝在这里采取了辽东直辖地与"夷"地两种不同的管控方式,即对辽东实行与中原地区一体的管辖方式,并派兵驻守,进行直接统治②,而对"夷"地主要以例行封贡的方式实行间接控制。其中,对半岛王国与女真这两种不同"夷"地的控制程度又分别有所不同,即对半岛王国不予干预,令其"自为声教"③,自主政务,视其为"外国""外藩",而对女真人则实行以奴儿干都司总揽下的卫所"羁縻"统治方式,视其为"内夷""内藩"。有学者将这两种"夷"所处明朝宗主国边缘的区域,称之为"内圈"与"外圈"。④ 也就是说,明朝将半岛王国视为"化外之国",是有不同的辖域与大概的疆界区分的;⑤而对辽东东、北部的女真居地来说,明

---

① 当然,必须强调,由于清代中叶以前版图意义上的中国历史疆域尚未正式形成,古代边疆因不断变动与调整而不甚稳定。因此,作为宗主国的古代中国王朝在传统疆域认识上的这两大特征,恰恰是彼时边疆的不稳定状态在君臣士大夫思想意识层面上的一种映射,故需要历史地去看待,并汲取经验。参见方铁:《古代治边观念的研究内容与主要特点》,《中国边疆史地研究》2006 年第 1 期。

② 明朝在辽东起初设置府、县,后尽撤府、县,采用都司卫所的军政合一建置,并由山东布政使司、按察使司兼管其行政、司法。参见杨旸主编《明代东北疆域研究》,吉林人民出版社,2008,第 23~26 页。

③ 《大明一统志》卷 89《外夷·朝鲜国·沿革》。

④ 程尼娜:《羁縻与外交:中国古代王朝内外两种朝贡体系——以古代东北亚地区为中心》,《史学集刊》2014 年第 4 期。

⑤ 此即"汉地"与"异邦"的大致区分,在疆界划分上也只是了解到以鸭绿江为界,且实际主要认知的是鸭绿江下游界河。

朝将其作为"化内之地",虽与辽东直辖地有所不同且与之划"线"区处①,但仍在明朝辖域内,即不存在划界之事。

然而,问题恰恰就出现在这"化内之地"上。一方面,由于这片地域毕竟位于广大、偏远的边疆"夷"地,明朝在此又只是间接管辖,加之其基于传统"夷狄有别"的文明观而有"鄙夷"风气,女真人大多有"逐水草为居,以射猎为业"②的这种居无定所的渔猎采集风俗,故明朝没有意识、兴趣对这里进行深入、细致的调查、了解,即在尽可能保证对女真各部的有效掌控,尤其是对一些重要部族首领能够妥善节制的情况下,对于女真居地的精确所在、地名的翔实所指等关乎地理方面的细微问题并不会过多关注。关于这一点,无论在《明史》《大明一统志》《辽东志》等官撰史籍中,还是在一些私撰地志中,都有相关记载的印证。③ 最明显的一点,就是这些地志仅集中列举了女真人的卫所名称,却未详述其具体地理位置,而这反倒恰恰说明明朝实际上对此也并不是非常在意。此外,从明朝对这片地域的施政方略及相关历史发展中,也能侧面窥见其对该地域的认知状态。首先,明朝设置奴儿干等都司卫所羁縻女真人,主要是为了以女真治女真,行古代中原汉族王朝的"以夷制夷"之道,即只是为了联系控制,并无由奴儿干都司统领一如辽东都司体制之用意。④ 对此,永乐皇帝说得很清楚:"朕非欲并其土地,盖以此辈自昔扰边,至宋岁赂金币,卒为大患。今既来朝,从所欲,授一官,量给赐赉,捐小费以弥重患,亦不得不然。"⑤意即对这片女真居地统如内地并无足够的兴致,只是为了管控女真人,保障边地安宁。既如此,明廷自不会积极地去熟悉、掌握这里的细致状况,不免导致出现模糊甚至错误的地理认知,从而埋下了隐患。其次,明朝设置奴儿干都司,甚至曾派遣邢枢、康旺、亦失哈、王肇舟等官员去奴儿干等地招抚、巡视⑥,以及前述高时罗、王教化的、

---

① 此线即指明朝所建辽东长城防御线,而绝非为疆界线。参见葛剑雄:《中国历代疆域的变迁》,商务印书馆,1997,第 133 页。
② 《大明一统志》卷 89《外夷·女直·风俗》。
③ 如前所述,这实际是"重中原而弱边疆"的一种传统的史料编纂现象,亦正是宗主国传统疆域观念的一种反映。
④ 林荣贵主编《中国古代疆域史·下卷》,黑龙江教育出版社,2007,第 1598 页。
⑤ 严从简:《殊域周咨录》,余思黎点校,中华书局,1993,第 733~734 页。
⑥ 南炳文、汤纲:《明史(上)》,上海人民出版社,2014,第 178~185 页。

金声等前往图们江流域招抚,如此大力固边控"夷"之举都主要是明前期永乐、宣德二朝之事,而自明英宗以后,随着奴儿干都司已内迁①,内忧外患不断,明朝的边政方针由之前的战略进攻阶段逐渐转入战略防御、内治阶段,对女真人的管控力度不断降低②,更无心且无力再去仔细、全面地认知乃至考察这片女真居地尤其地理上的各种细节问题了。由此可见,明朝不仅如前所述对作为"化外之国"的朝鲜半岛地理不尽悉知,对于"化内之地"上的诸多地理详情,更总是处于一种认识粗糙乃至关注度有限的状态,而其中就包括其与半岛王国相连、接壤的这一涉及疆土实利的地带,即鲜明地体现了其出现上述宗主国传统疆域认识中的自我中心主义特征所导致的边疆认知状况。

另一方面,由于明朝的这种边疆认知尤其地理认知状态,导致了实质的后果,而这就要与作为臣属但毕竟乃"化外之国"的半岛王国联系起来。正如,古代朝鲜半岛国家向来有求取发展空间的传统心理③,那么基于朝鲜半岛三面环海,唯独北面通达大陆的实情,到了半岛王国相继建立后即逐步形成了北拓意识,而这正是本书开篇就要阐明的一个重点问题。只是,半岛王国要北拓经营之地本多为女真居地,而又归属历代宗主国④管辖,故其在具体经略之时务须保持谨慎的姿态。再加上女真人不时地抵制、反抗,因此其经略颇为不易。但正因如此,就导致半岛王国产生了针对所拓之疆寸土必争的疆土所有意识。而明朝恰与之形成了鲜明对比。由于明朝无论对女真、半岛王国皆视为其子民,且与半岛王国即便有疆界的划分,也主要熟知的是鸭绿江下游疆界,故在对朝鲜半岛地理,尤其半岛北部女真人所居"化内之地"的详细地理状况所知有限且关注不够的状态下,对于半岛王国在那里的北拓经营往往疏于觉察,甚至也无意觉察。因为正如上述,明朝关键看重的是半岛王国的忠诚与否,像朝鲜王朝既至诚"事大",又慕义向华,实属古代朝鲜半岛国家在维持古代中朝封贡关系方面之典范,从而与明朝的

---

① 奴儿干都司大概在宣德皇帝去世前夕内撤至开原以南,在此后事实上基本停止了活动。分别参见林荣贵主编《中国古代疆域史·下卷》,黑龙江教育出版社,2007,第1597页;孟森:《明清史论著集刊续编》,中华书局,1986,第17页。
② 但女真卫所作为明朝治理该地域的方式及象征依然存续。
③ 张存武:《清代中韩关系论文集》,台湾商务印书馆,1987,第226页。
④ 这里主要指的是与半岛王国同时期的辽、金、元、明四朝,它们先后作为半岛王国的宗主国。

关系愈发亲密。在这种友好宽松的政治环境下，明朝的统治者更不会特别注意朝鲜王朝是否北拓疆土，甚至鉴于与朝鲜王朝的紧密关系，有时反而还会以"上国"的"大度"情怀对之"投桃报李"。正所谓"窃惟四夷来贡者，募化之诚；朝廷优待者，柔远之道。此前代之所行，亦我朝之故事也"。① 这种对于半岛王国在疆土问题所表现出来的宽仁态度，即明朝出现上述宗主国传统疆域认识中的"柔远"思想特征，继而怀柔藩属的状况呈现。

以上即为明朝基于其传统疆域认识中的自我中心主义尤其"柔远"思想而产生的东北边疆观，该观念所导致的直接后果即表现为针对半岛王国的"反作用"。所谓"反作用"，就是半岛王国善于利用宗主国的这种边疆观，为其谋求疆土利益。这种观念与"反作用"其实在相当长的时间里，都成为半岛王国在与同时期宗主国的疆土交涉中，维护其北方经略大业长足发展的一剂"良药"。比如，早在高丽前期即古代中国辽、金时代，高丽王朝就曾利用辽、金二朝类似于明朝的这种边疆观获得过众多的疆土实利，尤其以辽朝为甚，而这在前文中已多有阐述。其中，最突出的事例莫过于辽以"上国"怀柔的姿态将鸭绿江以东数百里之地赐给高丽，而高丽喜获此利后为了防止辽朝反悔，甚至再次打出了求取怀柔之牌，称"普天之下，既莫非王土王臣，尺地之余，何必曰我疆我理"。② 正是由此，高丽前期终将其西北部的疆土拓展到鸭绿江南岸。那么，到了高丽末期即元末明初，当半岛王国开始主要着眼于其东北部地区的北拓经营时，也就是具体到这一时期的上述三大事件发生时，针对以明朝为代表的宗主国的东北边疆观更进行了集中且系列化的利用，特别是其中的求取怀柔之策的运作。如表2-1所示，这些始自高丽恭愍王时代并都是围绕半岛王国东北疆经略而发生的事件，起初也涉及与元朝的交涉问题。

显然，表2-1中四个承接性的事例，不仅从数量上再现了上述以明朝为代表的宗主国的东北边疆观对于半岛王国的"反作用"，更从时间跨度及事件连续性上表现出了半岛王国善于利用宗主国的这种边疆观的习惯。从表

---

① 马文升：《敦怀柔以安四夷疏（赐宴）》，载陈子龙等选辑《明经世文编》卷62，中华书局，1962，第505页。

② 《高丽史节要》卷6，肃宗明孝大王一，丙子元年九月。

2-1中不难看出,半岛王国在每一个涉及疆土利益的事件发生时,都对作为宗主国的明朝(甚至也对元朝)寄予了深切的"准请"诉求,而其希望"准请"的切入点正是明朝的东北边疆观中所蕴含的基于宗主国传统疆域认识的两

表2-1 半岛王国与元、明主要疆土问题之交涉

| 事件名称 | 发生时间 | 半岛王国就疆土利益向"上国"上书的主要内容 | 结果 |
|---|---|---|---|
| 元朝针对高丽拓疆的指责[a] | 1356年 | 双城、三撒元是小邦之境……恭惟朝廷薄海内外,莫非王土,尺寸不毛之地,岂计彼此哉。伏乞归我旧疆,双城、三撒以北许立关防……[b] | 元朝鉴于自身当时岌岌可危的现实处境而未有回文,即以默认的方式最后不了了之。 |
| 铁岭卫事件 | 1388年 | 切照铁岭迤北历文、高、和、定、咸等诸州,以至公崄镇,自来系是本国之地……至至正十六年间,申达元朝……以和州迤北还属本国……今钦见奉"铁岭迤北、迤东、迤西,元属开元所管军民,仍属辽东,钦此"。铁岭之山距王京仅三百里,公崄之镇限边界非一二年……伏望陛下度扩包容,德教抚绥,遂使数州之地仍为下国之疆……[c] | 明太祖回旨"高丽所言,未可轻信,必待详察然后已……今铁岭之地,王国有辞。"[d] |
| "十处女真人民准请"事件 | 1404年 | 照得,本国东北地方,自公崄镇迤北孔州、吉州、端州、英州、雄州、咸州等州,俱系本国之地……小邦既在同仁之内,公崄镇迤南又蒙高皇帝"王国有辞"之旨,所据女真遗种人民,乞令本国管辖如旧,一国幸甚……[e] | 明成祖下旨"朝鲜之地,亦朕度内,朕何争焉?今兹准请。"[f] |
| "建州女真招抚"事件 | 1405年 | 切照洪武二十一年间,钦蒙太祖高皇帝圣旨准请:"公崄镇迤北还属辽东,公崄迤南至铁岭仍属本国"……窃念小邦臣事圣朝以来,累蒙高皇帝诏旨"不分彼外,一视同仁"。近又钦蒙敕旨"三散等十处人员准请"。切详猛哥帖木儿、答失等……见居公崄镇迤南镜城地面,把儿孙、着和等……见居公崄镇迤南庆源地面,各各附籍当差。俱系钦蒙准请十处地面,皆在圣朝同仁之内,伏望圣慈许令上项人等仍旧安业,永沾圣泽。[g] | 明成祖斥谕"昔日东北面十一处人民二千余口皆准请,何惜一猛哥帖木儿……朕夺汝土地则请之可也,皇亲帖木儿何关于汝乎?"[h] |

注:a.对于恭愍王时的拓疆,元廷曾遣使责问:"迩者,奸民遽生边衅,越我封疆……若不询问情伪,大兵一临,玉石俱焚,诚所不忍……发尔士卒,就便招捕,或约我天兵,并力夹攻。期于靖国安民,永敦前好,具悉奏闻。"(《高丽史节要》卷26,恭愍王一,丙申五年七月)

b.《高丽史节要》卷26,恭愍王一,丙申五年十月。

c.《高丽史》卷137《列传卷第五十·辛禑五·十四年二月》。

d.《高丽史节要》卷33,辛禑四,戊辰十四年六月。

e.《朝鲜太宗实录》卷7,四年五月己未。

f.《朝鲜太宗实录》卷35,十八年五月癸丑。

g.《朝鲜太宗实录》卷9,五年五月庚戌。

h.《朝鲜太宗实录》卷10,五年九月己酉。

大特征。一方面,利用明朝边疆地理认知上的欠缺而"任为"。据表2-1,高丽王朝最初突破双城总管府时,向元朝所求之地仅为双城(今朝鲜咸镜南道金野郡金野邑附近)与三撒(即三散,今朝鲜咸镜南道北青郡北青邑附近),但在此后特别是到了朝鲜王朝时期再次索求时,却又依次增加了雄、英、端、吉各州直至孔州,甚至到最后连猛哥帖木儿、把儿逊等的居地也不放过,称其在镜城、庆源二邑辖域内。显而易见,如此一再增加请求的地域,正是半岛王国为满足其北拓进程的要求,而明朝对此却始终未能分辨、察觉。尤其是奏文中需要特别注意的"公崄(险)镇"。所谓公险镇,正如前文所述,乃高丽睿宗时期"拓而复失"的"九城"之一,是代表"九城"辖域与女真居地分野的一处重要边城,而包括公险镇在内的"九城"的地理位置因史料记载的不明确,到近代以来都长期是学界一个存在分歧的史地问题,对于当时并不了解"九城"历史的明朝而言更不可能确知,甚至连朝鲜王朝君臣自己也不清楚。① 然而,从铁岭卫事件开始,半岛王国便将公险镇写入上书中,作为索地的重要依据,并一再发生人为"北移"的现象②,甚至到最后不惜为此套用、篡改了明太祖曾经的旨意。③ 如此臆造与利用公险镇的史事,目的仍不外保护其当时的北拓利益。

另一方面,半岛王国还同时习惯性地"引诱"明朝(也包括元朝)发挥对于藩属的怀柔,而接连不断获取"硕果"。正如表2-1所示,在明朝对半岛王国奏文中的内容因缺乏足够了解而难辨是非的情况下,半岛王国立足于"不分化外,一视同仁"这个着眼点,心怀"既为一家,不分彼此"的深情切意来提示明朝(也包括元朝)不要与其计较区区"寸土",这就好比之前高丽对辽朝的请求一样。由此而将明朝推入"上国字小责无旁贷"的氛围中,迫使其不得不考虑对属国的"宽宏大量"。结果,除了最后明朝在关系重大的猛哥帖木儿等建州女真的问题上没有放手以外,在半岛王国其他的请求中,明朝(也包括元

---

① 比如《朝鲜世宗实录》卷86二十一年八月壬午条载:"(世宗王,引者注)传旨咸吉道都节制使金宗瑞曰:'东北之境,以公崄镇为界,传言久矣,然未知的在何处。考之本国之地,本镇在长白山北麓,亦未知虚实。'"

② 李花子:《明清时期中朝边界史研究》,知识产权出版社,2011,第24页。

③ 如前文所述,明太祖在铁岭卫事件开始时曾有旨"铁岭北、东、西之地,旧属开元者,辽东统之。铁岭之南,旧属高丽者,本国统之";但在表2-1"建州女真招抚"事一栏中被篡改成了"钦蒙太祖高皇帝圣旨准请,公崄镇迤北还属辽东,公崄迤南至铁岭仍属本国"。

朝)至少都没有深入追究而任其拓展。尤其需要指出的是,在相较表2-1中的其他事件而更需仔细考量的"十处女真人民准请"一事上,正如前文所述,明朝要招抚这些女真部落,而朝鲜王朝深知明朝一旦招抚成功,就会连人带土一并归明所有,如此则丽末以来所拓之疆将全部化为乌有,故遣使上奏索求。正是在索求中,面对明朝某些官员的质疑,朝鲜王朝使臣居然拿出了《辽史》《金史》中的《地理志》与之对质,而《辽史》《金史》等相关正史,本来对女真(主要是生女真)在东北特别是朝鲜半岛北部原居地的相关地理记载就不甚翔实,更何况是朝鲜王朝提供的这些新地名。① 结果明朝官员自然无言以对,明成祖还大显"包容"之风,以"与度内不争"的情怀,将其怀柔政策发挥到了极致,从而彻底"成全"了朝鲜王朝将其继承的高丽末期所拓直至其建国之初新拓的东北部疆土终获确认的长久愿望。

总之,通过上述"上国"对半岛王国,尤其是明朝针对朝鲜王朝初步北拓经营所展现出的东北边疆观的案例可知,这是朝鲜王朝维系其既得利益的根本前提,也是保障其进一步实施北方经略的必要"筹码"。倘若这种边疆观中克服了自我中心主义,特别是不再有如此怀柔之举,朝鲜王朝在其北拓经营的道路上必将寸步难行,即使侥幸所得也难保万全,就像其在"建州女真招抚"一事上被明朝所阻一样。相反,这种边疆观特别是其中因"柔远"而产生的"大度"情怀,更是蕴含着各种不可预估性,成为朝鲜王朝尽力索取拓疆利益的着眼点。这就好比"十处女真人民准请"那样:朝鲜王朝不仅借此进一步保证了其在图们江以南已采取行政巩固措施的所拓东北部疆土的稳定性,更将在此后巧妙地利用这种合法性批文,进而在图们江南岸尚未开拓的其他地方进行更加深入的拓展。显而易见,这种连锁性的后果是难以想象的。事实上,后来的历史也的确在反复给予印证,正是基于宗主国的东北边疆观所产生的"反作用",朝鲜王朝得以"善用"而不断累积如上之"寸土",即从明至清,往往通过效仿前例而得以在其北方逐步开拓经营,其结果:以鸭绿江、图们江乃至长白山这种"两江一山"作为中朝疆界的状况,就是在如此累积及经营中,慢慢形成了今天的模样。

---

① 《朝鲜太宗实录》卷35,十八年五月癸丑。另外,张士尊所著《明代辽东边疆研究》(吉林人民出版社,2002,第442页)对此亦有相关分析。

## 小结

朝鲜王朝自1392年建立后,其在继承高丽时代既得北方经略成果的基础上,开始了延续前代北疆开拓之大业。但正如在高丽时期一样,朝鲜王朝若要顺利实施北方经略,则既要有有利的北拓经营环境,又要有主导北拓之意识。对于前者而言,朝鲜王朝面临明朝已完全确立在中原统治地位的新国际环境以及北疆女真分布形势出现变化的新边疆环境,为了继续北拓疆土,其就不得不处理好特别是利用好与二者之间的关系。而朝鲜王朝一建国即将对明"事大"确立为其基本国策,加之秉持"慕华鄙夷"的观念,由此得到了明朝的认同与信任优待,同时针对女真人则采取了惯用的"驭戎"策略即"恩威制御之术",这就为其在女真地域的开拓经营创造了有利的国际政治条件,并提供了应对女真事务时有效的手段支撑。对于后者而言,朝鲜王朝既继承了传统的北向开拓意识,也认可并接受了高丽的高句丽"旧地"占有意识,更重要的是因对朝鲜半岛东北部地域作为其王室"龙兴之地"的特殊情感,以至于其有了区别于前代而定要在该方向上进行优先开拓的意识。正是这三种意识的杂糅,使朝鲜王朝继续形成了强烈且独特的进一步北拓的意识,并成为其此后力主经略东北疆且不忘兼顾经略西北疆的行动"指南"。

然而,尽管有新形成的北拓意识作为推动力,但朝鲜王朝在实际的北拓行动中却备受限制。毕竟,新的拓疆环境既有有利的一面,又有不利的一面。一则因明朝的客观存在所产生的威慑力,特别是自明太祖起的明朝君臣还提出并认定了以鸭绿江为界的事实;二则因邻近朝鲜王朝的女真人中作为"外来户"的建州女真各部的出现,特别是女真诸部还作为明朝卫所的现实状况。这些不同于高丽时期的客观因素的存在,对于朝鲜王朝的北疆开拓产生了较强的制约与阻碍作用,故其也就难以达到高丽王朝那样的北拓进度与力度。

最终,在北拓意识的推动力与客观因素限制的综合作用下,朝鲜王朝为适应新的拓疆形势而逐渐调整形成了"保国封疆"的总体经略思想。而后来正是以此思想为指导,朝鲜王朝才得以实施新的北方经略行动。

朝鲜王朝在建国之初进行了经略北疆的初步实践。其中，在其东北疆，一则拓展至长白山南高原、山地间的甲州一带，二则拓展至图们江下游南岸的孔州一带，促使图们江下游由此开始成为古代中、朝间的天然界河；而在其西北疆，也基本完成了对鸭绿江中游南岸继高丽末期北拓经营以来的进一步开拓，致使此前初步形成的鸭绿江中游自然界河已然更为稳固。与此同时，朝鲜王朝还在丽末以来所拓地域采取了相应的行政巩固措施，从而全面加强了对这些新拓疆土的有效控制，使之逐渐无异于其南方之地。然而，当朝鲜王朝欲将这些新拓地域完全收入囊中之时，因明朝的介入而发生了"十处女真人民准请"事件以及"建州女真招抚"事件，这两次事关女真人的朝、明冲突事件，实际是涉及疆土利益的事件。结果，一成一败间，既充分反映了其拓疆受限的现实，又深刻反映了明朝基于宗主国传统疆域认识的东北边疆观。

　　明朝对东北边疆的态度，延续了其前代在宗主国传统疆域认识中所出现的自我中心主义以及"柔远"思想的共性特征。明朝在对辽东东、北部地区（特别是东部的中朝相邻地带）的详细地理状况缺乏认知，以及与藩国朝鲜王朝关系密切的前提下，将这两种特征特别是其中的"柔远"思想发挥到了极致，因而不断被朝鲜王朝利用。朝鲜王朝凭借对明朝在边疆地理认知上的不足及怀柔政策的利用，不仅在建国之初获取了一定的疆土实利，更将其贯穿利用于此后的北方经略实践中。

# 第三章 朝鲜王朝在图们江南岸的"六镇"设置

15世纪上半叶,在继建国之初的北拓经营实践之后,朝鲜王朝又开始了新一轮的北方经略。只不过,基于新的客观因素的制约,朝鲜王朝在"保国封疆"总体经略思想的导引下,北拓经营的区域主要集中于"鸭—图"两江以南其尚未深入之地。但是,这些地方要么位处僻远,要么为女真人聚居的腹地,故开拓甚难。因此,朝鲜王朝采取了有别于高丽时代的新经略方式,即通过建城置邑、相互声援,以达到以守为攻、步步为营的"北进"新战略。这个战略实施的重点正是"四郡六镇"的设置。① 追根溯源,"四郡六镇"的设置始于朝鲜太祖时代(1392—1398年),主要集中于世宗时代。在世宗王的总体决策与坚持下,在以金宗瑞(1390—1453)、崔润德(1376—1445)等为代表的咸吉道②(即后来的咸镜道)或平安道主将(即兵马都节制使),以及以皇甫仁(?—1453)为代表的特命大臣(即两道都体察使)的具体谋划与实施下,"四郡"与"六镇"分别以1433年的"癸丑之役"及当年的"阿木河事变"为关键节点,几乎同步开启全面设置的历程,并由此将朝鲜王朝北疆的开拓经营推向了极致。

---

① 关于"四郡六镇"及其设置相关的一些重要地点之所在,活动于19世纪上半叶的著名朝鲜王朝地理学家金正浩(?—1866)在所绘《大东舆地图》中有形象、细致的反映。本书接下来将结合《大东舆地图》对这些重要地名予以集中提炼、汇总,并附于相关章节文末,以助于我们对"四郡六镇"详细设置过程的理解。

② 咸吉道,即朝鲜半岛东北部地区,包含今朝鲜咸镜南、北道全部以及两江道与江原道部分地区。据《新增东国舆地胜览》卷48咸镜道前言部分载,该道在高丽时曾被称作东界、东北面,朝鲜王朝建国后于1413年改作永吉道,1416年始称咸吉道,1470年因"李施爱叛乱"事件影响而再次改称永安道,直至1498年终定名为咸镜道。

"六镇",或称"六府"①,即拥有一定行政辖域的六座城池。其中的"镇"字,既非简单意义上的城镇,也不是行政区划上的乡镇,而是一种主要设立于边境地区、以防御为主要目的的军事基地,即"军镇";而"六镇"正是"邑城(主城)军镇"(简称"邑镇")。因此,与其强调"六镇"的行政意义,不如强调其军事意义。除此之外,朝鲜王朝所设的这六个位于咸吉道边地的重镇,不仅具备一般军镇的职能,还另有标示其北拓经营最新成果的特殊战略意义。

朝鲜王朝自太祖时期始设庆源镇开始,直至世宗时期,共设有庆源、会宁、钟城、庆兴、稳城、富宁"六镇"。尤其是在世宗朝,以1433年"阿木河事变"为契机,世宗王特"命金宗瑞措置北边……时朝议多有异同,上不挠,专任宗瑞,卒成其功"②,令其主导新设了庆源、会宁、钟城、庆兴四镇,从而将"六镇"的持续设置推向高潮。本书接下来即从最先设置的庆源镇出发,逐一分析朝鲜王朝在图们江南岸的"六镇"经略及相应的疆土开拓问题。

## 第一节 庆源镇的设立

### 一、庆源镇(府)的初设

庆源,顾名思义,即"庆祝发源"之意。显然,这与朝鲜王朝的兴起密切相关。正如前文所述,朝鲜王朝的东北部被称作"龙兴之地",即"王业所基根本之地也"③,而庆源更是这根基的源头,即《新增东国舆地胜览》中所谓

---

① 该"府"指都护府,是朝鲜王朝的一种地方行政单位。朝鲜王朝在全国各道所属邑城按行政级别的高低,依次设有作为界首官的府(如平安道的平壤府、咸吉道的咸兴府等)以及大都护府、牧、都护府、郡、县等各级行政单位。由此可见,都护府是朝鲜王朝所设较高级别的行政单位,从而明确反映出"六镇"受重视之程度。
② 柳馨远:《东国舆地志》卷8《咸吉道·会宁都护府·城郭·府城》。
③ 《朝鲜太祖实录》卷12,六年十二月壬寅。

的"肇基之地"①。因为这里便是奠定了李氏家族兴盛及其王业源起之基的朝鲜太祖李成桂高祖父"穆祖"与高祖母"李氏"曾经的活动之所,也就是朝鲜王朝国王祖先的发迹之地,同时还是二祖陵寝"德陵"与"安陵"最初所在地,因此其地位之重不言而喻。

然而,如此重要的地方,在朝鲜王朝建国之初并非名曰"庆源",而是前文已提及的"孔州"。只不过,作为朝鲜王朝初期"北进"至今图们江下游南岸的北方经略最新成果的标志,孔州因其"肇基之地"的特殊地位,很快随着朝鲜王朝东北疆巩固计划的实施而被正式改名为"庆源",并"以有德陵、安陵,升为庆源都护府"。② 这标志着庆源府的初步设立。可尽管如此,庆源府的这种新设,只是代表了其行政级别的提升,但其府治应仍在孔州城,即当时图们江下游南岸的唯一边防邑城。既如此,自然就会面临边防问题,特别是在当时图们江两岸遍布女真人的情况下,庆源府作为毗邻女真居地的朝鲜王朝最前线的城邑,其防御问题就变得相当重要,像朝鲜定宗二年(1400)发生的"兀良哈杀庆源万户李清"的事件③就充分暴露了其城防的紧迫性。针对此状况,朝鲜王朝曾先后三次修建庆源府(孔州)城,而且最终还造筑了石城。④

就在庆源府城筑造完工约一年后,明朝新登极的永乐皇帝开始大力招抚东北女真各部,其中就包括图们江流域的女真人。为了能最大限度地阻止此事的发生,朝鲜王朝就要针锋相对地谋划与实施各种策略,而庆源府,由于其特殊的地理位置,自然成为朝鲜王朝在策略施展过程中一张十分得力的"王牌"。对此可从发生于1405年的一件事中就能看出:当明朝使臣前去招谕女真万户仇老、甫也时,二人皆不敢擅自归顺,因为"庆源兵马使阻

---

① 《新增东国舆地胜览》卷50《咸镜道·庆源都护府·建置沿革》。
② 《朝鲜世宗实录》卷第155《地理志·咸吉道·吉州牧·庆源都护府》。
③ 《朝鲜定宗实录》卷4,二年五月辛巳。
④ 庆源府城建造的具体过程是,朝鲜王朝最初遣李之兰建造孔州城,后又另遣郑道传"城庆源府",并"因古土城基",开始"改筑石城",但一时未完工。直到朝鲜太宗当政元年(1401)复"遣兵曹典书高居正"再次续造庆源府城,才最终于当年十月收到"庆源城告成"的消息。分别参见《朝鲜太祖实录》卷13,七年二月癸巳;《朝鲜太宗实录》卷2,元年八月癸酉;《朝鲜太宗实录》卷2,元年十月丙子;《朝鲜世宗实录》卷155《地理志·咸吉道·庆兴都护府》。

当(挡,引者校),则不得率行"。① 这说明为了应对国际形势的变化,庆源府的设立已不仅仅是为了凸显"肇基之地",更重要的是它已被提升到了关系到朝鲜王朝疆土安全的新的战略高度,也就是说,它在相当程度上对朝鲜王朝的北拓利益起了实际保护的作用。

然而,庆源府作为朝鲜王朝当时在图们江沿岸唯一的邑城,最接近女真人的活动地域,既有方便其实施女真策略的好处,也有最易遭受女真人袭扰的危险。当朝鲜王朝试图以庆源府为基地阻止明朝招抚女真人,特别是阻止明朝对斡朵里部与毛怜兀良哈部的招抚失败后,明朝得以建立毛怜卫,而建州卫的势力更是扩展到了图们江南岸,从此这便成为朝鲜王朝"北进"之路上的"心病"。有鉴于此,朝鲜王朝君臣随即采取了制裁措施,即对女真人实行所谓的"绝市"政策。正如前文所述,作为农牧—渔猎民族的女真人因生产、生活资料的匮乏,通常需要依赖与农耕民族进行贸易,而一旦贸易断绝,必将危及女真人的生存。对于这些生活在图们江流域的斡朵里、毛怜兀良哈乃至与之邻近的兀狄哈等女真人而言,其在远离明辽东地区,更远离中原地区的情况下,只有通过与邻近的朝鲜王朝贸易才能解决生活必需品②,而在当时的条件下,唯一可进行互市贸易的场所正是庆源府。朝鲜王朝为了制裁建州女真而"绝市"③,损害了包括建州女真在内的众多女真人的利益,自然招致他们的报复行动。果然,先是以金文乃为首的嫌真兀狄哈在建州女真的鼓动下"寇庆源之苏多老"④。而后不久,又发生了更大的一次女真人群起袭击庆源府的事件,即1410年的"庚寅事变"。⑤

---

① 《朝鲜太宗实录》卷10,五年九月壬戌。
② 刁书仁:《明代女真与朝鲜的贸易》,《史学集刊》2007年第5期。
③ 据《朝鲜太宗实录》卷11六年二月己卯条载:"初,野人至庆源塞下,市盐铁牛马。及大明立建州卫,以于虚出为指挥招谕野人,庆源绝不为市。"
④ 《朝鲜太宗实录》卷11,六年二月己卯。
⑤ "庚寅事变"指的是1410年朝鲜王朝针对图们江流域女真人的武力征伐事件,亦是其建国以来第一次大举征讨女真人的事件。结果,朝鲜王朝军队杀死了毛怜兀良哈女真首领把儿逊等人,并大肆屠戮其部众,重创其部落,从而引起了图们江流域女真人一连串的"复仇"反抗行动。具体内容可参见刘阳、金成镐:《"庚寅事变"始末之再考察》,载《韩国研究论丛·第27辑》,社会科学文献出版社,2014,第110~125页。

## 二、庆源镇(府)的首次移治与废弃

说起"庚寅事变",其发生冲突的规模与激烈程度自朝鲜王朝建国以来在与女真人的关系史上是空前的,它不仅改变了"庆源"的历史,更对朝鲜王朝的北拓经营带来了严重影响。只是,此时的庆源府治已不在孔州城,而在"苏多老"。据《新增东国舆地胜览》载:"太宗九年(1409年,引者注)移治于苏多老古营,设木栅以居。"① 这说明,在此次事变发生之时,庆源地界的首府早就在一年前移设苏多老,即所谓的"苏多老古营",而孔州城虽仍在其辖境内,却已不是首府。那么,庆源府治为何要另设于苏多老呢?原因有二:

第一,苏多老的地理位置。《朝鲜世宗实录·地理志》在描述图们江的流向时曾载:"源出白头山,东流自东良北,历舍知、吾音会、愁州、童巾、多温、迷钱等处,至会叱家,南流,过所多老、东林、吾弄草、阿吾知等处,历孔州东流二十三里,至沙次丁岛,分流五里许入海。"② 由此可以得知:孔州城最临近图们江入海口,而"所多老"即"苏多老"就在孔州城以北、"会叱家"与"东林"之间,即位于图们江中游偏下、临近下游的南岸之地的位置。③

第二,庆源府治所虽移于苏多老,但为该府建造的府城,并不像当初孔州城那样修建数年才得以完工的石城,而是匆匆造筑的木栅城。很显然,木栅城的坚固程度是根本无法与石城相比的,因此在边备方面也绝非长久之计。但朝鲜王朝却坚持以木为城,是因为朝鲜王朝君臣明白建木栅城最大的好处就是"工省而城成,犹愈于无城也"。④

---

① 《新增东国舆地胜览》卷50《咸镜道·庆源都护府·建置沿革》。
② 《朝鲜世宗实录》卷155《地理志·咸吉道·吉州牧·庆源都护府》。
③ "会叱家"即下文将述及的庆源府终设地(今朝鲜咸镜北道塞别郡城内里附近)。"东林"即东林古城(今朝鲜咸镜北道塞别郡东林里稍东之地附近的东林山城,尚有山城遗址见在),在庆源"府东四十里,豆满江边"。而苏多老"在东林城北五里",即在东林古城偏北近地,故大致相当于在今朝鲜咸镜北道塞别郡龙堂里稍南之地附近。分别参见《新增东国舆地胜览》卷50《咸镜道·庆源都护府·古迹·东林古城》;《新增东国舆地胜览》卷50《咸镜道·庆源都护府·古迹·苏多老营》;《朝鲜乡土大百科》"洞(东)林山城",网址:https://m.terms.naver.com/entry.naver?docId=2853855&cid=58028&categoryId=58037,访问时间2023年2月19日。
④ 《朝鲜太宗实录》卷3,二年六月癸丑。

由此可见,朝鲜王朝移府治的目的首先并不是为了防御,而是为了"北进"占据战略要地。也就是说,防御问题只是府治移设之后要面对的事情,而在此之前,它主要考虑的是怎么加速"北进"。在明朝相继于毛怜兀良哈部居地(图们江中游南、北两岸)设立毛怜卫以及于斡朵里部居地斡木河(即阿木河)一带设立建州左卫,对其北方经略政策构成严重制约的情况下,仅仅拥有孔州一隅已不能满足朝鲜王朝对抗此约束的需求,于是它沿江北上,选择了苏多老作为其北拓经营新的前沿阵地。只是,在以此地为治所时,朝鲜王朝特意采用了建木栅城的方法,如此不仅简捷、高效,使其当下的"北进"成果立竿见影,更为其以后在图们江南岸"北进"过程中的城防建设提供了可以参照的样板。

庆源府既然移治于苏多老地区,较之孔州城,就更加深入女真腹地,那么面临的边情自然也就变得更为严峻了。当以嫌真兀狄哈人为首的众女真部族再次攻入庆源府辖地,并围攻了位于苏多老的庆源府木栅城后,"兵马使韩兴宝与战,败死"。① 此事对朝鲜王朝君臣震动极大,太宗王在听从了众臣征剿的建议之后,立即"命吉州察理使赵涓,往伐兀狄哈"②;同时,还任命了"金总制郭承祐为庆源镇兵马使,行司直安乙贵为庆源镇左右翼都千户,令驰驿赴镇"。③

这里说的是庆源镇而非庆源府。关于什么是镇,前文已作说明,它特指军镇,那么庆源府是否可称之为庆源镇?这就要看它符不符合军镇的特点,即是否具有国防要地的功能。庆源最初的府治孔州城及如今的府治苏多老皆身处边地、毗邻女真,按说都有作为军镇的条件,可古籍为何偏偏至"庚寅事变"之时才称庆源为镇,而在此之前却仅仅称其为府?笔者推测,这主要是由于朝鲜王朝对它作为边疆军事重镇的重视程度发生了变化。虽说庆源"初设府,专为守陵室,而亦屏捍国家也"④,但它自设立以来从未发生过像"庚寅事变"一样,造成了一府之长官被杀的惨剧。或许正是基于这种结局的严重性,庆源的军事意义在此刻突增,得到朝鲜王朝君臣特别的重视,

---

① 《朝鲜太宗实录》卷19,十年二月庚子。
② 《朝鲜太宗实录》卷19,十年二月丁未。
③ 《朝鲜太宗实录》卷19,十年二月丁未。
④ 《朝鲜太宗实录》卷19,十年四月己未。

故要特意在此称其为"镇"。从严格意义上讲,既然庆源自初设时就合乎军镇的要求,那么从那时起,庆源府就理当被称为镇了。而这也恰恰是关系到判断庆源镇乃至"六镇"最早设立于何时的主要依据。

就在太宗王令赵涓率众将统兵准备北征兀狄哈之时,建州卫指挥猛哥帖木儿却突然遣使前来,告知要与朝鲜王朝官军"同力助战"。① 只是,此举非但未被采信,反而招致太宗王的怀疑。顾虑之下,太宗王遂令赵涓以"庆源之军声言修筑城堡"为名,等待时机,出兵奇袭。② 只不过,当奇袭的捷报发来之时,袭击的对象已非金文乃等嫌真兀狄哈人,而变成了把儿逊等治下的毛怜兀良哈部,也就是从属于建州卫的毛怜卫,这使毛怜女真人"皆有父母妻子之仇"③,急切要对朝鲜王朝实施报复。恰在同时,赵涓又杀害了猛哥帖木儿手下哈儿非、加时仇二人,"猛哥由是怒甚,谋入寇"。④ 1410年四月间,在猛哥帖木儿的率领下,斡朵里、毛怜二部女真人进入庆源府境大肆杀掠。这些满怀仇恨的女真人,不仅危及孔州德、安二陵的安全,更对庆源府民众的生命财产安全造成了直接的威胁,使得"富家站以北人物,不耕一亩,皆有离心"。⑤ 而后不久,庆源府又接连遭到女真人的袭扰,当地百姓更加恐惧与不安,"咸愿避敌于龙城之地"。⑥ 那么,这里的"龙城"所指何地？它在镜城郡治(今朝鲜咸镜北道镜城郡胜岩劳动者区附近)以北,当时属镜城郡辖地,其具体位置大概相当于在今朝鲜咸镜北道输城川下游、清津市输城洞附近地域。⑦ "避敌于龙城"意味着要退居镜城地界,太宗王对此深予理解,自觉庆源府已无法保存,决定"迁陵而移府"。⑧ 这也是他在庆源府首

---

① 《朝鲜太宗实录》卷19,十年二月己未。
② 《朝鲜太宗实录》卷19,十年二月己未。
③ 《朝鲜太宗实录》卷19,十年四月己酉。
④ 《朝鲜太宗实录》卷19,十年三月壬辰。
⑤ 《朝鲜太宗实录》卷19,十年四月辛丑。富家站(今朝鲜咸镜北道清津市富居里附近)此时为镜城郡下属驿站之一。
⑥ 《朝鲜太宗实录》卷19,十年四月己未。
⑦ 据《朝鲜实录》并结合《大东地志》《新增东国舆地胜览》等古籍记载分析可知:龙城位于龙城川(今朝鲜咸镜北道输城川)下游西岸附近,因这里是去往图们江中上游的正北向要路(今朝鲜咸镜北道从清津市沿输城川通向会宁等地的交通要道)以及去往图们江下游的东北向要路(今朝鲜咸镜北道从清津市沿海延伸至罗先市等地的交通要道)的连接点与枢纽,曾被朝鲜王朝作为一处要害关隘。后来,因在其地设置了驿站称输城驿而改称输城,大致位置相当于在今朝鲜咸镜北道清津市输城洞附近。
⑧ 《朝鲜太宗实录》卷19,十年四月辛亥。

次遭袭表示要"迁陵废郡"①之后,第二次提出类似的想法,然而大臣们却另有异议,认为庆源移府可以,但绝不可退至镜城地界,可将府治移于阿吾知固守。阿吾知(又称"阿吾地",即古阿吾地堡),位于苏多老以南、孔州城以北的图们江南岸地区(大致相当于在今朝鲜咸镜北道恩德郡灰岩川,即旧称"农耕洞川"下游稍北之地)。在韩兴宝战死后,庆源府新任兵马使郭承祐曾率领庆源民众"去苏多老城,退保阿吾知木栅自固"②。坚守阿吾知的建议,无非是想尽量避免府治退缩产生的恶果,以求最大限度地保持"北进"既得利益。但是,随着形势的不断升级,庆源府的情况已到了无法左右的地步,由于女真人的重重围困,庆源府正处于粮尽援绝的危险境地。在这种情况下,庆源府都千户安乙贵一面带领本府百姓退入龙城,一面上书通禀。朝鲜太宗面对如此境况,正式宣布"命移庆源府于镜城"③,由此便开启了庆源府撤废的序幕。

就在庆源府治退移至镜城郡龙城不久,女真兵马迅速尾随前来,发动了所谓的"龙城之战"④,朝鲜王朝再次战败。军事上的屡次失败,让太宗王不得不考虑实施"迁陵废郡"之事。迁陵工作正式开始于1410年八月二十六日,历时两月余,至当年十月二十八日完成,所迁德、安二陵最后"合葬于咸州韃靼洞之原"⑤。既然祖先陵寝已安全迁移,那么初为"肇基之地"而设的庆源府此时已无任何存在的必要,何况它作为一个军镇,完全失去了军事防御能力,自然也就不便当地的朝鲜王朝百姓居住,只是空有一个地名而已。于是,朝鲜王朝遂在次年三月正式宣布"罢庆源镇"⑥,并以迁居龙城的庆源民户"合为镜城郡"⑦,标志着庆源镇至此废弃。

---

① 《朝鲜太宗实录》卷19,十年二月丁未。
② 《朝鲜太宗实录》卷19,十年四月己未。
③ 《朝鲜太宗实录》卷19,十年四月甲子。
④ 《朝鲜太宗实录》卷19,十年五月戊子。
⑤ 《朝鲜太宗实录》卷20,十年十月辛酉。
⑥ 《朝鲜太宗实录》卷21,十一年三月庚寅。
⑦ 《朝鲜世宗实录》卷155《地理志·咸吉道·庆源都护府》。

## 三、庆源镇（府）的复立

庆源府的废弃，从1411年一直持续至1417年，长达六年之久。在此期间，该府迁居民户一直避居于镜城郡的龙城，朝鲜王朝在此曾建有木栅城，但鉴于迁居民户长期居住与防御的要求，朝鲜王朝遂于1417年决定就近改筑石城。然而，正当龙城石城的造筑计划准备妥当，即将动工之时，却意外"风闻"：正在长白山附近"公干"①的明朝内官张信欲在已废弃的原庆源土地上设卫。得此传闻的朝鲜王朝君臣，尤为震惊。倘若消息属实，那么原庆源府辖地将归属明朝，这就意味着，不仅朝鲜王朝之前"北进"得来之疆土即将拱手相让，此后的开拓行动可能也会就此终止。显然，张信的举动已对朝鲜王朝利益构成了严重威胁。为了防患于未然，朝鲜王朝君臣就必须向明朝昭示其对于此地毫无争议的所有权，而昭示的方法就是当机立断、抢先行动。于是，太宗王派人火速传令停止造筑龙城城郭，"以龙城城子造筑军，量宜加数抄出，设木栅城，置庆源府"。② 这标志着庆源府得以重建。③

新庆源府复立之后，府治选在了龙城东北方的富家站，恢复了其作为古庆源府时的边防重镇角色，即在边防地位上继续以军镇的形式存在，所以亦可称其为新庆源镇。然而，正如古庆源府初设之时一样，新庆源府在复立之初，首要任务自然是筹备本府的新建事宜，但此时毕竟万事未就，那么如何保证万无一失，成为当前之急务。为此，朝鲜王朝特令咸吉道都节制使虚张声势，一方面是为了昭示张信，杜绝其可能存在的立卫想法，另一方面也是为了震慑在此期间伺机欲动的女真人，"以示复置之意"。④

在执行上述保障性措施的同时，新庆源府的建设亦随之正式展开。在筹备各项事宜的过程中，新庆源府所亟待解决的关键问题是如何妥善实施移民与防御之策，这也是确保一座军镇顺利建成的核心问题。为此，在移民

---

① 张信当年奉圣旨，要在白头山（即今中国长白山）一带捕捉海青、土豹等贡物。
② 《朝鲜太宗实录》卷34，十七年八月乙巳。
③ 本书至此为了有所区别，以下将废弃之前的庆源府治称作"古庆源"，而将此次复立的庆源府治称作"新庆源"。
④ 《朝鲜太宗实录》卷35，十八年正月甲子。

方面,朝鲜王朝计划"将人民约一千户入居其地,以原居流移人民刷入,又于安边以北自愿人民为先调出,先运三四百户入居"。① 但在实际操作中却颇为不易。这是因为计划在实行之初正时逢冬季,朝鲜王朝担心此时移民苦寒之地,"恐其道途之间,或有冻死者"②,故曾一度停止移民。直到次年春天再发移民之令,也仅仅移入 180 户而已③,离先移 300 至 400 户的目标仍相去甚远。原因就在于"穷荒之地,人所难居,皆不愿也"。④ 无奈之余,朝鲜王朝只得采取强制与恩抚两手策略,一方面强令古庆源府原居流移人民"勿论付籍与否,悉令刷还"⑤,另一方面采取减免赋役的方法,积极鼓励咸吉道各地人民投身此次移民行动。通过不断努力,朝鲜王朝最终获得了大约 350 户新庆源府入居者⑥,基本达到了预定值。

然而,在防御方面,比起移民来说,就显得更为紧迫,也更令人苦恼。这是因为新庆源府一旦设立,它就会像在古庆源府时一样,成为朝鲜王朝自始至终都无法回避的难题。接下来的事实就印证了这一点。据《朝鲜世宗实录》载,从 1422 年开始,随着复立后的新庆源府首次遭受嫌真兀狄哈袭扰⑦,女真各部的攻击便都接踵而至,特别是于"庚寅事变"后迁居明建州兀良哈居地的猛哥帖木儿的复还⑧,使新庆源府面临更大的军事压力,亦使曾目睹"庚寅事变"结局的许多朝鲜王朝大臣背负巨大的心理压力。正是由于这些压力,使得新庆源府的防御任务显得任重而道远。防守新庆源府并不简单,因为不仅要守住该府府治所在地的木栅城,更要守住整个新庆源府

---

① 《朝鲜太宗实录》卷 34,十七年九月丁卯。
② 《朝鲜太宗实录》卷 34,十七年十月癸巳。
③ 《朝鲜世宗实录》卷 1,即位年八月己亥。
④ 《朝鲜太宗实录》卷 35,十八年四月辛巳。
⑤ 《朝鲜世宗实录》卷 1,即位年八月己亥。
⑥ 新庆源府在后来再次移治时,移入居民"三百五十户",又是"举邑移排,故人物亦皆入居"。这说明新庆源府最终得到约 350 户入居者,其中的 170 户可能正是在起初的安民入居策出台后长达十余年间慢慢累积的。分别参见《朝鲜世宗实录》卷 63,十六年正月甲申、三月丁亥。
⑦ 据《朝鲜世宗实录》卷 17 四年九月戊寅条载:"嫌真兀狄哈巨乙加介率兵百余,侵庆源府,杀二人,射一人"。这是《朝鲜王朝实录》中关于新庆源府在复置后首次遭袭的记载。
⑧ 猛哥帖木儿在"庚寅事变"后,慑于朝鲜王朝之威而"畏其见伐",不得不率领大部族人迅速远离朝鲜王朝君臣的视线,最终徙居凤州与明建州卫兀良哈阿哈出部同住,直到朝鲜世宗五年(1423)才奉旨返回斡木河居地。参见刘阳、金成镐:《"庚寅事变"始末之再考察》,《韩国研究论丛·第 27 辑》,社会科学文献出版社,2014,第 110~125 页。

辖境，而在当时新庆源府百废待兴的情况下，仅仅试图依靠该府附近军民全力防御，要守住府治木栅城已属勉强，但要守住整个庆源府辖地，保障当地百姓的安全就显得力不从心了。就算从邻近的镜城郡分兵助防，亦显兵力不足，因此必须从镜城郡以南的咸吉道各地调兵赴防。可从南到北，长路漫漫，"自安边至庆源二十余日程，往来赴防，动经三朔，或因水涨雪深，半途淹留，粮饷乏绝，人马冻馁，弊固不赀"①，如此便产生了南道赴防军苦于留防边镇之弊。②

鉴于上述问题，朝鲜王朝就有大臣提出了要将新庆源府治退移于龙城的建议，顿时在王朝内部引起轩然大波。围绕"新庆源府治是否退移"这一议题，从1425年至1432年，争论持续八年之久。仅以支持方为例，《朝鲜世宗实录》中就曾出现了具有代表性的七次记载③，而综合这七次典型提案可知：支持方之所以要坚持退移之策，无非就是担心新庆源府的防御问题，他们悉数此中之弊，力言龙城防御之利。然而，尽管这些大臣反复陈词，寄于圣聪，但世宗王却深刻地明白其中的利害关系："龙城以为塞，则野人之居亦以龙城为限；吉州以为塞，则野人之居亦以吉州为限，无有穷极也。"④所以说，退移并不是办法。最终，在世宗王的努力坚持下，朝鲜王朝内部达成了统一意见："庆源府则仍旧，镜城郡移于石幕，称都护府……其留防军，以北青以北各官元定，加现人之数，分其远近，依前额定之。都节制使，则本无留防军，宜仍住吉州，当春秋贼人出来之时，领马兵进屯龙城，以为两镇声

---

① 《朝鲜世宗实录》卷50，十二年十月丙申。
② 新庆源府的驻军，在该府设立之初，大体是与移民同时进行的，需要派遣其以南的其他邑地戍军前来赴防。起初，新庆源府在计划移民之时，拟定戍军500名，并先调入镜城邑戍军150名赴防。但仅靠这些军马不足以防御整个庆源府辖境，故不仅将"高郎歧赴防军人二百名内一百五十名定属庆源城留防"，还从咸吉道吉州邑（含吉州）以南直至安边邑之间的治地征调赴防军，即每月150人，"议其远迩，使之一年一度赴防"，从而才会形成如此弊端。分别参见《朝鲜太宗实录》卷34 十七年九月丁卯条，《朝鲜世宗实录》卷31 八年正月己未条中的记载。
③ 这七次记载分别为：1425年十一月至次年正月间，咸吉道监司郑招首先提出并前后两次提议要将庆源府治退移于龙城。1426年六月至1427年七月间，咸吉道兵马都节制使河敬复又前后两次上书议及此事。随后于1427年八月至1432年四月间，礼曹参议金孝孙、吏曹判书许稠、咸吉道都体察使黄喜等前后三次再向世宗王进言此事。
④ 《朝鲜世宗实录》卷78，十九年八月癸亥。

援。"①这里的"石幕"指的是石幕山附近地域②,其"上院平近北之地,乃阿木河、东良北贼人出来要害之路"。③ 移镜城郡治于此④而扼女真人来路要冲,既可保障龙城等地居民的安全,又可与新庆源府城共同在前线形成一道联防线,不致彼此势单力孤,何况还有都节制使随时的援助。此外,两地戍军用北青府及其以北军人,也使咸吉道南部军马赴防之弊得到了一定程度的缓解。显然,这次统一意见的达成,是争执双方在世宗王干预下相互妥协的结果。如此,不仅使新庆源府防御有实,更避免了其退移,为朝鲜王朝此后的全面北拓经营奠定了基础。

就在移设新庆源府的意见统一之后,朝鲜王朝按计划开始逐一施行,并派遣了刑曹判书郑钦之为咸吉道都巡察使,负责"审定镜城城基"⑤,准备在石幕稍北上平地造筑北移后的新镜城府城⑥。恰在此时,朝鲜王朝又根据郑钦之北巡反馈的石幕稍北上平地无比紧要的情况⑦,决定对之前所议稍做变动,即镜城府不再移治,仍在原处不变,在石幕造城处另置一新的邑镇,"称为宁北镇,差遣节制使"。⑧ 宁北镇的设立⑨,标志着"六镇"的全面设立正式拉开帷幕。

## 四、庆源镇(府)的二度移治及终设

宁北镇新设后,朝鲜王朝马上征发民夫,在其治所石幕稍北上平地造就

---

① 《朝鲜世宗实录》卷56,十四年五月辛酉。
② 据《新增东国舆地胜览》卷50《咸镜道·富宁都护府·山川》条载:"石幕山,在府南五里,谚传山底以石为幕,故名。"另结合金正浩《大东地志》《大东舆地图》中的记载,可知该山在后来的富宁镇稍南、龙城川(即今输城川)西岸,大致位置相当于在今朝鲜咸镜北道富宁郡富宁邑稍南之地。
③ 《朝鲜世宗实录》卷56,十四年六月癸巳。
④ 该地即后来"六镇"之一的富宁镇治所(今朝鲜咸镜北道富宁郡富宁邑附近)附近地域。
⑤ 《朝鲜世宗实录》卷56,十四年五月癸亥。
⑥ 《朝鲜世宗实录》卷56,十四年六月辛丑。
⑦ 《朝鲜世宗实录》卷56,十四年六月癸巳。
⑧ 《朝鲜世宗实录》卷56,十四年六月辛丑。
⑨ 宁北镇设立之初,以节制使兼差镜城府事,直到朝鲜世宗十六年(1434)明确为独立的都护府的行政级别。分别参见《朝鲜世宗实录》卷56,十四年六月辛丑;《朝鲜世宗实录》卷63,十六年二月癸酉。

了木栅邑城,而新庆源府也紧随其后,在其治所富家站以石新筑了府城。①然而,就在这些最新的边防建设成果准备大展其功效之时,次年(即癸丑年,1433年)"阿木河事变"②的突然发生,又促使朝鲜王朝不得不立即调整了此前已在积极落实的边防计划。

果然,得知事变消息的朝鲜王朝君臣倍感震惊。当初,太祖王、太宗王都授予过猛哥帖木儿高官重职,而且太宗王甚至不惜为其与明朝发生纠纷。后来,猛哥帖木儿因"庚寅事变"而在迁离斡木河居地并再次返回后,世宗王不仅一改之前对他猜忌乃至敌视的态度,准许他还居旧地,还予以优待。如此自然有其道理:"此人居吾境内,为吾藩篱,宜待之以厚。"③言下之意,就是将他与其管下的斡朵里部视为边境防御的屏障,希望其起到抵御像嫌真兀狄哈等其他女真人直接从斡木河突入朝鲜王朝内地袭扰的作用。可眼下,猛哥帖木儿父子被杀,一时间,"斡木河无酋长"④,斡朵里部亦"流离漂散"。⑤ 显然,原本可倚赖的屏障已不复存在,为今之计,只有另寻他策,以弥补斡木河一带的防御空缺。正当朝鲜王朝众臣为之筹度之际,世宗王却毅然决断"移宁北镇于斡木河,移庆源府于苏多老"⑥,原因有四:

第一,斡木河乃至苏多老,皆"本是我国(指朝鲜王朝,引者注)境内,而祖宗世守之地"⑦,移镇于此,"以复旧疆,以继祖宗之志"。⑧

第二,如今屏障已失,防御紧迫,由朝鲜王朝亲自派军驻防似乎是目前的最佳选择。否则,即使没有袭击者经斡木河攻入其内地,但若"有强敌来居斡木河,非但失我国之境,又生一强敌也"。⑨

---

① 《朝鲜世宗实录》卷59,十五年正月庚午;《朝鲜世宗实录》卷61,十五年九月壬辰;《朝鲜世宗实录》卷63,十六年二月癸酉。
② "阿木河事变"即发生于1433年的女真斡朵里部遭兀狄哈女真袭击的事件。该事变的结果是,斡朵里部酋长猛哥帖木儿及其长子权豆遇害,次子董山被俘,其弟凡察负伤逃走,其部落遭受空前重创,对当时图们江流域的其他女真部落也产生了巨大震动。具体内容可参见王臻:《朝鲜前期与明建州女真关系研究》,中国文史出版社,2005,第72~76页。
③ 《朝鲜世宗实录》卷45,十一年九月丁卯。
④ 《新增东国舆地胜览》卷50《咸镜道·会宁都护府·建置沿革》。
⑤ 《朝鲜世宗实录》卷64,十六年五月戊子。
⑥ 《朝鲜世宗实录》卷62,十五年十一月戊戌。
⑦ 《朝鲜世宗实录》卷62,十五年十二月壬戌。
⑧ 《朝鲜世宗实录》卷62,十五年十一月戊戌。
⑨ 《朝鲜世宗实录》卷62,十五年十一月戊戌。

第三，斡朵里女真已遭重创，图们江沿岸的其他各部女真亦是人心惶惶，当下正值开疆拓土、"北进"辟国的绝佳时机，所谓"兹者自底灭亡，藩篱一空，事会之来，机不可失"。①

第四，斡木河及苏多老皆是图们江南岸的膏腴之地，在此置镇，既有便利朝鲜王朝边民耕作生活的自然条件，又有以图们江为天堑的防御优势，"甚合古人大江为池之意"②，可"少宽边民迭守之劳苦"。③

由此可见，二镇北移乃当前势在必行之事，而力行此事的便是新任咸吉道都观察使金宗瑞。

从次年（1434年）初起，金宗瑞与咸吉道众将合议后，先后数次上书世宗王，所谈内容主要是关于向二镇移民实边及移镇的具体操作办法。其中，一方面，决议从咸吉道各地向二镇共移民2200户，每镇1100户，但考虑到道路远阻等问题，故以移北青府及其以北民户为主。④ 另一方面，在考察并比较分析了二镇移治地的实情之后，决议在移新庆源府治于苏多老的同时，将宁北镇移治于伯颜愁所⑤，而不是斡木河，但在三地都造筑木栅壁城。移设后，二镇并升为都护府。按此决议，庆源府治在"庚寅事变"时隔24年之后，又重新设置于苏多老旧地。城址后来被选建于古庆源府苏多老木栅城"北偏会叱家地"（此治所相当于在今朝鲜咸镜北道塞别郡城内里附近）⑥，移民也于当年年底陆续入居完毕；直到1437年，新设木栅府城被改筑石城后⑦，庆源府治最终在此稳定并延续下来。⑧ 而宁北镇特别是其他五镇⑨的

---

① 《朝鲜世宗实录》卷62，十五年十一月庚子。
② 《朝鲜世宗实录》卷62，十五年十一月戊戌。
③ 《朝鲜世宗实录》卷62，十五年十一月庚子。
④ 《朝鲜世宗实录》卷63，十六年正月甲申。
⑤ "伯颜愁所"即相当于在今朝鲜咸镜北道会宁市行营里附近。移宁北镇治所于此，是因为它"西距斡木河三十里，东距所多老六十里，东西救援甚易，土地广阔沃饶……北连童巾、愁州贼路相通要害之处"，可谓连接东西南北的交通枢纽，也是利害攸关的军事要冲之地。参见《朝鲜世宗实录》卷63，十六年二月壬戌。
⑥ 《朝鲜世宗实录》卷155《地理志·咸吉道·庆源都护府》。此外，"塞别"（即"庆源"今名）为音译，意译为"新星"，而城内里（原庆源邑治所旧址）则在今塞别邑（或称"新星邑"，在旧称"峰云洞"附近）稍西之地附近。
⑦ 《朝鲜世宗实录》卷79，十九年十月丙子；《朝鲜世宗实录》卷155《地理志·咸吉道·庆源都护府》。
⑧ 关于庆源镇设置的总体线索图，可另参见本书附录A-1。
⑨ 指会宁、钟城、庆兴、稳城、富宁五镇，宁北镇不属于"六镇"范围。

移设之路才刚刚开始。

## 第二节 会宁、钟城二镇的交错设置

### 一、会宁镇(府)的设立

　　会宁镇,即"六镇"之中继庆源镇移设完成之后第二个新置的邑镇。然而,在它设镇立府之前,其治所所在地原为迁徙而来的女真斡朵里部的居住地。只因此地附近有一条河,即上述"阿木河","胡言斡木河,一云吾音会"。① 其中特别值得一提的是"吾音会"的称谓。后来,宁北镇移治后,要在此地建邑置府,便"取会以名府"②,又取宁北镇之"宁"字,这里才终被命名为会宁。

　　其实,要在斡木河境地建城置镇的构想,并非始于会宁府的设立。早在世宗王即位之初的1418年,就有大臣提议:"猛哥帖木儿既徙他处,宜于阿木河置镇,与庆源、镜城鼎峙,令兵马都节制使置营镜城。"③显然,有此提案,定是基于当时咸吉道北境局势的发展变化:"庚寅事变"后,猛哥帖木儿迁离斡木河,并一直未归,新庆源镇又于1417年复立府治于富家站,此时正值斡木河空虚之时。置镇于此,恰可与庆源府、镜城郡形成鼎足之势,以便协同防御。然而,或许是考虑到庆源新置府,或许是鉴于受到发生未久的"庚寅事变"的影响而产生顾虑,又或许是其他某种原因,当时被尊为"上王"的太宗王只说了一句:"此策似可,当与大臣议之。"④此后,便再无下文。但不管怎样,这次在斡木河置镇的提案,也算是会宁镇设立的先声了。

　　直到1433年,猛哥帖木儿遇害,在斡木河设镇的机会再次来临。此后,

---

① 《新增东国舆地胜览》卷50《咸镜道·会宁都护府·建置沿革》。
② 《朝鲜世宗实录》卷155《地理志·咸吉道·会宁都护府》。
③ 《朝鲜世宗实录》卷2,即位年十一月乙丑。
④ 《朝鲜世宗实录》卷2,即位年十一月乙丑。

世宗王决议"移宁北镇于斡木河,移庆源府于苏多老"。① 然而,在实际操作中,朝鲜王朝的举措却稍有出入。事实上,将宁北镇治所移入了伯颜愁所之地。但因斡木河"西距东良北不遐,北通贼路要冲之地,且是斡朵里等聚居之处",故须另"造壁城"以镇守②。同时,又规定"于斡木河壁城,则节制使率领军人常时守御,镇服彼人之心。于伯颜愁所,则差判官,量给军人守御,节制使往来审治之,军人多少,以贼变紧缓,酌量分率"。③ 这说明:其一,鉴于斡木河在地理位置上为前线要冲之地,以及对此地历经"阿木河事变"后的斡朵里遗民实施监管的必要性,"特设壁城"④,即斡木河壁城,但其总归为宁北镇之辖地;其二,宁北镇城是主城,斡木河壁城则是属地,只是在防御问题上,斡木河壁城专由宁北镇节制使负责镇守,而宁北镇城却在平时仅遣判官镇守,但如此就会产生相当严峻的问题。然而,恰恰是此问题的出现成为会宁镇能够最终设立的决定性因素。

正如斡木河壁城虽从属于宁北镇城管辖,但朝鲜王朝却要在斡木河壁城重点布防,即"虽设宁北镇,实防斡木河",这才让宁北镇节制使率本镇主要军士平时都在斡木河壁城戍守,可毕竟宁北镇城是该镇府城、节制使本部所在地,按理它应是本镇防御的中心,而宁北镇节制使也理应在此坐镇一方。如此,便在防御的实情与常理之间产生了矛盾。为了解决此矛盾,宁北镇城专门另设判官管军。但判官毕竟是文官,且职卑位轻,领兵作战经验不足,难以服众,何况仅仅差用副手管理府城军务,而一镇之长官却驻扎边地,难免会有喧宾夺主、本末倒置之嫌,甚至女真人见了,都可能误以为该镇防御松懈,而生劫掠之心。面对此情此景,宁北镇节制使不得已在赴防斡木河壁城的同时,还要时时率领大量赴防军马回师府城,除了要探视判官管理的情况外,更要借此稳定府城的军心、民心及保障本镇的军事威慑力。可问题是,倘若恰在此时,斡木河壁城突然有紧急军情,如果不能及时传达至节制使处,后果将不堪设想。而即使节制使提前获取了军情,率军奔赴斡木河,也并不能确保救援一定顺利。因为从斡木河到府城所在地伯颜愁所至少有

---

① 《朝鲜世宗实录》卷62,十五年十一月戊戌。
② 《朝鲜世宗实录》卷63,十六年二月壬戌。
③ 《朝鲜世宗实录》卷63,十六年二月壬戌。
④ 《朝鲜世宗实录》卷155《地理志·咸吉道·会宁都护府》。

三十里的路程，所谓"其地距（宁北，引者注）镇阻隔，声援悬绝"①，如此节制使必然会顾此失彼，疲于应付。有鉴于此，前任咸吉道都节制使（时任判中枢院事）河敬复首先提议："斡木河壁城与宁北镇相距遥隔，故节制使来在宁北府，空城之时，脱有事变，不得及期往救，须于斡木河壁城，加入三四百户，别置主将，万世长策也。"②这意味着，为了解决上述问题，将考虑让宁北镇节制使主镇府城，而向斡木河壁城调入民户并另外选派主将，以在两地同时实施针对性防御，从而解决之前节制使率该镇军马因远道赴防而两地奔波、首尾难顾之弊，由此开启了斡木河壁城分离于宁北镇而独立作镇的序幕。

河敬复的提议引起了世宗王的高度重视。但这个难题却让远在王京宫廷的世宗王一时难以把握：正如边塞之事"所闻，不如所见，难以遥度"。③为此，世宗王特指令时任咸吉道都观察使金宗瑞组织众边将具体谋划相关事宜。一时间，关于咸吉道边地军务，便形成了以金宗瑞为核心的集体协作议事模式。④ 通过合议讨论，金宗瑞等人皆赞同河敬复所谓的"调民遣将"之策，即在宁北镇的府城与所属斡木河壁城，都应各有所属人民及主将一名。此外还提出了一些具体的细节问题，给出了相应对策，主要包括以下四个方面。

第一，对差遣判官守御宁北镇府城的效果表示了质疑，正所谓"伯颜愁所，贼人要路，而判官率军赴防，不浃众心……秩卑判官，领军防御，彼人瞻视，不得严重"。⑤ 因判官职卑位轻，难以服众，也难以震慑附近女真人，故才另置一主将经营斡木河壁城，而宁北镇节制使则专治府城。

第二，对斡木河壁城所选主将明确军阶，正所谓"其令节制使，以将大有为、武略特异壮勇人，选拣差遣"⑥，即需从年轻有为、身强体壮的武将中

---

① 《新增东国舆地胜览》卷50《咸镜道·会宁都护府·建置沿革》。
② 《朝鲜世宗实录》卷64，十六年四月乙卯。
③ 《朝鲜世宗实录》卷68，十七年四月丙寅。
④ 该模式实际可追溯至"阿木河事变"之后，金宗瑞初调入咸吉道之时。即从那时的庆源、宁北移镇开始，咸吉道边防策略的出台，正是在金宗瑞主导下，多由众将集思广益而得，并直至金宗瑞从该道调离为止。
⑤ 《朝鲜世宗实录》卷64，十六年五月甲申。
⑥ 《朝鲜世宗实录》卷64，十六年五月甲申。

选择一名,授予"佥节制使"的职衔。也就是说,他将受宁北镇节制使节制,同时要求所选之人对"此界山川要害险易及彼人情状,无不究知"①,即其上任后务必熟知周边地理环境及女真人的境况,不负重任之职。

第三,确定调入专供斡木河壁城防御的民户数量及军队来源,即共调入"五百户,属于斡木河"②,包含从之前宁北镇移治时所移民 1100 户中"除出二百名",③再从别处"加入三百户于宁北镇"④,如此在完成入居民户数目要求的同时,也使可以守御斡木河壁城的充足军兵数量得到保障。⑤

第四,划定宁北镇辖域,将包括斡木河壁城在内的"龙城大川以北"之地⑥全部划归宁北镇管辖。也就是说,上述新调入军民虽说是为防护斡木河壁城而分拨,但这些军民连同所居土地在行政隶属关系上却仍为宁北镇所管辖,即实行"分军不分权"的管理办法。

显然,按照以上合议的结果进行落实,那么宁北镇府城与斡木河壁城防御不能兼顾的问题,便可迎刃而解。但是,根据第二与第四点展示的情况,斡木河壁城若没有治权,主将亦受制于宁北镇节制使,那么从此真就可以实

---

① 《朝鲜世宗实录》卷64,十六年五月甲申。
② 《朝鲜世宗实录》卷64,十六年五月甲申。
③ 《朝鲜世宗实录》卷64,十六年五月甲申。
④ 这300户可能来自吉州邑。分别据《朝鲜世宗实录》卷64十六年五月甲申、卷68十七年六月甲辰等条载,当初金宗瑞将其建议上奏施行后,便从吉州、镜城二邑向斡木河壁城移民,而根据当时的计划,实际应分别从吉州邑地移来300户、镜城邑地移来200户(共计500户),此即从别处凑足的民户。但其中在向斡木河壁城移入300户之外明显多出了200户,此为何故?这是因为当时在审议向斡木河壁城调入500民户的同时,也决定向从属于庆源镇的孔州之地调入民户共约400户,它与斡木河壁城的情况一样,其中有200户是从之前庆源镇移治于会叱家时所移民1100户中所抽调的,而另200户亦需从别处凑足,这正是以上多出的200户。由此推测,镜城邑所属200户移民可能被迁入孔州之地,而吉州邑所属300户移民则可能被迁入斡木河壁城。
⑤ 一般来说,往边地移民,不仅是为了占据这一地域,在保障移民生产生活所需的同时,满足朝鲜王朝"北进"的目的,还往往是为了军事防御。因此,所移民户同时也是军户,而原则上按平均每户至少有一人服兵役来计算,驻防民户的数量约等同于驻防正军的数量。换言之,边地某处调入了多少民户,从理论上讲也就等于大致调入了多少军队,即若调入500户,则调入正军应有500名。但事实上,根据《朝鲜世宗实录》卷155《地理志·咸吉道》中记载的有关"六镇"等边地的户数与正军数目比对情况统计分析,可知大部分城邑的实际正军数偏少于户数,说明其中出现了不少无法提供兵员的所谓"残户"(该志书记载平安道边地各邑的情况亦同)。以下有类似的驻防民户与正军之间的数量换算,暂且均按原则上的一户一正军的平均值进行换算,不再赘述。
⑥ 《朝鲜世宗实录》卷64,十六年五月甲申。该地即相当于今朝鲜咸镜北道输城川东岸的广阔地域。

现"两处防御有实"①了吗？对于这个问题，此处暂且不论，但至少可以肯定的是，上述所议问题及制定的诸多方案，在被金宗瑞拟成奏文、得到批准并具体实施后，确实起到了暂时缓解当时防御之急的作用，而由此对宁北镇与斡木河壁城的建置命运，也都产生了深远影响。尤其在这个方案中，在强化斡木河壁城防御的同时，还特别出台了使之"仍旧称镇"的议案②，它标志着一个新的邑镇就此诞生，这就是会宁镇（治所相当于在今朝鲜咸镜北道会宁市中心附近）。

## 二、钟城镇（郡）的初设

会宁镇正式设立之后，河敬复之子河汉被任命为会宁镇第一任佥节制使。然而，此时的"会宁"仅仅是改换了名号而已，虽说也称为镇，仅仅是鉴于防御需要而特加重视而已。实际上，它并无自主行政之权，即其行政地位没变，依然还是宁北镇的属地。但是如上所述，会宁镇不仅与宁北镇一样有着重要的地理位置而需加强防御，相较而言，它还是女真斡朵里部遗民的聚居地。所谓"土地隔远之时则已矣，今设巨镇，逼近野人之境"。③ 这种现实情况的特殊性，致使会宁镇城的安全时刻处于潜在威胁的境地，其防御压力可想而知。而凡察的受职与回还，则更使此潜在的压力立时凸显：凡察是猛哥帖木儿同母异父的兄弟。"阿木河事变"之时，猛哥帖木儿与其长子权豆被杀，凡察则幸免于难。猛哥帖木儿次子"童仓与权豆妻，皆被掳未还，凡察乘其隙亟归京师，受都督佥事之职，又受印信而还"。④ 从此，凡察就继承猛哥帖木儿成了女真斡朵里部的首领。可当凡察返回部落所在地斡木河时，朝鲜王朝早已移镇拓疆，并新设会宁镇，这种突如其来的军事行动，让凡察始料未及，正所谓"时我国初置镇，凡察反侧未安"。⑤ 而该部女真此时亦

---

① 《朝鲜世宗实录》卷64，十六年五月甲申。
② 《朝鲜世宗实录》卷64，十六年五月甲申。
③ 《朝鲜世宗实录》卷65，十六年八月甲寅。
④ 《朝鲜世宗实录》卷82，二十年七月辛亥。
⑤ 《朝鲜世宗实录》卷65，十六年八月癸亥。

人心惶惶,正如金宗瑞所言:"会宁住居野人等类,或迁徙,或仍居,其心难测。"①这种对于凡察所部动向的关注与担忧,成为催促朝鲜王朝进行下一步军事战略部署的重要标准。

结果,一则"凡察等谋欲害宁北镇守将,将移居于婆猪江(今中国浑江流域,引者注)"②的传闻,导致了朝鲜王朝要立即采取行动。如右议政崔润德基于对该传闻的顾虑,担心会宁镇首任金节制使河汉年轻气盛,且新上任就守御比宁北镇更险要的会宁镇,难保不测,故首先提出"移(宁北镇节制使,引者注)李澄玉于会宁,以河汉镇守伯颜愁所"③,建议老将李澄玉与河汉对调驻防。此策当即得到了众臣及世宗王的赞同。而后,金宗瑞鉴于会宁镇设立前后形势的变化,也建议让李澄玉驻守会宁镇,但并不主张让两地主将对调驻防。他上奏称:"以秩卑金节制使防御,于瞻视似乎劣弱。彼人去留定计之间,姑令宁北府节制使李澄玉,仍镇会宁,以严瞻视,本邑之事,来往治之,何如?"④

显然,金宗瑞更深刻地提出会宁镇主将职卑位轻,不足以威慑附近的女真人,故而建议让宁北镇节制使再次赴防会宁,兼管两地。可一旦如此,宁北镇节制使可能会再次遇到与会宁镇初为斡木河壁城之时如出一辙之弊,那么两地防御岂不是将重蹈之前顾此失彼、不得周全的状态?有鉴于此,在参考了崔润德尤其是金宗瑞的建议之后,有大臣进一步提出:"姑令李澄玉仍镇会宁,乃一时之计耳。若图长久之策,宁北、会宁,永永相换。"⑤此议一出,立即引起世宗王的重视,并迅速将其提上议程。

不久,所议事项下发边将后,依然采取了众边将合议的方式。然而,要想了解、分析合议内容,就需首先明白此次议题"宁北、会宁,永永相换"所指何意。正如宁北镇(如前所述,亦可称之为宁北府),自其移治于伯颜愁所以来,始终掌握着管理广阔辖域的权限,而会宁镇仅仅是其属地,既无专属土地的治权,甚至在之前还是斡木河壁城之时,连专供防御的军民都没

---

① 《朝鲜世宗实录》卷65,十六年八月己酉。
② 《朝鲜世宗实录》卷65,十六年八月丁未。
③ 《朝鲜世宗实录》卷65,十六年八月丁未。
④ 《朝鲜世宗实录》卷65,十六年八月己酉。
⑤ 《朝鲜世宗实录》卷65,十六年八月己酉。

有,那时极有"危城"之险。而今"永永相换",即让二镇互换角色,也就是说,二镇将在地域归属及行政地位上发生彻底反转。那么此后,会宁镇将全部接管原属宁北镇的辖域及民户乃至其镇城本身;反之,宁北镇则将完全接受会宁镇节制。简言之,从此,会宁为府,宁北附属。

基于上述释义,咸吉道众将便具体进行了如下合议。

首先,时任咸吉道都巡抚使沈道源与宁北镇节制使李澄玉二位将领就提议:"会宁,第一要害,防御最紧……称为会宁都护府,差节制使、判官。宁北府还称宁北镇,差佥节制使,其供顿衙前使令,仍令会宁府支待。"①显然,二人明确指出了二镇相换的根本原因,即防御上移缓就急。而与宁北镇相比,新设会宁镇因其防御现实所迫,自然更为此时政策的重心。为此,他们不但指出了二镇相换后彼此行政地位的变化,乃至主将设置上所应做的改变②,而且其言辞的字里行间,也透露出该怎样处理相换后的二镇对于所辖土地、民户的支配问题。即,宁北镇作都护府时的辖域,包括全部土地与民户,都将交由升格后的会宁府统辖,而降格后的宁北镇却无任何专属土地及民户。

然而,对于沈、李二将所议,时任咸吉道都节制使成达生却稍有异议:"会宁、宁北相换,当依上项施行。唯佥节制使,无土地人民,未便。会宁府土地附近三百户割属,别立郡县,兼差佥节制使。"③显然,成达生并不赞同相换后的宁北镇无土无民而成为"孤城"。因此,他不但建议从会宁府划出土地、民户归属于宁北镇管治,甚至还要以此为基础,让宁北镇独立于会宁府之外,成为不受其节制的军镇。此议一旦通过,必然会使宁北与会宁从此互不统属,结束一直以来二镇仅仅是节制关系转换却只有一座主城(或府城),且总在一个辖域圈的状态。由此看来,如果成达生所议能够实现,会宁镇与宁北镇,都将步入新的发展阶段。特别是对于宁北镇而言,它的独立治镇,将成为"六镇"之中继会宁镇之后的第三个军镇设立的肇端,这就是

---

① 《朝鲜世宗实录》卷66,十六年十月丁卯。
② 之前,宁北镇主将为拥有本府最高权力的节制使,会宁镇主将仅为受其节制的佥节制使。而如今,要将会宁镇主将改为节制使,宁北镇主将降格为佥节制使。显然,为了让每个镇的行政级别与其行政长官的品级协调、统一,随着二镇的行政地位互换,其主将级别也要随之相换。
③ 《朝鲜世宗实录》卷66,十六年十月丁卯。

钟城镇。可见,成达生的建议,不失为里程碑式的建议。但如此有预见性的谋划,却孤掌难鸣,连做总参谋的金宗瑞也不予苟同:"宁北镇割属土地,别置郡县,则乡吏、官奴婢及诸事出处为难。且新设府邑,势分力弱,姑除割属土地……"①这使得"宁北、会宁相换"之议一时间"余音未了",遗留了一处悬而未决之案。

直至 1435 年,此悬案的解决才终有转机。时任朝鲜王朝议政府赞成事的河敬复进言:"宁北……只设营镇,无土地、人民,故防御支待等事,日渐疏虞……"②显然,会宁与宁北二镇,由于先后经历了会宁从属于宁北、宁北从属于会宁的这种换位,总是因两地不可兼顾导致防御困难,故河敬复认为这主要是因为处于从属地位的镇无土无民。的确,从以往的经验来看,一个缺乏专属土地与民户的镇,就没有单独防御的条件,特别是在兵源方面。如此,它就会易于陷入危城的境地,自然需要从主城(府城)分兵驻防。然而,二镇相换的目的就在于首防会宁镇,若分兵宁北,定会使会宁防御力不从心,这岂不就与二镇相换的初衷矛盾?何况相换后的二镇,既然府治转移至会宁镇城,以前经由宁北府拨付会宁镇城的事物,如今反变成了从会宁府拨来,长此以往,难保一直供应周全。③ 有鉴于此,新任咸吉道都节制使金宗瑞等将领④,对于河敬复所议,一致表示赞同,并进一步提出:"宁北镇附近各里四百户割属,称为郡金节制使,兼差知郡事。"⑤

这表明宁北镇,不仅将分得所属土地、人民,可以独立管治,而且被赋予了独立的行政级别"郡"。这意味着,它从此将与会宁镇并驾齐驱。而为了与之前的宁北镇有所区别,以体现除旧布新之意,在采纳了金宗瑞等将领的意见后,朝鲜王朝最终决议:"割会宁四百户,置郡称钟城。"⑥

---

① 《朝鲜世宗实录》卷66,十六年十月丁卯。
② 《朝鲜世宗实录》卷68,十七年六月乙巳。
③ 其实,相换之前的会宁镇可能也遭遇了同样的情况,直到相换之后,此事才受到重视。
④ 该年中(1435年),根据相换后的二镇需要,朝鲜王朝适时作出了人事调整。首先,令金宗瑞接替成达生,升任咸吉道兵马都节制使,而让郑钦之接替金宗瑞,调任咸吉道都观察使。其次,调老将李澄玉守御最紧要的会宁,任命其为判会宁都护府事,而令青年将领河汉守御次要的宁北镇城,任命其为宁北镇金节制使。显然,此次人事调整是为了顺应咸吉道防务"缓急"情况而特意进行的,体现了朝鲜王朝对该道特别是边镇关注度的加强。
⑤ 《朝鲜世宗实录》卷68,十七年六月乙巳。
⑥ 《朝鲜世宗实录》卷69,十七年七月戊子。

至此，宁北镇便以改换名称的形式，成就了一个新的邑镇——钟城镇（治所相当于在今朝鲜咸镜北道会宁市行营里附近）。

## 三、钟城镇（府）的终设

"钟城"此名，虽由宁北镇改名而得，但若论其真正的由来，却是得益于一座名曰"童巾山"的山。此山在钟城镇辖境北部，《新增东国舆地胜览》中形容它"形如覆钟"①，故又称其为钟山。所谓"胡人谓钟为童巾，府②有童巾山，故名之"③。由此可见，钟城之名与"童巾"一词息息相关。其实，不仅如此，童巾山附近直到图们江岸的区域，朝鲜王朝都统称其为"童巾"地面，其南邻近之地正是位于图们江南岸被称作"愁州"④的地方。⑤ 这两地，不仅附近居住有女真兀良哈部人，更为其他女真部落来袭的必经之地。尤其是愁州，古籍称其"陡入江隈，贼路要冲"⑥，说明其地理位置极为险要。而且，在钟城镇初设前后，朝鲜王朝虽已移镇拓疆，但力量还未达到这里。因此，一直以来，朝鲜王朝都不敢轻易在这两地设镇建城。例如，早在1434年，金宗瑞等边将在考察庆源、宁北二镇的设置条件时，就曾明确指出："童巾、愁州地品，虽或有沃饶之处，然不广阔，置邑把截，并皆不宜。且贼人来路，守御甚难，姑置勿守。"⑦

直到庆源镇、会宁镇、钟城镇、庆兴镇这新设四镇及所属大城小堡相继

---

① 《新增东国舆地胜览》卷50《咸镜道·钟城都护府·山川·童巾山》。
② 钟城镇此时的行政级别还是郡。
③ 《朝鲜世宗实录》卷155《地理志·咸吉道·钟城都护府》。
④ 据有关学者考证，"愁州"曾是明朝东北地区"开原东陆路至朝鲜后门"的一处驿站，古称"随州县"，是建州女真斡朵里部入明朝贡途经之地。分别参见董万仑：《东北史纲要》，黑龙江人民出版社，1987，第339页；杨旸：《明代通往东疆的丝绸之路——"开原东陆路至朝鲜后门"》，《文史知识》1994年第6期。
⑤ 沿图们江上游至下游岸边，吾音会（即会宁镇）以下为愁州，愁州以下为童巾，童巾以下为多温，直至离入海口最近的孔州。因此，愁州与童巾相邻，并位于童巾以南的图们江岸地区。
⑥ 《新增东国舆地胜览》卷50《咸镜道·钟城都护府·建置沿革》。
⑦ 《朝鲜世宗实录》卷63，十六年二月壬戌。

设立完成后,各镇协同防御的体系已初具规模,并开始出现沿图们江防御的趋势①,这时朝鲜王朝才逐渐将注意力转移到了童巾、愁州等地。

起初,在1438年初,由李澄玉首先提议移钟城镇治所于童巾,但鉴于"四镇"新设,尤其担心如此布置可能会"孤单深入贼薮(薮,引者校),其计甚危"②,因此立即遭到了金宗瑞等咸吉道边将的反对。一时间,朝鲜王朝内部因未能形成定议,此事便被搁置下来。

过了一年有余,随着"四镇"防御布置相关事宜的稳步推进,金宗瑞等将帅经过重新审查、商讨边情并看到了"移置钟城郡于童巾甚为便益"的好处,才复提之前李澄玉所议并予以上奏。奏文中,还更进一步提出,在钟城移治后,将其当初的治所即伯颜愁所木栅城改筑石城③,并移都节制使行营④于此,以为"四镇"声援。⑤然而,奏文虽说已上报,但议政府及世宗王却迟迟没有给出意见,因此被再次搁置。

最终,直到1440年,即金宗瑞出仕咸吉道的最后一年,咸吉、平安两道都体察使兼兵曹判书皇甫仁继李澄玉、金宗瑞之后,第三次提出移设钟城镇的建议,此事才最终得以解决。只不过,这次移设地不是在童巾,而选在了

---

① 比如,会宁、庆源二镇邑城曾先后于1436年及1437年新建了石城,而庆兴镇旧石筑邑城则于1437年得到重新修整。并且,朝鲜王朝在此三镇及钟城镇所辖要害之地,还建造了许多小堡、烽燧等关防工事。主城与这些关防工事连为一体,形成了一道防御线。分别参见《朝鲜世宗实录》卷74,十八年九月戊午;《朝鲜世宗实录》卷79,十九年十月丙子;《朝鲜世宗实录》卷155《地理志·咸吉道·庆源都护府》;《朝鲜世宗实录》卷155《地理志·咸吉道·会宁都护府》;《朝鲜世宗实录》卷155《地理志·咸吉道·庆兴都护府》。

② 《朝鲜世宗实录》卷80,二十年正月庚寅。

③ 实际上,至整个朝鲜世宗时代结束,钟城邑不仅在其初设地伯颜愁所没有筑就石城,其移设地亦没有建造石城。直到文宗元年(1451),朝鲜王朝才在钟城邑移设地改筑了石城,而钟城邑初设地则要等到朝鲜世祖十年(1464)才被改筑石城。分别参见《朝鲜文宗实录》卷10,元年十月乙酉;《朝鲜世祖实录》卷34,十年八月癸未;《新增东国舆地胜览》卷50《咸镜道·钟城都护府·城郭·邑城》;《新增东国舆地胜览》卷50《咸镜道·钟城都护府·关防·北道节度使行营》。

④ 咸吉道都节制使行营是相对本营的临时军营。本营,起初在吉州邑,在宁北镇移治后,北移至"富居"之地(即富家站)。随着行营被初设于鹿野岘(今朝鲜咸镜北道恩德郡鹿野里附近),本营便退设于镜城。后来,行营移设伯颜愁所(今朝鲜咸镜北道会宁市行营里附近),便是金宗瑞上奏后的事情了。此外,当初宁北镇设在伯颜愁所,正是因为它四通八达,为交通要冲,古籍中更是形容其"在四邑之中央(即东为庆源镇,西为会宁镇,北为钟城镇,南为富宁镇,引者注)……与诸镇相表里,为声援"。这说明,将行营移设于此,正是看中了此地地理位置的特殊意义。参见金正浩:《大东地志》卷20《咸镜道·钟城·营衙·行营》。

⑤ 《朝鲜世宗实录》卷85,二十一年五月丁巳。

其附近的愁州。皇甫仁指出：

> 童巾、愁州,并虏入寇要害之地,今亦空弃不守,此实甚可痛已。我国本以大江为界,而江内之地,至今丘墟,虏以我国怯弱无疑矣。请移钟城于愁州……①

显然,为了说明为何要将钟城镇移设愁州,皇甫仁打出了"以图们江为界,沿江守御"的旗号。果然,皇甫仁此议得到了金宗瑞等边将直至朝鲜王朝议政府、世宗王的一致赞同。不仅如此,在朝鲜王朝君臣的决议中,对于移治后的钟城镇(治所相当于在今朝鲜咸镜北道稳城郡钟城劳动者区附近),还确定了其建城、防御、移民等诸多事项的操作方案②,并顺利执行。一年后的1441年,钟城镇由郡升府,标志着其移设过程的最终完成。③

## 第三节　庆兴镇在古庆源镇故址复镇

### 一、庆兴镇的设置背景

在依次设立了庆源、会宁、钟城三镇后,朝鲜王朝又设立了第四个邑镇——庆兴镇。与庆源等镇相比,庆兴镇的设置过程并不复杂。虽说从1434年发端至1443年完成,庆兴镇的设置前后也曾持续10年之久,但这种过程的延续性就整体而言,并不像庆源等镇一样显得比较集中且有针对性,而是呈现出了一种分散的状态。换句话说,对于设置庆兴镇,朝鲜王朝君臣

---

① 《朝鲜世宗实录》卷90,二十二年七月己巳。
② 其中,决定在愁州移治地造筑木栅壁城,并调正军共约600名(即移入民约600户)防御,包括本邑原有正军约400名以及从"庆源、吉州以南、安边以北各官正军元数"约调出的200名。参见《朝鲜世宗实录》卷91,二十二年十一月乙丑。
③ 关于会宁镇与钟城镇设置的总体线索图,可另参见本书附录A-1。

并没有将其作为专门性的议题进行长期的谋划、计议,甚至只有当讨论庆源等镇设置问题或其他相关问题时,才会偶然连带、涉及庆兴镇的设置。

之所以出现以上特点,是因为庆兴镇在实质上并非新设之镇。倘若追根溯源就会发现,它在设置上实际与庆源镇一脉相承,即它是古庆源镇移治之前的原址所在地,从某种程度上讲,可算是庆源镇的"遗迹"了。当庆源镇移治他处之后,怎样处理其故址,成了一个尚待解决的问题。但无论如何,庆兴镇毕竟算不上"六镇"设置的重心。因为相比朝鲜王朝君臣对庆源、会宁、钟城三镇的关注度,它完全没有可比性。

那么,相比庆源、会宁、钟城三镇而言,为何朝鲜王朝君臣不太重视庆兴镇的设置?这与庆兴镇的前身,即古庆源镇初设之时的治所孔州城有关。孔州初为古庆源镇治所故址,后为庆兴镇治地,是两镇设置的"源头"。该地最初设立古庆源府,自有巩固"北进"成果的功效,除此之外,更有凸显其作为"肇基之地"的需要,而其军事防御功能却不甚明显。虽说到"庚寅事变"发生前后,古庆源府的这种军事防御功能愈发占据主要地位,但此时府治已移于苏多老,如此孔州自然不是战争首当其冲之地。再到后来,随着庆源府的屡番移治,朝鲜王朝在咸吉道边地的战略中心也跟着反复转移,而孔州的防御作用随之似乎又减弱不少。由此可见,孔州自古庆源府初设以至移治,作为一处重要边城,其主要作用从来都不在于防御,其仍一直被视为朝鲜王朝"北进"及"肇基之地"的标志。尽管此标志有时失效,但并不影响它的突出性及延续性,直至庆兴府设立,亦且如此。①

既然孔州在庆源府移治期间主要任务不是边防,那么当会宁、钟城二镇相继设立时,它是否依旧如此?答案也是肯定的。当庆源镇移治完成后,与之同时移治的宁北镇及新设的斡木河壁城,便开始成为咸吉道边镇设置中新的焦点,而这两个城邑发展的方向正是后来的钟城镇与会宁镇。像钟城镇,其前身宁北镇移设于伯颜愁所,就有稳固边防之意,而其后来移设图们江岸,更是为了便于边防。而像会宁镇,其前身斡木河壁城本身就处于斡朵

---

① 像在"庚寅事变"后,古庆源府撤废,本府人民退居龙城,德、安二陵也已迁至咸州(即咸兴),孔州之地一时处于"虚弃"状态,故此"标志"已无从谈起。但这只是暂时的,当复立并移治新庆源府于会叱家后,朝鲜王朝便逐渐恢复了对孔州之地的管理,这种"标志"也就维持了下去,其最直接的表现便是庆兴镇的设立,而这正是下文中即将论述的主要内容。

里女真腹地，又在图们江岸，防御最为紧要，所以朝鲜王朝才要赶在钟城镇设立之前，先完设此镇。如此看来，会宁、钟城二镇的设立，皆首在防御。在当时军情紧急的情况下，朝鲜王朝着重于此，也是无可厚非之事，而与之相比，同时期的孔州则相形见绌。反过来说，朝鲜王朝君臣对孔州稍显"冷漠"，正是在于其在军事防御的重要性上略次于会宁、钟城二镇。这么说来，孔州既然不是朝鲜王朝的重点设防对象，却在后来要对其逐渐加强管理，直至最终设立庆兴镇，原因何在？仍然只有一种解释，它主要还是为了标示"北进"成果乃至"肇基之地"，而非防御。

那么，到底是什么样的因素，促使孔州的防御不像庆源、会宁、钟城三镇一样受重视呢？这当然是由于孔州之地的防御不似庆源等镇紧要。但若仔细深究就会发现：之所以会产生以上结果，最根本的因素是两者在所需防御的客观实情方面存在较大差别。虽说两者附近皆有女真人居住出没，且都可能有遭受女真人袭扰的危险，但不同的女真部族之间还是有差异的。像庆源、钟城、会宁三镇，其附近不是大量生活着兀良哈人，就是直接聚居着斡朵里部，而孔州附近却主要居住着骨看兀狄哈人。骨看兀狄哈完全不像兀良哈或斡朵里这些女真部族一样附带"骚乱"的属性，尤其对朝鲜王朝几乎鲜有主动攻击的意识。他们"性温顺，不寇略"，故"世居庆兴，其类甚众，前后独不为乱"。① 并且，他们还很早接受朝鲜王朝的招抚，输诚纳贡，从未有过二心，以至于世宗王曾对其大加赞赏："骨看兀（兀，引者校）狄哈，自我祖宗以来，近居庆兴地面，为国东藩，输诚效力，至于今日，久而益笃，予甚嘉之……"② 如此可见，孔州附近生活着这样一支女真部族，何愁其防御无忧。何况孔州地处图们江的最下游，旁边有着这么一支温顺的女真"藩篱"不说，更是远离最富有攻掠性的嫌真兀狄哈部所在地；而反观庆源、钟城、会宁三镇，却恰恰暴露在这个女真部族易于攻击的范围之内，故常常遭受其袭扰。

---

① 《朝鲜世宗实录》卷90，二十二年八月乙亥。
② 《朝鲜世宗实录》卷93，二十三年七月乙未。

## 二、庆兴镇(府)的设立

孔州,这个防御压力相对较小、朝鲜王朝君臣不常议论之地,以至于其发展长期被搁置、延迟,但最终却仍成就了庆兴镇的设立,其中究竟具体经历了怎样的过程?

自1409年古庆源府移治苏多老,孔州虽不再是府治所在地,但仍受到古庆源府的有效管理。特别是孔州作为朝鲜王朝最早设于图们江岸的邑城,其作为朝鲜王朝实施北方经略政策首要标示地的政治意义尤为明显,何况它又是国王祖先陵寝所在地,其安危荣辱关系王室尊严及国家颜面。由此可见,孔州是古庆源府辖域内极其重要的组成部分,只是随着府治的北移,它不再作为军事防御的前沿阵地,以后朝鲜王朝君臣才对其议及甚少,故而看起来就像遭受了"冷遇"。

一年后,由于"庚寅事变"的发生,古庆源撤府废镇,而孔州城作为其属城,亦受"牵连"。在当时战事不利、危机重重的形势下,古庆源府几乎全部民众都南撤至龙城一带,其属城孔州亦不例外。在保证祖陵安全南迁之后,孔州已难以自立,没有继续保存的必要,故也随古庆源府而废弃,成了一座名副其实的空城。如此自然便埋下了此后遭"冷遇"的种子。

果不其然,在之后的二十余年里,孔州一直都被弃之不顾,俨然一片矗立于边境的废墟。尽管在此期间,新庆源府也曾在富家站复立府治,但在当时各种条件仍不成熟的情况下①,朝鲜王朝是难以顾及其东北边城孔州的,甚至说孔州处于女真人的控制之下而一度成为其牧耕、栖宿之地,也是可以想象的。后来世宗王为此发出感慨:"今夫苏多老、孔州,鞠为茂草,胡骑践踩,恣为游猎之场,予每念此,痛切于怀。"②由此可见,孔州在那时备受"冷遇",也真是无可奈何之事。

---

① 从上文可知,新庆源府复立府治于富家站,仅仅是为了回应明朝内官张信立卫的"风闻",尽可能地维护其"北进"的成果,但当时女真人袭扰的威胁还较为严峻,特别是猛哥帖木儿率部复还斡木河,更增加了朝鲜王朝的军事压力。而朝鲜王朝却准备不足,疲于应对,像"南道赴防之弊"等各种问题迎面而来,加之"庚寅事变"的"阴影"犹在,不少朝中大臣甚至提出要退守龙城,为此而反复争议数年,哪还顾得上比富家站更北的孔州。

② 《朝鲜世宗实录》卷62,十五年十一月庚子。

直到 1434 年,庆源府治终设于会叱家后,孔州的这种"冷遇"局面,才总算有所转变。当时,世宗王鉴于"阿木河事变"之机,决议复还庆源府于苏多老之地,借以实现其"恢复祖宗旧地"之夙愿。然而,若论"祖宗旧地",比起苏多老,孔州才更应当之无愧受此称号,故而必须恢复对其的管辖权。何况此时它是朝鲜王朝"北进"首屈一指的标示地,作为王国势力首次挺进图们江岸的标志性符号,意义重大。为了恢复往日遗失的"北进"成果,更为了将这种势力达于图们江岸的标志性意义维持下去,随着庆源府的复还,孔州的还归被朝鲜王朝提上了议程。为此,在议定移设新庆源府治时,朝鲜王朝也对孔州做出了相应的处理:

孔州城子,亦且隘窄,农民聚居亦难。然三面土地沃饶,可当农作,而所多老邑城,相距遥隔,又无守护。修筑此城,择有武略者,差海道万户兼孔州等处管军佥节制使,正军一千一百内,分掌二百,冰合时防御陆地,解冰后泊舟城下,有海道贼变,乘舟而下,则水陆防御两全矣。①

该提案主要反映了以下三点信息:

第一,因被废弃多年,孔州城已破旧不堪,故在重新接收、管理此城之前,要对其进行全面修整。

第二,孔州城再次被朝鲜王朝掌控之后,归属于终设后的庆源府管辖,但因与府城距离过远,该城本无民无兵,故需另派将领率军专门驻防此地。其中派去防护孔州且兼理行政的将领,被称为"海道万户兼孔州等处管军佥节制使",从行政级别上讲,应为庆源镇节制使的属官,从名称所展示的军事职能上讲,应以水防为主,兼防陆地。② 而所派军士,则来源于庆源府计划数目中分出的二百正军。

第三,孔州城虽说狭隘、生活空间不足,但附近耕作条件便利,故可移部分民户至此。移民具体数目约合分来正军数目,即约有二百户。

---

① 《朝鲜世宗实录》卷 63,十六年二月壬戌。
② 此提案中所拟定的水陆两全的防御策略恰恰证明了这一点。至于为何要在孔州地界实行这种防御策略,笔者认为这主要是由于孔州城在图们江的最下游,近于海,水面宽,水流缓,更利于水军作战,以防"海道贼变"。

然而，上述提案实施后，孔州的建设与发展并未就此定型。后来的事实证明，上述三点措施，每一点在此次提案的基础上都有所改变。

一方面，鉴于提案所反映的第二、三点情况，孔州在其军队、移民、将领的设置及城池的行政归属与发展等问题上，皆发生了如下变化。

起初，朝鲜王朝于1434年在斡木河别置主将并增兵防御的同时，考虑到孔州一带地广人稀，距庆源府甚远，分给军民却较少，担心这样可能会出现与斡木河壁城一样因庆源府难以兼顾而造成这一地带的防御太过于薄弱的问题，故另增兵二百①，这就意味着新调来约二百民户。这样一来，孔州一带前后便共有驻防正军四百名，亦有入居民户约四百户，如此"则孔州等处防御，不至单弱，并皆永世长策"。②

然而，到了一年后的1435年，朝鲜王朝在将宁北镇独立于会宁府之外并改称钟城镇的同时，考虑到孔州可能遭遇了与宁北镇一样"只设营镇，无土地、人民，故防御支待等事，日渐疏虞"③的难题，故也将孔州独立于庆源府之外，另新设一县，称孔城县，管辖附近三百民户。④并且，又将之前以海道万户兼作该地管军佥节制使，升格为新设县级佥节制使，即"以佥节制使兼知县事"⑤，专管新设孔城县的军政事务，且是独立治县。

不过，孔州城作为县治的时间并不长，仅仅维持了两年，便于1437年被升为郡，并正式改换新名，称为"庆兴"。其原因很简单，"系肇基之地，不可仍旧称号"。⑥ 这恰与之前孔州被重新收管时，主要为了维持"北进"成果的目的稍有差别。此时的孔州，相对来说，已更着重于作为标示国王祖先发迹之地的象征，就像当初孔州被改名为庆源一样，有着首尾呼应、彼此相同的意义。

甚至最终到1443年，为了更强调"先王肇基之地"⑦的这种标志性意义，庆兴郡竟然还要继续升格为都护府，这便是设置完成后的庆兴府，亦即

---

① 关于所调军民的来源，前文已述。
② 《朝鲜世宗实录》卷64，十六年五月甲申。
③ 《朝鲜世宗实录》卷68，十七年六月乙巳。
④ 《朝鲜世宗实录》卷69，十七年七月戊子。
⑤ 《朝鲜世宗实录》卷155《地理志·咸吉道·庆兴都护府》。
⑥ 《朝鲜世宗实录》卷77，十九年四月辛酉。
⑦ 《朝鲜世宗实录》卷100，二十五年六月戊戌。

"六镇"之一的庆兴镇(治所相当于在今朝鲜咸镜北道罗先市四会里稍东之地,即旧称"古邑洞"附近)。①

另一方面,鉴于提案所反映的第一点情况,孔州城在城池修整问题上,也发生了变化。

首先,孔州城在初次提议修造后,因民力不足,结果并不理想。②

其次,孔城县设立,朝鲜王朝便由兵曹出面提议再次修整该城,亦因民力不足③,实际未能施行。

直到庆兴郡设立的当年,朝鲜王朝才正式对该城进行全面的修整。④但此次修整却不成功,不久其缺陷便暴露无遗。所谓"庆兴郡地形倾窄,人家稠密,火灾可畏。且于城内乏水,无长远之计……"⑤

为此,当地居民曾数次上言反映内情,并逐渐受到王国中央的重视,继而于1448年,以"庆兴邑城狭隘,增广城基改筑……自庆兴府邑城东南隅至于城北城隍堂峰头,石筑四千九百五尺,作里二里二百二十七步三尺,役本府及稳城民一千四百人,八月十五日始役,九月二十八日而止。"⑥至此,孔州城直至庆兴府城的修整工作,才最终宣告完成。⑦

---

① 关于庆兴镇设置的总体线索图,可另参见本书附录A-1。此外,这里称庆兴府为庆兴镇,并非否定庆兴郡就不是庆兴镇。因为镇指代军镇,无论庆兴是府或是郡,只是行政级别不同而已,皆可称之为"镇"。

② 当时,新庆源、宁北二镇移设,急需在移设地造筑木栅壁城,加之斡木河壁城及二镇辖域内各处要害、小堡、人民聚居木栅等防御设施,亦须陆续建造。而孔州原有石城旧址,只需修补,且非当前防御急务之地,故差役修城的人力不足,便偷工减料,在石城颓落处仅仅设置木栅填漏补缺,如此防护效果定然不佳,但这只是暂时之计。

③ 当时,朝鲜王朝正倾尽全力造筑防御最为要紧的会宁府石城,未顾及孔城县。

④ 《朝鲜世宗实录》卷79,十九年十月丙子。

⑤ 《朝鲜世宗实录》卷96,二十四年五月丁亥。

⑥ 《朝鲜世宗实录》卷121,三十年七月丙申。同时增修的还有庆源府石城:"自庆源府邑城北门至于东南隅,石筑五千一百尺,作里二里二百五十步,役本府民一千六百五十人,八月十五日始役,九月二十六日而止"。

⑦ 另需说明的是,庆兴府城后在朝鲜纯祖三十四年(1834)又"因旧邑水害"而"与抚夷镇换设",即隶属于庆兴府的原抚夷镇(堡)治所(今朝鲜咸镜北道罗先市元汀里附近)成为了新庆兴府城治地,而原庆兴府城治地成为了新抚夷镇(堡)治所,两地约相距25朝鲜里。但此次调换后,两地又于朝鲜哲宗十年(1859)再次调换回原状态,直至朝鲜高宗七年(1870)重新恢复到纯祖三十四年调换后的状态。分别参见《朝鲜纯祖实录》卷34,三十四年正月丙子;《朝鲜哲宗实录》卷11,十年八月乙丑;《朝鲜高宗实录》卷7,七年十二月庚午;《新增东国舆地胜览》卷50《咸镜道·庆兴都护府·关防》;(朝鲜王朝)金正浩:《大东地志》卷20《咸镜道·庆兴·镇堡·抚夷镇》。

通过对上述提案两方面变化的论述可知,孔州在设置过程中,经过不断地改造,不仅实现了向庆兴镇的转变,更促进其城防建设的稳步实施,以至于在客观上起到增强该城防御力度乃至保境安民的作用。像前文提到的向孔州增兵调民、让孔州独立为治、对孔州城池修整等事例,皆是此目标之手段。如此一来,我们或有疑问:上文在述及孔州乃至庆兴镇的设置背景,曾强调该地的防御是不甚紧要的。但这里针对孔州乃至庆兴镇强化防御的种种举措却意在表明,朝鲜王朝对该地的布防似乎又是十分看重的。那么,两种说法岂非矛盾?其实不然,这主要是因为比较对象的差异。正如,与会宁、钟城等镇相比,孔州乃至庆兴镇的防御当然显得次要,而与其自身所具有的"北进"及"肇基之地"的标示作用相比,其防御功能也理应退居次位。但即便如此,并不代表其防御真就无足轻重。要知道,孔州城乃至庆兴府城毕竟位处边地,而作为边城对于朝鲜王朝来说依然肩负着守护其既得疆土之重任,故此城务须保持一定的边防实力,才能以防不测。

## 第四节 沿江再置稳城镇

### 一、稳城镇的设置背景

稳城,又名"毡城"。① 其中,"毡"指的是游牧民族用羊毛制成的各种生活用具。显然,单从字面意思就可看出,这里曾是一些女真部落的聚居地,像形成建州女真三大部落之一的托温部就是其中的代表。② 因此,在稳城正式设立之前,女真人对于该地有自己的称呼,即"多温(平)"。后来,朝

---

① 《新增东国舆地胜览》卷50《咸镜道·稳城都护府·郡名》。
② 据《明太宗文皇帝实录》卷83永乐十年六月辛酉条载:"李显忠塔温新附人民缺食,乞赈贷之。"其中,据有关学者考证,"塔温"即稳城古名,而"新附人民"指的正是建州女真之一的"托温部"。分别参见董万仑:《〈龙飞御天歌〉记东女真族属与分布研究》,《黑龙江民族丛刊》1993年第2期;李陆华:《明代通往北国东疆的丝绸之路——冰川雪城的"纳丹府东北陆路"丝绸古道》,《黑龙江社会科学》2010年第6期。

鲜王朝在此地新设邑镇,之所以起名"稳城",正是得益于它原有的这个女真名字,因为"温、稳声相近,取稳以名之"。①

稳城镇可以说是"六镇"中设立过程最迅速的邑镇。这主要是因为在稳城镇设立之前,这个叫"多温(平)"(今朝鲜咸镜北道稳城郡稳城邑附近)的地方,是朝鲜王朝势力不及之地,一直以来"鞠为茂草,乃为野人游猎之所"。所以,它不可能像其他邑镇那样出现反复变迁的复杂状况。然而,比起稳城镇的设置过程,其设置原因却有着深刻的背景:随着庆源、会宁、钟城、庆兴四镇接连新设,朝鲜王朝逐步展露出沿图们江防御的总趋势,而多温(平)这个图们江中游南岸要地,势必会被朝鲜王朝君臣关注,成为被着力改造的"主角"。显然,这个"主角"首先要立足于沿江防御这个前提下,而此后其设置过程也理所当然要与沿江防御的持续开展紧密相连。关于其具体情况,则需从一个人谈起,他就是时任兵曹判书的皇甫仁。

1440年初,在朝鲜王朝大力置邑建城、兴建边疆防御工程之时,为了确保这些已经完成的防御工程的可靠性,达到牢固防御的目的,皇甫仁临时受命,被派到平安、咸吉两道,兼任两道都体察使,负责巡查两道边地的军情、民情以及布置各类边防工程的建设,其中就包括查勘各新设邑镇辖区防御的稳妥问题。然而,当皇甫仁赶赴咸吉道边地,进行了全面的实地勘察后发现:该道的边防部署竟然存在着巨大的安全隐患,且一直未被国家察觉。这究竟是怎样的隐患呢?要说明这个问题,需要先从1436年"庆源镇遭袭"的事件来做个延伸探讨。②当时,女真嫌真兀狄哈部聚众数千人马,突然大举袭扰庆源邑城,虽说最后未能得逞,却给朝鲜王朝的防御敲响了警钟:数年来,王国耗费了大量的人力、物力、财力去实施边防建设,却收获如此之结果。此外更令人不可思议的是:女真军队不仅能够毫无忌惮地越过图们江进击庆源镇,而且在其失势之后,居然还能轻而易举地再次越江逃遁。为了解释这个疑问,接下来有必要先分析一下当时咸吉道的边防部署。

彼时,庆源、会宁、钟城三镇皆已设立,而各镇之间呈现出来的相互拱

---

① 《朝鲜世宗实录》卷155《地理志·咸吉道·稳城都护府》。
② 据《朝鲜世宗实录》载,自1433年"阿木河事变"后,"四镇"开始全面设立,一直以来,女真人未有异动,可到了1436年九月,女真嫌真兀狄哈部却突然发兵三千余,袭击了庆源邑城。女真人这种大举袭扰的反常举动,震惊了朝鲜王朝。

卫、协同防御的形势,就像在图们江以南形成了一道横贯东西的防御线。然而,这道防御线其实存在着严重的弊端,即整个防御线从西南方向的会宁镇延伸至东北方向的庆源镇,看似防御牢固,实则不然。比如,处于这道防御线东北端的庆源邑城,因稍稍远离图们江岸,假使江边突发紧急军情,很可能会出现本镇官兵不能及时出动、应时制御的情况,自然就埋下了隐患,也必将使防御线的整体防御功能大打折扣。① 再说处于防御线中部的钟城邑城,明显更是远离江岸,这就造成了在这道防御线外仍有大片图们江南岸地域不在朝鲜王朝的有效管辖范围内,那么前来袭击的女真人就能随意越过图们江去袭扰各个邑镇属地。由此可见,上述防御线的弊端,归根结底是尚未能完全沿图们江防御的问题,没有了图们江天堑的保护,各邑镇虽已城坚兵足,却仍防御不力,也就是自然而然的事情了。

当然,对于以上问题,当时主导新设四镇建设的金宗瑞,虽未能预料,却一直都在力主并步步践行着这种沿江防御的总体战略部署。当发生了上述"庆源镇遭袭"事件后,他就更为积极地倡导此战略,甚至还曾特意向世宗王上书陈词:

> 今贼虽大举围城,不能久攻,且不深入,反自摧锋而去,数十骑未毕渡,而我军迫之,贼徒狼狈而还。但恨边将失机,未及半渡而击之,未尽入保而被虏,此则失在帅臣,非沿江置邑之失也。况祖宗之疆域复旧,人民安业,城寨已具,士卒效力,岂可遽以小失有动圣虑? 但愿圣心益坚耳。②

显然,对于这次"庆源镇遭袭"事件的发生,金宗瑞认为是临战之时战术层面的工作尚未做到位,而绝非沿江置邑之战略有误。也就是说,他仍坚定不渝地坚守着沿江防御的大方针,还劝世宗王也要坚定信念。这固然不

---

① 据《朝鲜世宗实录》卷155《地理志·咸吉道·庆源都护府》条载:"(庆源府,引者注)四境,东距豆满江二十里。"而另据《新增东国舆地胜览》卷50《咸镜道·会宁都护府》载,会宁府"西至豆满江六里"。由此可见,防御线两端的庆源邑城与会宁邑城虽说皆临江而设,但庆源邑城明显较会宁邑城稍远离江岸,才有可能产生如上防御的问题。其实,在与庆源邑城有些许距离的东部江岸有一处江滩湿地,也正是发生这种防御问题的地方。关于这一点,将在下文中具体阐述。

② 《朝鲜世宗实录》卷75,十八年十一月壬辰。

错。只不过,就该事件的实质而言,比如女真人为何能够进退自如等问题,金宗瑞一时没有去深入思考,而是一味将御敌不力的责任归咎于守城将帅的战术失误,这是不可取的。那么,对于这次事件,到底该怎样认识?后来实地勘察咸吉道边防的皇甫仁,在呈给世宗王的上书中,给出了问题的答案。正是对于该问题的回答,拉开了稳城镇设立的序幕。

## 二、稳城镇(府)的设立

1440年七月,结束了将近半年巡边历程的皇甫仁,将巡查的结论上奏如下:

> 臣伏审咸吉道沿边四邑设置之状,钟城、庆源距江遥远,且烟台皆距邑城或五里,或十里,或二十里,故彼虏入寇之路,专不通望,虏或潜入我境,隐于林谷之间,窥觇虚实,乘间突入,将卒惊骇,罔知所措,丙辰庆源之变,足为明验。庆源之北多温平,平衍沃饶,且正值江边三路贼路辐凑之处。又其东厚训平,亦平衍膏腴。厚训滩及其下各滩,悉皆贼路要冲之地。厥初措置疏阔,守御不谨,丙辰之贼,入自多温,出由厚训……①

显然,皇甫仁意在表明以下两点认识:

第一,从总体上提出当前咸吉道边防的不足之处,并着重指明其中钟城邑城与庆源邑城距江隔远致使防御不力的问题。

第二,鉴于上述防御不力的情况,并联系该次女真人进犯的特点,解释了该次女真人大举袭击庆源邑城并能来去自如的原因主要是由于王国未能有效掌控的两个要地,一个为前文屡屡提到的"多温(平)",另一个则为本节所论庆源府东部沿江的防御疏漏之地——"厚训滩"。此次来袭女真人,就是从多温(平)聚众而来,袭击失败后,便从厚训滩按计划返还。这两地尤以前者更为紧要,因为此地正是该次女真人袭击事件的发生地。来袭女

---

① 《朝鲜世宗实录》卷90,二十二年七月己巳。

真人不仅由此而入,侦察朝鲜王朝的边防动向,还将该地作为集结军队、发动突袭的大本营。同时,该地更是交通枢纽,从南部向这里竟有三条要路汇聚,分别是西南要路、正南要路、东南要路。沿着这三条大路行进,便可分别直达会宁镇、钟城镇及庆源镇,其中的庆源邑城距离该地较近,自然就成了该次女真人突袭的首选目标。

显然,皇甫仁发现了该次女真人袭击事件的实质性问题,即尚有不少沿江要地被弃之不顾,才使女真人有机可乘。这里既有钟城邑城之外的沿江要地,又有庆源邑城以东的江滩要地,更有交通便利、地理位置优越、被称作多温(平)的图们江中游南岸要地。正是这些沿江要地的空弃,使得咸吉道的边防在"庆源镇遭袭"事件发生后的数年间一直处于危机势态中。既然如此,消除隐患,加速推进对这些沿江要地的防范与治理工作,就成为刻不容缓的事情。而在尚未涉足的沿江要地继续追加防御,深入地说,其实就是要继续推进沿江防御的战略,这明显与此前金宗瑞所倡导的思想不谋而合。而皇甫仁要以女真人的这次袭击事件,来引出多温(平)等要地存在威胁的事实,也正是为了证明亟须更大程度地贯彻沿江防御战略的紧迫性与必要性,以弥补当时边防存在的诸多不足。有鉴于此,皇甫仁在接下来的上书中,便提出了如下方案:

> 我国本以大江为界,而江内之地,至今丘墟,虏以我国怯弱无疑矣。请移钟城于愁州,又于多温置新邑。童巾、愁州之间者未下洞大江合流洞口及会宁、愁州之间吾弄草洞口,皆置万户……厚训滩边又置万户,移乾原万户于庆源。吾弄草洞口,皆筑石城,置兵守御。①

显然,该方案不仅要求将钟城镇移治于图们江边的愁州,还要在沿江的其他多处要地加设小型的防御堡垒,即简称之为"小堡"②:有位于愁州与其北童巾(今朝鲜咸镜北道稳城郡永江里附近)之间的"者未下洞口"(今朝鲜咸镜北道稳城郡江岸里附近),有位于愁州与其西南部会宁邑城之间的"吾

---

① 《朝鲜世宗实录》卷90,二十二年七月己巳。
② 小堡,是相对于"六镇"主城而言,是其辅助工程之一。关于此,下文将有专节探讨。

弄草洞口"（今朝鲜咸镜北道会宁市仁溪里附近），有位于庆源邑城东部的"厚训滩边"（今朝鲜咸镜北道塞别郡塞别邑稍东厚石里附近），还有位于庆源邑城南部的"吾弄草洞口"（今朝鲜咸镜北道塞别郡新乾里稍西禾汀洞附近），等等。①

但比起上述这些边防要地，该次女真人来袭的策源地多温（平）更是布防的重中之重，自然引起了皇甫仁的格外关注。为此，他在方案中不只建议要在此地造筑小堡，而是创新性地提出了建立一个新军镇，这就意味着在金宗瑞新设四镇之外，还要再设邑镇。如此一来，倘若皇甫仁的提议被批准，以多温（平）独特的交通、地理、方位等各方面的优势而言，不但可以扼女真人往来三条要路之咽喉，阻断其越江南袭的便利，而且可以该地为中心，统防附近沿江区域，既弥补图们江中游沿岸的防御空缺，又与其以东、以西的其他沿江邑、堡实现联防，从而使得全面性的图们江防御战略部署的达成成为可能。更何况，这样不仅利于防御，还有一个隐藏的"好处"：即多温（平）及其东、西面附近地带位于图们江南岸的大拐弯处，是朝鲜王朝在图们江以南地域北拓经营所能达到的最北端。这也就是说，若能严防这些地带，即可逐步得到以前曾力所不及的、位于图们江中游南岸的大片地域，这对于朝鲜王朝北方经略政策的进一步实施无疑也有巨大意义。

然而，对于这么重要的边疆事务，为了确保其落实的稳妥性，朝鲜王朝议政府乃至世宗王并未草率地跟从皇甫仁所议做出决策，而是将其托付给了当时仍在任的咸吉道都节制使金宗瑞以及时任该道都观察使李世衡参详②，要以二人的意见为其最终决议的重要参考依据。二人接到王旨后，除

---

① 关于这些"小堡"所在的位置，笔者根据《大东地志》《新增东国舆地胜览》《东国舆地志》《舆地图书》《大东舆地图》等古籍及古地图资料记载分析，可得出如下判断：所谓"者未下洞口"与庆源"吾弄草洞口"皆在江水合流处，那么合流的两支水流，一个自然是图们江，另一个分别是"潼关小川"（今朝鲜咸镜北道山城川）与"吾弄草川"（今朝鲜咸镜北道五龙川）。此外，会宁邑城与愁州之间的"吾弄草洞口"在会宁镇城以北不远处的图们江沿岸之地（后来此地附近建有"吾弄草烽燧"），而"厚训滩边"为庆源镇城以东濒临图们江的江滩要地。当然，这里还需强调的是，这些要地虽同为新增防之地，但加设"万户"的情况有所不同。如方案所示，在庆源吾弄草洞口所设的吾弄草堡是直接将原"乾原"万户堡（即古乾原堡，今朝鲜咸镜北道塞别郡古乾原劳动者区附近）整体移设为此新堡，而者未下洞口、会宁邑城与愁州之间吾弄草洞口及厚训滩边三地所设小堡则为三处新置万户堡。

② 该年（1440）年底，金宗瑞调任刑曹判书，其原职由李世衡接任。因此，这是金宗瑞主政咸吉道军务七年期间（1434—1440年）进行的最后一次议事。

厚训滩边置万户事外,大体赞同皇甫仁要在多温(平)等多处要地设邑置堡的建议,并且还就在这些要地怎样驻军布防、移民实边等细节问题,上书提出了明确方案:

> 会宁、愁州之间吾弄草置万户,则当用正兵三百。移钟城于愁州,则因本邑正军四百,当又加四百。童巾、愁州之间者未下洞口置万户,则当用正兵四百。多温置邑,则当用正兵一千。厚训滩边距庆源二十里,不必置万户,坚筑石堡,量分庆源兵以守,烟火相望,相为救援。移乾原万户于庆源吾弄草洞口,则不必加兵……必待童巾、多温置成后移置,甚为便益。右新设各处及移设处,分属正军,共计二千一百。①

显然,此方案对各处要地所需的驻防军队人数(即移民户数),一一进行了说明:其中,在多温(平)新邑要调入军丁1000人(即约移入民1000户),在钟城邑移设处的愁州要在原有军丁400人的基础上再另调入军丁400人(即约移入民400户),在需要驻军的小堡守御地共要调入军丁700人(即约移入民700户),这样一来,总共就有约2100军人(户)的人丁需求。可见,这是一个数目十分庞大的"调兵移民"计划。

最终,在综合皇甫仁所议及金、李二人的提案后,由兵曹报朝鲜王朝议政府并拟出了如下意见:

> 移钟城事及三处新置万户等事,一依前受教施行。多温置新邑……请依都体察使所启。厚训滩边置万户之处、量分庆源军卒守御事及乾原万户必待童巾、多温置成后移置等事,并依都观察使等所启,皆为便益……上项新设处及城基,令都体察使先往审定……乃将本道庆源,吉州以南、安边以北各官正军元数酌量除出,多温新邑正军七百人、钟城移置处及新设万户处各正军二百人分定入居……又差多温新邑守令,使之岁前赴任,木栅造筑、军人器械粮饷等事,预先措置。②

---

① 《朝鲜世宗实录》卷91,二十二年十一月乙丑。
② 《朝鲜世宗实录》卷91,二十二年十一月乙丑。

根据这项拟定决议，可得出以下三个结论：

第一，由皇甫仁提议并经金、李二人复议的所谓"当前咸吉道边防急需设邑置堡"的总体方针政策，得到兵曹及议政府廷臣的最后审定、认可，并具体结合三人上书所议汇总并取舍施行，即移设钟城邑并新设邑于多温（平），以及在者未下洞口、会宁邑城与愁州之间的吾弄草洞口、厚训滩边新置三处万户堡，并将乾原万户堡移设为庆源吾弄草洞口之堡①，同时按先邑城后小堡、先紧要后次要的顺序，依次完成各沿江要地的建设。作为新设军镇的多温（平）邑城将会与需要移治的钟城邑城一起，成为当时最紧要的工程。

第二，虽说金、李二人提出的筹建各沿江邑、堡并调兵移民的建议，得到了兵曹及议政府廷臣的支持，但论及具体的调遣人数却与二人所议颇有偏差，如规定向多温（平）迁入约 700 军人（户），比二人计划少了约 300 军人（户）。而其他要地也只各分定了约 200 军人（户），即共有约 600 军人（户）。② 如此一来，调遣的军民总数大约只有区区 1300 军人（户）③，比二人计划足足少了约 800 军人（户）。出现这样的结果，是朝鲜王朝基于当时容许调动的军民人数的实情以及调入的军民能否支撑各要地防御的现状来综合考虑的。④

第三，需要建造的包括多温（平）新邑在内的沿江各邑、堡，此后将全部由皇甫仁一手操办，这意味着皇甫仁将取代金宗瑞而成为构建新军镇乃至

---

① 根据《朝鲜王朝实录》《新增东国舆地胜览》《舆地图书》《大东地志》《大东舆地图》等古籍及古地图资料记载分析并推测，此后者未下洞口所建万户堡似为潼（童）关堡，会宁邑城与愁州之间的吾弄草洞口所建万户堡似为竹（苞）堡（后移设为高岭万户堡），厚训滩边所建万户堡似为镇北堡，庆源吾弄草洞口所建万户堡似为吾弄草堡。

② 这里需要调入军民的要地，分别指的是钟城邑移设处愁州、者未下洞口及会宁邑城与愁州之间的吾弄草洞口三地，不包括厚训滩边及庆源吾弄草洞口等地。

③ 这 1300 军人（户）中不含钟城邑原有的"本邑正军四百"人（户）。

④ 这里的 1300 军人（户）只是暂时的保守估计，但很快就在次年年初，在各邑、堡预备筹建的情况下，经过调查取证，为了进一步保证防御的稳妥性，陆续向各要地增调军民。其中，多温（平）新邑增调了约 100 军人（户），即实际调入约 800 军人（户）。钟城移设处愁州，因"举邑迁移，人物精悍，亦有余丁，不必加数"，实际还是新调入约 200 军人（户）；其他各小堡（这里仍指者未下洞口及会宁邑城与愁州之间的吾弄草洞口两地）亦分别增调了约 100 军人（户），即实际各调入约 300 军人（户）。那么，最终调遣军民的总数实际共有约 1600 军人（户）；而倘若再加上"举邑迁移"的钟城邑原有本邑的 400 军人（户），则此次各邑、堡移（新）设的整个过程中，共有约 2000 军人（户）被调动。参见《朝鲜世宗实录》卷92，二十三年正月丙辰。

完成沿江防御工程的实际操作者。

通过以上分析表明,为了进一步巩固边防,朝鲜王朝已然做好了在数个边防要地集中进行一次规模浩大的工程建设的准备。也就是说,沿江防御战略的推进工作已经开始全面启动了。而事实上也的确如此,当上述议案通过了世宗王的批准后,沿边各新设邑、堡陆续建造完成,与之相关的各项事务也按预定计划迅速推进。当然,在这些新建邑、堡中,最为重要的依然还是多温(平)新邑镇及钟城新邑镇。其中,钟城镇终设于图们江边的愁州,标志着其设置过程的终结。然而,对于多温(平)新邑镇来说,其实际设置过程之简洁亦如前文所述:当世宗王在批准了议政府官员所拟决议的同时,也为这个新镇命好了地名,并暂定其行政级别为郡。这便是新设的稳城郡。而它此后进一步由郡升府,完成终设,也仅仅历时半年。① 所以说,稳城镇(治所相当于在今朝鲜咸镜北道稳城郡稳城邑附近)的设置从某种程度上讲,一旦扩大沿江防御建设范围的决议出台,即预示着它使命的基本完成。②

诚然,相比稳城镇的设置过程,其设置原因之繁,与其沿江防御丰富的背景形势是分不开的。的确,沿江防御是朝鲜王朝为保证边防安全而不断设邑置堡、移镇拓疆的结果与发展方向,也是朝鲜王朝君臣在长期的边防实践中所总结出的经验与目标。金宗瑞主持新设四镇工程之时,就曾力言沿江防御之必要,细数时势所需之急切③,而皇甫仁新建稳城等邑、堡,无疑是对金宗瑞所行策略的继承与延续,更是对当前边防措施的强化与推动。由此可见,沿江防御已为彼时形势所趋。基于这一点,尽管本节的论述意在阐释稳城镇的设置事宜,但仍花费大量笔墨将多个邑、堡放在一起,集中探讨沿江防御的问题,为的就是将稳城镇置于当时咸吉道边防的整体形势中,以便从宏观的角度更好地把握该邑镇的设置问题。

总之,稳城镇终于设立了,而其设置也终将有利于促进边防的稳固。这

---

① 朝鲜王朝于次年(1441)五月即宣告:"升稳城郡为都护府,置教官。"而其石筑邑城的建造则要等到朝鲜世祖元年(1455)才得以完成。分别参见《朝鲜世宗实录》卷92,二十三年五月戊午;《朝鲜世祖实录》卷1,元年七月甲戌;《新增东国舆地胜览》卷50《咸镜道·稳城都护府·城郭·邑城》。
② 关于稳城镇设置的总体线索图,可另参见本书附录A-1。
③ 关于金宗瑞对于沿江防御的见解,包括"沿江防御体系",下文将专门探讨。

不仅是因为稳城镇及其他邑、堡的新建,共同促使咸吉道的前沿防御阵地由部分沿江防御变成了完全沿江防御,从而弥补了之前的防御疏漏,更在于它的设立让各邑、堡从此沿江完全连为一体,尤其是形成了"六镇"之中最为重要的沿江五镇完整的防御线,这就为全面性的"沿江防御体系"的最终构建完成奠定了基础。当然,它的设立除了对后来的边防具有决定性影响外,还有一个更值得注意的潜在意义:正如前文所述,朝鲜王朝的"北进"开拓竟然随着稳城镇设立乃至在持续形成的"沿江防御体系"①的作用之下,达到了一种极致的状态,致使图们江以南、会宁镇沿江以下的全部土地将渐渐被朝鲜王朝所完全占有,由此也就开启了图们江中下游干流全面成为古代中朝自然疆界的序幕。

## 第五节　内地更置富宁镇

### 一、富宁镇的设置来源

富宁镇,单看此名中的"富"与"宁"二字,就可知其与前文中曾提及的富家站与宁北镇之间存在着某种历史渊源。既如此,为了解释这种渊源关系,本节接下来自然应当对此二地的沿革情况进行一番探讨,此处先简要回顾一下其在1433年"阿木河事变"之前的设置状况。

富家站在"庚寅事变"之时,还只是隶属于镜城郡的一个驿站。直到1417年发生明朝立卫之"风闻",出于对疆土利益的维护,朝鲜王朝不得不考虑复立新庆源府,而将府治选在了这里,使它一跃成为该府辖域范围内的行政中心,也就意味着它成为当时朝鲜王朝在咸吉道边地最前沿的防御阵地。直到"阿木河事变"发生之前,富家站长期作为新庆源镇治所,长达17年。正是在富家站作为府治的时期里,朝鲜王朝曾专门为其造筑了石城,并

---

① 关于该体系,将在下文详述。

改换了地名,称为"富居"(今朝鲜咸镜北道清津市富居里附近)。从此它便不限于驿站的角色,而是变成了一座与后来的"六镇"邑城几乎同等规模的边疆大镇主城。为此,权且称改造后的富家站为富居石城。

宁北镇在设置之初,涉及一个被称作"石幕"的地方(今朝鲜咸镜北道富宁郡富宁邑稍南之地)。当时,针对设治于富家站的新庆源镇难以防御的问题,朝鲜王朝王廷内外盛行"退移之风",一些大臣多次提议要将庆源镇治所向南退移于龙城,但世宗王始终对这些建言献议不以为意。最终,为了顾全大局,在集中讨论的基础上,世宗王批准通过了维持新庆源镇现状、移设镜城邑的决议,试图凭借镜城邑的移治,既能解决新庆源镇的防御难题,又能最大限度地保证该镇复立时已得到的疆土利益;为此,决议案中还专门为镜城邑选好了移治地,即石幕稍北上平地。只不过,真正移治的并不是镜城邑,而是要新设一个邑镇,并取名为"宁北",如此便促成了宁北镇的诞生。宁北镇初设时的治所亦即石幕稍北上平地,而该地待宁北镇移治后可权且称之为石幕旧地。

## 二、富宁镇(府)的设立

通过上述对新庆源镇与宁北镇二邑设置初期状况的回顾,不难发现:当初,朝鲜王朝将富居石城作为新庆源镇复立后的治所,尽管该镇面临前沿防御的压力与种种问题,却并未因此而动摇其府治所在地的地位,甚至后来为了巩固其地位,还要特意另设宁北镇。这一切,皆是朝鲜王朝对既得疆土利益安全忧虑的表现。然而,这种忧虑只是暂时的。随着1433年"阿木河事变"的发生,咸吉道的边防形势出现逆转,世宗王要借机"恢复祖宗旧地",朝鲜王朝至此便开始全面实施"北进"移镇拓疆的计划。既然如此,"北进"移治新庆源与宁北二镇,自然就成为计划首要实施的部分。其中,就将新庆源镇移治于会叱家,而将宁北镇移治于伯颜愁所。可是,二镇北移之后,其之前的治地即富居石城与石幕旧地该作何处理?是否就此成为闲置之地而将被朝鲜王朝置之不理?当然不会,因为它们毕竟曾是重要治所,也是两处防御重地。特别是石幕旧地,更是防御的重中之重,乃女真人来路之要冲,此前朝鲜王朝设宁北镇扼守,便有这层考虑。所以实际上,以这次北移二镇为起点，乃至后来依次设立其他各镇，并最终完成了庆源、会宁、钟城、庆兴、稳城这沿江五镇的建设，朝鲜王朝君臣从未忘记对这两个遗存之地进行善后布置，甚至是精心建设。其具体过程，大致可分为如下三个阶段。

第一阶段，1433—1434 年间，随着新庆源镇与宁北镇的移治，兵曹率先提议："富居站石城、石幕木栅，量定军人，令土官千户率领分戍。"①即要在二镇治所故址（富居石城与石幕旧地）分别调拨军士，实行以二镇当地的土官②千户为分管赴防长官的再防守政策。显然，此议算是对二镇故址究竟该如何善后的首次明确表态。但此议在被批准执行后不久，朝鲜王朝根据时任咸吉道都观察使金宗瑞与咸吉道众将的合议奏文，又对石幕与富居两地制定出新的处理方案。即，一方面，决定将石幕旧地上的原宁北镇木栅城稍稍向北移徙，移设地在"东良北·斡木河岐（疑为今朝鲜咸镜北道茂山岭附近一带的地方③，引者注），令其耕作附近田地者聚居木栅内，差土官率领把截守护"④；另一方面，针对富居石城更有重大举措，此即先拟定"别立军营于富居站石城"⑤，后又决议移咸吉道兵马都节制使本营于此。⑥ 一时之间，富居之地颇受重视，竟然被打造成了整个咸吉道的主帅行政之所、军事中心。当然，不管上述两地怎样部署，既然不再作为一镇首府之地，那么自然就没有行政辖域，也不能像之前一样独立行使行政权。为此，朝鲜王朝才在上述方案中，又对它们各自的行政归属做出了相应规定，即它们全部被归并于移治后的宁北镇管辖。只不过，这两地此后作为附属地的持续时间却

---

① 《朝鲜世宗实录》卷 62，十五年十一月庚子。
② 所谓"土官"，指朝鲜王朝设于边疆地带的一种特殊地方官制，即给当地土民授予各种低级官职，以之作为辅助王廷外派官员治理边疆的特别群体。
③ 所谓"东良北·斡木河岐"应指的是东良北（今朝鲜咸镜北道茂山郡辖地）的女真活动区与斡木河（今朝鲜咸镜北道会宁市中心附近）辖区的交界地带。日本学者池内宏将该地推定为今朝鲜咸镜北道古茂山或茂山岭一带。但根据《朝鲜王朝实录》《新增东国舆地胜览》《大东地志》等古籍所载，该地距离会宁邑约 70（朝鲜）里，而从会宁邑到此后所设会宁府辖界或作为会、富二邑分界岭的茂山岭约有 70—80（朝鲜）里的距离。这也就是说，该地更大可能是在茂山岭（古、今名相同）附近一带的地方。分别参见《朝鲜世宗实录》卷 63，十六年二月壬戌；《朝鲜世宗实录》卷 155《地理志·咸吉道·会宁都护府》；《新增东国舆地胜览》卷 50《咸镜道·会宁都护府》；金正浩撰《大东地志》卷 20《咸镜道·会宁·山水·茂山岭》；池内宏：《鲜初的东北境与女真的关系（四）》，《满鲜地理历史研究报告·7》，东京帝国大学文学部，1920，第 227 页。
④ 《朝鲜世宗实录》卷 63，十六年二月壬戌。
⑤ 《朝鲜世宗实录》卷 63，十六年二月癸酉。
⑥ 此前咸吉道兵马都节制使本营设于吉州邑城。

并不完全一致。

第二阶段，1435—1439年间，随着会宁府、钟城郡、庆兴郡的相继设立，咸吉道已呈现出新设四镇的边防格局，而石幕旧地与富居石城却仍旧以属地的形式存在着。只不过，在此期间，由于会宁镇与宁北镇"永永相换"，二镇的行政地位发生了转变，原宁北镇辖地至此便完全归于会宁镇管理，那么石幕与富居二地理所当然也要重新由会宁镇辖属。当然，这种行政归属的变化毕竟还是小变化，它对于二地的设置沿革实际影响并不大。相比之下，咸吉道都节制使本营的移设，却成了二地之中的富居地进一步建设的"催化剂"。正如上一阶段所述，富居石城曾被作为本营所在地而一度被赋予整个咸吉道军政核心的地位，故而在此期间，全道派去边地赴防之军皆在此会聚，进而再由主帅清点军马，调配赴防。显然，这一时期，它成了该道军马暂时屯驻的集散之地以及主帅调兵遣将的施政之所。但是，这种状况未能维持多久。鉴于以金宗瑞为首的咸吉道边将对本营设在富居于赴防不利等问题的考虑[1]，朝鲜王朝最终决定将本营移设于镜城府[2]。如此一来，移营后的富居石城在早已被移走本地军民的前提下[3]，又失去了其作为本营时各地前来赴防之军，那么可能就仅剩由会宁府分出的千户守御军驻防[4]，俨然就是一处"虚弃"之地[5]。然而，"虚弃"并不意味着就要彻底放弃。因此时隔不久，朝鲜王朝就决议对其重新布置，议定如下：

> 富居，四邑要冲，新筑石城，宜置郡邑。且多有闲田，量徙乡户；又割属高郎岐以西、黄节伐以东、阿山以南、龙城大川以北，仍号富居县，

---

[1] 例如据《朝鲜世宗实录》卷72十八年四月癸亥条载，金宗瑞曾上书："窃惟本营富居城距北青七百二十里，安边一千二百里，程途阻隔，故军士才到营门，人马俱困，主将之兵，反为羸（赢，引者校）弱，不可不虑……今若移节制之营于龙城，则土地闲旷，可容士卒，敌人要冲，宜置守御，居民、用兵两利而俱全。"显然，金宗瑞在此认为，以富居石城为本营，有赴防军远道赴防为难之弊。

[2] 《新增东国舆地胜览》卷50《咸镜道·镜城都护府·建置沿革》。

[3] 前文在探讨庆源镇的设置沿革时，曾提到从其富家站故址（即此富居石城）向终设府治会叱家的移民问题，即"庆源则举邑移排，故人物亦皆入居"。这就是说，新庆源镇在富家站时所辖本邑军民因全被移入到会叱家地，而致使富居之地实际从那时起即已为之一空，故前述由所属邑城（当时应是宁北镇）派遣土官千户前来戍守。

[4] 《朝鲜世宗实录》卷75，十八年十一月戊午。

[5] 《朝鲜世宗实录》卷76，十九年三月戊申。

差遣守令。其正军,依他道镇属例,轮次赴防,则会宁军额有加,内地有实矣。①

显然,上述议案意在表明富居作为防御重地,不但不能因本营的移设而减弱对其的重视程度,反倒在其被移营之后,就此得到进一步建设的时机。为此,朝鲜王朝不仅以其石城为中心,定其为"县"的行政级别,而且为其划分了辖域范围,派遣了行政官吏②,甚至还要向其辖地调兵驻防、移民垦居。③ 这一切都表明它正按照一个拥有独立行政权的邑城(主城)进行布置,就像此时已经设立的庆源、会宁、钟城、庆兴四邑一样。而该县之所以得以设置,可能主要是鉴于朝鲜王朝当时在图们江南岸的江防布局尚未完备,为了减少其所在地对原本归属的会宁镇的防御依赖,同时也为了加强其附近沿海地域的防备,即"以为四邑沿海之民入保之所"④,以便能够达成上述"会宁军额有加,内地有实"的目的。无论如何,既然该地至此成了有土有民的一县之邑城,那么就等于在其设置沿革史上画下了举足轻重的一笔。特别是到了稳城镇设立后,由此而形成了咸吉道六邑的边防格局,这对于"六镇"的最终设立完成,至少已是满足了其布局形式上的要求。

第三阶段,1440—1449年间,随着稳城镇及其他各邑、堡沿江而设,此时咸吉道逐渐呈现出以沿江五镇为核心成体系防御的态势,富居县所分担的内地⑤防御地域已不甚紧要,看上去其对彼时的沿江防务貌似不具备多大的实际功用,故而在其独立为治后的较长一段时间内一直未受到朝鲜王

---

① 《朝鲜世宗实录》卷80,二十年正月庚寅。
② 富居县的辖域范围,根据以上议案所述在"高郎岐以西、黄节伐以东、阿山以南、龙城大川以北"进行推测,即大概相当于在今朝鲜咸镜北道输城川(即龙城大川)下游以北至素清川(即高郎歧川)之间以富居川流域为中心的沿海平原一带。此外,关于所派之行政官吏,如议案所述"差遣守令",实则既置"富居县监"一人管理政务,又置"千户一人、百户二人"统领驻防正军。分别参见《新增东国舆地胜览》卷50《咸镜道·富宁都护府·古迹·富居废县》;《朝鲜世宗实录》卷86,二十一年七月戊午。
③ 上述议案中称富居一带"多有闲田,量徙乡户",至于后来从何地迁入该地多少民户,因资料欠缺,尚难以知晓。仅据《朝鲜世宗实录》卷86二十一年七月戊午条载,驻防富县的正军为一百名,即由此只可知富居县当时所辖(包括新移徙)的民户至少约有一百户。
④ 《朝鲜世宗实录》卷75,十八年十一月戊午。
⑤ 所谓"内地"是针对图们江以南的朝鲜王朝一侧而言。沿江五镇临近江边,若属边地,那么富居县所辖地域与江较远,自然属内地。

朝的特别关注。但倘若就整个咸吉道边地的整体防御布局来看,却是另一番"景象"。而此"景象"直到1445年借一次突发议题提出的机遇,才终被朝鲜王朝君臣所发觉并给予了重视。当时,时任咸吉道监司的郑甲孙突然上书提议:

> 镜城为五镇之援,而会宁八息余程,其余各镇或十息或十二三息许,相距辽隔,脱有大贼,冲东击西,五镇各自受敌,不能相救,终有失利,则五镇之民退不及镜城而不能御也。富居县在五镇与镜城之间……臣以谓设巨镇于富居县,为五镇之援,则道路相距不远,五镇之民恃其近有援兵,勇气自倍,彼贼亦知有掎角之势,不敢轻动……①

显然,上述议案旨在辨析镜城府与富居县谁更有利于支援沿江五镇防御这个中心议题。② 比较的结果是,富居县因距离更近,故更有作为支援地的优势。为此,郑甲孙才在其中重点提出了要将富居县设为军镇的崭新构想。虽说有此构想,主要是基于沿江五镇在防御失利情况下的考虑,甚至可以说其仅仅是一种"假想",但并不是无稽之谈。因为仅靠沿江五镇乃至结合其他的沿江工事组建形成的江防体系,并不能百分之百确保咸吉道的边防万无一失,至少在当时许多沿江工程新设不久,整个江防体系并不十分成熟,而女真人来袭的危险却依然存在的状况下,郑甲孙"假想"的江防不利局面的确还难以排除。所以为了防患于未然,身为该道首长的他在仔细观摩、权衡利弊后,创新性地提出了设富居石城为镇代替镜城作为后方支援基地的构想。由此可见,这种未雨绸缪的想法,是出于对其国家疆土安全利益的长远考虑,若能实施,实在不失为保障国家边疆长治久安的明智之举。然而事实上,这个议题提出后,虽说也引起朝鲜王朝的关注,要通过议政府商讨对策,但在此后的数年间犹如石沉大海,一直没有任何结论,这样最终也就不了了之。不过,尽管如此,它毕竟还是为进一步巩固与加强咸吉道边防

---

① 《朝鲜世宗实录》卷107,二十七年二月庚申。
② 其中,镜城府一直"为五镇之援",得益于其为都节制使本营所在地,即为屯兵之所,且与沿江五镇之间别无重镇支援。

提供了一个可以参考的建设"援助性后防基地"的防御新理念。本着这个新理念,虽然富居石城设镇未果,但朝鲜王朝终于还是在1449年决议新设一个邑镇。为此,既"移富居县于会宁府石堡站"①,又"革富居县、移民户于石幕"②,更"取富居、宁北以为号"③。这标志着在沿江五镇之外以石幕旧地为治所的第六镇,即富宁镇至此诞生了。④

综上,可见富居石城与石幕旧地经过三个历史时期,一步步演化为富宁镇。在这个过程中,富居与石幕二地虽说共同促成了富宁镇的设立,但实质上却又在其中发挥着不同的作用。一方面,从富宁镇设置地的选择上来看,该镇并未以富居石城为府治中心,却以宁北镇始建地所在的石幕旧地为新镇府城治所,即相当于以改换镇名的形式对原宁北镇治所进行的恢复重建,这当然得益于该地为首防要地的特性。另一方面,从富宁镇设置的原因和特点来看,该镇虽不在富居石城建镇,但与"富居"的建置历程却息息相关,尤其因受到富居石城建镇提案的启发,即凭借建设"援助性后防基地"的防御新思路,才得以设镇,而这一点恰恰是最重要的,因为它决定了富宁镇设立后的特点,从而对以后整个咸吉道的边防都将产生深远影响。

## 三、富宁镇(府)设置的意义

完设后的富宁镇到底具有什么样的特点？这主要取决于它作为"援助性后防基地"所兼具的三大角色。

首先是"战略要地"的角色。如上所述,它的地理位置极为关键,扼女真人来路之要冲,能有效预防女真人经此南下袭击镜城、吉州等地甚至深入其他的朝鲜王朝内地邑城。这一点,不乏对起初宁北镇所在石幕旧地初设

---

① 所谓"会宁府石堡站",指设于前述原宁北镇城故址(即石幕旧地)附近的一个驿站,移富居县后的新设邑镇便修建在此地附近,即相当于在今朝鲜咸镜北道富宁里附近。不过,该邑在此地的石筑邑城的建造,则要等到朝鲜世祖五年(1459)才得以完成。分别参见《朝鲜世宗实录》卷125,三十一年七月乙酉;《朝鲜世祖实录》卷15,五年正月癸卯;《新增东国舆地胜览》卷50《咸镜道·富宁都护府·驿院·石堡驿》;《新增东国舆地胜览》卷50《咸镜道·富宁都护府·城郭·邑城》。
② 《朝鲜世宗实录》卷155《地理志·咸吉道·富宁都护府》。
③ 金正浩:《大东地志》卷20《咸镜道·富宁·沿革》。
④ 关于富宁镇设置的总体线索图,可另参见本书附录A-1。

之利的继承,而看似与富居石城无关紧要,实则不然。因为宁北镇移治后,两处"遗存之地"中只有富居石城仍在不断地发展,先是成为都节制使本营之所,后又设县,还要设镇,皆因其亦是一处要地。而选择要地为治所,对于促成富宁镇设立所具有的潜移默化的影响,自然不容忽视。

其次是"支援基地"的角色。富宁镇因与沿江五镇相距不远,尤其是与边患稍重的会宁镇距离最近,且与各镇间交通便利,可源源不断地为之提供各种支援。即使各镇突受袭击而不能敌,也能迅速发兵援救。简言之,就是为沿江五镇提供后勤保障以及作为其后备力量。这一点,正是源于富居石城在被提议设镇的历程中取代镜城府兼具此功能的新构想。

最后是"后防堡垒"的角色。如果说沿江五镇是前哨防线的话,那么富宁镇自然就是后方阵地。有此镇在,犹如在以沿江五镇为核心的江防体系之后,又增加了一个防御点,从而延长了防御纵深,扩大了备防范围,更巩固了整个咸吉道的边防。这一点,明显是基于第一点即身为要地、险隘而亟须力防以保内地的前提,当然也少不了富居石城欲建镇时所隐含的间接性影响。①

总之,富宁镇因有以上三个特点,既可作为沿江五镇攻守兼备的后援之地,又能成为其前沿边防的后防补充。而正是基于作为辅助沿江防御的重要后方支援点的这种功用,成为富宁镇设立最主要的意义所在。此外,从咸吉道边防全局来看,则不难发现:富宁镇设立后,作为"战略要地"所要防范的女真人,其实大多来自朝鲜王朝当时尚未能控制的图们江上游以南地区,而这一区域正是该镇辖地以西的相邻之地,这使得该镇本身也成了边防邑城。如此一来,因要兼防这一区域,尤其随着朝鲜王朝此后对这一区域防御要求的提升,富宁镇辖地所具有的这种极为特殊的边防价值也更将不断得到提升,甚至由此引发了下文将要阐述的茂山镇的设立。

---

① 如前文郑甲孙奏文所述:"五镇各自受敌,不能相救,终有失利,则五镇之民,退不及镜城而不能御也。"这预示着若以富居石城为镇,即使沿江五镇防守失利,仍有该镇可支撑防御,以保撤退边民之安全,不致退防镜城而产生像当初"庚寅事变"的结果。由此可知,正是之前曾有这种要周全防御而建富居石城为镇的设想,才先是影响富宁镇以作为沿江五镇的"支援基地"而设,又借此间接地促使富宁镇在无形中有了"后防堡垒"的特性。

## 小结

　　1398年至1449年间,朝鲜王朝在立国之初"北进"至图们江最下游南岸的孔州城后,以将该城更名为庆源府(古庆源)为发端,开启了在图们江南岸(或以南)以逐步推进"六镇"建置为核心的北方经略行动。

　　**庆源镇**　它的首度设立,象征着"六镇"设立之始。它从1398年作为"肇基之地"而初立府治于孔州城(古庆源),到1409年便被"北进"移府治于苏多老(古庆源)。不久,又因遭遇"庚寅事变"而撤府弃守,直至1417年复立府治于富家站(新庆源)后,借1433年"阿木河事变"之机,才得以于1434年重建府城于苏多老以北会叱家地(庆源),完成终设。

　　**会宁镇**　它以"阿木河事变"为契机,自朝鲜王朝于1434年"北进"移治新庆源、宁北二镇以来,会宁镇便以作为移治于伯颜愁所的宁北镇属邑的形式而存在,名曰斡木河壁城。然其居于临江之要地,一开始便成为朝鲜王朝防御之重心,故为了解决其与宁北镇府城防御难以兼顾之弊,朝鲜王朝特于该年将其改称"会宁",并将其与宁北镇"永永相换",此后会宁为府、宁北附属,彻底反转了行政辖属状态,从而标志着其完成终设。

　　**钟城镇**　它是与会宁镇一起被连带设置的,亦得益于作为过渡军镇的宁北镇。1435年,反转为属邑的宁北镇因遇到与之前会宁镇类似的兼顾问题,而被首先改设为钟城郡,并划土分民,令其独立为治。直到1440年,它被移治于图们江中游南岸的愁州并于次年升府,方才完成终设。

　　**庆兴镇**　它的设置源于1409年古庆源镇移治于苏多老后所遗留之孔州。1410年"庚寅事变"后,孔州城随古庆源镇的撤府废镇而被虚弃,又经"阿木河事变"后紧随庆源镇的终设而于1434年复还为庆源镇属地,最终在1435年被分土设县,称孔城县,正式开始了其独立为治的历史。1437年,它因继承了古庆源镇最初作为"肇基之地"的特殊象征意义而被改名并升为庆兴郡,进而于1443年升府,完成终设。

　　**稳城镇**　它是因以上述四镇为核心却并不完整的江防布局存在疏漏,而被设置的。1436年突发"庆源镇遭袭"事件,咸吉道边防隐患于1440年被皇甫仁发现,新设稳城镇之议便于当年被提上日程。其先被设为郡,后又于1441年升格为府,完成终设。

**富宁镇** 它是以富居石城(新庆源镇原治所)及石幕旧地(宁北镇原治所)这两个要地为基础发展而来的,扮演着作为沿江五镇"援助性后防基地"的角色。在经历"阿木河事变"后,伴随着各邑镇的相继设立,它也开始了被逐步设置的历史。其以1433至1434年间因新庆源镇与宁北镇双双移治后在二者治所故址设立土官千户守御为发端,其间经过三个设置阶段,直到1449年完成终设。

综上可见,"六镇"的设置总体来看是一个动态的、复杂的历史过程。它们的设立,基于各自不同的主导因素,归纳起来,不外乎"北进""肇基之地"及防御问题三方面。其中,"北进"为主线,"肇基之地"属个案(主要指庆兴镇),防御问题才是影响整个"六镇"持续建设发展之关键。然而各邑镇尤其是沿江五镇尽管有着彼此异样的设置经历,却终能殊途同归,均向图们江边推进,这恰恰是为了求得协同防御之目的,以便逐步达成沿江成体系防御的状态,从而为最终促成"沿江防御体系"之图们江防段的完善构建创造了基本的前提条件。

**附:《大东舆地图》中所展示与本章论述"六镇"设置有关的重要地名**
(以下括号内即为本章所述的对应地名)

**庆兴镇辖属地名:** 庆兴(原抚夷堡);抚夷(原庆兴府邑城,孔州城,古庆源府邑城初设地)。

**庆源镇辖属地名:** 庆源(庆源府邑城终设地,会叱家);吾弄草(移乾原万户所设庆源吾弄草洞口万户堡);厚训(厚训滩);镇北(厚训滩边新置万户堡);东林(东林古城,稍北为苏多老即古庆源府邑城移设地)。

**稳城镇辖属地名:** 稳城(稳城府邑城,多温)。

**钟城镇辖属地名:** 钟城(钟城府邑城,愁州);童巾山(童巾山);潼关(者未下洞口新置万户堡);行营(伯颜愁所,宁北镇城终设地,钟城郡邑城)。

**会宁镇辖属地名:** 会宁(会宁府邑城,斡木河壁城);斡木河(斡木河,阿木河);高岭(附近原有竹苞堡即会宁邑城与愁州之间的吾弄草洞口新置万户堡)。

**富宁镇辖属地名:** 富宁(富宁府邑城,石幕稍北上平地,宁北镇城初设地);石幕山(石幕山);富居(富家站,新庆源府邑城,富居石城)。

**镜城郡(府)辖属地名:** 输城(龙城)。

**资料来源:** 金正浩绘《大东舆地图(缩刷本)》一·一"庆源"、一·二"稳城·钟城·庆源"、二·一"庆兴·稳城"、二·二"会宁·钟城"、三·二"富宁·镜城",(首尔)真善出版社(音译),2019。

# 第四章　朝鲜王朝在鸭绿江南岸的"四郡"设置

按照前述"六镇"中对于"镇"的定义来看,"四郡"亦可被称为"四镇"。以此类推,鸭绿江南岸沿边各牧、府、郡、县所在的主城皆可被称为"镇",甚至是沿江的许多小型防御堡垒也一定程度上具有"镇"的功能。① 这就是说,其中只有行政等级的差异,凡符合军镇的要求,则皆可以"镇"视之。但事实上,朝鲜王朝却未将"四郡"与"六镇"等同相待,即未能亦以"四镇"之名称谓并流传下来。笔者认为最主要的原因即:"四郡"所处的鸭绿江南岸,如前文所述,毕竟不像"六镇"那样,所处的图们江南北两岸皆有各种女真部落,甚至如会宁镇直接设于女真腹地之上,因过于复杂的边防环境而有过于强大的军事压力,故也就没有因"与野人杂居,朝夕相往"②而"作镇以镇之"③的特殊需要。基于此,"六镇"虽有行政称谓,却因要凸显对其军事防御尤为重视的状况而常被以"镇"呼之,相比之下,"四郡"则却仅以行政级别相称呼。④

朝鲜王朝自太宗时期初设间延郡开始,直至世宗时期陆续设置了间延郡(府)、慈城郡、茂昌郡、虞芮郡,方完成"四郡"的全部设置。其中,尤其以1433年"癸丑之役"为发端,朝鲜世宗王特"以崔润德为(平安道,引者注)

---

① 一般来说,邑城作"镇"虽然军事意义较行政意义重要,但基本是具有独立行政权的主体单位,而小型防御堡垒基于其从属地位,只是具有"镇"的一些军事或边防功能而已。实际上,这些小型防御堡垒所具备的这种功能,亦可算作其所归属的北方边邑所在防范区域内所具有的一部分军镇功能。

② 《朝鲜世宗实录》卷91,二十二年十二月丙戌。

③ 《朝鲜世宗实录》卷63,十六年正月丙午。

④ 其实,朝鲜王朝重视"六镇"甚于"四郡"的这种现象,在当时甚至还扩大到整个咸吉道与平安道边地,以至于有大臣一度发出了"平安道备御之策比他道尤重……独重于咸吉而轻于平安"(《朝鲜世宗实录》卷119,三十年三月辛卯)的感慨。由此,这也可作为朝鲜王朝基于边防环境的客观需求,而在北拓意识的倾向性方面着重于咸吉道的一个有力印证。

都按抚察理使,出镇西边,命筑城设栅,严守御而固疆圉"①,由此将"四郡"的全面设置推向高潮。本书接下来即从最先设置的闾延郡(府)出发,逐一分析朝鲜王朝在鸭绿江南岸的"四郡"经略及相应的疆土开拓问题,并在最后试考察明朝在朝鲜王朝兴建"四郡六镇"过程中的态度及当地女真原住民的动向等问题。

# 第一节　闾延郡(府)的设立

## 一、闾延郡的初设

要探讨闾延郡(府)的设置过程,不得不先提及咸吉道甲山郡。② 正如甲山郡辖地乃闾延郡(府)得以设置之源头。之所以如此说,是因为后来包括闾延郡(府)在内的整个"四郡"所在地,实际上一开始均在甲山郡的辖域范围内。甲山,初名甲州,前文已述,它是在朝鲜王朝初期与孔州一起被新开拓之地。当时,朝鲜王朝主要致力于其东北疆的经略,其中孔州城设于图们江下游南岸,成为其沿图们江"北进"的前哨基地,而与此相搭配的甲州城则被朝鲜王朝沿着其东北部地域正北方向设于长白山南麓地区,也成了其向鸭绿江上游乃至长白山以南的高原、山地等地带"北进"的唯一基地。基于此,从朝鲜太祖至太宗二十余年间,鸭绿江上游以南的大片地域基本被朝鲜王朝认定为甲山郡所辖,尽管其中有许多区域尚未被开发或者正处于缓慢开拓中,而这就包括后来的"四郡"所在区域。据《朝鲜世宗实录·地理志》载:"甲山郡……四境,东距野人东良地(今朝鲜茂山郡辖地,引者注)一百五十里,西距平安道江界(境界,引者注)三百里,南距北青(境界,引者

---

① 李肯翊:《燃藜室记述》卷3《世宗朝故事本末·讨野人》。
② 前述,甲山郡初为设于高丽恭让王三年(1391)的甲州万户府,朝鲜太宗十三年(1413)改作甲山郡,直到朝鲜世宗七年(1461)才升格为都护府。参见《新增东国舆地胜览》卷49《咸镜道·甲山都护府·建置沿革》。

注)九十里,北距白头山三百三十里。"① 同书又载:"闾延郡……本咸吉道甲山郡闾延村。"② 另据《朝鲜太宗实录》载:"甲州地宁怪(即池宁怪,引者注)、伊罗等处,雨半烧蒿灰,厚一寸,五日而消。"③ 由此可见,彼时甲山郡所辖地域之广,以至包含了后来的闾延等"四郡"之地而直接与江界府接壤,并且归处江界辖地以东的咸吉道辖境内。④ 只不过,有一点须再次强调:甲山郡对于闾延等后来的"四郡"之地的辖属,在那时仅仅是形式上的、朝鲜王朝主观规划的范围,即代表了朝鲜王朝意图拓展的区域,但当时其还未对此地实行真正有效的行政统治,也意味着在事实上这里一时还不属于其领域。

闾延等后来的"四郡"之地被甲山郡辖属的状况直到朝鲜太宗执政晚期才解决,而这一切都是在朝鲜王朝持续巩固其西北疆的过程中逐渐展开的。由于朝鲜王朝自知其西北疆毗邻明辽东地区,一旦明朝尤其是辽东近地发生战乱,朝鲜王朝王廷就异常敏感与警惕。恰恰在朝鲜太宗时期直至

---

① 《朝鲜世宗实录》卷155《地理志・咸吉道・吉州牧・甲山郡》。由于该地理志"岁壬子书成"(见该志序言,后引亦同),即在朝鲜世宗十四年(1432)该志已以《八道地理志》的名称成书,除"四郡六镇"等在世宗时代后期新建邑城因"厥后离合不一,特举两界新设州镇,续附于其道之末"之外,其所记载都是世宗十四年之前各邑城的沿革状况。此外,甲山郡又设于闾延等"四郡"未置之时,且该志在记述甲山郡的沿革时也仅止于其升格为郡,故笔者认为本条所引"四境"之况可能正是甲山郡在初设郡或在此之前管辖包含"四郡"之地的真实反映。
② 《朝鲜世宗实录》卷154《地理志・平安道・江界都护府・闾延郡》。
③ 《朝鲜太宗实录》卷5,三年正月乙巳。其中,"池宁怪"即"池宁怪口子"万户堡,与之稍北的"伊罗"后来均先后为江界府及慈城郡所辖(见《朝鲜世宗实录》卷154《地理志・平安道・江界都护府》及《地理志・平安道・江界都护府・慈城郡》条)。另据李仁荣的《韩国满洲关系史的研究》(乙酉文化社,1954)一书第58页《废四郡图》及第177~253页《废四郡地理考》中的考证(以下有关李仁荣的考证皆出于此)可知,"池宁怪"指的是相当于今朝鲜慈江道慈城郡云峰劳动者区附近的地名,而"伊罗"指的是相当于今朝鲜慈江道慈城郡照牙里(旧称"照牙洞")附近的地名。此二地在"四郡"设置前乃至江界府辖属前均被视作甲州地域,从而进一步证明了甲山郡在朝鲜太宗时期及此前对后来的"四郡"之地的管辖情况。
④ 关于"四郡"设置前甲山与江界二邑辖域的分界线,史料中并未明言,《朝鲜世宗实录》卷154《地理志・平安道・江界都护府》条也仅记载了有关闾延郡设置后与江界府辖域的分界线。不过,据《朝鲜太宗实录》卷5三年正月乙巳条所载,既然"池宁怪"之地为甲山郡属地,那么甲山、江界二邑之分界至少应相当于在今朝鲜慈江道慈城郡云峰劳动者区附近以南;而再根据前述"外怪"(今朝鲜慈江道满浦市乾上里附近)等地归属江界府所辖的情况,可以推测彼时甲山、江界二邑大致相当于以今朝鲜慈江道慈城郡与满浦市交界处的月起峰(海拔约1254米)、麻田岭(海拔约687米)等山地一带附近分界。

世宗初年,明朝先后发生了"靖难之役"①以及明成祖朱棣数次征伐北方鞑靼②势力的战争,这使得深恐祸及于己的朝鲜王朝在初期对其西北疆进行行政巩固后,又陆续开始对这里的中心城镇即平壤、安州以及沿边地区的主要城池如义州、昌城、江界等进行加固改建工作,以严边防。诚如太宗王所言:"自念,吾东方土瘠民贫,境连上国,诚宜尽心事大,以保一区。如不得免焉,则当积谷练兵,固守封疆。然予窃料,帝之遇我甚厚,且南征北伐,固无宁岁。第恐疲战之民,逸入我疆如辛丑之沙、关耳。"③可见其中尽显前述"保国封疆"的策略意味,而加固边防城池自然是实现该策略的重要手段。就在这种趋势下,当平安道的中心城镇尤其是沿边已设之主城加固完备的同时,朝鲜王朝迅速又将视线转移到了主城下属的要害山城、沿边要害口子处乃至此前未及深入管理或管理不善之处,预备再增筑城池。1414年年底,朝鲜王朝命吏曹左参议许稠"审察山城"④,以此为始踏上扩建新城、新邑之旅。为此,太宗王特令许稠"不但觅可城之处,宜相地势夷险、人口众寡、粮饷多少,以为可守于经久矣"。⑤ 而后不久,太宗又再遣军器监正李葳"令自两道边境至都城山河险厄处巡审"。⑥ 结果,正是在如此反复地对平安道城防审察的过程中,朝鲜王朝这才于1416年发现了江界府辖域以北、以东的大片相邻之地因"距(甲山,引者注)郡辽邈"⑦而管防不便的问题,故"改永吉道(即咸吉道,引者注)汝安府为闾延郡,始置知郡事"⑧。这就是新置闾延郡。

"汝安府"先前曾是女真居地,笔者认为"汝安"很可能是音译的女真语

---

① 靖难之役,即指明成祖朱棣与建文帝争夺皇位的战争。
② 鞑靼,即明朝人对于退据蒙古高原的东部蒙古政权的统称。
③ 《朝鲜太宗实录》卷27,十四年六月辛酉。其中"沙、关"指的是在丽末恭愍王代的"红巾军之乱"中闯入高丽的红巾军头目沙刘二(本名不详)、关先生(本名关铎)。
④ 《朝鲜太宗实录》卷28,十四年十一月戊申。
⑤ 《朝鲜太宗实录》卷29,十五年正月乙卯。
⑥ 《朝鲜太宗实录》卷30,十五年八月壬辰。
⑦ 《朝鲜世宗实录》卷154《地理志·平安道·江界都护府·闾延郡》。
⑧ 《朝鲜太宗实录》卷32,十六年七月甲寅。

地名,而"闾延"应当是"汝安"之转音。① 此外,其中所谓的"府"亦非指行政意义上的府治。恰恰相反,如上所引《朝鲜世宗实录》中载"闾延郡⋯⋯本咸吉道甲山郡闾延村"②。即这里本为甲山郡辖属的一个村落,而该村可能是朝鲜人聚集到此(当然也包括流放到此的罪犯③),经过漫长的时间形成的。只不过由于史料缺乏,该村形成的真正原因已难以揭示;但可以肯定的是,闾延郡正是因此村而得名。那么,既然闾延郡是在一处偏远的村落上设置的,则初设之时的入居民户定然有限。对此,《朝鲜世宗实录·地理志》称其有"户二百六十二,口一千五百七十三",应当是较为可信的。④ 此外,作为刚设立就以郡的行政级别管辖一方的闾延,自然也就有确定的行政治所及行政辖域。根据韩国学者李仁荣的考证,当时的闾延郡治所大致相当于在今朝鲜慈江道中江郡中德里稍北之地(旧称"下长洞")附近,而其辖域范围是从江界府北部辖界以北、以东直至"小薰头(豆)"稍南之地附近之间,即大概相当于从今朝鲜慈江道西起慈城郡照牙里稍北之地(旧称"远

---

① 在"四郡"之地,根据学者们的研究,高丽时代当为诸女真部落居地,如高丽所谓的西女真、西北女真或北女真(辽朝称鸭绿江女真或长白山女真,即前述之"本土女真"),其遗留在当地的后裔到朝鲜王朝建国后,成为朝鲜王朝的编户子民,逐渐融入朝鲜王朝社会中,他们有用自己的方言命名居地的习惯。那么不难推想,朝鲜王朝开拓此地,起初不免也会采取直接音译的方式沿用这些女真语方言地名,而不同人员在音译时可能就会存在差异,比如"池宁怪"又称"知弄怪",应当就属于这种前后音译出现差异的情况。当然,在该地最典型、最常见的女真语地名的翻译当属"某某仇非",比如罗信仇非、茂昌仇非、五郎哈仇非、多乐仇非、金仓仇非、中江仇非等(具体可参见《大东地志》卷24《平安道·江界·把守》)。所谓"仇非",笔者疑其可能是一种女真的基层行政单位,就像"某某村""某某聚落"一样,如同今朝鲜的"某某里(洞)"。分别参见蒋秀松:《高丽末期的东、西女真》,《黑龙江民族丛刊》1994年第3期;董万仑:《东北史纲要》,黑龙江人民出版社,1987,第333页。
② 《朝鲜世宗实录》卷154《地理志·平安道·江界都护府·闾延郡》。
③ 朝鲜王朝自建国之初就依据《大明律》制定了流罪之法,最远自然是流放半岛南、北边地,而甲山郡所辖地包括"四郡"之地即属于这样的流放地之一。比如,早在朝鲜太祖七年(1398),朝鲜王朝便"流(言官,引者注)田时于甲州"。参见《朝鲜太祖实录》卷14,七年七月戊寅。
④ 《朝鲜世宗实录》卷154《地理志·平安道·江界都护府·闾延郡》。关于闾延郡设立之初的入居户数,《朝鲜太宗实录》未有记载,故我们只能从《朝鲜世宗实录·地理志》中窥见一斑。由于该文献所载闾延郡也如甲山郡一样,其中的人口、军丁等数据应是朝鲜太宗时期该郡新设立不久的数据,故较为可信。

洞")附近,东达中江郡章兴里稍南之地(旧称"中章洞")附近之间的地域。①

## 二、闾延郡的边防危机与朝鲜王朝的对策

闾延郡就这样带着广袤的辖域设立了,其治所也从此固定下来,再未发生变动。而正因为如此,朝鲜王朝实现了对这里行政统治权的确立,亦即标志着其已然"北进"至鸭绿江上游南岸,并以此为发端,以闾延郡为基地,对这片新开拓之地开始了持续的开发及统治的巩固。然而,既然闾延郡属于鸭绿江边的沿江邑城,更是朝鲜王朝的极边之地,在其不断开发之时自然要首先面临防御的问题。为了保障这个问题的解决,朝鲜王朝在闾延郡设立之后做的第一件事就是,为"道途往来之便"②而于1417年将其所辖的本为咸吉道的地域划归平安道管辖,并作为江界府总领之郡地,这使得闾延郡及其辖地从此成为平安道的一大边防重镇。紧接着,朝鲜王朝又在闾延郡本邑原有守军的基础上加设"留戍军丁以三百名,分三番相代"③,即每番有100人,以实防御。此外,在闾延邑城还设有"冬节防御军",包括本郡及江界、理山二邑赴防军,甚至在要害口岸"至冬有窥望军"以及平时又有烽火预警等。④ 然后,朝鲜王朝更是给闾延郡在原有千户一人的基础上"差翼千

---

① 闾延郡的西界,相较于该郡设置前甲山郡的西界(即前述甲山、江界二邑之分界)发生了一定改变;据《朝鲜世宗实录》卷154《地理志·平安道·江界都护府·闾延郡》条载"烽火四处……(闾延,引者注)多日,南准江界伊罗",也就是应在"伊罗"稍北之地。闾延郡的东界,据《朝鲜世宗实录》卷154《地理志·平安道·江界都护府·闾延郡》条载"割小薰头以西为闾延,来属本道",又言其"东距甲山(境界,引者注)六十里";而据《新增东国舆地胜览》卷55《平安道·江界都护府·古迹》条载:"薰豆堡,在古闾延东四十里。"这也就是说,距闾延邑城以东不远的"小薰头(豆)"稍南之地附近是闾延郡辖域之东界。另据李仁荣的考证,"伊罗"指的是相当于今朝鲜慈江道慈城郡照牙里(旧称"照牙洞")附近的地名,闾延郡彼时之西界即相当于在今朝鲜慈江道慈城郡照牙里稍北之地(旧称"远洞")附近;而"小薰头(豆)"指的是相当于今朝鲜慈江道中江郡章兴里附近的地名,闾延郡彼时之东界即相当于在今朝鲜慈江道中江郡章兴里稍南之地(旧称"中章洞")附近。
② 《朝鲜太宗实录》卷33,十七年五月戊戌。
③ 《朝鲜太宗实录》卷33,十七年六月庚戌。
④ 据《朝鲜世宗实录》卷154《地理志·平安道·江界都护府·闾延郡》条载,闾延郡有翼军151人、守城军21人;此外在冬节防御军中,有本郡守军88人以及理山与江界二邑赴防军各125人,即共338人。

户二员"①,即等于又增加了一名在此防戍的将领,以便两相换防,不致一人过于疲劳困苦。总之,以上种种举措使得闾延郡在设立之初看上去似乎已备防无虞,但事实上危机却在悄悄酝酿之中。

之所以如此说,是因为在1420年代之前,朝鲜王朝在包括闾延郡在内的整个鸭绿江南岸边防布置都尚未进入紧张防御状态。虽说其一直以来因惮于中国变乱而不断改造城池、加固边防,但实际上却总是"虚惊一场",而其利用这些沿边城池所做的无非只是防止明朝的"漫散军人"入境②,以及杜绝其国民(包括罪犯)越境外逃之类的事情而已,尚未遇到诸如咸吉道边地遭受图们江流域女真人在1410年"庚寅事变"前后不断袭扰的事件,这使得这些城池的防御功效尚未能真正得以充分施展。而造成如此状况的原因,正在于鸭绿江流域不像图们江流域那样两岸遍布女真人,甚至当时离鸭绿江最近的建州兀良哈部女真也尚在较远的辉发河流域凤州一带居住。③因此,没有了强大女真部族的压力,朝鲜王朝在平安道的边防外围看上去近似"真空",没有防御的紧迫感。直到闾延郡设立之初,朝鲜王朝还延续着此前的心态而自觉其防御布置已足,故对该郡之地一开始并不十分重视。

然而,从1418年世宗王即位开始,闾延郡的危机便逐渐降临。1418年八月,"吾郎(良,引者校)哈四十余人,寇闾延郡,掳男妇十名以归"。④ 该年九月,"野人四十余,掠闾延郡居民男女七十人、牛八首以归"。⑤ 由于这两次袭扰的女真人只是小股部队,而且女真人所抢人、物事后又在闾延郡守的追击下被夺回,故朝鲜王朝一开始并不以此为意。而后历经四年,闾延郡等平安道边城又进入较长时间未逢女真人来袭的状态。直到1422年十月,

---

① 《朝鲜太宗实录》卷34,十七年八月癸卯。

② 所谓"漫散军人"主要指的是从明朝逃出的辽东都司辖下的军民人户。这里面包含汉人(朝鲜王朝也称唐人)、女真人甚至是高丽人(元朝迁居辽东的朝鲜人的后裔)等各族人,而作为藩国的朝鲜王朝则有义务推送、刷还。

③ 建州卫阿哈出部在1406年之后已徙居辉发河凤州(今中国吉林省梅河口市山城镇附近),并至此常住下来。参见董万仑:《东北史纲要》,黑龙江人民出版社,1987,第359~360页。

④ 《朝鲜世宗实录》卷1,即位年八月乙巳。这是史载闾延郡自新设以来的首次遭袭,同时也是史载平安道沿江边城在朝鲜王朝初期以来首次被女真人袭击。

⑤ 《朝鲜世宗实录》卷1,即位年九月甲寅。笔者认为此"野人"应就是八月来袭之兀良哈,而该兀良哈可能就是建州兀良哈之部众。

"野人三十余人潜入闾延之境,焚禾谷而去"①,"又入江界之境,焚禾谷而去"②,再"入义州之境,杀掠人民,焚其禾谷"③。女真人如此频频袭扰,但依旧没有引起朝鲜王朝的重视。可随后,仅仅过了一个多月,突然发生了"兀良哈四百余骑寇闾延"的事件④,让朝鲜王朝君臣大为震惊,这才意识到平安道边防的危机,尤其是对此次攻掠的对象闾延郡边防不力、边备不足的现状有所醒悟,初步认识到"闾延在极边,虽有贼变,都节制使不及赴援"⑤等一些实际问题。

基于此,朝鲜王朝改善了一些边防布置,其中最重要的就是迅速进行了边将人事调整,任命曾在咸吉道边地镇守过的、当时已是"堂上"高官的老将崔润德为"平安道都节制使"⑥,希望其能够震慑住来袭女真人。这是崔润德第一次调任平安道,而在随后的数年中,他也的确起到了作为主帅稳定边防的作用。不过,由于闾延郡守"力战却之,得全城堡"⑦而使女真人的这次袭击未能得手,故朝鲜王朝在侥幸得胜的心理作用下,对平安道边防建设的重视程度还是不够,对实质性解决闾延郡防御问题所做的努力也就十分有限。

到了1424年,建州兀良哈李满住部移居婆猪江(今中国东北浑江流域),这成为闾延郡乃至整个"四郡"发展的转折点。由于1422年受到"达达(即鞑靼,引者注)侵掠辽东等处"⑧的影响,李满住所部不得已"受圣旨,搬来婆猪江等处"。⑨ 搬来后首先与朝鲜王朝边关守军碰面,并进行第一次交往的是李满住管下指挥沈时里哈等十三人,他们称己之部众"于婆猪江

---

① 《朝鲜世宗实录》卷18,四年十月庚戌。
② 《朝鲜世宗实录》卷18,四年十月辛亥。
③ 《朝鲜世宗实录》卷18,四年十月壬子。
④ 《朝鲜世宗实录》卷18,四年十二月庚子。
⑤ 《朝鲜世宗实录》卷18,四年十二月庚子。
⑥ 《朝鲜世宗实录》卷110,二十七年十二月甲辰。朝鲜王朝的官职分堂上官与堂下官,其中三品及以上者可以为堂上官。当时崔润德已任正二品衔的工曹判书。
⑦ 《朝鲜世宗实录》卷18,四年闰十二月丁丑。
⑧ 《朝鲜世宗实录》卷18,四年闰十二月丁丑。
⑨ 《朝鲜世宗实录》卷25,六年七月乙亥。

多回坪等处居住"。① 不久,李满住管下指挥玉古只等二十六人来访朝鲜王朝边将,他们皆"于江界满浦口子江北皇城平来屯"②,并称"都司李满住领军人四百余户,到鸭绿江相距一日程瓮村(今中国辽宁省桓仁县五女山山城附近,引者注)等处"居住③,这算是双方的第二次碰面。通过这两次碰面以及后续的些许接触,朝鲜王朝逐渐了解到就在鸭绿江对岸突然迁来一个强大的对手,且该对手势力分布从婆猪江中下游直至鸭绿江北岸地区,严重威胁着其在鸭绿江中上游南岸地区的边防安全,从而使其顿时产生了针对平安道沿边地区从未有过的防御压力。对此,朝鲜王朝君臣自然是难以接受的,为了再回到此前边防"轻松"的状态,无论如何也要将其"逼走",于是开始对这批"不速之客"不遗余力地实施制裁措施。其主要采取了以下四种手段。

第一,限制乃至断绝对其的经济支援。由于建州女真在诸女真族类中生产力水平较高,随着社会经济不断的发展,其已逐渐成为一个农耕为主、兼事渔猎的女真部族④,故对于农业物资的需求极大。但是,在李满住部移来婆猪江一带的新地域居住后,不仅因新开耕地、新建家园而需要粮种等耕作物资,甚至一开始连生计都不能保障。在这种情况下,李满住族人便想到了向邻近的朝鲜王朝求援。从1424年双方第一次碰面开始,李满住管下便因"无口粮种子、盐酱,切欲(向朝鲜王朝,引者注)乞丐过活"⑤,此后连续四年都断断续续有前往索求者,少则几人、十几人,多则数百人。面对如此情形,朝鲜王朝王廷鉴于其国平安道地区常闹饥荒,加之还有边防军需支出,本来粮饷财政就已显得有些入不敷出,因此表现得甚为苦恼与慎重,认为"以有限之谷,应无穷之欲甚难"⑥,故而总是仅酌情提供给这些女真人少量的粮、种,甚至有时还拒绝援助。这自然就会引起李满住管下一些族人之不悦。

---

① 《朝鲜世宗实录》卷24,六年四月辛未。多回坪,位置不详。笔者据文献接下来的线索,认为其可能在浑江中下游,乃至靠近鸭绿江北岸一带的地方。
② 《朝鲜世宗实录》卷25,六年七月乙亥。
③ 《朝鲜世宗实录》卷25,六年七月乙亥。
④ 董万仑:《东北史纲要》,黑龙江人民出版社,1987,第365页。
⑤ 《朝鲜世宗实录》卷24,六年四月辛未。
⑥ 《朝鲜世宗实录》卷26,六年十一月甲申。

第二，严控往来，禁止贸易。建州女真既然要发展农业经济，那么就少不了各种农具等农业生产资料。此外，也需要食盐、棉、麻、布匹等一些日常生活必需品。这就涉及贸易往来、买卖交换。不过，此时迁到婆猪江地区的李满住部距辽东边境已远，不再像先前在凤州时那样方便与明朝贸易，其自然希望与邻近的朝鲜王朝相互贸易。然而，朝鲜王朝却严辞拒绝，告知"以无圣旨不可私通……勿接待禁买卖"。① 甚至，为了制止并打消其越江往来的念头，朝鲜王朝还限制其与边将交往，拒绝其上京（汉城）朝见，称"汝等彼土人，私自来谒不可"。② 面对朝鲜王朝的刁难与封锁，李满住后来也曾上奏明廷"欲与朝鲜市易，而朝鲜不纳"，但明朝却回复称赞"朝鲜国王素守礼法"，并令李满住"若欲市易，听于辽东境上，不尔禁也"。③ 结果，正是经济与政治上如此强力的压制，更增添了李满住部的不满情绪。

第三，除尽发"逃奴"外，还与之争夺"逃奴"。建州女真在社会发展的过程中，为了生产生活的需要而存在着一种不成熟的奴隶制生产关系，即掳掠大量的汉人、朝鲜人等为"奴婢"。④ 这些奴婢经常趁机逃遁，成为所谓的"逃奴"。其中，有逃亡朝鲜王朝者，若为汉人，则朝鲜王朝鉴于至诚"事大"之需而"虽三岁小儿，悉皆送还"⑤，由此博得了明朝的赞赏与信赖，却得罪了建州女真人，使得其各部族人纷纷扬言要报复朝鲜王朝。这还不算，若为朝鲜人，则朝鲜王朝反倒尽可能地扣留不放。因为编户是封建王朝赋役来源的基础，而赋税的多寡以及对兵役、徭役的需求直接影响王朝统治的稳定，所以朝鲜王朝不仅不断采取各种措施欲杜绝其国人外逃，而且积极吸收"外来户"，尤其是大量吸收女真人而使之成为如前所述的"向化女真"，以达到最终将其变为无异于王国内编户的目的。基于此，对从李满住部逃还，并确定曾为其国人者，朝鲜王朝往往就会采用安抚、隐匿甚至不惜军事恫吓等各种办法欲将其强留下来。比如，在李满住部迁来婆猪江后不久，正好就

---

① 《朝鲜世宗实录》卷29，七年七月辛未。
② 《朝鲜世宗实录》卷27，七年三月丁亥。
③ 《明宣宗章皇帝实录》卷65，宣德五年四月己卯。
④ 当然，建州女真各部属下还有不少女真人奴婢，但他们与所掳汉人及朝鲜人奴婢不同，属于"管下百姓"，只承担赋役而已，故严格来说不是真正的奴婢。参见董万仑：《东北史纲要》，黑龙江人民出版社，1987，第370~374页。
⑤ 《朝鲜世宗实录》卷58，十四年十月壬辰。

曾出现了一个典型案例即"闾延郡女粉伊"事件①：尽管李满住管下三番五次地索要，但朝鲜王朝始终拒而不还。虽说此事最后不了了之，但可以想象，女真人定是怒火中烧。

第四，严阵以待，坚壁清野。自李满住所部迁来婆猪江，朝鲜王朝便对其保持着高度的警惕，一面"择颖悟人三四名潜谍婆猪江等处事变……令沿边各口子整兵守御"②，并增兵待变，一面又于冬、春之季"将江边居人，尽令入堡"③，沿边坚壁清野以待之，从而在平安道开启了"冬节入保之策"④。不过，虽说在整个平安道沿边形成了这种冬节(含初春)对付女真人的特别办法，但在这时，朝鲜王朝尚主要针对的是闾延、江界二邑所辖之沿边地域。因为无论是女真人求援、索奴前来的接洽地，还是一部分女真人当时在鸭绿江北岸的居住地，都主要集中于皇城对岸江界府满浦口子(今朝鲜慈江道满浦市中心一带)附近直至闾延郡地一线，这就注定了该区域日后必将成为李满住部攻袭的焦点。尤其是闾延郡，正所谓"本郡极边要害，初面受敌之地"⑤。结果，正是在如此警惕李满住部族的形势推动下，朝鲜王朝在平安道再次兴起了短暂的筑城热潮。其中，最重要的两项成果，一是设置了宁边大都护府⑥，并使之迅速成为平安道都节制使本营之所。⑦ 二是新筑了闾延郡城⑧，而该郡城基本是在原址附近改筑之石(土)城，⑨以便增进该郡在引领"四郡"之地防御上的可靠性，进一步保障朝鲜王朝在鸭绿江上游南岸

---

① 闾延郡女粉伊曾被李满住管下所掳，嫁给了女真人金夫介。后来，金夫介在成为"向化女真"之后，等到李满住部迁到婆猪江，其又随众兀良哈人逃归，但其妻粉伊却被朝鲜王朝扣下，故金夫介上告李满住管下指挥等人，曾先后四次找朝鲜王朝寻还。关于该事件的具体内容可见于《朝鲜世宗实录》卷29 七年七月丙申、闰七月己未、九月己酉；《朝鲜世宗实录》卷31 八年二月乙酉等条。

② 《朝鲜世宗实录》卷24，六年四月壬申。

③ 《朝鲜世宗实录》卷26，六年十月癸亥。

④ 当然，需要指出的是，既有"冬节入保之策"，就有"冬节入保之弊"。关于此弊，下文还将详述。

⑤ 《朝鲜世宗实录》卷40，十年五月辛巳。

⑥ 《朝鲜世宗实录》卷42，十年十二月己卯。

⑦ 《新增东国舆地胜览》卷54《平安道·宁边大都护府·建置沿革》。

⑧ 从1429年五月开始，朝鲜王朝便先后两次遣大臣审视闾延城基，后因水源问题决定"新城基距邑城三百余步"造筑，经过两年时间，最终于1431年十一月"筑(成，引者注)闾延郡城"。分别参见《朝鲜世宗实录》卷44，十一年五月戊午；《朝鲜世宗实录》卷45，十一年七月乙巳；《朝鲜世宗实录》卷46，十一年十二月戊戌；《朝鲜世宗实录》卷54，十三年十一月丁亥。

⑨ 据《朝鲜世宗实录》卷154《地理志·平安道·江界都护府·闾延郡》条载，该郡邑城以"石、土相半"而建，也就是同时采用了大体相当的石、土两种建筑材料建成的。

统治的稳固。

　　综上可见,对于李满住所部的到来,朝鲜王朝在随后的近十年间,通过以上一系列措施,的确在这一时期达到了威慑的效果。然而,恰恰正是因为如此,朝鲜王朝一开始存在的对临近强敌的紧张感,便随着时日的迁延而逐渐转化为一种懈怠意识,自认为其所行之手段似乎已完全制服了这些女真人,甚至连世宗王自己都豪言:"我国比年以来,幸赖上天之眷、祖宗之祐,东绝野人之患,南无岛夷之忧,士不荷戈,民皆奠枕,我国之安,莫今日若也。"①殊不知,当时形势已非同以往,而这期间其对于这些女真部族所做的防御工作还是较为有限的,更重要的是,女真人内心对其已产生了怨恨。因此可以说,朝鲜王朝的平安道沿边地区尤其是江界、闾延等邑城所辖鸭绿江中上游的边境安全正处于更加危险而其却浑然不觉的境地。这与前述"庚寅事变"之前的庆源镇在突然遭受女真人大举攻袭、城破将亡前的处境,显得非常类似。

## 三、从闾延郡到闾延府的设立

　　实际上,的确很快就有一场女真人袭击的"风暴"席卷而至,它所"瞄准"的目标正是闾延郡。其得以发生,源于又一次女真"逃奴"事件。该"逃奴"名曰"金小所"。据史籍载,金小所"初居江界,为野人林哈剌所掳,居哈剌家已经年纪,率妻逃还江界,上(即世宗王,引者注)喜其自来,赐名自还"。②但朝鲜王朝如此"收纳"之举对于移居鸭绿江对岸及婆猪江的建州女真来说,本来其就因长期的经济制裁尤其是屡番发遣明汉族"逃人"或扣留朝鲜"逃人"而怨恨不已,此次更留金小所无异于火上浇油。因此,1432年八月,建州女真人以"指挥林加罗等五人"掳"渡江刈稷"的朝鲜王朝边民③朴江金,④欲以此威胁朝鲜王朝送还金小所。只是,朝鲜王朝非但不受

---

① 《朝鲜世宗实录》卷48,十二年五月乙卯。
② 《朝鲜世宗实录》卷60,十五年六月乙酉。
③ 为了生计,早在朝鲜太宗时期,平安道边民便有"自义州至江界……欲于彼岸(即鸭绿江北岸,引者注)耕往夕来之地耕种者"。而朝鲜王朝对此状况的态度也较为暧昧,直至1432年以后,因女真人频繁袭扰平安道边地,才逐渐强令禁止。参见《朝鲜太宗实录》卷17,九年正月辛酉。
④ 《朝鲜世宗实录》卷57,十四年八月甲寅。

胁迫,反而对其掳掠边民加以斥谕,要求归还。但朝鲜王朝却始终未还金小所,这实际是为了让金小所成为朝鲜"逃人"复返、向化之典范。如此一来,建州女真人自然愤恨至极,而朝鲜王朝其实对此也心知肚明。结果,1432年十二月便有"野人四百余骑突入闾延之境,摽掠人物"①,事后统计共有"闾延、江界战亡被掳人七十五,战亡人四十八"。② 正是此次女真人的大规模攻掠以及朝鲜王朝所遭遇的前所未有的损失,成为朝鲜王朝于次年(即癸丑年,1433年)进军婆猪江地区,发动所谓的"癸丑之役",以及此后大力加强平安道边防,包括设置慈城、茂昌、虞芮等邑城这一系列事件的强力"催化剂"。

然而,此次女真人袭击事件的实际发动者为谁,学界目前说法不一,要么认为是李满住所为,要么对此完全予以否认,认为只是忽拉温女真③所为。④ 但笔者据该事件的背景及其后来的进展再次梳理分析可知,此事应非李满住本人所为,而是其管下指挥林哈剌等私自诱导忽拉温女真造成的。也就是说,忽拉温女真的确是"主犯",但也不应排除建州女真人"作案"之嫌疑。只不过,无论怎样,朝鲜王朝尽管当时尚"未知贼之为谁"⑤,最终都决定要以此为契机,坚决对李满住部实施主动的军事打击,以达到惩戒而使之臣服的目的。于是,朝鲜王朝遂发"平安道马步兵一万,黄海道马兵五千"⑥共1.5万人,以出其不意的方式于1433年四五月间越至鸭绿江中上游北岸大举征剿,结果以俘获、杀死超过430人的战果⑦,极大地重创了建州卫。

就在积极征伐建州卫以示其威的同时,朝鲜王朝自然也深刻认识到平

---

① 《朝鲜世宗实录》卷58,十四年十二月甲午。
② 《朝鲜世宗实录》卷59,十五年正月癸亥。
③ 忽拉温女真,即海西女真诸卫中塔山卫、塔鲁木卫和弗提卫的统称,因其曾居于今中国黑龙江省呼兰河一带,故名。据董万仑的《东北史纲要》(黑龙江人民出版社,1987,第326~328页)中考证,自1411年至1439年,忽拉温女真南迁后已基本定居于松花江上游与东辽河上游之间,距李满住所部较近,而且还曾在距朝鲜王朝不远的辉发河流域生活过。
④ 有关这两种主要观点的争论,具体可参见王臻的《建州女真李满住部与朝鲜王朝的关系探析》(《满族研究》2007年第4期)一文。
⑤ 《朝鲜世宗实录》卷59,十五年正月壬申。
⑥ 《朝鲜世宗实录》卷59,十五年三月丁卯。
⑦ 据史料统计,朝鲜王朝兵分七路,共俘获248人、杀死至少183人。其中,各路战果的具体数字可参见《朝鲜世宗实录》卷60十五年五月己未条的记载。

安道边防之不足。诚如此次女真人袭击事件，朝鲜王朝于事后重新核查边防时，发现"非徒不能御敌，(而是，引者注)把截木栅并皆颓圮，令敌窥伺，一朝突入，以致祸患"之故。① 即，如果说女真人进犯是外因，那么自身的防御工作未做到位则是内因，也是导致其猝不及防而出现损失惨重结果的根本所在。之所以造成如此局面，正是因为朝鲜王朝先前在平安道边防尤其是紧邻建州女真的江界、闾延等邑城所辖鸭绿江中上游防段，本来尚未布置完善的情况下，又疏忽大意以至衍生出一种懈怠意识。此次女真人之"席卷"恰似雷霆一击，在给朝鲜王朝造成严重损失的同时，更着实惊醒了朝鲜王朝君臣。这正如世宗王所言"今日之事，虽野人所为，实天之所以警戒于我者也"。② 有鉴于此，朝鲜王朝自这次女真人大举攻袭事件一发生，便开始加紧一步步强化平安道的边防布置。起初其所下达的最重要的一个决定，便是重新调任老将崔润德为平安道都节制使，即令其再次担任平安道主将以定御一方。结果，正是以崔润德在平安道的这一复用为标志，朝鲜王朝由此拉开了在该道边地全面建城置邑的序幕。而闾延郡正是在这种背景下，得以完成终设。

自1416年新设以来的闾延郡，一直都作为朝鲜王朝"北进"至鸭绿江上游南岸"四郡"之地的标示物，很少会因防御不力的问题而动摇其稳固性。然而，女真军队大举来袭的"风暴"却完全打破了此状态，证明了其足够虚弱的状况。但恰恰因此，这反倒成了闾延郡完成终设乃至"四郡"全面设立的"助推剂"。

1434年，闾延郡先是因甲山郡三水堡（今朝鲜两江道金贞淑郡金贞淑邑附近）以西，至闾延郡地东界之"小薰头（豆）"以东，即甲山郡所属"上无路"口子"道路遥隔，虽有贼变，不及救援"③，而被朝鲜王朝初议将"三水以下割属闾延"④，后议更定为"闾延附近处割属闾延，甲山附近处割属甲山"⑤，使得闾延郡的辖界向东延伸到了甲山三水堡稍西之近地（今朝鲜两

---

① 《朝鲜世宗实录》卷59，十五年正月乙丑。
② 《朝鲜世宗实录》卷59，十五年正月癸酉。
③ 《朝鲜世宗实录》卷66，十六年十二月戊午。此引文中原为"下无路"，此为误书，实际当为"上无路"，而"上无路"即后来"四郡"之一的茂昌郡所在地。
④ 《朝鲜世宗实录》卷66，十六年十二月戊午。
⑤ 《朝鲜世宗实录》卷69，十七年七月癸未。

江道金贞淑郡冲天山附近①)。1435年,在朝鲜王朝发布了徙民实边的计划之后,它又"以郡当要害,人物鲜少,将欲徙民居之"②而更被升格为都护府,也是后来陆续设立的"四郡"之中唯一被作为府的边镇③,成了名副其实的一方大邑,从而标志着其完成终设。

显然,闾延郡(府)迅速得到如此的关注并得以完设,皆在于全面危机所促成的朝鲜王朝不得不全面巩固平安道边防工程的现实所致。"四郡"中,闾延郡(府)因之,其他三郡亦因之。只不过,闾延郡(府)最先设立了,而从其辖域中分离出来的慈城、茂昌、虞芮三郡的设置之路才刚刚开始。

## 第二节　慈城、茂昌、虞芮三郡之分置

### 一、慈城郡的设立

继闾延府终设前后,朝鲜王朝从其析出的辖域中又增设了慈城、茂昌、虞芮三郡。这三郡皆是在1433年"癸丑之役"后,朝鲜王朝迫于平安道边防全面危机的压力,而不得不加紧布防的大势背景下所置。即如上述,朝鲜王朝再次急调老将崔润德前去该道布防。

早在此次女真袭击事件发生之前,崔润德便曾屡次提出诸如"坚筑城子,有事则固门防御,无事则尽趋田野,为治之要务"④此类的倡议,却一直

---

① 根据后续相关史实可知,闾延郡此次延伸的地段基本就是后来茂昌郡设置时的辖地。另据《朝鲜世宗实录》卷154《地理志·平安道·江界都护府·茂昌郡》及《新增东国舆地胜览》卷54《平安道·江界都护府·古迹》以及《大东舆地图》等古文献、地图资料的记载,茂昌郡的东界应在厚州(堡)稍东近地。李仁荣考证认为,闾延郡此次延伸的东界大致相当于在今朝鲜两江道金贞淑郡松田里稍东的冲天山(海拔约1463米)等山地(隶属于南社山脉)附近。
② 《朝鲜世宗实录》卷69,十七年八月辛丑。
③ "四郡"中仅将"闾延"升为都护府,体现了朝鲜王朝对其的特殊重视,由此也凸显了其在"四郡"中最核心的地位。
④ 《朝鲜世宗实录》卷54,十三年十一月己巳。

未得到重视。而在该事件刚一发生时，崔润德便又立刻建言"臣闻闾延等处口子居民，每为野人所掳，臣愿亟择地筑城，以谨防御"①，并为此豪言道"筑石城设木栅，臣之素志也"②。他的建议至此总算得到了世宗王的肯定与鼎力支持。世宗王在此次女真人袭击过后的紧急关头，授命其作为平安道主将，维持该道的边防局面，在筹划并完成征剿建州卫的任务后，又特命其兼任平安道都按抚察理使一职，专门负责总体规划设计平安道的边防布局，加紧"筑石城、设木栅，以备不虞，以固疆圉"。③ 如此意味着崔润德长期以来所倡导的以筑城来巩固平安道边防的设想，从此完全成为朝鲜王朝整个国家的大政方针。正是在这个总方针的指导下，平安道边地第一座受益而被新建之城，正是后来"四郡"之一的慈城郡。

提议增设慈城郡之事发生于"癸丑之役"刚刚结束之时。事实上，除了当时平安道急需充实边防的总体形势，慈城郡的具体设置更是受到了此役后空前紧迫的边防气氛之影响。由于朝鲜王朝仅凭这一次征伐并不能保证建州女真人从此能彻底俯首称臣，何况其所获战果基本为该部族百姓，而李满住及主要的指挥首领因及时逃匿，并未遭受损伤，反而有可能因朝鲜王朝的征剿打击而在先前已有愤懑情绪的基础上遽生复仇之心，正如"庚寅事变"发生后猛哥帖木儿所为一样。这些皆是朝鲜王朝君臣心知肚明且极其担心之事。故当捷报一上传，世宗王便已在第一时间向当时仍远在战场的崔润德等将领紧急宣旨，令他们"还师之后，（为防止女真人，引者注）必有报复，于沿江等处益加整军守御"。④ 随后，就在前线将领依旨布置边防之时，已回还至都城的将领李顺蒙恰恰发现并由知申事安崇善上报了有关江界府防御的两大问题：

第一是用人问题。前文多次提及，作为防御紧要地段之一的江界府，务须由经验丰富的将领驻防，何况相对于当前的紧迫时局而言更需如此，但朝鲜王朝却用赵石冈为新任江界府使，即以之为江界邑城主将，而"石冈虽有

---

① 《朝鲜世宗实录》卷58，十四年十二月戊戌。
② 《朝鲜世宗实录》卷58，十四年十二月丙申。
③ 《朝鲜世宗实录》卷60，十五年五月甲戌。
④ 《朝鲜世宗实录》卷60，十五年五月己未。

武才,年少且未更事,不宜临民。倘彼人来侵,恐不能临机应变"①。

第二是如何驻防的问题,也是最主要的问题。虽说江界府仅辖管鸭绿江中上游的一小段边防,但该府辖域广阔,其邑城相距闾延邑城上百里不说,还距鸭绿江岸上百里之遥②,不可谓不远。那么,不但江界邑城北部与闾延邑城之间的广袤地域难保周全,而且江界府辖域内西部方向上位于鸭绿江岸边的防御也无法使邑城之军确保其始终周全。但从江界府直至闾延郡所属鸭绿江沿岸之地,却是女真人可能袭击的最紧要地段,何况此时又正处于备防的紧要关头,故需江界府使作为主将亲自带兵驻防这一带之岸边。可一旦如此,则对于作为平安道东北部之大邑的江界府来说,其邑城的民事治理又有被耽搁之虞。显然,其中既弥漫着防御的种种危情,又夹杂着驻防的矛盾问题。

基于此,李顺蒙随之提出差遣平安道老将洪师锡为江界邑城主将,并"加设判官专掌民事,府使则帅军戍御满浦口子为便"这样针对以上问题的解决方案。③ 对于李顺蒙的提案,世宗王在得知后大加赞赏,马上由吏曹出面申请在江界府"加设判官"。④

然而,待崔润德从平安道凯旋还都之后,对此举却稍有不同意见,他在肯定李顺蒙已觉察到江界府城西北的鸭绿江上游防段一些问题的同时,更进而提议"江界小邑,事不烦剧,不必置判官。慈作地近野人,彼敌出来之初面,当置邑以御"。⑤ 此处"慈作地"又称"慈(自)作里",正是位于闾延、江界两邑中央,⑥相当于今朝鲜慈江道慈城江中下游南岸至慈(自)作岭(海拔约710米)一带的地方。若置邑于此,不仅可解决"闾延、江界相隔,守将不及救援"之弊⑦,而且对其中的慈城江以南、江界府所辖西北面的鸭绿江

---

① 《朝鲜世宗实录》卷60,十五年五月癸酉。
② 据《朝鲜世宗实录》卷154《地理志·平安道·江界都护府》载:"四境……西距鸭绿江一百四十六里……北距闾延一百里。"
③ 《朝鲜世宗实录》卷60,十五年五月癸酉。其中,对于洪师锡是否可任江界邑城主将一事,随后因朝鲜王朝担心其参加过1433年癸丑之役而"结怨于彼者深"(《朝鲜世宗实录》卷60,十五年五月甲戌),故为了不过于刺激女真"复仇"而另外改派老成的将领李士信代之为新任江界邑城主将。
④ 《朝鲜世宗实录》卷60,十五年五月甲戌。
⑤ 《朝鲜世宗实录》卷60,十五年五月庚辰。
⑥ 《朝鲜世宗实录》卷154《地理志·平安道·江界都护府·慈城郡》。
⑦ 《朝鲜世宗实录》卷154《地理志·平安道·江界都护府·慈城郡》。

南岸之地,更可起到直接控防之效,从而就可免除对江界府管下西北向的鸭绿江防段的担忧。① 显然,以如此增设新邑防御之法,便能很好地解决李顺蒙所察最为关键的驻防矛盾问题。因而,此议也得到了朝鲜王朝君臣的一致赞同。

于是,仍由吏曹出面申请"时蕃江(同'时反江',即慈城江,引者注)边慈作里,在闾延、江界之间,实为要冲之地,别置郡邑,称号慈城,割属附近('闾延南村、江界北村'②,引者注)两处民户",同时"停江界判官之设"。③此即"四郡"之一的慈城郡(治所相当于在今朝鲜慈江道慈城郡慈城邑附近④),该郡就此设立后,在整个"四郡"撤废⑤之前再未发生变动。也就是说,慈城郡一被议定设立,便意味着其终设的完成。新设后的慈城郡,也像闾延郡一样由江界府统摄,"属江界道中翼"⑥,且于次年(1434年)完成了石筑邑城的建造,⑦辖属着从闾延郡与江界府所属相邻之地划分而来的泰日岘稍北泰日等地直至上土岘及松坡之间的地域(大致相当于今朝鲜慈江道从慈城郡延丰里稍北的山地附近,到满浦市三江里稍南之地及麻田岭等

---

① 至于江界府管下西部的其他鸭绿江防段,朝鲜王朝后续将这一防段的诸要害处(如"满浦口子""高山里口子"等)加设为万户堡,甚至以石筑堡,加固防御。关于此,具体可参见《朝鲜世宗实录》卷64十六年六月丙午,《朝鲜世宗实录》卷77十九年六月壬申,《朝鲜世宗实录》卷90二十二年七月己巳,《朝鲜世宗实录》卷99二十五年正月庚辰,《新增东国舆地胜览》卷55《平安道·江界都护府·关防》等条中的内容。

② 《朝鲜世宗实录》卷154《地理志·平安道·江界都护府·慈城郡》。所谓"闾延南村、江界北村"即指闾延辖域南面、江界府辖域北面的下述慈城郡辖域。

③ 《朝鲜世宗实录》卷60,十五年六月壬午。关于慈城郡初始民户的具体数量,史料未详。不过,从慈城郡"差定千户二、百户四、翼令史六"(《朝鲜世宗实录》卷61,十五年九月戊戌)的官员设置情况来看,疑不低于400户。而《朝鲜世宗实录·地理志》记载了该郡在1450年代"四郡"撤废前夕的民户数量则为405户。

④ 根据李仁荣的考证,新设慈城郡城的位置大致相当于在今朝鲜慈江道慈城郡慈城邑附近。

⑤ 后来由于多种内外因素的综合影响,"四郡"曾于朝鲜世祖时期(1455—1468年)遭遇撤废,"四郡"之地被空弃,形成了历史上的所谓"废四郡"地区。关于"废四郡"问题,本书第六章有专门探讨。

⑥ 《朝鲜世宗实录》卷61,十五年九月戊戌。

⑦ 《朝鲜世宗实录》卷64,十六年五月乙巳;《朝鲜世宗实录》卷154《地理志·平安道·江界都护府·慈城郡》。

山地一线附近之间)①,从而成为朝鲜王朝有效防御及管理鸭绿江上游南岸这一段最紧要边防地的又一个新的坚固堡垒。

## 二、茂昌郡的设立

就在因朝鲜王朝担心建州女真报复,为加强边防布置而在筹划设立慈城郡时,果然发生了女真人复仇之事,有"兀良哈十六名,潜寇闾延,射杀男女各一"。② 虽说这次只是小股女真人的袭扰,且未造成严重损失,但其作为征伐后的女真人首次复仇行动,着实让朝鲜王朝君臣惊悸不已,由此也更印证了他们对于"野人含愤"③而不惜报复的预判。如此一来,朝鲜王朝君臣表现出了对于鸭绿江边防特别是中上游防段或有疏虞未知之处更加强烈的顾虑,正所谓"如或彼人突入闾延、江界沿边各官,则恐边将不及救援"④,从而也就更增强了他们要加速设防的迫切感。为此,他们除了制定诸如在上述边地"以附近各里作队,当于农作之时,常带弓矢,如有贼变,同力防御"⑤,即武装边民这样有限的防护措施,更重要的做法还是以随时发现并添设可新增城、堡之地的方式,来填补其所认为"不及救援"的这些边防疏虞之处,就像上述设立慈城郡城一样。尤其仍以崔润德在提议筑城这一方

---

① 根据《朝鲜世宗实录》卷154《地理志·平安道·江界都护府·慈城郡》及《地理志·平安道·江界都护府·虞芮郡》所载,慈城郡北与后来所设虞芮郡以泰日岘等地分治,但在虞芮郡设置前,包括泰日岘在内的泰日等地均归属慈城郡所辖(如据《朝鲜世宗实录》卷96 二十四年五月乙丑条载,当时朝鲜王朝还决定在"闾延府小虞芮、慈城郡泰日等处木栅置万户"),即慈城郡当时至少应在泰日以北与闾延府分治。同时,慈城郡南与江界府以上土岘附近分治,西南与江界府以松坡附近分治,而这条南界在该郡设置后则一直保持较为稳定的状态。另据李仁荣的考证,"泰日"指的是相当于今朝鲜慈江道慈城郡延丰里附近的地名,"泰日岘"指的是相当于今延丰里稍南、慈城江口(即指慈城江下游与鸭绿江交汇处一带,今朝鲜慈江道慈城郡法洞里附近)稍北的山岭(旧称"皮木岭",海拔约602米,今名不详),即慈城郡当时的北界大概相当于在今朝鲜慈江道慈城郡延丰里稍北(与旧称"芦洞"之间)的山地(隶属于鹤城山脉)附近;而"上土岘"指的是相当于今朝鲜慈江道慈城郡与满浦市交界处的麻田岭(海拔约687米),"松坡"指的是相当于今朝鲜慈江道满浦市三江里稍南偏东、十里洞里(旧称"玉洞")稍北偏东之间的地名(旧称"松三洞"),即慈城郡当时的南界大概相当于在今朝鲜慈江道满浦市三江里稍南(与十里洞里之间)之地及麻田岭等山地一线附近。
② 《朝鲜世宗实录》卷60,十五年六月庚寅。
③ 《朝鲜世宗实录》卷60,十五年六月甲辰。
④ 《朝鲜世宗实录》卷60,十五年六月壬辰。
⑤ 《朝鲜世宗实录》卷60,十五年六月壬辰。

面表现得最为执着,其曾一次又一次地进言各种"筑城备边之策"①,细数其重要性与紧迫性。正是在朝鲜王朝君臣如此努力发掘漏防问题,悉心探讨筑城之策以及及时改进备防工作的过程中,渐渐引出了"四郡"之中继闾延、慈城二郡后的茂昌郡的设立。

要说茂昌郡,其初名其实并非茂昌,而是"上无路"。这是"四郡"之中唯一一个与初始地名无甚关联者,但其在设立的过程中却几乎完完全全都在围绕这个地名而展开。所谓上无路之地,史载"自甲山、三水岐(今朝鲜长津江、虚川江与鸭绿江之间所夹之地域,引者注)至无路二日余程,自无路至闾延境,又二日余程"②,即大约在甲山郡所属三水地界与闾延邑城中间③,且东西往来甚远④。而既有"上无路",也有"下无路"。但位于闾延邑城以西不远处的下无路始终属于闾延郡(府)所辖⑤,而在闾延邑城以东较远的上无路当时却属于甲山郡所辖,甚至不属于平安道,而是隶属于咸吉道之地,这从前述平安道闾延郡起初辖域的东界仅至于小薰头(豆)的状况即可得知。上无路由于位置偏远,一开始鲜有问津者,故朝鲜王朝君臣起初对该地并不重视,直到1433年以后,随着朝鲜王朝对闾延、甲山等地开拓的深入,以及对逐渐散居于该地一带附近、鸭绿江南岸的民户便于管理与防护的需要,才在该地简单建造了木栅城防。⑥ 另外,正是由于该地远离闾延邑城,属于东向"三甲"地区⑦的过渡带,故而并非建州女真等首选远赴奔袭之

---

① 《朝鲜世宗实录》卷63,十六年三月甲午。
② 《朝鲜世宗实录》卷64,十六年六月丙午。
③ 上无路之地即后来的茂昌邑城设置地,金正浩所绘《大东舆地图》中比定的位置大致相当于在今朝鲜两江道金亨稷郡茂昌里附近,而李仁荣考证后否定了此说,认为该地点应在"河山堡"的位置(《大东舆地图》中亦标注有"河山堡",应就是李先生考证所指之处),即大致相当于在今朝鲜两江道金亨稷郡杜芝里稍北之地(旧称"河山堡")附近。
④ 据《朝鲜世宗实录·地理志》《新增东国舆地胜览》《舆地图书》等古籍所载,茂昌邑城(即上无路)距其东、西界的路程总和可达二百至三百余(朝鲜)里,即东、西界相距有百余公里之遥。
⑤ 据《新增东国舆地胜览》卷55《平安道·江界都护府·古迹》载:"下无路堡,在古闾延(城)西四十五里。"即相较于上无路而言,下无路距闾延邑城不甚远。其具体位置据李仁荣的考证,相当于在今朝鲜慈江道中江郡湖下劳动者区(旧称"湖下洞")附近。
⑥ 《朝鲜世宗实录》卷65,十六年七月己卯。
⑦ "三甲"地区是甲山、三水等地的统称。它们皆位于长白山南侧、"鸭—图"两江上游(临近江源)以南的绝险难行之地,古籍形容其"地势极高多山险,介在复岭叠嶂之中"。参见柳馨远:《东国舆地志》卷8《咸吉道·甲山都护府·形胜》。

地,那么该地理当也不应成为朝鲜王朝在筑城设防乃至建邑置守等方面优先考虑的对象。但事实恰恰相反,在1433年后的平安道加强边防筑城总形势的驱使下,该地却成为朝鲜王朝在"癸丑之役"后被较早关注的一批建设地域之一。

1434年,就在朝鲜王朝君臣商讨鸭绿江中上游南岸的各项边防事宜时,有议者言:"甲山、闾延相距九日余程……其间居民,非特苦于往来之弊,其于相资之义,亦且乖矣。中央无路之池(地,引者校),别置县邑何如?"①显然,此议是鉴于闾延与甲山二邑之间程途险远、交通不便、联系不畅之弊而提出可在上无路设县置邑,以作为便于两地沟通的枢纽及缓解居民往来苦行的"中转站"。这是针对上无路的第一次议论,但由于朝鲜王朝君臣当时对此地并不熟识,故一时未有定论,而是令专人具体查探后再议。可尽管如此,这已然表明了上无路将由此成为朝鲜王朝所别加关注的议题。

此后到该年年底,由开始主掌咸吉道城郭建设②、专任咸吉道都巡抚使的沈道源根据巡察后掌握的一些上无路的情况上奏称:"自甲山至下无路(上文已述,此处当为'上无路',引者注)口子道路遥隔,虽有贼变,不及救援……于无路口子建邑置守,镇抚边民。"③尽管至此时,此地尚未出现过"贼变",但是这仍然成了其被再次提出设邑的由头。只是,此奏被公布讨论时依旧未得到朝鲜王朝王廷的支持,反倒以"其为地墝堉薄,不可以耕种,非民可居之地。又建邑置守,则当充乡吏役使之人,民必生厌,且力有所不堪"④为借口而被否决,最后仅仅拟定了"三水以下割属闾延"⑤,由平安道都节制使管防的权宜之策。那么,毋庸置疑,这个将上无路等甲山郡三水地界以西地域划给平安道闾延郡管辖的草率决定,自然也将饱受质疑。因为若不单独设邑"中转",则该地域东、西居民往来还是不便,尤其是邻近三水地界的居民去闾延邑城将更加困苦,即仍与其最初隶属于咸吉道甲山郡时的弊病一样,故而不久便有议者提出还是将该地域"还属甲山"为宜。⑥

---

① 《朝鲜世宗实录》卷64,十六年六月丙午。
② 《朝鲜世宗实录》卷65,十六年七月戊子。
③ 《朝鲜世宗实录》卷66,十六年十二月戊午。
④ 《朝鲜世宗实录》卷66,十六年十二月戊午。
⑤ 《朝鲜世宗实录》卷66,十六年十二月戊午。
⑥ 《朝鲜世宗实录》卷69,十七年七月癸未。

但如此一来，等于此前所议完全回到原点，所以继而又有议者更重提上无路设邑之事，称"无路之地，介于闾延、甲山两邑之间，土地、人民不下闾延、慈城，别置县邑，以固边圉，庶为便益"①。可是，朝鲜王朝王廷鉴于"南道赴防之弊"②，认为"若于无路别置城堡，则须以南道军人守护，其弊不小"③，又一次否决了该地置邑的提案。结果，这就造成"不置邑或者置邑皆有弊病"的矛盾局面。在如此状况下，经过一番取舍，朝鲜王朝君臣最后竟合计出了将"闾延附近处割属闾延，甲山附近处割属甲山……无南道军人往还之弊，亦优闾延、甲山守城之卒"④这样仅改进三水地界以西上无路等地的归属划分而照旧不提置邑的举措，即以不进行南道赴防为代价来换取有限缓解东西往来不便之弊。

待到1437年的"丁巳之役"⑤后，上述上无路之地总是不被批准置邑的处境才逐渐发生转变，而这正与建州女真接连复仇的背景相关。继上述小股女真人复仇以来，1435年年初突发了"吾良哈二千七百余骑来围闾延城"的大举复仇事件⑥，由此至"丁巳之役"发生前，女真人共五袭闾延郡（府）辖域。其攻袭时间已无论冬、夏，其来袭数量从二十余、数百直至两千余。

---

① 《朝鲜世宗实录》卷69，十七年七月癸未。
② 南道赴防是朝鲜王朝在北方两道边地长期以来难以彻底解决之弊。其中，尤其以平安道"四郡"之地最甚。这正如："闾延防御，当春夏水涨之时，贼未得渡江，足为天险。虽无他州之军，可以守城，若天寒冰合之时，则守御之兵不可孤寡。是以每当冬月，移牒诸州，加遣军士。于是行赍裹送，送父别夫，忧愁郁悒，人心不安，是固可恤也。而又南道赴防之军，寄宿食贫，体倦神疲，不待敌锋而锐气先摧。"为此，朝鲜王朝一直在寻求较好的解决之法。比如，世宗王就曾提出："稽之于古，选募强壮，以实边疆，为土兵，谓之乡弓手，寇来则战，敌退则耕。且备谙山川形势，应赴无滞，故又谓之熟户。其便捷骁勇，冠于诸军，历代赖之，俱有显效。今欲仿此，徙民入居，因作乡兵，诚为切务……徙民实边，以纾北顾之忧，永保边疆之策。"即要以"移民实边"及对边民实行"寓兵于农、兵民合一"的方式来逐渐取代南军赴防，而朝鲜王朝也的确向平安道进行了数次移民（下文还将详述），最终取得了量减赴防军的显著效果，可并未达到完全取缔之目的。而这正是以免除赴防军首先要以不损害当时边防的稳固为前提，甚至有时为了防御大局还要酌情增加一些赴防军。不过，鉴于南道赴防的危害性，朝鲜王朝对赴防问题的处理往往还是较为慎重的。分别参见《朝鲜世宗实录》卷67，十七年正月丁酉；《朝鲜世宗实录》卷67，十七年三月辛丑。
③ 《朝鲜世宗实录》卷69，十七年七月癸未。
④ 《朝鲜世宗实录》卷69，十七年七月癸未。
⑤ 丁巳之役，即发生于世宗十九年（1437）九月间朝鲜王朝针对建州女真李满住部的第二次军事征伐行动。相较于上次"癸丑之役"而言，此次朝鲜王朝仅出动了七千余人的大军，但仍采用突袭的攻击方式。不过，因李满住部早有防备，朝鲜王朝最终所获战果大不如前。关于此次战役的详情，可参见王臻：《朝鲜前期与明建州女真关系研究》，中国文史出版社，2005，第84~86页。
⑥ 《朝鲜世宗实录》卷67，十七年正月庚寅。

其中有一次竟是在闾延邑城以东的小薰头(豆),由此给了朝鲜王朝君臣一种直逼上无路之势的感觉。如此无休止、打乱时间定式且出其不意的袭扰,让世宗王深感"奸猾之徒,务要报复,防御虚疏,过涉难易,无不细探,每出不意,乘虚突入"。① 这使得世宗王怒而发动了针对婆猪江女真人的第二次征讨。可结果不但依然未能保证边境的安宁,反而招来了女真人更加疯狂的袭击,涉及地也从此前基本在鸭绿江中上游南岸的闾延、江界等地扩大到中游的碧潼等地。② 甚至因朝鲜王朝收到了李满住要率部攻击朝鲜王朝使臣于东八站的传言③,从而更进一步地给其君臣造成了在鸭绿江下游南岸边防抑或有威胁之感。这也就是说,在朝鲜王朝君臣的意识里,几乎整个鸭绿江南岸皆已成为边防紧迫之地。而正是他们对于女真人随时随地来袭的这种全面危机感的剧升,遂转化成为促使其不得不对平安道各边防之地都要同样均等地加固防御的压迫力。换句话说,朝鲜王朝针对平安道的边防不仅在力度方面将提升至最高水平,而且此前在实施筑城备防的总方针时,更多侧重于平安道东北部闾延、江界等地的现象,至此将完全改变,即开始迈入在平安道边地各处皆要重点布防,并统一筹划、整体安排,以实现真正符合全盘城防造筑总方针的防御新阶段。

有鉴于此,朝鲜王朝以执行兵曹从先前崔润德所议④中吸纳而来的"自闾延至义州各口子……来戊午(1438年,引者注)正月始造筑石堡"⑤之策为标志,根据全局要求,在平安道边地各处广泛地展开了系统性的筑城设堡

---

① 《朝鲜世宗实录》卷69,十七年七月丙戌。
② 据《朝鲜世宗实录》卷79十九年十二月庚午条载:"本月十一日,野人三千余骑寇碧潼,焚碧团木栅而还。"
③ "东八站"是朝鲜王朝使臣燕行朝贡时,从鸭绿江下游北岸至明辽东都司城(辽阳)之间所途经的辽东驿站。据《朝鲜世宗实录》卷79十九年十二月辛巳条载,朝鲜王朝收到回还的圣节使李宣及通事高用智消息称"李满住所送(赴明,引者注)野人等每见用智等曰:'汝国何故伐我乎?吾等将害汝于东八站路矣。'"
④ 崔润德作为专使主导平安道边防期间,虽一直力主筑城,但实际却进展缓慢,未成体系,尤其因其"冬则左议政出镇以为声势,夏则不然,因此士卒怠弛",而建州女真人为了复仇偏偏多选择夏季以趁机袭扰,由此才导致上述平安道被连续袭击的事件。结果,崔润德因此被宪司弹劾,受到左迁以及免去平安道专使的处分;而正因为如此,崔润德在反思之后提出"自闾延至义州三十余处……渐筑石堡可也"的设想,受到了世宗王的关注,成为后来平安道全面进行沿江防御系统工程建设的先声。分别参见《朝鲜世宗实录》卷72,十八年五月庚寅;《朝鲜世宗实录》卷74,十八年七月壬寅。
⑤ 《朝鲜世宗实录》卷79,十九年十二月丙子。

工程建设。其中,正是得益于如此这般大势所趋的"连带"效应,作为本非且事实上也一直不是边防危机涉及地的上无路,亦随着此时全面兴建邑城、堡城,而得到了筑成"闾延府上无路石堡"①的待遇,甚至成了较早被加筑石堡之地。②

　　筑堡后的上无路,被朝鲜王朝指定为闾延府辖内"所温梁以上居民"③冬节入保防范之地,并随着朝鲜王朝沿江全面防御格局的不断形成而迅速走向独立置邑的阶段。1440年,朝鲜王朝委派了前述平安、咸吉两道都体察使皇甫仁,令其统一负责包括沿江行城("长城")④、诸邑城与堡城等工程在内的两道全部边防工作的巡察与布局,这成为两道加速进入到沿江成体系防御状态的标志。就在皇甫仁首次出发去两道边地之前,在其所被委派给的众多巡边任务中便包含了上无路"江边置邑便否"的问题。⑤ 半年后,回还的皇甫仁针对该问题指出:"自闾延府距上无路二百余里,其间道路险隘,人马不得并行,闾延往来极为艰苦。及至冰合,则寇贼可畏,脱有缓急,闾延不及救援。上无路以上甫山、厚州等处闲旷平衍,土地沃饶,皆可居之地也。请于上无路置邑为便。"⑥显然,这是为了解决上无路道途险远、救援不利等问题,而在全盘防御的要求下才提出的置邑请求。甚至为了说明置邑的可行性,皇甫仁还特意拿出了上无路以东的甫山、厚州⑦等处有充足且肥沃的耕居之地,可为置邑提供支撑的调查证据。而一旦如此,岂不就是对之前沈道源等人所议的认同与重提? 的确,但所谓"此一时,彼一时",此时,朝鲜王朝在平安道正逐渐建立起较为严密、完备的各类城防工程系统,使得沿江成体系防御的边防趋势愈发明朗化,以至于整条沿江边防线亦愈

---

　　① 《朝鲜世宗实录》卷84,二十一年闰二月乙酉。
　　② 同时,上无路堡早在朝鲜世宗十八年(1436)已被加设为万户堡,连同此次造筑石堡,使之成了"四郡"沿边较为重要的边防要地。参见《新增东国舆地胜览》卷55《江界都护府·古迹·茂昌废郡》。
　　③ 《朝鲜世宗实录》卷84,二十一年三月丁卯。关于所温梁(又称"孙梁")的位置,《大东舆地图》认为在靠近小薰头(豆)的鸭绿江外之地,而李仁荣考证后认为所温梁大致相当于在今朝鲜两江道金亨稷郡富田里西北近地(旧称"葛田洞")附近。
　　④ 沿江行城是朝鲜王朝为进一步加固边防而沿江建造的一种新的防御工程,关于皇甫仁督造该工程的具体情况将在下文集中阐述。
　　⑤ 《朝鲜世宗实录》卷88,二十二年三月甲辰。
　　⑥ 《朝鲜世宗实录》卷90,二十二年七月己巳。
　　⑦ 甫山、厚州二地后分别建有甫山堡与厚州堡,据李仁荣考证,它们分别相当于在今朝鲜金亨稷郡罗竹里稍东之地(旧称"竹中里")附近与古邑劳动者区(旧称"厚州古邑")附近。

发稳固,从而有了促成上无路能够置邑的新的背景条件。也正是得益于这种背景条件,并在皇甫仁的力推下,朝鲜王朝君臣至此终于解决了此前针对上无路置邑与否因困扰于各种问题丛生的矛盾局面而反复产生的相关争议,由此确定置邑为最终施行方案。有鉴于此,朝鲜王朝决定,即"割闾延孙梁、厚州等地民户置县"①,改称"茂昌",宣告了上无路至此以县的形式被正式批准独立成邑(根据前述韩国学者李仁荣的考证,其治所大致位置相当于在今朝鲜两江道金亨稷郡杜芝里稍北之地附近,即旧称"河山堡"一带),管辖着由闾延府分出的大致相当于今朝鲜西起慈江道中江郡章兴里稍南之地(旧称"中章洞")附近,东至两江道金贞淑郡冲天山等山地附近之间的地域。② 而到了两年后的1442年,茂昌在行政级别方面因"东西沿边并无县监"③而由县升郡,标志着其终设的完成。④

## 三、虞芮郡的设立

茂昌郡的终设,使其成为"四郡"之中第三个新设之郡。更重要的是,其被新设以来,与先前所设闾延郡(府)及慈城郡一起逐渐呈现出协同拱卫后来所谓"四郡"之地的趋势。恰恰是在这种形势下,在伴随着茂昌郡设置过程的后期、穿插进行于此中的"四郡"之第四郡,即虞芮郡亦随之被迅速

---

① 《朝鲜世宗实录》卷154《地理志·平安道·江界都护府·茂昌郡》。关于茂昌郡初设时民户,据《朝鲜世宗实录》卷66十六年十二月戊午条载,到1434年甲山郡三水以下居民有137户。不过,这137户不清楚是否都属于后来茂昌郡辖域内的民户,再加上此后又历经数次移民实边及流移民户的逃亡与刷还,故到茂昌郡初设之时的人数难以确定。而《朝鲜世宗实录·地理志》记载茂昌郡在1450年代"四郡"撤废前夕的民户数量为127户。

② 茂昌郡设立时的辖域,正是闾延府辖地于1434年延伸的地段,即西界是在小薰头(豆)稍南近地(今朝鲜慈江道中江郡章兴里稍南之地,即旧称"中章洞"附近),东界是在厚州稍东近地,大致相当于在今朝鲜两江道金贞淑郡松田里稍东的冲天山(海拔约1463米)等山地附近。但李仁荣经考证后又认为,因三水郡在朝鲜世宗二十八年(1446)设立,使得茂昌郡的东界此后又略微发生了变化,即大概相当于在今朝鲜两江道金亨稷郡莲松里(旧称"莲坪洞")附近。据此来看,这个地方仍在厚州稍东近地,只是从相当于今冲天山连同松田里附近延至莲松里之间十分有限的地域划归三水郡而已。

③ 《朝鲜世宗实录》卷97,二十四年七月乙亥。

④ 根据《朝鲜世宗实录》卷90二十二年七月己巳、《朝鲜世宗实录》卷154《地理志·平安道·江界都护府·茂昌郡》等条所载,推测该郡设置后,其邑城可能于1440年后不久,在原"上无路"之地所筑石堡的基础上,另以"石城、壁城相半"而进行了扩建,也即采用大体相当的石、木两种建筑材料重新修筑了邑城。

提上设置议程。

所谓"虞芮",本为闾延郡(府)所辖之地,处于闾延邑城以南、慈城邑城以北之间的地方①,而二邑之间的这一地带正是鸭绿江最紧要的中上游防段中的一段"重灾区"。事实上也的确如此,虞芮连同其附近区域,在慈城、闾延二邑同沿江其他各邑趋于协防的进程中,一度成为此二邑之中边患最致命的要害地段。其中,尤以虞芮之地近北处的一个被称作"赵明干"的地方,起初表现得最为突出。②

所谓赵明干之地,位于鸭绿江上游西南流向中的一段急拐弯处,既比闾延邑城较近于建州女真等居地,更易于遭受袭击,又非如慈城邑城那样距江还有一段距离且城池坚固③,而是紧靠江边,即"越江则彼境"④,以致更易遭受女真人攻袭。同时,从其所居民户及防护的情况来看,这里虽为闾延郡(府)辖下的一处民户密居地⑤,但"所守军马甚少"⑥,防御力量薄弱。故总体来看,此地"陟入江曲,三面高山临压,为贼窥伺之所,乘隙易入"之地。⑦因此,早在前述"丁巳之役"发生前女真人五次连环袭击闾延郡(府)辖域的复仇行动中,有三次便发生在"易入"的赵明干之地。⑧ 对于这个"累被贼患,最利害之地"⑨,时任平安道兵使李蒇、监司朴安臣以及崔润德皆认为此地难以防御,尤其是此地还距闾延邑城稍远而不便救援,故纷纷提出了罢弃赵明干,尽徙其居民于他处的退缩、清野之策。显然,这种类似于前述"六镇"中庆源镇在设置时曾遇到过的缩疆的情况,至少对于力图推行北拓行

---

① 据李仁荣的考证,其具体位置大致相当于在今朝鲜慈江道中江郡土城里附近。
② 据《新增东国舆地胜览》卷55《平安道·江界都护府·古迹》载:"赵明干堡,在古虞芮北二十五里。"即赵明干在虞芮邑城偏北之近地。其具体位置据李仁荣的考证,大致相当于在今朝鲜慈江道中江郡长城里附近。
③ 这正如《朝鲜世宗实录》卷84 二十一年三月丁卯条所载:"慈城距江边三十里,且今防御最固,贼必不得过邑城深入为寇。"
④ 《朝鲜世宗实录》卷73,十八年闰六月癸未。
⑤ 据史载,到1439年时的统计数据为"赵明干居民四十五户,虞芮居民二十一户,合六十六户"。正所谓"闾连赵明干比他口子,元居民户猥多,其所耕田亦不少,故设置木栅防御"。分别参见《朝鲜世宗实录》卷86,二十一年八月壬辰;《朝鲜世宗实录》卷89,二十二年五月壬寅。
⑥ 《朝鲜世宗实录》卷73,十八年闰六月癸未。
⑦ 《朝鲜世宗实录》卷76,十九年二月甲戌。
⑧ 这三次分别发生于1435年七月、1436年五月以及1437年五月。
⑨ 《朝鲜世宗实录》卷77,十九年五月庚子。

动的世宗王来说是万难苟同的。果然,朝鲜王朝王廷高层皆认为"祖宗疆域,固当慎守,不可轻易退缩,今若退缩赵明干,则沿边口子必将援此,争欲退缩,其弊难禁"。① 相反,他们认为只要"尽心布置,使赵明干之民永免被掠之患"也不是不可能之事。②

于是,伴随着前述上无路等平安道系统性筑城设堡工程的全面开展,朝鲜王朝在1437年向赵明干特别加派万户管理后,便于1438至1439年间优先在此造筑了石堡③,以便于"虞芮、赵明干等处居民于赵明干石堡入保"④防御。然而,对于这种一定要坚守赵明干的精心的防御布置,朝鲜王朝内部仍有不少官员心存疑虑。比如,议政府的一些官员依然认为"赵明干实是贼路要冲,虽筑石堡,然与邑城不远,且防戍军马不敷,救援为难。虞芮、赵明干等处居民,依前邑城入保为便"。⑤ 而闾延等地也有边将在赞同议政府"救援为难"的基础上,进一步提出"闾延镇邑城果是贼程要冲,防御最紧,分兵势难,故石堡守兵亦为不足,须发南道军马……实为有弊"。⑥ 也就是说,在他们看来,当前的赵明干只因还是守军兵力不足,即便已设万户石堡,也难保其万全。那样的话,救援或是赴防皆有弊,故依旧不让这里的民户恒居坚守。可如此一来,虽不再言退缩,但"赵明干石堡今既劳民筑之,弃而不用,非惟示弱于贼虏"⑦,且"赵明干据(距,引者校)邑城七十余里,则不可谓不远也,而山岭高峻,道路险阻,所居人民依前入保本邑,则移徙之苦亦复如前"⑧,即又会产生所谓的"冬节入保之弊"。此危害实不亚于缩疆之议,以致当即遭到诸如兵曹官员等一些异议者的反驳。这使得朝鲜王朝最终定议"加定军马一百五十名,刷入人民五十户,以实防御"⑨,即选择以不

---

① 《朝鲜世宗实录》卷76,十九年二月甲戌。
② 《朝鲜世宗实录》卷78,十九年九月丙辰。
③ 分别参见《朝鲜世宗实录》卷76,十九年二月甲戌;《朝鲜世宗实录》卷77,十九年五月乙未;《朝鲜世宗实录》卷80,二十年正月庚子;《朝鲜世宗实录》卷84,二十一年三月丁卯。
④ 《朝鲜世宗实录》卷84,二十一年三月丁卯。
⑤ 《朝鲜世宗实录》卷85,二十一年六月壬寅。
⑥ 《朝鲜世宗实录》卷86,二十一年八月壬辰。
⑦ 《朝鲜世宗实录》卷85,二十一年六月壬寅。
⑧ 《朝鲜世宗实录》卷85,二十一年六月壬寅。
⑨ 《朝鲜世宗实录》卷89,二十二年五月壬寅。鉴于该地乃边防最为要害处,后续连同其附近虞芮等地甚至又陆续增加了一些赴防军。至1448年统计数据显示,"虞芮南道赴防马兵二百十……步兵二百八十六",即共有496名赴防军。参见《朝鲜世宗实录》卷121,三十年八月戊辰。

惜产生"南道赴防之弊",也要首先免除"冬节入保之弊"的方式,执着地继续坚守在此地,由此也在再现以世宗王为代表的朝鲜王朝君臣固守"封疆"进而维护"北进"既得利益之决心的同时,彻底打消大臣的退缩之念。

不过,就在1440年世宗王启用皇甫仁主导北方两道边务,到1441年两年间,坚守不久的赵明干却突然遭遇了新的挑战,由此在整个平安道边防工程全面兴建的过程中,直接引出了虞芮郡的设置。此次挑战仍源于两次女真人来袭的事件。先是,在1440年"四月二十三日,兀良哈二百余人入寇赵明干口子,掳掠农民七人、马三十二匹、牛五头,渡江而去"。① 再在1441年"八月二十六日,吾良哈二十余人自闾延、榆坡等处潜入虞芮口子,射杀逻卒,掳妇女六人、马七匹、牛四头"。② 尤其是后者,虽说在来袭女真人数及损失人畜数量上少于前者,但在涉及地域上却不再仅限于赵明干③,而是扩大至闾延府所属之赵明干附近的榆坡、虞芮等处。④ 这在朝鲜王朝进行全盘防御建设以来是不可想象的,故朝鲜王朝君臣认为"虞芮等地绝无守护之兵,野人乘其虚弱,突入杀虏(掳,引者校)……以此观之,其他未尽布置之事亦必多矣"。⑤ 有鉴于此,朝鲜王朝接下来在1442年年初先在鸭绿江南岸包括闾延府薰豆(小薰头)、下无路、榆坡、虞芮等在内的十余处要害地加设了万户以便于各处镇守⑥;后再以虞芮为中心,既筑虞芮口子石堡⑦,又"于闾延府小虞芮、慈城郡泰日等处设木栅置万户,以南道各官军籍不付人四千七百六十四人充定"⑧。但如此,朝鲜王朝却仍觉不足,继而更于1443年"以(虞芮,引者注)口子距本郡(指闾延邑城,引者注)遥隔"⑨而"于虞芮

---

① 《朝鲜世宗实录》卷89,二十二年四月己亥。
② 《朝鲜世宗实录》卷93,二十三年九月丙申。
③ 笔者认为,这主要是因为朝鲜王朝鉴于女真人屡屡袭击赵明干,故在皇甫仁进行沿江行城等城防工程建设时,优先造筑了赵明干行城。而既然这里受到如此重视,那么伺机而动的女真人便转向其附近防御未稳处下手。
④ 榆坡以及下面将提到的小虞芮、泰日等地皆与虞芮一样,是在赵明干附近由远及近、东西沿江排开的闾延郡(府)所辖之地,亦同为边患重灾区及下述虞芮郡终设后所辖之地。参见《朝鲜世宗实录》卷154《地理志·平安道·江界都护府·虞芮郡》。
⑤ 《朝鲜世宗实录》卷93,二十三年九月丙申。
⑥ 《朝鲜世宗实录》卷95,二十四年正月己卯。
⑦ 《朝鲜世宗实录》卷95,二十四年三月辛未。
⑧ 《朝鲜世宗实录》卷96,二十四年五月乙丑。
⑨ 《朝鲜世宗实录》卷154《地理志·平安道·江界都护府·虞芮郡》。

置邑，以赵明干等二里、慈城泰日等各里居民合一百八十户割属，革虞芮、小虞芮等万户"①。这标志着"四郡"中的最后一郡，即虞芮郡至此终设完成。② 而完设后的虞芮郡亦大体如此前所设的慈城、茂昌二郡一样，管辖着主要从闾延府划分而来的大致相当于今朝鲜慈江道北起中江郡湖内江稍南的熊樀山等山地附近，南达慈城郡延丰里稍南之地及小盘樀山等山地一线附近之间的地域。③

综上所述，自1433年"癸丑之役"以来，随着建州女真复仇行动的步步紧逼，以及朝鲜王朝迫于边防的威胁与压力而逐渐将鸭绿江中上游南岸的边防布置，扩展为全盘防御而进行的系统性边防工程建设，慈城郡、茂昌郡、虞芮郡先后应运而生。它们的设立或是源于忧虑女真人复仇，或是道途险远不便，或是要隘而频受边患。但总的来说，皆是考虑到所在地边防虚疏且救援不利，亟须设置城防，占领边关要地以清除防御空当，以便紧凑边防的缘故。正是在这个原因的推动作用下，朝鲜王朝不自觉地对本为闾延郡（府）所属的广袤辖域进行了深度开拓及开发，从而将其先前在鸭绿江上游南岸新设闾延郡以至于开展试探性拓疆的初衷，通过原闾延郡（府）辖域一

---

① 《朝鲜世宗实录》卷100，二十五年四月己亥。另据《朝鲜世宗实录·地理志》记载，虞芮郡到1450年代"四郡"撤废前夕的民户数量则仅剩77户。

② 根据《朝鲜世宗实录》卷154《地理志·平安道·江界都护府·虞芮郡》、《朝鲜文宗实录》卷1即位年三月癸丑等条所载，推测该郡设置后，其邑城如同前述茂昌郡，可能于1450年在原虞芮之地所筑石堡的基础上，另以"石城、壁城相半"而进行了扩建，也就是同时采用大体相当的石、木两种建筑材料重新改筑了邑城。

③ 根据《朝鲜世宗实录》卷154《地理志·平安道·江界都护府·虞芮郡》所载可知，虞芮郡完设后的辖域，北起闾延府下无路稍南之地附近，南达本郡泰日稍南（与慈城郡小甫里之间）之地及泰日岘附近。另据李仁荣的考证，下无路即相当于在今朝鲜慈江道中江郡湖下劳动者区附近，其近旁有湖内江（旧称"湖男川"），那么新设虞芮郡的北界相当于在今湖内江稍南（与旧称"远洞"之间）的熊樀山（海拔约1001米）等山地附近；而泰日即相当于在今朝鲜慈江道慈城郡延丰里附近（"小甫里"指的是相当于今朝鲜慈江道慈城郡延丰里稍西、法洞里稍北附近的地名，旧称"上仇非"），泰日岘即相当于今延丰里稍南、慈城江口稍北的山岭（旧称"皮木岭"，海拔约602米，今名不详），该岭以东还衔接有今称小盘樀山（海拔约1028米）等山岭，那么新设虞芮郡的南界就相当于在今朝鲜慈江道慈城郡延丰里稍南（与旧称"上仇非"之间）之地及小盘樀山等山地一线附近。此外还需指出的是，既然泰日等地被划归为虞芮郡辖属，那么慈城郡的辖域北界亦随之发生微小的变化，即其北止处相当于在今朝鲜慈江道慈城郡延丰里稍南之地及小盘樀山等山地一线附近，而界不变。同时，又因"四郡"中的慈城、茂昌、虞芮三郡的辖域皆已确定，则被分割后的闾延府辖域最后变为西起下无路稍南之地附近，东至小薰头（豆）稍南之地附近，相当于今朝鲜慈江道中江郡从湖内江稍南的熊樀山等山地附近，直至章兴里稍南之地（旧称"中章洞"）附近之间的地域。

分为四①即正式被改造成"四郡"之地的方式,逐步转变为稳固占有该地域的历史实情。与此同时,更重要的是,这种为了防御而"不自觉"的做法甚至被"推广"到整个鸭绿江南岸地区,并最终以下文将述及的"沿江防御体系"的形式,彻底确立了朝鲜王朝在这里的疆域范围。

## 第三节 明朝对朝鲜王朝经略"四郡六镇"之态度与当地女真原住民之动向

　　1398—1449 年间,在历经太祖至世宗四代共 52 年的时间里,朝鲜王朝在以朝鲜半岛东北部咸吉道为经略的主攻方向且亦不放松西北部平安道经略的情形下,分别在图们江中下游南岸以及鸭绿江上游南岸依次设置了庆源、会宁、钟城、庆兴、稳城、富宁"六镇"以及闾延、慈城、茂昌、虞芮"四郡",此即古代中朝疆界史中占据相当重要地位的"四郡六镇"。尽管各郡各镇的设置原因不同,或纯粹只为拓疆,或起初在于防御,或有道远不便之故,或有"肇基之地"的动力,但在女真外力的作用下,却终能殊途同归,以边备整体有实为终极目的而分置江边。加之移民实边、以民为兵或增兵驻防、赋予各自行政区划等,旨在将各邑打造成兵民完备且各拥辖区的主城巨镇。这些强化措施的实施,终使之成为朝鲜王朝堪比高丽王朝前后两次"北进"开拓业绩,且在继承高丽王朝拓疆成果基础上的第三次北拓经营行动的核心成果。

　　只不过,这种作为核心成果的"四郡六镇",虽可为朝鲜王朝在新开拓区域镇守一方,但尚不足以凭此达到完全维护乃至彻底巩固开拓所得全部疆土利益之目的。因为在这十座邑城特别是其中沿江九城的设置过程中,朝鲜王朝还陆续建造了前文已提及的诸如沿江行城、小堡等其他各种城防设施。若没有这些辅助性的防御工程,仅凭九座沿江邑城,充其量宛如九座独处一隅、自顾不暇的"孤岛",且不言其在保障疆土的全然稳固乃至促成

---

① 关于"四郡"设置的总体线索图,可另参见本书附录 A-1。

疆界的完全确立方面是否有足够的力度，单就各邑对自身辖域内的全面防范而言都难保万全。而既有核心主城，又有各种辅助工程，这就涉及上文多次提到而下文将集中阐述的所谓"沿江防御体系"的问题。

可是，对于上一章及本章论及的"四郡六镇"而言，它们的设立与分布毕竟作为朝鲜王朝已掌控图们江中下游南岸地区以及鸭绿江上游南岸地区的核心代表，即象征着图们江中下游自然界河以及鸭绿江上游自然界河有了形成的基础条件。再加上，朝鲜王朝建国后继承了高丽时代所拓的鸭绿江中下游南岸疆土，并初步采取了一定程度的巩固措施，从而延续了前代初步以鸭绿江中下游为自然疆界的状况。① 因此，总体来看，"四郡六镇"的完设，已然奠定了整个古代中朝"鸭—图"两江自然界河形成的基础。

针对"鸭—图"两江界河全面形成的趋势，前文曾论及明朝从以太祖朱元璋为代表的君臣开始就确认了以鸭绿江为界河，但实际却主要以朝鲜王朝义州邑城所在的鸭绿江下游河段为参考标准，并提其对于所辖辽东东、北部女真羁縻区特别是涉及疆土利益的中朝相邻地带的地理详情所知有限且关注不够的状况。既如此，那么明朝对彼时朝鲜王朝尚未拓展至鸭绿江上游南岸地区的情况也就难以掌握，当然就更别提图们江沿岸地区了。基于此，待朝鲜王朝又在"鸭—图"两江南岸经略规模浩大的"四郡六镇"时，明朝又会相应做何种反应？

遍览《明实录》《大明一统志》《辽东志》《全辽志》等相关的明朝官修史书、志书，可以发现其中基本没有关于明朝针对朝鲜王朝新开拓"四郡六镇"有何直接反应的记载。这就是说，明朝可能不太清楚这些状况的发生，甚至可能也无意关注这些状况的发生，即从根本上讲进一步印证了前文所述宗主国传统疆域认识中的自我中心主义特征。而若另从与此相关的女真问题中寻找例证，如各引述建州女真斡朵里部、兀良哈部分别与朝鲜王朝关系中的一个例子，也或可侧面窥探一二。

首先是斡朵里部。1433年"阿木河事变"后，朝鲜王朝先是移设庆源、

---

① 至于后来，朝鲜王朝在鸭绿江中下游南岸地区与"四郡六镇"等邑城辖地一起进行了系统的辅助工程建设，即一同构建起"沿江防御体系"，这主要是因为鸭绿江南岸全盘防御的需要。不过，这种为了协同固防的做法，最终在一定程度上也更加巩固了鸭绿江中下游作为已成疆界的事实，对此亦将在下一章节详述。

宁北二镇,后又于斡朵里部居地斡木河地区设置会宁镇,为了预防明朝使臣日后来此办差,再发生诸如前述新庆源镇复立前的"张信事件",其早就想好了应付之辞,正所谓"使臣到斡木河……倘问伯颜愁所、斡木河等处设军门防御事由,将应之曰:'此地本是我国之境,蕞尔斡朵里、兀良哈等寄住,去岁又见败于亏(兀,引者校)狄哈等,流离漂散,国家以为此地本吾土地,不可闲旷,姑设木栅,以防他盗。'"①显然,朝鲜王国对其拓疆设镇显得理直气壮,早已将女真之土、明朝之疆视为己原有之地。而相反,明朝对于自己所羁縻管辖的疆土却并未有如朝鲜王朝这般在意。这正如会宁镇完成设立后,斡朵里部首领凡察因不堪于朝鲜王朝利用会宁镇对其进行控制与压迫,故上奏明廷请求迁徙,却遭到了朝鲜王朝三番五次的阻挠。朝鲜王朝不仅拿出其"恩威制御之术"中的"制"策,对凡察软硬兼施,欲"阴折移归之心"②,而且也反复上奏明廷请求否决凡察之请。其中一封奏文中有如下之言,"窃照,凡察等祖居镜城阿木河,系是准请之地"③,"忽于近岁先以耕农打围为由,移住本国边陲东良(今朝鲜咸镜北道茂山郡辖地,引者注)地面"④。这里将"阿木河"说成是镜城辖地,与前述将镜城说成是公险镇以南之地如出一辙,而且为此也再次拿出了所谓的"十处女真人民准请"的批文。这还不算,朝鲜王朝当时甚至欲染指东良之地。然而,对于朝鲜王朝之说辞,明朝仅是以宗主国的身份而将注意力集中于调解其与女真人的矛盾上,根本未注意到朝鲜王朝已"北进"占据凡察所部土地的问题。甚至,在回复中还有一句"不肆鼠窃于王之境"⑤,虽说并未挑明"王之境"是否指代会宁镇,但这种不置可否、不辨实情的态度实际等于默认了斡木河等地已成朝鲜王朝疆土的事实。

再来看兀良哈部。关于1433年朝鲜王朝肆意发动"癸丑之役"一事,且不说其在以明太祖为代表的明朝君臣笼统以鸭绿江为界的情况下,利用闾延郡悄然攫取了此前实际尚未涉足的鸭绿江上游南岸地区,单就鸭绿江中

---

① 《朝鲜世宗实录》卷64,十六年五月戊子。
② 《朝鲜世宗实录》卷86,二十一年九月甲子。
③ 《朝鲜世宗实录》卷92,二十三年正月丙午。《明英宗睿皇帝实录》卷76 正统六年二月丁酉条中亦有相应记载:"彼凡察旧居镜城阿木河,即太祖高皇帝赐复之地。"
④ 《明英宗睿皇帝实录》卷76,正统六年二月丁酉。
⑤ 《明英宗睿皇帝实录》卷76,正统六年二月丁酉。

上游北岸明确为明朝辖属的李满住部所在地区而论,自然不容随意践踏,更何况是动武。可朝鲜王朝为了打击、驱逐李满住部,竟然不惜越江征战,而且是先斩后奏,甚至后来又用几乎相同的做法制造了 1437 年的"丁巳之役"。对于这种恣意行动,时任明辽东总兵官都督巫凯曾反复力奏于明帝,请求惩治"朝鲜国擅攻建州卫"之罪①,但明帝却认为"'远夷争竞,是非未明,岂可偏听'……敕凯但谨边备而已"。② 显然,明帝就像"坐山观虎斗"一样任凭两个藩属争斗,甚至鉴于其对朝鲜王朝的信任以及对女真人的偏见,实际更偏向于朝鲜王朝一方,而并未在意朝鲜王朝正"侵疆"的事实。

综上可见,在朝鲜王朝强力拓建"四郡六镇"的过程中,明朝仅致力于解决女真与朝鲜王朝的二"夷"争端问题,对其中所涉及的疆土利益问题依旧未予注重。这主要还是在于明朝将二"夷"争端视作宗藩体制下的臣属内斗的缘故,而是否存在疆土利益问题并不能引起其特别注意,甚至其基于与朝鲜王朝彼时关系友好的宽松环境而更施以怀柔政策。也或许,正如前述,明朝真就不知晓甚至仍无意知晓朝鲜王朝的这些新的北拓经营行动,但在事实上却等于给予朝鲜王朝继续利用之机。结果,这一方面自然成全了朝鲜王朝的"四郡六镇"经略,使之最后完全占有这些地域。这也是明朝统治者沿袭历代惯用的利用民族矛盾"以夷制夷"的边疆政策,欲借朝鲜王朝的力量来制衡女真的后果之一③,那么最终的实利获得者只能是朝鲜王朝。另一方面,这却给生活在这些被开拓地域的女真原住民带来了严重的灾难,并造成了巨大的影响。这些女真原住民要么接受朝鲜王朝的控制,久而久之成了对其臣属的"向化女真",要么被迫退出他们的居住区,甚至遭受被屠戮的命运。

这就是说,朝鲜王朝"四郡六镇"的设置史,不仅是其在"鸭—图"两江南岸的"北进"开拓史,更是其对两江流域女真人的打压史。其中,在图们江方面,"六镇"的设置史,正是对毛怜兀良哈、斡朵里等图们江流域女真人的控制、驱赶史。随着移镇拓疆的逐渐深入及各镇"移民实边"政策的陆续

---

① 《明宣宗章皇帝实录》卷 103,宣德八年六月癸未。
② 《明宣宗章皇帝实录》卷 103,宣德八年六月癸未。
③ 王臻:《朝鲜前期与明建州女真关系研究》,中国文史出版社,2005,第 52 页。

开展,朝鲜王朝利用明朝的信任优待与"恩威制御之术",对图们江南岸的女真原住民步步紧逼,不断地压缩女真人的生存空间,以求"豆满江之南,沃野数百余里……可为生民永建乃家之地"。① 尤其是通过"庚寅事变"重创了毛怜兀良哈部女真②,以及在"阿木河事变"后于1440年逼走了以凡察、童仓为首的部分斡朵里部女真③,而这些女真部族对于朝鲜王朝而言正是其在图们江南岸拓疆的主要障碍。此后,随着"六镇"设置渐趋稳固,留在图们江南岸的女真遗民因"以离土为闷,请仍居,永为不二之臣,其势有难,一时尽逐,挑其仇怨,故不得已筑长城于江边,而斥江之内地在城外者,使居之"④,从此完全处于"六镇"的控制之下,成了所谓的"城底野人"⑤,直至17世纪初努尔哈赤兴起后将其全部北撤为止。由此可见,正所谓"永安道(即咸镜道,引者注)本野人界,世宗以豆满江为限。其时金宗瑞献策设六镇,此盖夺野人所居之地。彼不忍远离旧土,故许令仍居城底,以为藩篱,使报声息"。⑥

而在鸭绿江方面,"四郡"的设置史,则是对建州兀良哈部女真的威慑、绞杀史。通过"癸丑之役"及"丁巳之役"的两次重创,以及利用与明朝交涉时相较于女真人的便利优势,朝鲜王朝迫使李满住不得不率部迁离婆猪江流域。⑦ 1438年,李满住所部"移住灶突山东南浑河上(今中国辽宁省新宾

---

① 《朝鲜世宗实录》卷77,十九年五月己酉。
② 此后明朝虽曾重建了毛怜卫,但到了朝鲜世祖朝,朝鲜王朝因杀害了其另一位杰出首领郎卜儿罕,又进一步打击了毛怜卫,彻底铲除了该部阻碍其"北进"的势力。关于这一问题,具体可参见王臻:《朝鲜前期与明建州女真关系研究》,中国文史出版社,2005,第100~110页。
③ 关于这一问题的探讨,具体可参见王臻:《朝鲜前期与明建州女真关系研究》,中国文史出版社,2005,第95~99页。
④ 郑允容:《北路纪略》卷3《拓边·本朝》。
⑤ 朝鲜王朝又称之为"藩胡"。
⑥ 《朝鲜燕山君日记》卷25,三年七月甲辰。
⑦ 关于这一问题的探讨,具体可参见王臻:《朝鲜前期与明建州女真关系研究》,中国文史出版社,2005,第76~86页。

县老城东南之烟筒山,引者注)"。① 此后,该部女真人与随后从上述图们江南岸逃离的凡察、童仓所部女真人一起,合并组成了历史上著名的"建州三卫"女真,并在以后不断发展的过程中,逐渐孕育出了继承明朝统治的中国最后一个大一统王朝——清朝。

只不过最后还需强调的是,在上述明朝一概而论以鸭绿江为界,但毕竟给朝鲜王朝吃了一颗定心丸的前提下,也正是由于这些曾居住鸭绿江中上游北岸尤其是图们江两岸以建州女真为代表的女真部族的存在,更成为明廷在可能尚不知情或也无意识的情况下唯一能够依赖的对象,并因这些女真部族所产生的"阻挡"作用,从而一定程度上达到了实际限制朝鲜王朝快速以及无节制"北进"的效果。这才迫使朝鲜王朝产生了前文所述"保国封疆"的总体经略思想。再加上,朝鲜王朝的北方经略确已到了极北苦寒或高原山地等这些在"鸭—图"两江南岸不易开拓的地域,由此进一步强化了朝鲜王朝的"保国封疆"思想,最终促使古代中朝双方的疆界从明朝开始便稳稳地固定于"鸭—图"两江一线。

---

① 《明英宗睿皇帝实录》卷43,正统三年六月戊辰。另外,此地虽不像浑江流域一样临近鸭绿江岸,但距离鸭绿江岸也不算太远,其靠近辽东,介于建州兀良哈部此前居住的辉发河流域与浑江流域之间。1451 年,李满住又率部返回浑江流域。1467 年及 1479 年,建州兀良哈部受到明朝与朝鲜王朝军队的两次讨伐,李满住本人在战役中被朝鲜王朝军队斩杀。建州女真由此进入中衰期,直到 16 世纪中期以后复崛起。分别参见董万仑:《东北史纲要》,黑龙江人民出版社,1987,第 383~384、393~399 页;谭其骧主编《中国历史地图集(第七册)》,中国地图出版社,1982,第 82~83 页;河内良弘:《明代女真史研究》,赵令志、史可非译,辽宁民族出版社,2015,第 679~702 页。

## 小结

1416—1443 年间,朝鲜王朝在其立国之初对于所继承的鸭绿江中下游南岸的北拓经营成果已进行了初步巩固的基础上,继续向鸭绿江上游南岸开拓,从而由此开始了对"四郡"的逐一设置。

**闾延郡(府)** 它的最初设立标志着"四郡"设置之始。1416 年,为了鸭绿江上游南岸广袤地域的管防及此后能够继续深入开拓,朝鲜王朝将咸吉道甲山郡所辖之闾延村分离并设置了闾延郡,又将其连同由甲山郡划分而来的广袤辖域从此归属于平安道。闾延郡设立后,起初较少遭遇边患问题,但随着 1424 年建州女真李满住部迁居至其对岸的婆猪江流域,其防御压力陡然提升。为了驱逐该部女真,朝鲜王朝实施了各种制裁措施,最终却激起了女真人的反抗行动。1432 年,女真人大举攻袭闾延郡,由此引发了 1433 年朝鲜王朝打击李满住部的"癸丑之役"。此后,平安道进入到遭受女真人不断袭扰的全面危机期,也因此促使朝鲜王朝不得不进行平安道边防的全面巩固。正是在此形势下,到了 1435 年,闾延郡先被向东扩大辖域,又被升格为都护府,从而完成了终设。

**慈城郡** "癸丑之役"后,随着朝鲜王朝对以鸭绿江上游南岸为重点的平安道边地进行全面深入的布防,闾延郡(府)便开始了其辖域被分割细化的历史。在此期间,慈城郡正是第一个被分置而新设之郡。1433 年,朝鲜王朝在征伐之后,担心女真人或有大肆复仇攻掠之举,便在防御最紧要却又因相距较远而不及救援的闾延与江界两邑城中间之"慈作里",首先新增设慈城郡,并在分割闾延邑城所属西部的辖域后,完成其终设。

**茂昌郡** 茂昌郡是第二个从闾延郡(府)中被分置而新设之郡。它的所在地,初名"上无路",位于闾延郡(府)与甲山郡三水地界之间。该地并非防御紧要之地,却与慈城郡一样,因闾延与三水相距较远,不利防御,而在平安道边防布置逐步加强的形势下,被朝鲜王朝不断关注。1439 年,其地先被造筑了石堡。1440 年,它又被独立设县,由此才改称"茂昌",并分割了闾延邑城所属东部的辖域。1442 年,它进而被升格为郡,完成终设。

**虞芮郡** 虞芮郡是最后一个从闾延郡(府)中被分置而新设之郡。它的设置,起初关涉到附近一个名叫"赵明干"的地方。因赵明干屡遭女真人袭击,边患形势严峻,且亦有救援不便的问题,朝鲜王朝不得不加紧此地的防御布置。为此,朝鲜王朝于1437至1439年间在该地先后设万户、筑石堡。但随着平安道于1440年之后进入全盘防御的阶段,朝鲜王朝另以该地附近之虞芮为中心,先于1442年筑虞芮石堡,又于1443年新设虞芮郡,以便更好地防控该地及其近旁的这一高危要害地段。正因为如此,在进一步分割闾延邑城所属西部的辖域后,虞芮郡完成终设。

综上可见,"四郡"的设置是一个逐步分割辖域、深入开拓鸭绿江上游南岸的过程。其中,防御是动因,开拓是主线,分地设郡是手段。虽说各郡设置历程各不相同,但在不断加强防御的要求下,却与前述"六镇"一样,依次分置江边,各辖一区且彼此联防,由此便可与鸭绿江中下游南岸的其他邑城一起,至少达成了全面江防布局形式之统一,从而为最终促成"沿江防御体系"之鸭绿江防段的完善构建,创造了基本的前提条件。

同时,"四郡"与"六镇"的设置总体而言是同步进行的,皆为朝鲜王朝在世宗时代结束前所建"鸭—图"两江"沿江防御体系"中新开拓的核心成果。它们的设置完成,大体上奠定了整个两江自然界河形成的基础。只是,在这个过程中,明朝似乎全然不知,甚至延续其怀柔政策,从而继续被朝鲜王朝所利用,结果使朝鲜王朝如此设镇置郡的"北进"之举,变成无可挽回的历史事实。

**附:《大东舆地图》中所展示与本章论述"四郡"设置有关的重要地名**
(以下括号内即为本章所述的对应地名,但其中不少地名的地理位置按李仁荣考证与《大东舆地图》所绘相左,故将以下画线的形式进行标示)

**闾延郡(府)辖属地名:** 闾延(闾延郡邑城,闾延府邑城);下无路(下无路堡);薰头(小薰头,薰豆堡);所温梁(所温梁,孙梁)。

**慈城郡辖属地名:** 慈城(慈城郡邑城,慈作里);照牙坪(伊罗);知弄怪(池宁怪堡);㘽三洞(松坡)。

**茂昌郡辖属地名**：茂昌(金正浩认为的茂昌郡邑城或上无路堡所在地)；河山堡(李仁荣考证出的茂昌郡邑城或上无路堡所在地)；甫山(甫山堡)；厚州(厚州堡)。

**虞芮郡辖属地名**：虞芮(虞芮郡邑城)；胡芮川(胡芮川)；赵明干(赵明干堡)；小虞芮(小虞芮堡)；泰日(泰日堡)；榆坡(榆坡堡)。

**江界府辖属地名**：满浦(满浦堡)；麻田岭(上土岘)。

**资料来源**：金正浩绘《大东舆地图(缩刷本)》二·五"厚州"、二·六"厚州"、三·五"厚州·三水"、三·六"厚州"、三·七"厚州"、四·六"江界·厚州",(首尔)真善出版社(音译),2019。

# 第五章 朝鲜王朝"沿江防御体系"的构建

历经整个 15 世纪上半叶,朝鲜王朝"四郡六镇"的设置完成,在逐渐形成沿江防御的进程中,并不能作为北方边防尤其江防工程建设的全部,甚至亦非沿边尤其沿江"大城巨镇"的全部,而仅是其自建国以来新开拓、新设邑城的代表。这就涉及整个"鸭—图"两江"沿江防御体系"构建的相关问题。

"沿江防御体系"是朝鲜王朝在"四郡六镇"建设基础上的又一大工程。其中不仅包含着对前代已有成果的继承与对既有经验的吸收,更展现了对于明朝边防模式的有效借鉴。它是结合了朝鲜王朝初期边疆的新形势与朝鲜半岛及其北部特殊地理构造的创新力作。

"沿江防御体系"不仅对当时朝鲜王朝的边防巩固拥有无可取代的实效价值,更对古代中朝自然疆界的基本定型起到无可置疑的决定性作用,故对这一概念的引入与重视也就显得相当必要。此外,以往学界常以"四郡六镇"的设立作为彼时"鸭—图"两江自然界河基本定型之标志,而实际上以"四郡六镇"中的沿江邑城为核心代表的"沿江防御体系"的构建,才是该界河真正由此基本定型之象征。本书接下来即从朝鲜王朝"沿江防御体系"构建之发轫出发,具体阐释该体系是如何促成两江界河在 15 世纪中叶基本定型等相关问题。

## 第一节 体系构建的缘起及实际功效

所谓"鸭—图"两江"沿江防御体系",指的是除鸭绿江与图们江江源段以外，以彼此协同防御的方式在两江干流以南特别是沿江地带多层次地建设各种防御工程，并采取徙民、驻军等巩固措施而达成的防御系统的总称。① 该体系一方面是集各种防御工程于一身的城防体系，即其不仅主要包含作为整个体系核心防御力量的鸭绿江南岸"四郡"、图们江南岸沿江五镇等两江干流南岸的沿江诸邑城（主城），还包含配合这些邑城防御的各种辅助工程（可称之为"江防辅助系统"）。② 此二者就好比整个城防体系的"骨干"工程与"枝叶"工程，彼此联防，缺一不可。另一方面，该体系又是一种军民合一的驻防体系，即依托这些城防工程，采用徙民政策以便入居防守，加派南道赴防军以便驻军增防，对体系加以巩固，以保障所占地域的长久稳固。其中，"寓兵于农"的徙民政策是入驻军队的主要来源。

"沿江防御体系"的构建是朝鲜王朝自建国以来积极谋划、落实北方经略行动至关重要的举措。在1433年"癸丑之役"与"阿木河事变"后，尤其是从1440年皇甫仁至北方平安、咸吉两道主导全盘边防建设开始，"骨干"逐年增设，"枝叶"亦相继添加，两者几乎是同步进行的。它们的建设与结合正如"四郡六镇"一样，既是对朝鲜王朝循序渐进地建城北拓，也是对以首重防御为终极目的的"北进"新战略的完美诠释，更是对在这个"北进"新

---

① 关于两江江源段，因其在长白山（或称白头山）中心高海拔区，多为无人地带，朝鲜王朝在其整个前期基本未涉足此处，当时也没有驻防之必要。至于其所指范围，其中图们江江源段如前述，指从长白山发源地至东良北（今朝鲜茂山郡辖地）为止，包括正源与多股支流来汇的河段，而由此以下则为江之干流。鸭绿江江源段，据郑允容撰《北路纪略》卷1《山川总要•大泽源流•鸭绿江》载："大泽一派隐流到山下辰已方数里许，开壑涌出，是为鸭绿江源，西南流至惠山云宠之界，西流合虚川江至三水之新加乙坡下，合长津江到江界厚州之地，合厚州江……又渐西过……义州入于海。"显然，鸭绿江江源段指的是惠山以上河段，即此以下为江之干流。此外，关于整个图们江干流，由于前文所论"六镇"中实际仅有沿江五镇分列于其中下游南岸备防，而其上游南岸后有茂山镇备防，但要到清初才完成设置（下文就此有专节详述），故此时的"沿江防御体系"覆盖范围暂不包含茂山镇所处防段。

② 这里另需强调说明的是，整个体系关键在于沿江布防，故沿江诸邑城（含辖域沿江的邑城）是体系的核心防御力量，而在体系中也存在一个包括辖域完全非沿江的邑城特例，此即富宁镇。如前所述，富宁镇主要承担着沿江五镇的"援助性后勤基地"的角色，是体系中起后备作用的特殊防御力量，但正因如此，单就辅助沿江邑城的这种功用而言，该镇与沿江邑城的众多辅助工程的功能可谓大同小异，即皆是为了增强沿江防御的稳固性，故下文在论及体系中的核心邑城（"骨干"工程）时暂不将该镇列入其中。此外，朝鲜王朝当时的整个北方前沿防线并非全然沿江防御，鉴于世宗时代的北拓经营尚未达到图们江上游南岸，致使图们江以南的朝鲜半岛东北部地区除富宁镇外，在富宁镇以南还有镜城、吉州等个别邑治也成了非沿江边邑，而且为了防范图们江上游以南的特殊地域，这些非沿江边邑同样拥有所属的部分辅助工程，它们连接形成的边防线仅作为整个体系向朝鲜半岛北部内陆地区延伸的边防分支线，下文就此还将另作阐述。

战略实施进程中渐趋定型的古代中朝自然疆界的集中标示。

## 一、体系构建的缘起

若论"沿江防御体系"的构建源流,则务必首先探讨一下与之密切相关的朝鲜王朝北疆的地理构造特点。

正如前述,朝鲜半岛三面环海,只有北方与大陆相连。而由南向北纵观此连陆之地,似乎又只有"两江一山"将半岛与大陆几乎分隔开来。那么,除长白山外,朝鲜王朝是如何看待或认识此"两江"呢?从其文人士大夫的一些代表性诗文中,即可略见端倪。

首先对于鸭绿江而言,这是在朝鲜王朝立国之前,古代中、朝两国皆已熟知之江。南宋理学大师朱熹曾有言:"天下有三处大水,曰黄河,曰长江,曰鸭绿江。"①由此将鸭绿江的地位推到了与黄河、长江并立的地位。而北宋时期的徐兢更是直接道出了当时的高丽人对于鸭绿江的看法,"高丽……然亦恃鸭绿以为险也……高丽之中,此水最大,波澜清澈,所经津济,皆舣巨舰,其国恃此以为天堑,水阔三百步"②。这些有关前人对鸭绿江在天下诸水系中的突出地位特别是作为天堑的地理特色的认识,后来大多被朝鲜王朝的士人所吸收、继承乃至推崇,甚至有些朝鲜王朝士人还通过对该江的亲身体验进一步获取到尤为深切的感悟。比如,早在朝鲜王朝初期,出使明朝的权近为了应对明太祖的考察,便创作了一首专门以"渡鸭绿"为题的代表诗作,诗中有句云:"塞邑萧条树老苍,长江一带隔辽阳。皇风不限华夷界,地理何分彼此疆。"③此外,权近还曾在游鸭绿江时作过另一首有关该江的诗,诗中有云:"国有封疆险,天分地利雄。"④显然,权近将鸭绿江视作"长江",并将其作为本国凭险"封疆"及与大明华夷分界的天然屏障,可见正是其对该江曾身临其境的深刻感受,才导致了与前人既一脉相承又有

---

① 徐善继、徐善述:《地理人子须知(上)》卷1《论三大干龙》,杨金国点校,内蒙古人民出版社,2010,第8页。
② 徐兢:《宣和奉使高丽图经》卷3《城邑·封境》,朴庆辉标注,载《清实录朝鲜史料摘编》,吉林文史出版社,1991,第6页。
③ 《朝鲜太祖实录》卷11,六年三月辛酉。
④ 《新增东国舆地胜览》卷53《义州牧·山川·鸭绿江》。

所发展的认识表达,而权近之后的朝鲜王朝士人针对鸭绿江拥有"长江"天堑般的屏障作用亦多有类似的认识。

再者对于图们江而言,这虽是朝鲜王朝直到"六镇"开拓时才见诸史料之江,但即便如此,朝鲜王朝对其的认识却比明朝及以前的古代中国各朝实际都更加深刻。① 仅以成书于朝鲜王朝成宗时期(1469—1494年)、增修于朝鲜王朝中宗时期(1506—1544年)的古籍《新增东国舆地胜览》为例,其中便多有涉及沿江五镇的诗句记载。比如,关于庆源镇有"从古华夷天所限,江流一带作封疆"之句②,关于会宁镇有"北来春尽无情况,但见长江隔虏墟"之句③,关于钟城镇有"斩荆开府未多年,连境居民限巨川"之句④,关于稳城镇有"新移巨镇背长川,举目微茫塞外天"之句⑤,关于庆兴镇有"豆满长江隔塞天,客中归梦五云间"之句⑥。显然,从朝鲜王朝士人的这些诗作中不难发现,其亦将图们江视若鸭绿江,类比于"长江"天堑,并作为地理上彼我自然分别之屏障。如此,难怪就连世宗王都曾同感道:"豆满江,天所以限彼我也。"⑦

综上可见,朝鲜王朝君臣士人对于"鸭—图"两江作为其国与中国大陆的天然分割线是相当认可的,尤其对其作为自然屏障可起到如长江一样的天堑作用更是感触颇深,体会到凭此天堑可"封疆"以自固的好处。此"封疆"正涉及前述屡屡提及的"保国封疆"思想。所谓"保国",自然是为了求得王朝的存续与发展;而所谓"封疆",则是为了保证国家疆土的安全。显然,"保国"需要"封疆",而"封疆"也是为了更好地"保国"。

对于朝鲜王朝来说,"保国"主要是鉴于中国大陆新的强大势力的军事威慑,在其前期首先针对的就是"上国"明朝,而其已至诚"事大",自无顾虑;此外为了防范其他少数外族侵袭,尤其是为了应对新的女真集团对于王

---

① 自元朝所著《金史》中就有关于图们江的记载,明朝《大明一统志》亦将图们江称为"阿也苦河";只不过,这是我们今天通过已有的地理知识从史籍记载推测出来的结果。事实上,这些史籍记载很有限,本身就表明当时的统治阶层并不关注该江,甚至明朝的统治者可能根本就不了解"阿也苦河"就是后来的图们江以及朝鲜王朝所说的"豆满江"。
② 《新增东国舆地胜览》卷50《咸镜道·庆源都护府·题咏》。
③ 《新增东国舆地胜览》卷50《咸镜道·会宁都护府·题咏》。
④ 《新增东国舆地胜览》卷50《咸镜道·钟城都护府·题咏》。
⑤ 《新增东国舆地胜览》卷50《咸镜道·稳城都护府·题咏》。
⑥ 《新增东国舆地胜览》卷50《咸镜道·庆兴都护府·题咏》。
⑦ 《朝鲜世宗实录》卷77,十九年五月己酉。

国北方疆土安全的威胁,其能够采取的最好的备防策略就是像高丽时期一样在边境地区筑城"封疆"。可是今非昔比,朝鲜王朝在继承前代高丽所拓疆土的基础上,已将边境北推至两江南岸或者是临江之地,况且其在图们江南岸已深处女真腹地,那么在看准了面前两江的天堑功能后,如何利用该功能并使之得到最大限度的发挥,是其首要考虑的问题。这是高丽王朝不曾遭遇过的情况,却又是朝鲜王朝已然面临而不得不必行的情况。而全然将两江南岸作为边境,一步步地沿江筑城以求最终彻底"封疆",便自然而然地涉及"沿江防御体系"的问题。

不过,由明显体现着战略守势方针的"保国封疆"思想中的"封疆",导引而来的"沿江防御"的方式,并不意味着其仅仅处于被动防守的状态,这实际是一种"以守为攻"的战略。这种战略以"四郡六镇"的设置为例即可说明。正如,"六镇"中沿江五镇从无到有、从内地到江边,"四郡"从一变四、从江岸一处孤防到四处并防,呈现出一种依次推进或主动增防的趋势。显然,这种防御战略的总体操作模式首先不总以北拓疆土为直接目的,也并非单纯的防守,而是依托城防工程在防御中谋求开拓进取之机,在开拓中巩固防御,将作为开拓的"攻"势隐藏在作为防御的"守"势之中,并在力主防守的过程中逐渐潜在地促成了开拓,不失为拓守兼备、循序渐进的两全方案。此战略模式即前文提及的朝鲜王朝独一无二的"北进"新战略。它虽来源于"保国封疆"的思想初衷,却饱含着"以守为攻"的思想内核,具体实现形式正是"沿江防御体系"的逐步构建。

本着全面贯彻"北进"新战略宗旨而构建的"沿江防御体系",步步为营地建城置邑并辅以调民驻军,自然是其得以铸就的具体实施手段,但各种防御工事相互之间能否形成有效联防以达到最终沿江"封疆"的目的,以及其种类与数量的多少、规模之大小等,却是判断该体系是否正在形成的重要标准,更是检验其最终成型与否的根本依据。

由于朝鲜王朝立国之初所继承的丽末北拓经营成果,要么未及于图们江岸,要么仅在鸭绿江中下游南岸建有几大邑城,且主要旨在拓疆,防御尚不稳固,更别提联防了。如此说来,为严格执行以上新战略而所建之体系,彼时的边防布控状况既然不符合其要求,那么其初成时间自当后推至"四郡六镇"设置之时。

一方面在图们江南岸，自"阿木河事变"之后，新庆源镇最先移治于图们江岸苏多老附近的会叱家地区。以此为始，会宁镇设治于图们江岸的斡木河地区；庆兴镇设治于孔州；钟城镇先设治于伯颜愁所之地，而后又移治于图们江边。至此在图们江中下游南岸地区初步形成了"四镇"的沿江防御格局，以后又在多温（平）增设稳城镇而终究得以连接形成沿江五镇。

另一方面在鸭绿江南岸，自"癸丑之役"之后，在仅有闾延一郡的情况下，先有慈城郡城增设于闾延邑城西南、鸭绿江东的慈作里之地，再有茂昌郡城增设于闾延邑城东南的江边上无路之地。而后，更有虞芮郡城增设于闾延与慈城二邑城之间的江边虞芮之地，以至于最终连接形成沿江"四郡"。

由此可见，以1433年"四郡六镇"开始全面设立为时间节点，各郡各镇随着所需防御的步步加强而逐渐呈现出沿江紧凑联防的趋势。这说明自此时间节点起，体系的形成已然在酝酿之中。与此同时，再加上一开始就有陪伴这些边防邑城尤其作为"骨干"的沿江邑城而建的部分"枝叶"工程，即意味着体系已有了最初的雏形。而后，随着"四郡六镇"的逐步完设及其"枝叶"工程的移建、增设或加固，乃至两江南岸其他"骨干"与"枝叶"共同组成的全盘防御布局逐步完成强化，整个体系的结构规模在不断发展，防御能力亦在不断增强，以至于终能构建成型而达成沿江"封疆"。总之，所谓"沿江防御体系"的构建史，正依赖于"四郡六镇"尤其"骨干"工程的建设史。

## 二、体系构建的实际功效

正如上述，如此一个为"封疆"防御而构建的"沿江防御体系"，除总体上的战略意义外，那么当时的实效价值如何？是否真有其构建的必要？事实上，对此问题，朝鲜王朝君臣也曾多次激烈地辩论过。因为即便它真能起到较好的备防效果，没有"布置失宜，徒费民力"①，在当时也有"劳弊已多，疾疫亦兴"而致使民怨日盛的问题。② 然而，尽管朝鲜王朝君臣不得不面对这些弊病，却依然要坚持促成该体系的构建，正是因为他们深知此体系无论

---

① 《朝鲜世宗实录》卷94，二十三年十月戊辰。
② 《朝鲜世宗实录》卷94，二十三年十一月甲寅。

现实还是长远皆有其好处。这正如曾主导过平安道、咸吉道边防布置的三位重臣对体系中的城防构筑的认知。崔润德曾言：

> 今国家升平日久,当及闲暇之时,愿筑城郭,以固邦基。禽兽犹有巢穴以御外侮,而况人乎！自古国家治乱无常,安知后世不能如今日之盛治乎？至于后世,圣君不作,又无贤臣,则其能久安乎？边城之筑为万世长久之计,不可缓也。①

皇甫仁同样认为：

> 城郭沟池以固国,古今之通议。以生道役民,虽劳而不怨,前贤之所言。古者当其临敌出师之时,尚且筑城以图后事者有之,况其无事之时乎？我国北连野人,南邻海寇,见侵之患,稽诸已往,昭昭可见。须及无事之时,预筑城郭,以备不虞,永固封疆,乃万世之长策也。②

比起以上两者,还当数金宗瑞的见解最为深切。1437年,他曾在回复世宗王的名为《论筑行城四镇便否疏》(也有古文献称之为《论四镇形势筑城便否疏》)的奏疏中如此写道：

> 无水可阻,何以设险？无山可据,何以为固？真所谓四散四战之地也。若以四邑要冲,宜作大镇,以为主将之所,以为四邑之援,则然矣……抑以龙城为界者,有一不义、二不利。缩先祖之地,一不义也。无山川之险,一不利也；无守御之便,二不利也。以豆满为限者,有一大义、二大利。复兴王之地,一大义也。据长江之险,一大利也；有守御之便,二大利也……今日之建四邑,全以藩屏北方也；今日之筑城郭,全以巩固藩屏也；今日之戍边围,亦欲御彼贼而安我民也。然则今日之事,非可已不已而轻用民力也,非好大喜功而穷兵渎武也……若城郭完固,

---

① 《朝鲜世宗实录》卷65,十六年七月戊子。
② 《朝鲜世宗实录》卷112,二十八年四月丁卯。

甲兵坚利,士卒训炼,则四镇之人足以自守自战,奚待他兵之助?其贼变之永息、贼心之永服,难以预料也……伏望圣上不求速成,不贵小利,不计小弊,不虑小患,积以岁月,持之悠久,则浮言自息,民心自定,民弊自去,民怨自绝,民食自足,兵力自强,寇贼自屈,新邑永固矣。①

仅从以上三人之词可知,坚持沿江城防体系的建设在防御的具体实效功用方面,不仅在当时是当机立行、不可中断之急务,更是"功在当代、利于千秋"的保障边境安稳之实务。尤其是金宗瑞在其奏疏中针对沿图们江布防而提出的所谓"义利论",更是深刻道出了构建"沿江防御体系"所存实效价值之真谛,以至于连世宗王阅览后都由衷地赞叹"吾于北方之事,日夜轸虑不置,今见卿书,可无忧矣"。②

当然,上述体系不只在"北进"新战略的总体要求下,为实际的防务问题给出了理论上的可行性,其在构建的过程中也早已经受住了"实战"的成效考验,特别是具体到防御的战术层面上,更可谓立竿见影。接下来仅就图们江地区起初以沿江四镇邑城为"骨干"工程所构筑的尚未成型的体系为例,彼时以庆源、会宁、钟城、庆兴四镇为核心的沿江防御系统初具规模,便迅速发挥出其应有的威力。

首先是对居住在四镇附近的斡朵里、兀良哈等女真部族,产生了强大的压制力,使其不敢轻举妄动:

> 今设四镇,以兵压之,如芒刺在背,虽欲避居于深处,如兀狄哈诸种,必以奴虏使之矣。仍居则心不自安,深入则身必受辱,进退之难如是,其忌我四镇之兵明矣。永建四邑,以镇定野人,则吾民之心不摇动,野人之心亦自安固矣。③

其次是对生活在图们江北,却常常越江劫掠的嫌真兀狄哈等女真部族,

---

① 《朝鲜世宗实录》卷78,十九年八月癸亥。
② 《朝鲜世宗实录》卷78,十九年八月癸亥。
③ 《朝鲜世宗实录》卷77,十九年五月己酉。

也产生了相当的震慑力,正所谓"四镇之设,专备此贼"①,使其再不敢随心所欲地四处袭扰了。

不过,两者相比而言,像后者那样的江外女真部族往往最为朝鲜王朝之边患,图们江方面如此,鸭绿江方面则更是如此。那么在此情形下,有了江防系统,其战术奇效便可立时展现:"沿江置邑,则寇贼不易入侵,何者?冬则坚壁清野以待之,贼虽多,何虑?夏则江水涨满,岂能飞渡乎?虽得浅处而入,我兵迫之,则还路甚难。"②这说明沿江建城置邑,便可阻来袭者于江外,即使其侥幸越江,也终将有去无回。显然,这是将江防系统的防御功能与上述江水的"天堑"条件充分结合利用,从而起到事半功倍的防御效果。何况整个工程体系顺江而下,依次排设,倘若纵观全景,江之干流就像其"护城河",成了保护朝鲜王朝北疆的第一道屏障,使得王国在这一地区的国防安全,也就变得更加稳固了。

总之,无论是"保国封疆"的思想前提,还是健全边防的客观要求,甚至是行之有效的战术价值,作为贯穿于其中的政策主线"北进"新战略的终极实践目标,"沿江防御体系"都是朝鲜王朝应对所需所求必不可少且势在必行的边疆"利器"。它的全面构建必将促使朝鲜王朝自"四郡六镇"以来的开拓与边防建设达到一个新的、更高级的层次阶段。而为了实现身为完备体系的整体目标,体系中所内含的每一种要素的充分布置皆不可或缺。其中,自然不乏整个"骨干"工程的全部建设完成,但也不容忽视作为"江防辅助系统"的"枝叶"对这些邑城的"武装"作用。

## 第二节　体系的城防建设

朝鲜王朝所构建的"鸭—图"两江"沿江防御体系",作为城防体系主要包括两大组成部分,一是北方边防邑城中作为"骨干"的沿江邑城(主城),

---

① 《朝鲜世宗实录》卷76,十九年三月辛丑。
② 《朝鲜世宗实录》卷75,十八年十一月壬辰。

一是作为"枝叶"的各种江防辅助工程。它们的建设过程几乎是同步的,基本是在1433年"四郡六镇"全面设置以后,尤其集中兴建于1440年咸吉、平安两道的全盘边防布置开始之后。本节接下来将要论述的是除"四郡六镇"之外的其他"骨干"工程及全部"枝叶"工程,而尤其将以"枝叶"作为其中阐述之主题,因为它才是证明体系是否完善之关键。此外,因"沿江防御体系"的最初全面兴建是伴随着"四郡六镇"设置的完成而完成的,故本节论述的时间也暂限定在"四郡六镇"完成设置的朝鲜世宗时代结束(1450年)以前,而此后的城防建设情况将在下文中继续探讨。

## 一、"骨干"工程的建置

朝鲜王朝在世宗时代结束以前所建置的上述其他"骨干"工程,主要是在鸭绿江南岸除"四郡"外新增的沿江邑城,此外也对一些既有的沿江邑城根据需要进行了移治、升级、增修或改筑。而图们江以南则全为新建完成之邑城,即沿江五镇及位处内地的富宁镇,故不存在此类情况。其中,在鸭绿江南岸新增邑城有两处,一处是在鸭绿江中游的理山与江界二邑之间,原为理山郡所属都乙汉万户堡防地,朝鲜王朝在1443年决议"于理山、江界中央北洞别置邑……革都乙汉万户"①,这就是新设的渭原郡(今朝鲜慈江道渭原郡古城里附近)。② 另一处是在鸭绿江上游南岸、茂昌郡以东,原为甲山郡所属之三水堡,朝鲜王朝在1446年决议"于三水堡设邑置守……以固边圉"③,这就是新设的三水郡。④ 此外,其他需要移治、升级、增修或改筑的邑

---

① 《朝鲜世宗实录》卷100,二十五年四月己亥。
② 朝鲜王朝又于次年(1444年)在都乙汉堡(木栅)近旁以石"筑渭原邑城及瓮城"(《朝鲜世宗实录》卷104,二十六年四月癸巳),从而完成了其邑城城郭的建设。但此次石筑之城后来另选址进行了重建(具体原因下文还将详述),而另据《新增东国舆地胜览》卷55《平安道·渭原郡·古迹》条载:"都乙汉堡,在郡东十里……古城,在郡东七里,石筑,周二千一百五十尺,今废。"笔者疑此"古城"即为渭原郡原址在都乙汉堡附近的选建地,大致位置相当于在今朝鲜慈江道渭原郡古城里附近。
③ 《朝鲜世宗实录》卷112,二十八年四月戊申。
④ 据《朝鲜世宗实录》卷90二十二年七月己巳条载,早在1440年便已议定在三水郡治地造筑了石堡,故此时之邑城城郭乃沿用先前之石堡。此外,据《朝鲜世宗实录》卷155《地理志·咸吉道·三水郡》条载,其"北距鸭江上流三里",以及《新增东国舆地胜览》卷49《咸镜道·三水郡》条载,其"北至鸭绿江一里……鱼面江(即今朝鲜长津江,引者注)在郡西二里"。据此考其郡治,大致相当于在今朝鲜两江道金贞淑郡金贞淑邑附近。

城,皆属于鸭绿江中下游以南的旧邑城。其中,移治的邑城有两处:一是在1445年议定"移定宁于方山,(以石,引者注)筑邑城"①,即"定宁县今徙江边(鸭绿江下游南岸,引者注)……升为郡",成为新设定宁郡(今朝鲜平安北道朔州郡方山里附近)②;二是在"世宗朝移(理山,引者注)治所于央土里"③,即理山郡城(古理山)亦被移治于鸭绿江中游南岸江边,成为所谓"新理山郡"(今朝鲜慈江道楚山郡楚山邑附近)。行政升级的邑城有一处:1438年议定"平安道昌城郡升为都护府设镇"。④ 增修或改筑的邑城有多

---

① 《朝鲜世宗实录》卷107,二十七年正月癸未;《新增东国舆地胜览》卷53《平安道·义州牧·关防·方山镇》。另据《朝鲜世宗实录·地理志》及《新增东国舆地胜览》等古文献记载,方山本为义州牧所辖的一个位于鸭绿江边的关防口岸。而定宁县则由高丽前期的定戎、宁朔、宁德、灵州四镇合并而成,朝鲜王朝初期置县,其治地本为义州牧所辖,在义州邑城东南内地,至此移治升郡后,到世祖朝又罢撤并归隶义州牧,以后便成为了义州牧下辖之方山堡。与定宁郡此沿革经历较为类似的还有原本就位于义州邑城西南、鸭绿江入海口处的麟山郡城,当时与定宁郡城一起成为并立于鸭绿江下游南岸、义州邑城东西两侧的独立郡邑,但后来也并于义州牧而成其下辖之麟山堡。

② 《朝鲜世宗实录》卷108,二十七年四月癸酉。

③ 《新增东国舆地胜览》卷55《平安道·理山郡·建置沿革》。原理山郡城(古理山)并非设在鸭绿江边,据《新增东国舆地胜览》卷55《平安道·理山郡·古迹》条中载,"古理山城,在郡南一百三里,石筑",而"央土里"为其辖下的位于鸭绿江边的关防口岸。至于古理山郡城具体何年移治于央土里,《朝鲜王朝实录》及《新增东国舆地胜览》中未见明确记载。而据《舆地图书》(上)《平安道·理山府·建置沿革》条载:"大明洪武三十一年、我太祖七年戊寅(1398年,引者注),移(理山,引者注)邑于即今府南八里许德里之山,筑城未讫。六月雨雪,完成城基于今邑址,故遂移设。"从中可以了解到,理山邑早年曾被计划移建于德里山城(今朝鲜慈江道楚山郡瓦仁里与水砧里之间一带)而未成,后来又在近旁修建新城(此城有可能是"央土里"旧木栅城),但实际上该邑应直到世宗朝末期才被移设并新建邑城(此城可能正是"央土里"新木栅城)。因为分别据《朝鲜世宗实录》卷84二十一年三月丁卯条载,"江界、理山邑城则距江边百数十里,江边居民每于二日程途来往入保,不胜其苦";《朝鲜世宗实录》卷90二十二年七月己巳条载,"理山郡古德里城三面险阻,旧基犹存,缮治不难……请于今秋筑石墙,移理山郡于此";《朝鲜世宗实录》卷116二十九年闰四月辛未条载:"今因防御,理山郡事常在江边央土里口子……初置央土里木栅时,不审定基址,设于山背欹斜之地,不宜邑城。舍人岩之南,山回水抱且有井泉,请于农隙设壁城。"由此可见,直到朝鲜世宗时期,理山邑仍设在古理山城而未移动,但从古理山城到央土里旧木栅城往来防戌,故而才会出现江边居民入保劳苦、移邑于古德里山城以及在央土里别设新木栅壁城等提议。而另据《朝鲜世宗实录》卷127三十二年正月甲午条载,"山羊会堡与理山邑城、高山里堡皆壁城",即说明理山邑从朝鲜世宗二十九年(1447)计划移建央土里新木栅城,到朝鲜世宗三十二年(1450)之前已建造了该壁城(前述古理山为石城),进而可以推测理山邑在世宗朝的移治时间应为1447—1450年之间。不过,移治后的新木栅壁城(新理山郡城)何时造筑石城,史料中并未明确。目前只能根据《朝鲜王朝实录》中的部分模糊信息,如"理山平地壁城"(《朝鲜文宗实录》卷5,元年正月戊申)、"理山……城完固,民居繁多"(《朝鲜燕山君日记》卷17,二年八月壬午),以及《新增东国舆地胜览》中有关理山郡邑城石筑的记载,推测新理山郡城石筑时间应晚于朝鲜文宗朝(1450—1452年)且早于燕山君朝(1494—1506年),即大致建于1452—1494年之间。

④ 《朝鲜世宗实录》卷81,二十年六月戊寅。

处,如:1435年议定加紧推进"碧潼木栅近年改设甓城(即砖砌城,引者注)"之后的新邑城的改筑①,同时修"筑江界"邑城,且将"闾延、慈城、理山(即古理山城,引者注)、昌城、义州等(原建石,引者注)城颓落处、低微处亦令修筑"②,而后更于1448年及1450年再次"增广"③以及"修筑"④义州邑城。

如此一来,在完成了仅存于鸭绿江南岸地区的这些沿江邑城的调整建设后,朝鲜王朝在整个"鸭—图"两江南岸便已大体建立起包含20座布局合理的主城大镇且大部分为石筑坚城的"骨干"工程。它们由西向东,即按从鸭绿江出海口至图们江出海口的顺序依次为:麟山郡城⑤、义州牧城⑥、定宁郡城、(朔州府城)、昌城府城、碧潼郡城、新理山郡城、渭原郡城、(江界府城)、(慈城郡城)、虞芮郡城、闾延府城、茂昌郡城、三水郡城、(甲山郡城)⑦、会宁府城、钟城府城、稳城府城、庆源府城、庆兴府城,⑧这标志着"沿江防御体系"中城防体系的主要核心工程至此大体已定。⑨

---

① 《朝鲜世宗实录》卷69,十七年七月丁丑。自此以后,碧潼邑址上的该甓城又何时被改筑为石城,史料中并不明确。仅据《新增东国舆地胜览》卷55《平安道·碧潼郡·城郭》条所载可知,此邑石城的建造至少应推定在1435年以后,具体时间不详。

② 《朝鲜世宗实录》卷68,十七年六月戊午。此外,分别据《朝鲜太宗实录》卷4二年九月辛卯、《朝鲜太宗实录》卷19十年正月丙戌、《朝鲜太宗实录》卷19十年三月丙申等条史料所载,昌城与江界两邑石城均初建于1402年,义州邑与下述朔州邑石城在高丽原城址的基础上均初修建完成于1410年。

③ 《朝鲜世宗实录》卷119,三十年正月乙卯。

④ 《朝鲜世宗实录》卷127,三十二年闰正月辛酉。

⑤ 麟山郡城此时还是木栅城,据史载,其至朝鲜世祖朝方筑石城。

⑥ 义州邑在高丽末期便已是"牧"的行政级别。据《新增东国舆地胜览》卷53《平安道·义州牧·建置沿革》载:"恭愍王十五年(1366年,引者注)升为牧。"

⑦ 前文已述,朝鲜世宗时期在原长平(坪)山城以西的虚川江东岸启动新建了甲山邑城,并名曰"虚川城"(今朝鲜两江道甲山郡甲山邑附近),而新建的这个石筑邑城的完成时间为1437年。分别参见《朝鲜世宗实录》卷68,十七年四月丙寅;《朝鲜世宗实录》卷76,十九年三月己未。

⑧ 此时的"朔州"指的是大朔州城,据《新增东国舆地胜览》卷53《平安道·朔州都护府》载"大朔州城即古邑,距今治南六十五里"(其治所大致相当于在今朝鲜平安北道大馆郡大馆邑附近),而所谓"今治"(即后来移治于小朔州城的新朔州府治,大致相当于在今朝鲜平安北道朔州郡朔州邑附近)又"至鸭绿江三十六里"。同样,甲山邑城据《新增东国舆地胜览》卷49《咸镜道·甲山都护府·山川》载"惠山江在府北九十五里,源出白头山",此"惠山江"即指鸭绿江。由此可见,此时的朔州与甲山二邑城的位置类似于前述古理山郡城和江界府城,也离鸭绿江稍远,均约有近百或上百(朝鲜)里左右的距离。此外,还有慈城郡城亦属类似状况。虽说就邑城本身而言,它们皆非位处鸭绿江沿岸,但由于它们行政所辖区域或多或少都包含有一段鸭绿江江边之地,故也可视作"鸭—图"两江沿江邑城,并加括号标示。

⑨ 关于沿江邑城("骨干"工程)的设置与造筑情况,可详见本书附录A-2。

## 二、"枝叶"工程的建置

跟随朝鲜王朝北方边邑尤其上述"骨干"工程建置的所谓"枝叶"工程,主要包含这三大类型:要害小堡、沿江行城("长城")以及烽燧。下面将逐一介绍:

**要害小堡** 此指在防御的关防之地或要害口岸建造的小型防御堡垒。其中,有些是以木为堡,即所谓的"木栅小堡",有些是以石(或土)筑之,即所谓的"小型石(土)堡",权且将两类小堡分别称为木堡与石(土)堡。之所以会出现这两种模式的小堡,既是因为防御地点的重要性,又是迫于防御时间的紧迫性,即对于任何需要防范的关隘要地,先采用轻便的木材迅速造成简易木堡,以便抓紧时机占据该地,形成我们通常熟知的关防、关卡,等到以后条件成熟,再根据当时当地的主客观需要,将一些相对更紧要之地的木堡改筑成石(土)堡,以达到长久防卫的目的。显然,这就类似于前述"四郡六镇"等边防诸邑城由木栅壁城到石城的造筑方式。

其实,与诸邑城相较之,小堡远不止造筑方式上的类同,在驻军防御、保护边民、保障疆土安全等方面都不出其右。小堡除了在造筑的形态上与诸邑城有大城、小城之分外,最重要的区别在于:小堡只重军事功能,即保境安民,而诸邑城还拥有行政管理权。但不管怎样,小堡毕竟作为诸邑城的配备工事,通常建于各邑城周边,不仅在平时守其周围不能守之土,保其周围不及保之民,以弥补其防御空缺,而且在军情紧急之时还能及时为其提供军事支援,以救其之所危,应其之所需。更有甚者,在这两种辅助作用的基础上,小堡得与邑城紧密地结为一体,同时各邑城也通过小堡联络成行,形成了彼此"联防"的模式,如此便能迅速增强边防的整体实力,而这种效果最终与全部北方边邑尤其"骨干"工程的组合表现得最为明显,使之成为全面阻挡女真人来袭的有力屏障。正有鉴于此,加之所需数多量大,小堡便成为各类辅助工程之中最重要且较为常见的建造形式。

基于这种形式,早在"癸丑之役"及"阿木河事变"之前,朝鲜王朝就已开始尝试造筑这种辅助工程。如图们江以南的"六镇"之地在 1423 年仅有庆源一镇(即新庆源镇)的情况下,为配合该镇邑城防御而设"高郎岐"木栅①;以及鸭绿江南岸的"四郡"之地在1432年以前仅有闾延一郡的情况下,为了防范近旁迁来不久的建州女真而设的"小甫里口子"木栅②,便皆是其中之典范。

不过,起初这样的做法十分有限,尚构不成规模性联防的体系。但在进入"四郡六镇"全面设置时期之后,朝鲜王朝逐年扩大了该工程的建设规模,情况便发生了飞跃式的变化。以1440年咸吉、平安两道开始沿边全盘防御为分界线。在1440年之前,在图们江以南,朝鲜王朝便曾在当时防御相对紧要的会宁、钟城、庆源三镇邑城周边造筑过十数个小堡,例如隶属于会宁府的茂山堡、丰山堡、元(圆)山堡、长川堡以及隶属于钟城郡的林川堡、长安堡、者未下堡,乃至隶属于庆源府的乾原(元)堡、咸亨堡、抚夷堡、礼明堡等。③ 而在鸭绿江以南,除了前述"四郡"地区所建上无路堡、赵明干堡等小堡外,朝鲜王朝当时还曾造筑过隶属于昌城府的昌洲堡、隶属于碧潼郡的碧团堡④、隶属于江界府的高山里堡、隶属于慈城郡的西海(解)堡、隶属于理山郡的山羊会堡、隶属于义州牧的青(清)水堡⑤等。

到了1440年之后,朝鲜王朝在沿江防御整体布局的要求下,自然会布置为数更多的小堡。其中既有因"使所居之民入保安业"的需要而对先前已建小堡进行改建或加固⑥,诸如将木堡改建石堡,又有不少新增的小堡出现。尤其因朝鲜王朝当时在鸭绿江岸拥有较图们江岸更加漫长的防线,故而在鸭绿江以南也就需要更多的小堡助防,其中最值得一提的是在一些较为重要的沿江关防口岸,以别加"万户"的形式所特设的"万户堡"。例如,

---

① 此时正值新庆源镇复治于富家站后不久,女真人袭扰事件频频发生。为了能更好地阻止女真人来袭,1422年咸吉道都节制使首先提议"置木栅于要路高郎岐伊等处,选强勇千户,率军百名,守护农人"。后来此议被批准通过,并于次年正式实施。分别参见《朝鲜世宗实录》卷18,四年十月甲午;《朝鲜世宗实录》卷19,五年三月丙戌;《朝鲜世宗实录》卷20,五年四月辛未。

② 据《朝鲜世宗实录》卷154《地理志·平安道·江界都护府·闾延郡》条载,"小甫里口子"曾设木栅堡城防御,具体时间不详,但至少应在该志书成书以前,也就是如前所述的朝鲜世宗十四年(1432)以前。

③ 《朝鲜世宗实录》卷75,十八年十一月壬辰。

④ 《朝鲜世宗实录》卷76,十九年二月庚辰。

⑤ 《朝鲜世宗实录》卷77,十九年六月壬申。

⑥ 《朝鲜世宗实录》卷84,二十一年三月丁卯。

前述稳城镇设置时在庆源邑辖下厚训滩边与吾弄草洞口、钟城邑辖下者未下洞口以及会宁邑辖下吾弄草洞口所设诸堡，便皆是设于图们江畔的此类万户堡的典型。而在鸭绿江畔，朝鲜王朝更是曾沿江布置过不下于 29 座万户堡。如隶属于义州牧的暗林堡、箭竹洞堡、水口堡、宝镇场堡，隶属于定宁郡的青（清）水堡，隶属于昌城府的头乞理堡、昌洲堡，隶属于碧潼郡的小坡（波）儿堡、大坡（波）儿堡、碧团堡、阿耳堡，隶属于理山郡的山羊会堡、都乙汉堡，隶属于江界府的烽火台堡、高山里堡、满浦堡、馀屯堡，隶属于慈城郡的池宁怪堡、西海（解）堡、泰日堡，隶属于闾延府的小虞芮堡、赵明干堡、榆坡堡、虞芮堡、薰豆堡、下无路堡，隶属于茂昌郡的甫山堡、家舍洞堡以及隶属于甲山郡的三水堡，等等。① 显然，这些临江万户堡几乎囊括了朝鲜王朝在"鸭—图"两江南岸已占据的所有最紧要防段，尤其以鸭绿江南岸为甚。此外，还有一些非万户的临江小堡乃至辅助江防的众多非临江小堡。② 只不过，这些小堡在布置后并非就此一成不变，而是随着时间的推移及不同时期的需要，一直处于旧堡革废与新堡增设的态势中。这就是说，即使是整个体系构建完备，朝鲜世宗时代已经结束，但小堡的造设却仍然经久不息，此后一直持续不断地为体系更换失效"血液"、注入新鲜元素，如此造筑的小

---

① 根据《朝鲜世宗实录》卷 92 二十三年五月壬戌、卷 95 二十四年正月己卯、卷 96 二十四年五月乙丑、卷 99 二十五年正月庚辰、卷 100 二十五年四月己亥、卷 107 二十七年正月癸未等条的内容综合而得。其中，青（清）水、昌洲、碧团、山羊会、高山里、西海（解）、赵明干七堡在 1440 年之前都已是万户堡。此外，都乙汉堡与烽火台堡所在地后因渭原郡设立而被划归渭原郡辖治（二堡此后相继革废）；泰日、榆坡、小虞芮、赵明干、虞芮五堡所在地后因虞芮堡升格为虞芮郡而被划归虞芮郡辖治。三水堡此后亦独立置郡，辖属的临江小堡有加（茄）乙坡（波）知、罗暖等堡；甲山郡辖属的临江小堡则有惠山、仁（因）遮外等堡。另分别参见《朝鲜世宗实录》卷 155《地理志·咸吉道·三水郡》;《朝鲜世宗实录》卷 155《地理志·咸吉道·吉州牧·甲山郡》;《新增东国舆地胜览》卷 49《咸镜道·三水郡·关防》;《新增东国舆地胜览》卷 49《咸镜道·甲山都护府·关防》。

② 所谓临江小堡中的"临江"二字，指的是紧靠"鸭—图"两江南岸，或者距离两江南岸非常贴近，即如前述沿江邑城（含辖域沿江）中的大部正是临江邑城（邑城本身沿江）。而除此以外，即非临江小堡。关于沿江各邑所属代表性的要害小堡的建置情况（含万户堡与非万户堡、临江小堡与非临江小堡），可详见本书附录 A-3。

堡叠加起来将不可胜数。①

**沿江行城**　朝鲜王朝主要用以专指在平安、咸吉（镜）两道沿"鸭—图"两江而建，并以一定高度的连续性长墙为主体的一类城防工程，故亦常称之为"长城"。前述高丽时期曾建造"千里长城"，朝鲜王朝时期的沿江行城兴建是否与之有关呢？事实上，正是高丽所建的"千里长城"启迪了朝鲜王朝沿江行城的建设。不过，"千里长城"将高丽北疆东西共约20城连接起来并保护在内，是作为高丽整个北方边防的核心工程而存在的。这种城防模式，大体类同于明朝中国北部边防设计的"长城防御体系"。而朝鲜王朝建此沿江行城，虽说较好地吸收并借鉴了高丽尤其是明朝长城在边防功效上不可忽视的经验，却与之并非完全一致。尽管在总体形式上也作为一种延续型的防御建筑②，随地形而建并就地取材，但就其实质而言，其在"沿江防御体系"中的地位仅为沿江辅助工程之一，这与以加长型城墙为核心防御建筑的高丽"长城"，尤其是明朝的"长城防御体系"，是无法相比的。③

然而，这种工事能够备受关注而被兴建，自然有其原因。前述平安、咸吉两道边防有"南道赴防之弊"及"冬节入保之弊"，前者通过朝鲜王朝实施"移民实边、寓兵于民"的政策，尚可稍得缓解，但后者则长期难以处理。这是因为沿江边民聚居地可谓是星罗棋布，即便为其加固防御、造筑石堡也难保万一。正如赵明干之地一样，倘若成了女真人伺机专攻之处，而该处又守军不足，且邑城之军救援不及，后果不堪设想。尤其是在冬季，江水冻结，女

---

①　以图们江南岸为例，根据《朝鲜世宗实录·地理志》《新增东国舆地胜览》《东国舆地志》《舆地图书》《大东地志》等著于不同时期的古文献记载分析可知，朝鲜王朝在世宗时代之后，根据情况所需，仍因时因地不断地调整各邑镇周边小堡的建设政策。比如，在《朝鲜世宗实录》卷155《地理志·咸吉道·稳城都护府》中所载的两处关防小堡即乐土堡与时建堡，到了《新增东国舆地胜览》卷50《咸镜道·稳城都护府·古迹》一栏中便记载其已"革废"。又如《新增东国舆地胜览》卷50《咸镜道·富宁都护府·关防》中所载"新增"的梁永万洞堡，在后来成书的《大东地志》卷20《咸镜道·富宁·镇堡》中却记载其已"革废"。由此可见，在不同的历史发展阶段，随时有弃守不用的小堡，亦有依需新设的小堡。关于此，下文还将继续阐述。

②　著名长城研究学者景爱先生认为"长城是绵延不断的长墙，只有连续不断的长墙才能称作长城，这是区分长城与一般的城邑、城堡的关键之所在"。朝鲜王朝的沿江行城在总体形式上也是类似于传统长城的延续型建筑，不同于其所建一般的邑、堡城体，只是从工程整体看局部有些地方，并非完全衔接不断的。参见景爱：《长城》，学苑出版社，2008年第5页。

③　能与明朝的"长城防御体系"类比的是朝鲜王朝的整个"沿江防御体系"，而非其中有限的行城。关于此，下节将详论。

真之骑易渡,结果就更不可想象。可像赵明干,起初附近尚未设立虞芮郡之时,其民户需要远赴闾延府入保,自然导致民不堪苦,逃散者日甚。此即"冬节入保之弊"之来源。

早在1440年,议政府右议政申概便在其上书中指出:

> 臣窃惟咸吉、平安南道赴防之弊固为大矣,而入保之弊尤为大。赴防之弊止于行役之劳、糇粮之备、马匹之毙而已。入保之弊尤大者有五:凡人之生,庐舍完固,器用周备,然后可以安业。至入保阅七八月而还,则或为行旅炊爨之用,或为野火迎(延,引者校)烧,无以庇风雨,而日用器物亦皆烧亡,不得已而更造,年年不已,一也。至于秋成则入保之令严急,故禾未尽熟而便行打穗,窟地埋之,或腐朽或被盗,又或收藏未尽,置之而去,行旅之马、山野之兽食之而尽。且入保窘迫,不能多赍米粮,入城之后难于出城取用,糜粥经冬,仅存躯命。又不事纺绩,身无完衣,率多赤体,二也。或当农月,致有告变,则不问虚实,督令入保,禾谷瓜蔬耕耘失时,无复秋成之望,三也。赴防之军、元居之民并处一城,城小人多,男女混杂,坐卧行立,不容异处,以致相乱,四也。城堡近处多木小草,牛马饥乏,又无厩蔽,露处雪霜,至春则生者少而死者多。耕牛阙乏,亦年年不已,五也。有此五弊,民安得不为逃散之计也?野贼未灭则此弊不去,此弊不去则虽有强存者,安能奋力御贼而有死其上之志乎?①

有鉴于此,他才在上书中进而谈道:

> 谨按《高丽史》,德宗命平章柳韶创置北境关防,起自西海滨古国内城界、鸭绿江入海处……东传于海,延袤数千里,以石为城,高二十五尺,广如之,首尾凡三朔程。自是东西蕃贼不敢窥边……今中朝亦自山海卫至辽东数千里之地,凿堑筑堡树木,北胡不敢有窥觎之心,而无入保骚扰……乞依中朝与高丽防胡之策,自义州至庆源,起筑长城,则可

---

① 《朝鲜世宗实录》卷88,二十二年二月辛卯。

为万岁之利矣。如以时屈举嬴为虑,则姑且相其贼入要害处,随其地形,或开堑或树木或积石,量其远近置烟台置戍卒,则野贼必不能突入,而入保之弊庶可纾矣。非惟纾入保之弊,南道赴防之弊亦将省矣。①

这便是朝鲜王朝大建沿江行城("长城")的初始倡议。该倡议随即得到了世宗王的充分肯定,而此后主导平安、咸吉两道沿边全盘防御布置的兵曹判书皇甫仁被特命为"都体察使",负责"筑长城计"之大任。② 在经过一番实地勘察后,朝鲜王朝于当年九月开始正式实施两道沿江行城的全面性造筑计划,"春则平安道,秋则咸吉道……凡十一年"之久。③ 其大体按照边防缓急的排列顺序进行建造,首先开建的就是当时最为紧要的平安道赵明干以及碧团两地的行城,以此为发端,平安、咸吉两道沿江行城的具体建造过程如下。

一方面是平安道所属行城的建造,大致可分为四个阶段。

第一阶段,1440—1441年,起筑鸭绿江上游防段的闾延府辖内(在"赵明干口子"一带,虞芮郡设置后属虞芮郡辖内)行城及中游防段的碧潼郡辖内行城,并以此为切入点,此后基本按照先上游防段后中下游防段,但又间有交叉的顺序渐次建造行城。

第二阶段,1442年,分别造筑了鸭绿江上游防段的闾延府辖内(在"虞芮口子"一带,虞芮郡设置后属虞芮郡辖内)行城、慈城郡辖内行城及中游防段的江界府辖内行城。

第三阶段,1443—1445年,分别造筑了鸭绿江中游防段的昌城府辖内行城、渭原郡辖内行城,并兼代加造了鸭绿江上游防段的慈城郡辖内行城。

第四阶段,1446—1450年,分别造筑了鸭绿江下游防段的定宁郡辖内行城、义州牧辖内行城,并兼代加造了鸭绿江中游防段的碧潼郡辖内行城,以及理山郡至渭原郡辖内行城。

结果,一条经过鸭绿江南岸绝大部分沿江邑城治下防区,并夹在其与鸭

---

① 《朝鲜世宗实录》卷88,二十二年二月辛卯。
② 《朝鲜世宗实录》卷88,二十二年二月乙未。
③ 《朝鲜世宗实录》卷154《地理志·平安道·江界都护府·渭原郡》。

绿江之间的平安道所属行城，便由此矗立于鸭绿江畔。正所谓：

> 本道行城，义州行城自邑城北至九龙渊六千七百二十尺；定宁行城自玉冈洞口至獐项峰；碧潼行城自小波儿松林岘至非所里平十五里五十步；碧团口子行城二十三里；昌城昌洲口子行城十四里一百五十步；理山行城央土里十里二百七十步；渭原行城自都乙汉至朱毛老洞四里一百九十步；江界满浦口子行城十四里，高山里口子行城七里三步；慈城池宁怪行城一里一百八步，自西解岘至时反江、自泰日至北边洞口岩石十一里五十六步；虞芮口子行城六里二百九十五步；闾延赵明干口子行城三十一里一百九十五步。①

由此可见，平安道所属行城总长 136 朝鲜里 1317 步 6720 尺，全部换算成"尺"约为 258105 尺，约合今 53.7 公里。②

另一方面是咸吉道所属行城的建造，大致可分为两个阶段。

---

① 《朝鲜世宗实录》卷154《地理志·平安道·江界都护府·渭原郡》。此外，如该条引文文末所言，此次平安、咸吉两道所属行城的造筑其实"俱未讫功"，故而世宗时代以后又续筑一些行城，这将在下文中进一步阐述。

② 朝鲜王朝时代的长度测量以不同的尺度作为基本单位，分别有黄钟尺、周尺、营造尺、造礼器尺、布帛尺等测量工具。其中，周尺、营造尺、布帛尺都曾被运用于建筑工程等方面的长度测量或距离测定，但史料在记载城墙长度时并未每次都明言所用为哪一种尺度的测量工具，故不免出现三种尺度混用的现象。根据韩国学者的研究，筑城测量较常用布帛尺或周尺，而朝鲜世宗代至英祖时期（1724—1776年），1 布帛尺≈46.73 厘米，1 周尺≈20.8 厘米，1 布帛尺≈2.25 周尺≈1.5 营造尺。此外，据《朝鲜太宗实录》卷30 十五年十二月丁丑条载："今准中朝里数，以周尺六尺为一步，每三百六十步为一里。"即 1 朝鲜里≈360 步≈2160 周尺；但由于不清楚每次筑城测量所用工具的尺度细节，只能结合《朝鲜世宗实录》中所载有关朝鲜王朝行城的全部建造数据（可详见本书附录 A-4），并根据其中某些防段同一次筑城同时所载尺度（即石筑、削土或设代等的总尺数）与里程（即"以里计者"）的两种数据进行比对分析，暂推算出朝鲜王朝当时的行城筑造平均以 5 尺≈1 步，1 朝鲜里≈360 步≈1800 尺，即该尺度换算比例与使用周尺的情况较为接近。若全部按此比例可大体换算出平安道每次行城筑造的总尺数，那么该道行城总长度约为 258105 尺；而若采用周尺的长度数值并以"公里"为单位，可得该道所属行城总长约合今 53.7 公里（本书附录 A-4 中搜集《朝鲜世宗实录》所载平安道所属行城各防段造筑的具体尺数，可得该道行城总长约为 267131 尺，约合今 55.6 公里，与此《朝鲜世宗实录·地理志》中的引文稍有出入）。下述咸吉道所属行城的长度算法亦如此。分别参见金尚宝、罗永雅：《古代韩国的度量衡考察》，《东亚细亚食生活学会志》1994 年第 4 卷第 1 号；柳在春：《朝鲜前期城郭研究——以〈新增东国舆地胜览〉的记录为中心》，《军史》1996 年第 33 号；李恩卿：《关于朝鲜时代中期的布帛尺研究——以〈朝鲜王朝实录〉为中心》，《韩国生活科学会志》2007 年第 16 卷第 3 号。

第一阶段,1441—1444 年,起筑图们江中游防段的稳城府辖内部分行城①,并接连筑中游防段的钟城府辖内北段行城,同时实现二者对接。

第二阶段,1445—1448 年,在前一阶段的基础上续筑图们江中游防段的钟城府辖内北段至南段行城,并接连筑中游防段的会宁府辖内北段行城,同样完成对接。与此同时,又在鸭绿江上游南岸地区,单独另筑了三水郡辖内行城及甲山郡辖内行城。

结果,一条横贯图们江中游南岸,立于图们江与稳城、钟城、会宁三镇邑城治下防区之间的图们江防段行城,以及一小部分鸭绿江防段行城,便在咸吉道边地拔地而起。正所谓:

> 本道行城起稳城东立岩②,溯豆满江边而上,历钟城,抵会宁府城前坪而止。高险处削土(即劈山墙,引者注),平地以石筑之,沮洳处设鹿角及杙木(即木墙,引者注),凡二百余里。又起甲山郡池巷浦洞口东峰至古军营基一里二百四十九步,三水郡鱼面江洞口至桑木坪二十九里二百三十九步。③

由此可见,咸吉道所属行城中图们江部分总长 200 余朝鲜里,据《朝鲜世宗实录》中有关记载确切统计共 391449 尺(约有 217.5 朝鲜里),约合今 81.4 公里;而鸭绿江上游南岸甲山郡、三水郡所属部分总长 6346 尺,约合今 1.3 公里。④ 也就是说,加上咸吉道所辖鸭绿江部分的整个鸭绿江防段行城

---

① 联系图们江防段行城的整个建造过程并结合相关史料推测,该府辖内所建应主要是其西段的一部分行城,大概也包含少量东段行城。其实,该府辖内行城还有大量未筑,存在较大"空当",直到后世续修时才得以补充。

② "立岩"为稳城府东的一处岩石。据《新增东国舆地胜览》卷50《咸镜道·稳城都护府·山川·立岩滩》条载:"在府东二十八里长城外,有石削成四棱,矗立霄汉……得名以此。"上述稳城府辖内少量东段行城即在此处附近。另据金正浩撰《大东地志》卷20《咸镜道·稳城·山水》条载,"立岩"在"黄拓坡长城外",即在稳城府黄拓坡堡稍东之地附近,其位置大致相当于在今朝鲜咸镜北道稳城郡兜庐峰里(音译,旧称"月坡洞")东面的图们江边。

③ 《朝鲜世宗实录》卷155《地理志·咸吉道·三水郡》。其中,需要指出三水郡辖内行城的长度有误记之嫌。据《朝鲜世宗实录》卷117二十九年七月戊戌条载,该郡所筑行城仅有3050尺。

④ 关于世宗时代咸吉道所属行城各防段的造筑细节及长度的具体数值,可详见本书附录 A-4。

的实际总长度,也没有仅设于图们江中游南岸的行城长。①

显然,以上说明鸭绿江防段行城虽涉及范围广,却显得时断时续,而图们江防段行城虽涉及区域不广,却大体是贯通一体的。不过,无论怎样,它们的建设因涵盖当时两江南岸易出现边患险情的诸要地,故从此在两江与邑、堡之间多出了一条可依赖的新防线,由此不仅极大地增强了对沿江民户聚居处的保护力度,更在小堡之后为整个江防线的巩固提供了又一道防御屏障。

**烽燧** 此即"烽火台",或称烟台。顾名思义,这是一种起军情警示作用的建筑,是边防不可缺少的辅助工程,即所谓"烟台之设,登高远望,伺察边境,吹角放炮,通谕四邻,或战或守,万全之利器"。②古代中国的烽燧建造史由来已久,仅明长城沿线就广布烽燧,而朝鲜王朝也师法中国,在包括平安、咸吉两道在内的边地乃至内地大建烽燧。正如,有大臣针对平安道部分边地的烽燧建造所提出的那样:"自闾延至理山,沿江高阜,或隔十里,或隔十五里,一依中朝之制,造筑烟台,每日登望,有贼变则或吹角或放炮,声势相倚,互为应援。"③实际上,朝鲜王朝不仅随时根据防御所需在不断地进行烽燧布置,而且依据边防形势的变化对烽燧设置地及其数量权宜增减。比如,朝鲜世宗二十五年(1443),都体察使皇甫仁在加强平安道边防布置时,就曾上奏提议"乘农隙先筑壁城、烟台,自茂昌至义州沿边各官烟台未筑之处,随后毕筑"。④ 此奏议随即得到了世宗王的认可,并很快得以实施。

朝鲜王朝在世宗时代结束前,随着北方边防建设的强化,所造之烽燧可谓以上三种辅助工程中数量最多者,故而不胜枚举。仅就《朝鲜世宗实录·地理志》所载"四郡六镇"各邑城周边的烽燧布置情况为例来看:其中,闾延郡4处,慈城郡7处,茂昌郡11处,虞芮郡5处;庆源镇8处,会宁镇13

---

① 通过合并计算,世宗时代所造筑的两江沿江行城共长约合今136.4(或138.3)公里。此外,如景爱先生认为劈山墙(或称山险)及木墙皆不具备长城之属性,若按此并据《朝鲜世宗实录》中绝大多数可辨明建造方法的数据不完全统计(可详见本书附录A-4),则朝鲜世宗代的石筑行城长度大概占全部行城长度的六成,即只有80余公里。参见景爱:《中国长城史》,上海人民出版社,2006,第295~296页。
② 《朝鲜世宗实录》卷73,十八年闰六月丁亥。
③ 《朝鲜世宗实录》卷73,十八年闰六月癸未。
④ 《朝鲜世宗实录》卷100,二十五年四月己亥。

处,钟城镇8处,稳城镇15处,庆兴镇6处,富宁镇5处。① 其中,茂昌郡及稳城镇所设烽燧相对较多,从侧面也反映了其地所需防范处之多、之广或之紧要。

从总体上看,朝鲜王朝建造的这些数量不少的烽燧,是隶属于各邑城的,而各邑城辖下之烽燧彼此相应,又与相邻邑城所辖烽燧首尾相接,从极边之地到内地次第联通、遥相呼应,直至"昼烟夜火,以达于京"②,形成了一个进行边情信息传输的烽燧预警系统。此外,在烽燧的建造规格、模式等方面,朝鲜王朝还逐步将其制度化。世宗二十九年(1447),朝鲜王朝正式颁布了"沿边炯(烟,引者校)台造筑之式、腹裏(即内地,引者注)烽火排设之制及监考军人劝励完护之条"③等律法、规章,从此将烽燧建造纳入法治轨道。这些烽燧的系统化建造及所定的相关法规,都为进一步完善"沿江防御体系"中的城防建设提供了有力保障。

综上所述,为了体系防御,朝鲜王朝建造了要害小堡、沿江行城("长城")、烽燧这三类最基本的辅助工程。其中,要害小堡是最主要的辅助工程,主要用以辅助以"骨干"工程为主的边防邑城防御,不妨称其为一级辅助工程;沿江行城因建于江岸之地,处于边防较前沿的位置,既辅助了"骨干",又兼顾了小堡,④可称为二级辅助工程;烽燧本身不旨在防御,而是为各邑、堡以及沿江行城提供军事警戒,故可称其为三级辅助工程。这三种辅助工程一体化运作,即构成了所谓的"江防辅助系统"。

最终,到15世纪中叶,随着朝鲜王朝在整个"鸭—图"两江南岸的大部

---

① 需要指出的是,《朝鲜世宗实录·地理志》反映的闾延郡辖内的烽燧布置是1432年以前的状况;而其余九邑城辖内的烽燧布置,则是世宗时代结束时即1450年左右的状况。

② 《朝鲜世宗实录》卷114,二十八年十月庚子。

③ 《朝鲜世宗实录》卷115,二十九年三月丙寅。其中,尤其详细规定了沿边烽燧造筑的尺寸和形制,即"高二十五尺,围七十尺,台下四面三十尺外掘堑,深、广各十尺,皆用营造尺。又于坑堑外面设木杙,长三尺,削皮锐上植地,广十尺。台上造假屋,藏兵器及朝夕供用水火器皿等物"。据韩国学者研究,在朝鲜世宗时代,1营造尺≈31.22厘米,即朝鲜王朝形成制度化的这种烽燧,高约7.81米、周长约21.85米,台下四面约9.37米外挖掘一圈深、宽各约3.12米的坑堑,坑堑外面再埋设一圈高约0.94米、宽约3.12米的头上削尖的木栅栏,而台上则为守护人建造用于防守和临时居住的简易房屋。参见金尚宝、罗永雅:《古代韩国的度量衡考察》,《东亚细亚食生活学会志》1994年第4卷第1号。

④ 沿江行城对小堡的兼顾,具体可分为两种情况;要么像非临江小堡基本建在行城内侧,由此接受行城提供的前沿防护;要么像临江小堡有不少是左、右两边建造行城,从而受到行城给予的进一步的防御补充。

分地域所建"骨干"工程及相应作为"枝叶"的江防辅助系统的全线配备基本完成,从而标志着"沿江防御体系"的城防部分也已基本构建成型。此外,再加上江滩伐木防塞①、江边巡军把截、要道铺设路障、布置城防火炮、遣人越江侦察②等其他细琐的边备方略的配合实施,这个与"江防辅助系统"有着一脉相承的"一体化"防御理念的体系,其功能由此得到了最大限度的发挥。

## 第三节　体系的驻防措施

就在"沿江防御体系"逐步完善其城防工程的过程中,朝鲜王朝也开始实施对其的驻防巩固措施。这主要体现在徙民政策的实施与南道赴防军的加派两个方面。相较之而言,作为防御载体以及"北进"新战略标示物的各种工程的逐一构筑的确最为重要,但保证整个工程长久维系巩固的驻防措施也是不可或缺的。因为城防工程只有确保足够的军民入居驻防,才会真正有"生命力"。而驻防军民也必须以城防工程为依托,并且融入城防工程中,才能使整个体系的防御功能发挥出来。简言之,一则有城,一则有人;两者相辅相成,紧密结合,达到有城可防,有人可守的状况,才可显示出体系的力量,进而真正实现"北进"新战略的目标。当然,由于体系中这种驻防措施是搭配城防建设而实施的,故本节接下来对该驻防措施的考察时限也将与前述城防建设保持一致,暂探讨朝鲜世宗时代结束(1450年)以前的情况。

### 一、徙民政策的开启

所谓"徙民政策",也就是通常所言的移民实边政策,这里主要指的是古代朝鲜半岛国家(王朝)或政府依靠官方力量从人口相对稠密且富饶之地,向

---

① 《朝鲜世宗实录》卷90,二十二年七月己巳。
② 《朝鲜世宗实录》卷79,十九年十月癸酉。

边疆相对贫瘠或人口稀少的边境地区移民入居,以充实与开发这些地方。①这种政策有别于民间百姓出于各种目的自发的、零散的人口流动。同时,这些徙民往往是亦兵亦农、兵民一体的,即在保证自己农居生活以及国家一般赋役的同时,还要承担相应的边防兵役义务。在朝鲜王朝时期,徙民通常是成户入居,每户一般平均3—6口人,且原则上每户至少要出一名男性青壮年作为所属邑城的防守正军。那么,该边镇邑城有多少徙居民户,理论上就至少能从中定役多少本邑所属防军。② 显然,徙民是"沿江防御体系"中边防军数量的一个重要来源,实际也是最关键的来源。因此,保证乃至长期保持徙民数量,就是在持续维护边防的安全。为此,朝鲜王朝常常采取强制与鼓励两种手段,并反复使用以达目的。不过,总的来看,朝鲜王朝早期的徙民还是以实施各种优惠、激励政策为主。但这种鼓励手段是有前提的,因为徙民来源城邑一旦被选定,其辖区内各级官吏就要自上而下摊派徙民指标,倘若"推刷之官未能家至户搜,或富者脱免,贫者先登在路……或隐匿民丁"③,当事人及相关官员就将受到惩处,直至被执行所谓的"全家入居(边地,引者注)之法"④。当然,需要指出的是,移入边地之人,除上述正常徙居的民众外,还包含另一个特殊群体,那就是罪犯。罪犯实边者,或称流刑犯,按照犯罪的程度,最远被流放于沿江边地或孤岛,尤其是"四郡六镇"新开拓地,像前述甲山郡闾延村即为此例。这种变相的徙民形式在朝鲜王朝建国后的徙民行动中并不占主导地位,却是产生最早、持续最久的一种实边方式。

事实上,徙民政策并非朝鲜王朝保境固边的"专利"政策。早在高丽时期,当时的统治者在建城拓疆的过程中就有过类似之举。比如,高丽于太祖元年(918),面对"平壤古都,荒废已久"的状况,就曾"徙民实之,以固藩屏,遂分黄、凤、海、白、盐诸州人户居之,为大都护"。⑤ 这是高丽最早的徙民记

---

① 在古代中国亦有类似的政策,且往往是从中原向南、北边疆移民。此外,古代朝鲜半岛国家尤其是朝鲜王朝一般多将其所移民户称作"徙民",故而其所采取的该政策也就被称作"徙民政策"。因此,在更贴近历史史实的基础上,为了便于集中考察该政策,本节接下来统一以"徙民"之称谓展开论述。
② 前文已述,由于"残户"的存在,实际正军数额可能会少于当地民户数额,这种情况在平安、咸吉两道边地较为普遍,但并非完全如此。
③ 《朝鲜世宗实录》卷83,二十年十一月癸卯。
④ 《朝鲜世宗实录》卷100,二十五年四月己亥。
⑤ 《高丽史节要》卷1,太祖神圣大王戊寅元年九月。

录,以后不定期地又有多次徙民行动,像本书第一章第二节表1-2中关于古昌州、碧潼、古理山等邑地徙民的记录,即为此类代表。而朝鲜王朝在继承高丽北疆开拓政策的同时,似乎也一并继承了其徙民政策。而且,相比较而言,朝鲜王朝时代的徙民政策,显得更加集中、有力度,且极具策略性。尤其是朝鲜王朝建国之初至世宗时期(即朝鲜王朝早期)的徙民,作为朝鲜王朝官方徙民行动的一个相当重要的时期,亦是朝鲜王朝官方最早进行大规模集体徙民的时期,充分展现出了以下特征:一方面,朝鲜王朝早期的官方徙民绝大部分围绕着"沿江防御体系"中"四郡六镇"的开拓而进行,特别是1433年全面建设"四郡六镇"之后,大规模的集体徙民行动随之展开,并集中完成于此后的十余年间,而能有如此成效正是得益于上述政府强力的徙民摊派制度下的惠民政策,以及严格立法的效果。另一方面,朝鲜王朝早期的官方徙民政策,较为突出的情况是先将北方的咸吉、平安两道(分别又称"东界"与"西界",合称"两界")沿江边地以南(简称"两界南部")的居民分别移入包括"六镇"中的沿江五镇与"四郡"等在内的沿江边邑辖地(亦即沿江边地),再从南方的"下三道"①等地区向北方"两界"(以南部为主)补充徙民,以填补因先前向沿江边地徙民所导致的民户空缺,即总体上主要呈现出"下三道—两界南部—沿江边地"渐次移徙的特点。关于朝鲜王朝早期针对其北方"两界"尤其沿江边地的官方集体徙民过程,在前文已有部分阐述的基础上,进一步补充、汇总如下②:

---

① "下三道",即庆尚、忠清、全罗三道。
② 朝鲜王朝早期由其国家层面主导实施的徙民政策问题,因其是沿江驻防体系中的核心问题,故较为重要,也较为复杂。但这毕竟非本书的中心议题,故在此不做详讨,只简述其大致实施过程。实际上,关于此类徙民问题,在整个朝鲜王朝前期,不仅世宗时代及其之前实施过,世宗以后包括世祖、成宗、燕山君时期皆实施过(下文将继续探讨),但总体仍以朝鲜王朝早期尤其是世宗时期的徙民规模最大、数量最多。目前,学界对于朝鲜王朝前期徙民政策的研究已先后涌现出了一些较有分量的成果,比如较早有李仁荣的《李氏朝鲜世祖代的北方移民政策》(《震檀学报》1947年第15号;另收录于《韩国满洲关系史的研究》,乙酉文化社,1954,第139~164页),而后有深谷敏铁的《关于朝鲜世宗朝在东北边疆的(第1—4次)徙民入居》(《朝鲜学报》1956—1961年第9,14,19,21、22合辑)、宋炳基的《关于世宗朝的平安道移民》(《史丛》1963年第8辑)、方东仁与车勇杰合著的《四郡六镇的开拓》(《韩国史》1995年第22辑)、李相协的《关于朝鲜前期北方徙民的研究》(韩国成均馆大学校博士学位论文,1996)等。仅就朝鲜王朝早期的官方集体徙民而言,需要指出的是,这些成果在徙民的次数、数量等细节问题上多存在分歧。其中,当以李相协的研究相对全面,他将这一时期咸吉、平安两道的官方强制性的集体徙民合并统计为12次。在吸取这些研究成果的基础上,并通过进一步梳理史实,笔者将这一时期的官方集体徙民行动作出进一步的统计和细化处理,即其中未将原属咸吉、平安两道的流移人及罪民实边者算在内,同时又将"两界"南部徙民、"下三道"徙民及其他徙民区分计算,以便明晰各自的徙民数目。

## (一)关于咸吉道的集体徙民过程

咸吉道单次数量较多的集体徙民共实施过七次,其中规模程度较大的是中间五次。

第一次徙民发生于新庆源镇复立后的1417—1418年。古庆源镇初设后曾原有民户约400户①,经过"庚寅事变"后,其所剩部分民户被迫退居龙城。1417年复立后的新庆兴镇本计划移入1000民户,最后通过刷还散落各地的古庆源府原居流移民户以及新得到的自愿入居的民户,实际共得徙民350户。

第二次徙民发生于新庆源与宁北二镇北移后的1433—1434年。此二镇共移入2200户,每镇1100户。其来源分别为复立后的新"庆源三百五十户,端川二百八十户,北青二百八十户,洪原四十户,镜城五百五十户,吉州五百户。右各官农事稍稔,道路不甚远阻,故定额之数多。咸兴、永兴各四十五户,定平三十户,安边二十户,文川十二户,宜川、龙津各十户,高原十五户,预原十三户。右各官年歉道远,故定额不多"。②显然,这些民户中除新庆源镇的350户外,其他北徙者共1850户都是咸吉道的本道南部民,且以镜城、吉州二邑的徙民数量最多(1050户)。

第三次徙民发生于会宁镇与孔城县设置时的1434—1435年。1434年为了设置会宁镇,向其调入500民户,其中有300户来自吉州、镜城二邑的新增徙民。与此同时,恢复治理后的孔州城也被调入400民户,其中的200户也是从吉州、镜城二邑新徙来的。这就是说,吉州、镜城二邑除以上先移出的1050户外,又再移出了500户。由于"吉州、镜城亦边鄙之地",如此将使其"居民稀少、军额减缩"。③为此,朝鲜王朝便于1435年另"徙高原、永兴、文川、宜川、安边民二百户于镜城,三百户于吉州"。④即这一时期,咸吉道南部民依次北徙者前后共有1000户,其中500户被移入沿江边地。

第四次徙民发生于庆源、会宁、钟城、孔城四邑新设后的1436—1437

---

① 《朝鲜世宗实录》卷78,十九年八月癸亥。
② 《朝鲜世宗实录》卷63,十六年正月甲申。
③ 《朝鲜世宗实录》卷68,十七年六月甲辰。
④ 《朝鲜世宗实录》卷68,十七年六月甲辰。

年。由于上述镜城邑的两次徙民,使得归属于镜城邑的龙城民户"自新设四邑之后,人民皆徙,沃壤反为草莽"。① 为此,朝鲜王朝决议"新设四郡(即四邑,引者注),既移龙城人户以实之,又将徙庆尚道一百四十户,忠清、全罗道各一百二十户,江原道五十二户,以实龙城"。② 即共徙民432户,其中"下三道"民移入本道南部有380户。

第五次徙民发生于稳城镇设立的1440—1441年。为了新设稳城镇、三处万户堡以及移设钟城镇,朝鲜王朝原计划徙民1300户,后又增加300户,再加上钟城镇原有400户居民的全部迁徙,实际共徙民2000户。这些徙民除去钟城镇原有的本邑民户即剩下的1600户主要来自"本道庆源、吉州以南、安边以北各官"。③ 其中有小部分徙民来自庆源府,后来又从咸吉道南部得到补充。

第六次徙民发生于图们江沿江五镇设置完成后的1441—1446年。由于上述1600户徙民绝大部分来自咸吉道南部,"由是田宅空虚,民户减缩,诚可虑也"。④ 有鉴于此,朝鲜王朝计划"择(下三道,引者注)五丁以上富资产者一千六百户,准徙边正军之数,徙庆尚道六百户,全罗道五百五十户,忠清道四百五十户,以实之"。⑤ 实际上,由于咸吉道长期筑城以及天灾不断等原因,使得"咸吉道失稔,入居为难"⑥,被迫"姑以庆尚道一百户,全罗、忠清道各五十户入居"⑦,即先从"下三道"徙民共200户,还需补充徙民1400户。"其后六百五十八户则以本道多丁人之子婿弟侄刷出充数,故未充数七百四十二户……欲以下三道逃接各道流移人民充七百五十户之数"。⑧ 但后来的真正情况是将"全罗道流移人及欺隐税粮书员、色吏等八百余户……龙城、镜城以南,量宜分置"。⑨ 即最终补充了800余户徙民,加上先前的200户,则"下三道"共移入咸吉道1000余户。此外,因上述1600

---

① 《朝鲜世宗实录》卷75,十八年十月戊寅。
② 《朝鲜世宗实录》卷75,十八年十月戊寅。
③ 《朝鲜世宗实录》卷91,二十二年十一月乙丑。
④ 《朝鲜世宗实录》卷92,二十三年五月癸丑。
⑤ 《朝鲜世宗实录》卷92,二十三年五月癸丑。
⑥ 《朝鲜世宗实录》卷97,二十四年九月壬戌。
⑦ 《朝鲜世宗实录》卷97,二十四年九月壬戌。
⑧ 《朝鲜世宗实录》卷100,二十五年五月丙寅。
⑨ 《朝鲜世宗实录》卷111,二十八年二月己酉。

户中还有小部分原属庆源府的徙民,致使"庆源府入居人物不足"①,故以后又从咸吉道南部补充了100户入居②。

第七次徙民亦发生于1446年。几乎就在以上补充了全罗道流移人等800余户的同时,朝鲜王朝为了达到惩戒私自流移者的目的,从而"声其流亡之罪,使之入居两界"③,故又向咸吉、平安两道另新增补入"下三道"徙民共250户。其中,"二百五十户内,本自平安道流移六户外……不可尽遣咸吉道……则以一百五十户便道移遣咸吉道"。④ 即最终实际再次向咸吉道添加了150户"下三道"徙民。

综上所述,在咸吉道的这七次集体徙民中,实际主要从本道南部移入"六镇"中沿江五镇边地的民户共约4050户,又从"下三道"向本道南部补充移入的民户总共不低于1530户,而其余为沿江五镇边地内部迁移补充或本道毗连的江原道至本道南部地域内由南向北补充的徙民共约有1302户⑤,即该道全部集体徙民总数至少应超出6882户。而咸吉道到1446年最新统计出的总人口才为14000余户⑥,即此徙民总户数占了咸吉道人口总户数的近五成,足见其程度之大、力度之强。

## (二)关于平安道的集体徙民过程

相较于咸吉道,平安道的集体徙民在规模程度上稍稍次之,但依然人数不少。其集中实施于"四郡"全面设立之后,且对沿江边地的徙民超出了"四郡",扩展至平安道沿江各邑辖地。其共实施过八次,包含四次较大规

---

① 《朝鲜世宗实录》卷97,二十四年九月癸未。
② 《朝鲜世宗实录》卷100,二十五年四月壬辰;《朝鲜世宗实录》卷100,二十五年五月丙寅。
③ 《朝鲜世宗实录》卷100,二十五年六月戊子。
④ 《朝鲜世宗实录》卷111,二十八年二月甲寅。
⑤ 具体来看,从咸吉道南部北移的4050户徙民,分别包括第二、三、五次徙民中的1850户、500户、1600户,以及第六次补充至庆源府的徙民100户;从"下三道"补入咸吉道南部的1530余户徙民,分别包括第四、六、七次徙民中的380户、1000余户、150户;其余的1302户徙民,分别包括第一、三、四次徙民中的350户、500户、52户,以及第五次移徙原属钟城镇的居民400户。此外,尚需说明的是,第五次徙民中的1600户,因这里面有移自庆源府数目不详的少量徙民难以从中分离出去,故只能暂且将这部分庆源府徙民算在咸吉道南部北移的4050户徙民中,而其余的1302户徙民中则相应不再包含这部分庆源府徙民。
⑥ 《朝鲜世宗实录》卷111,二十八年二月丁卯。

模的徙民(以下简称"大徙民")、四次小股徙民(以下简称"小徙民")。

第一次徙民发生于慈城郡与闾延府完设后的1436年,属于大徙民。早在1429年,世宗王就首次提出了"平安道境接上国而民甚稀少,欲徙下三道之民实之,以备后患"的平安道徙民计划。① 但一度被搁置,未执行。直到1436年九月,为了配合沿江开拓与守御,朝鲜王朝便初"徙平安南道民二百十一户,以实闾延、江界、理山、碧潼、昌城等沿边之地"。② 即平安道首次徙民是将本道南部民移入沿江边地210户。

第二次徙民紧随首次徙民,亦发生于1436年,属于小徙民。朝鲜王朝"徙平安南道各官乡吏十五户于闾延,十户于慈城"。③ 即由本道南部向沿江边地共徙民25户。

第三次徙民发生于1437年,仍为小徙民。朝鲜王朝再次"徙平安道南道各官乡吏十五户于闾延,十户于慈城"。④ 即又由本道南部向沿江边地徙民25户。

第四次徙民发生于"丁巳之役"过后的1438年,属于大徙民。朝鲜王朝徙平安道南部民"总一千户,以壮丁三四户以上有实人为一户,分八运徙居边邑,闾延一百五十户,慈城一百四十户,江界三百户,理山一百六十户,碧潼一百户,昌城一百五十户"。⑤ 即由本道南部向沿江边地徙民1000户。

第五次徙民发生于增防闾延府所属赵明干石堡的1440年,属于小徙民。由于赵明干防御尤为紧迫,而大臣对其及居民如何防护的意见却不统一。不过,世宗王执意坚守的抉择,使朝鲜王朝最终向该地补充了150名赴防军,以及本道南部的徙民50户入居。

第六次徙民发生于茂昌郡设立时的1442年,属于大徙民。平安道作为与明往来交通之要道,由于其"境连上国,辽东迎送骑马驮载等劳苦倍于他道,势将彫(凋,引者校)残",加上"近因沿边防御军马劳困,道内军民转相流亡,安州以北州郡萧然",故朝鲜王朝遂决议"以富实户,抄定黄海道五百

---

① 《朝鲜世宗实录》卷45,十一年八月乙未。
② 《朝鲜世宗实录》卷74,十八年九月己亥。
③ 《朝鲜世宗实录》卷75,十八年十月戊寅。
④ 《朝鲜世宗实录》卷76,十九年二月乙亥。
⑤ 《朝鲜世宗实录》卷81,二十年五月壬辰。

五十户,忠清道六百三十户,全罗道八百二十户,庆尚道一千户,共三千户,分为三运,量其所居远近,以次入居,以实边鄙"。① 即在这 3000 户徙民中,有 2450 户来自"下三道",并且分配移入本道南部的徙民似应较多于移入沿江边地的徙民,只是不清楚二者具体数量各是多少。

第七次徙民紧随第六次徙民,亦发生于 1442 年,属于大徙民。前述在设置闾延府辖下小虞芮以及慈城郡辖下泰日等处万户时,曾向这些边邑辖地移入本道南部民 4764 人,按平均 5 口之家来计算,则折合民户约 953 户。

第八次徙民发生于"四郡"均已完设后的 1446 年,属于小徙民。正如上述,向咸吉、平安两道增补的 250 户"下三道"流移民中,有 100 户要移入平安道,再除去原平安道的 6 户流移民,即实际向平安道添加"下三道"徙民共 94 户。

综上所述,在平安道的这八次集体徙民中,实际从本道南部移入包括"四郡"辖地在内的沿江边地的民户共约 2263 户,又从"下三道"向本道南部(也可能包含部分沿江边邑辖地)补入徙民共约 2544 户,而其余为本道毗连的黄海道由南向北补充至本道的徙民共约 550 户②,即该道全部集体徙民总数约有 5357 户。而平安道到 1446 年最新统计出的总人口才为 44000 余户③,即此徙民总户数占了平安道人口总户数的一成多。可见,平安道集体徙民虽说在比例上稍逊于咸吉道,但在具体总数上却略多于咸吉道。同时,从平安道三倍于咸吉道的人口总户数上看,也说明平安道因开拓较早以及新开拓地较少,故而当地原始人口积累较多,总体所需的徙民数在比例上就会相对较少。

以上便是朝鲜王朝早期实际进行过的十五次集体移徙民行动,而合并统计咸吉、平安两道的徙民,则总共不下 12200 余户。为了顺利推行徙民政策,朝鲜王朝实行了轻徭薄赋,"良民则赏以本处土官职、乡驿吏则永免其

---

① 《朝鲜世宗实录》卷 95,二十四年二月丁酉。
② 具体来看,从平安道南部北移的 2263 户徙民,分别包括第一、二、三、四、五、七次徙民中的 210 户、25 户、25 户、1000 户、50 户、953 户;从"下三道"补入平安道南部(也可能包含部分沿江边邑辖地)的 2544 户徙民,分别包括第六、八次徙民中的 2450 户、94 户;其余仅有第六次移自黄海道的 550 户徙民。
③ 《朝鲜世宗实录》卷 111,二十八年二月丁卯。

役、贱口则永放为良"①以及"元有职者超资,无职者"赏职等各种优惠政策②,以激励徙民的积极性。尽管如此,"厌恶移徙,或至自戕自尽"者③,仍大有人在。而且,不少大臣对徙民之举也颇有非议。但世宗王认为"思避民怨,不虑将来,不事其事,徒费岁月,则岂非姑息之计乎？若欲维持国体,以为万世之计,则岂可畏民之怨咨而不为乎？是亦重事,不可已也"。④ 在世宗王的坚持下,该政策总算落实。然而,由于边地特别是"四郡六镇"地区环境相对恶劣,生活较为困苦,且天灾兵祸不断,便有大批边民南逃各地,形成了上述所谓的"流移人"。这使得朝鲜王朝被迫逐渐停止集体移徙新的民户,转而开始以刷还流移人为主,以保证边地的居民数量,"如此……若又不足,而必须加数入居……然后乃令曾抄平民入居"。⑤

此外,始终伴随着徙民政策及流移人刷还政策一并实施的还有罪犯实边之策。

1446年五月,朝鲜王朝下令"自今除犯罪入居外,平民入居一皆停寝为便。两界及各道互相流移人等,各于元居处还本"。⑥ 即流刑犯及流移人从此成为世宗代后续实边来源之主流。

## 二、南道赴防军的加派

这是相对于上述移入边地、兼作正军的民户而言。朝鲜王朝驻防平安、咸吉两道沿江边地各邑辖地特别是"四郡六镇"的军队类别关键有二,即本邑所属正军与别邑赴防军。其中,前者最重要,人数在所属的某个边邑辖地防军中一般最多,是该边邑辖地防军的主力⑦,主要由服兵役的良人农民组

---

① 《朝鲜世宗实录》卷62,十五年十一月庚子。
② 《朝鲜世宗实录》卷95,二十四年正月壬申。
③ 《朝鲜世宗实录》卷96,二十四年五月壬申。
④ 《朝鲜世宗实录》卷94,二十三年闰十一月己巳。
⑤ 《朝鲜世宗实录》卷100,二十五年六月戊子。
⑥ 《朝鲜世宗实录》卷112,二十八年五月辛未。
⑦ 除本邑所属正军外,包括沿江边地各邑辖地在内的咸吉、平安两道还有诸如次正军、杂色军等其他防军,作为辅助军力。分别参见《朝鲜世宗实录》卷82,二十年九月丁酉;《朝鲜世宗实录》卷93,二十三年六月癸酉;《朝鲜世宗实录》卷98,二十四年十二月癸卯。

成,故如前述,理论上向该边邑徙民调入多少户就至少等于大致调入了多少正军。后者则通常是在某个边邑辖地防守正军不足,或者军情紧急的情况下,另外从咸吉、平安两道的该边邑以南各邑增派的军队,故又总称为"南道赴防军"。显然,后者属于"配角",似乎可有可无,但实际上正如前述,因首以边防为重的缘故,总还是难以或缺的。①

南道赴防军主要有两大核心军种形式,即赴防正军与赴防甲士。在咸吉、平安两道中,赴防正军往往是派遣此两道南部的正军前往边地前线赴防。赴防甲士就是到边地前线赴防的有军阶的职业军人,其数量在赴防军中所占比例一般较少。所谓"东西两界番上甲士防戍本道者,受禄京中"②,而"军士之中甲士号为精勇者,取才以充之,厚禄以养之"③,且"甲士之职,专事甲胄,不著官带"④。

随着朝鲜王朝北拓经营的深入,南道赴防军随时会因时局的需要而被派遣,故没有定数可言。早在太宗时期,"庚寅事变"发生后,为了防范女真人对古庆源府城的报复性攻击,朝鲜王朝就曾临时紧急增派过赴防军。⑤但更多的时候,朝鲜王朝为了补充边地的防御力量,形成了一种派遣赴防军规律性赴防的现象。比如,1426 年,在阻止新庆源府治退移龙城的前提下,为了保证新庆源之地的防御无虞,朝鲜王朝曾加派吉州邑以南赴防军"总三千四百五十二名,分戍庆源、龙城二处,每月各一百五十名,议其远迩,使之一年一赴防"。⑥ 这种规定了周期与一定数量的循环有序的赴防模式,正

---

① 学界有关朝鲜王朝早期咸吉、平安两道边地赴防军的研究成果,基本都出自韩国,且主要将其作为军事制度史的一部分来探讨。这方面的论著较多,较有代表性的如有:闵贤九的《朝鲜初期的军事制度与政治》(韩国研究院,1983)、吴宗禄的《朝鲜初期两界的军事制度与国防体制》(高丽大学校博士学位论文,1993)、车文燮的《朝鲜时代军制研究》(檀大出版社,1995)等。但单纯论述以上南道赴防军问题的成果不多,较有代表性的论文是李志雨的《世宗朝北方赴防的实态》(《加罗文化》1994 年第 11 辑)。该文从赴防政策实施的情况、弊端以及动员策略三个方面,较为详细地阐述了世宗时期北疆赴防的问题。本书中除与其探讨的角度、目的及侧重点不同外,又因赴防仅作为移民驻防的军力补充,非边地防军的主要来源,故对此问题只简要阐述。
② 《朝鲜世宗实录》卷 78,十九年八月乙丑。
③ 《朝鲜世宗实录》卷 88,二十二年二月己卯。
④ 《朝鲜世宗实录》卷 104,二十六年六月甲午。
⑤ 据《朝鲜太宗实录》卷 19 十年四月己未条载:"命金制卢原湜为庆源助战兵马使,率庆源、镜城、吉州、端州、青州人为甲士者百五十人赴防。"
⑥ 《朝鲜世宗实录》卷 31,八年正月己未。

是赴防军留防边地的基本模式。只不过,不同边邑辖地的赴防周期与数量多有不同,以及各边邑辖地在不同时期的赴防周期与数量亦会适时变化而已。

其实,前文在探讨"四郡六镇"设置之时,已多次论及加派南道赴防军的事宜,但关注更多的是南道赴防军的弊端问题。这是朝鲜王朝始终无法回避的难题。为此,朝鲜王朝也曾多次计划加以解决,比如实施徙民政策的目的之一即在此。甚至,直到"四郡六镇"乃至整个江防体系的建设接近尾声之时,仍有大臣针对咸吉道赴防军提议"今五镇阜盛,士马精强,以此行兵攻伐,则不足矣,坚壁自守,则虽有大贼,不足虑也,请除南道赴防"①;也有针对平安道赴防军提议者,称"今城堡已筑,而赴防之苦如旧,则南道之民日益凋敝,无时而可苏也,筑之何益!莫若除南道赴防,以供北人之便也"②。可是终究未能解除此弊。甚至有些边邑辖地的赴防军不减反增,如前述原属闾延郡(府)的赵明干等地。由此,反倒更加说明赴防军总还是有其必要性的。

总之,在以"四郡"以及"六镇"中的沿江五镇等"骨干"工程为核心邑城的"沿江防御体系"构建的过程中,在政府强力推动下,朝鲜王朝早期成功实施了以徙民为主,附带加派南道赴防军的军民驻防政策,从而得以在巩固体系的同时,达到了定边"封疆"的效果。

## 第四节　体系构建的防御理念及历史意义

朝鲜王朝所构建的主要由"骨干"工程与相应"枝叶"工程共同组合形成的"鸭—图"两江"沿江防御体系",是本着一体化防御理念而建构的城防工程,貌似于明朝中国北疆所建构的"长城防御体系",皆作为同时期农耕民族防范游牧—渔猎民族的军事屏障之典范。然而,虽然该"沿江防御体

---

① 《朝鲜世宗实录》卷116,二十九年闰四月辛巳。
② 《朝鲜世宗实录》卷117,二十九年七月丁巳。

系"在整体性防御设计上堪与"长城防御体系"类比,但具体到构成成分的核心要素,却与之并不相同,尤其是在建构的实质目的上更是与之大相径庭,即其实非仅限于防御,而是作为朝鲜王朝"北进"新战略的实施工具。

在"北进"新战略的导引下,朝鲜王朝最终在世宗时代结束时的15世纪中叶,基本完成了"沿江防御体系"的成型构建,同时标志着历史上中朝"鸭—图"两江干流自然疆界的基本定型,并由此在朝鲜王朝的继续坚守下,开始以"相沿成习"的方式稳定地延续了下去。

## 一、体系构建的防御理念

据《明史》载:"元人北归,屡谋兴复。永乐迁都北平,三面近塞,正统以后,敌患日多。故终明之世,边防甚重。东起鸭绿,西抵嘉峪,绵亘万里,分地守御。初设辽东、宣府、大同、延绥四镇,继设宁夏、甘肃、蓟州三镇,而太原总兵治偏头,三边制府驻固原,亦称二镇,是为九边。"① 此即明朝的"九边"长城,亦即今天人们熟知的明"万里长城"。由于该长城是由连续的边墙以及卫所城池、边堡、墩台(即烽火台)、关隘、障碍物等各种防御设施共同组成的一个防御集合体,故又可称为"长城防御体系"。显而易见,边墙是其中的核心成分,这与朝鲜王朝以"骨干"工程为核心的"沿江防御体系"的结构状况恰恰相反。不过,仅就体系的各个构成要素来看,"沿江防御体系"犹如"长城防御体系"的"缩小版",其中也有邑城、堡城、烽燧以及类似于连续边墙的沿江行城等,即使规模上不能与之相较,却仍不失为结合了朝鲜王朝国家实情的经典之作。

除此之外,作为抵御蒙古或女真等北方游牧—渔猎民族侵袭屏障的"长城防御体系",是明朝为了将其中的各要素打造成"珠连璧贯,千里相望"②的防御状况,而形成的整体防御理念的集中体现,正所谓"纲维布置,可谓深且固矣"。③ 显然,这种精心的城防设计要领,似乎亦被朝鲜王朝悟

---

① 张廷玉等:《明史》卷91《志第六十七·兵三》,中华书局,1974,第2235页。
② 任洛等:《辽东志》卷5《官师志·名宦·国朝·王翱》。
③ 张廷玉等:《明史》卷40《志第十六·地理一》,中华书局,1974,第882页。

得,其构建的"沿江防御体系"同样展现着"一体化"的防御理念。

一方面,体系的充分构建因主要有众多作为"骨干"的沿江邑城以及层次化的辅助系统,如此便至少达成了防御工程总体"量"的增加。其结果:从鸭绿江下游南岸的义州牧到图们江下游南岸的庆兴府之间所辖的各要害之地,到处遍布着各种防御设施,而这些要地正是以"骨干"工程为依托,佐以功能完备的辅助系统,形成了复合防御的机制,倘若再配备足量的兵马,施加适宜的策略与战法,就会对女真人形成"攻则尚可,守且有余"的巨大的军事优势。正所谓:在图们江岸,"五镇要害处,行城既筑,士马强盛,都节制使率精兵据五镇之中央,彼虽欲鼠窃狗盗,莫敢肆其志"。① 而在鸭绿江岸,"平安道闾延以下、义州以上贼路要害之地,行城既筑,多设郡县,又置口子,防御极备"。②

另一方面,充分构建的体系在"量"的基础上,更是在其内部构成了较为完整的"防御网"。其中,沿图们江南岸向南分别有:建在边防较前沿的沿江行城,以沿江五镇为核心结合众多小堡所组成的邑、堡联防体,以及作为"援助性后防基地"的富宁镇三部分,以至于在整体防御中得以依次构成体系的一级防御线、二级防御带(核心防御层)与三级防御点,即形成了"线—带—点"的这种立体结构的防区。而沿鸭绿江南岸向南,同样依次包含有沿江行城构成的一级防御线、沿江邑城联合周边小堡构成的二级防御带(核心防御层),虽说没有富宁镇那样专门性的后防支援地,却因平安道较长的边防线而被朝鲜王朝特将"沿边郡邑分为两道……渭原、慈城、虞芮、闾延、茂昌属于江界道,理山、碧潼、昌城、定宁、义州、麟山属于朔川(即朔州,引者注)道"③,也就是以距江较远的江界府城与朔州府城分领鸭绿江干流东、西(即中上游与中下游)两个防段并兼作支援点的方式,为各邑防守提供后援保障,亦即总体上同样不失为"一线一带两点"的立体防御模式。如此一来,相比以上防御工程总体的量变而言,自然更进一步,达成了

---

① 《朝鲜世宗实录》卷 123,三十一年三月丙申。
② 《朝鲜世宗实录》卷 123,三十一年三月丙申。
③ 《朝鲜世宗实录》卷 118,二十九年十月丁亥。另分别据《朝鲜文宗实录》卷 2 即位年七月乙卯、《朝鲜端宗实录》卷 8 元年十月甲辰等条所载,这两道到了文宗朝(1450—1452 年)因军事备防需要而被进一步改为平安左、右道,但不久至端宗朝(1452—1455 年)又被取消分道,仍恢复以江界、朔州二邑城分别总领平安道东、西沿江各邑所在两个防段的状况。

质的飞跃,即整合构成了在"鸭—图"两江南岸横贯全线的立体江防网。而它们之间若能相互协调,配合得当,就能集这些处于江防网上的防御力量于女真人袭击处之一点,从而将各处分散的防御力量"集零为整"。何况,更佐以两江的"天堑"功能,以及平安、咸吉两道都节制使常时又分别坐镇江防网后方的宁边府本营与镜城府本营指挥待命,由此即可达成最大限度地阻止女真人来袭之功效。①

由此可见,"沿江防御体系"的基本构建成型,其综合防御实力将拥有由量及质的全方位保障。尤其是其中"质"变所展现出的稳妥应对机制,使得该体系可与中国"万里长城"一起,"并肩"成为古代东方世界农耕民族得以与游牧—渔猎民族长期抗衡的依托工程之代表。

然而,这种在防御的层面可与"长城防御体系"相比的"沿江防御体系",却在本质属性上与之大有差异。这涉及二者构建的初衷与目的。正如前述,朝鲜王朝构建"沿江防御体系"的初衷在于"保国封疆",最终目的在于实现其"北进"新战略。因为"北进"是朝鲜王朝在北拓意识的支配下不可能放弃的政策,但该政策又牢牢被现实所限制。所以自立国以来,朝鲜王朝从其继承高丽末期在鸭绿江中下游南岸所拓的诸邑疆土,到"四郡六镇"之设立,再到江防网的大体成型,一步步地向两江南岸全线挺进,目的就在于在防御压力中找到尽可能"北进"的平衡点。显然,这个平衡点便是"鸭—图"两江。

充分利用两江的"天堑"功能,朝鲜王朝既可以满足防御需要,又间接实现了"北进",只不过在首重防御的"外衣"掩盖下,"北进"已暗藏其中而不那么明显。而与朝鲜王朝不同,明朝作为当时东亚区域宗藩体制下的宗主国,在"天下观"的支配下,其大建"长城防御体系"则完全不存在类似的初衷及目的。因为且不说长城的最东段辽东镇长城(又称之为"辽东边墙")在明朝中后期为防女真人来袭所增建的东半部分,不存在区分彼我疆

---

① 当然,这仅限于17世纪之前,女真各部在散居、各自为政,相对于朝鲜王朝处于弱势的情况下。此后,女真人逐渐形成了强大的后金统一政权,进而对朝鲜王朝发动1627年的"丁卯之役"以及1636年的"丙子之役",整个体系将难以抵挡。正所谓"沿边置邑与小堡,将以防鼠窃狗偷也。若巨盗至,则不可以此而待之也"。关于此,下文还将续述。参见《朝鲜文宗实录》卷5,元年正月戊申。

土而"封疆"的意味,即如女真羁縻区亦无疑"咸属统内"①,就是山海关以西的长城也不一定完全按照当时的疆域范围建筑。② 这也就是说,明朝建立"长城防御体系"纯粹旨在防御,而不像朝鲜王朝所构建的"沿江防御体系"那样,别有标示"北进"既得成果乃至"封疆"划域之用意。由此可见,二者实乃本质之区别。

至此,既然朝鲜王朝的"沿江防御体系"是特为实施"北进"新战略而设计,那么当体系构建最终全然完毕之时,也就是新战略已然实现之日。换句话说,由该体系所形成的江防网囊括覆盖到何处,该战略即实施到何处,导致的根本结果便是疆域延伸及疆界推移到了何处。显然,至 15 世纪中叶,如前述只在两江干流南岸因备防而建构的"沿江防御体系",使得朝鲜王朝除了图们江上游干流这一相对有限的防段(即下述茂山段)以南区域尚未涉足,整个鸭绿江干流南岸以及图们江中下游干流南岸地区皆已牢牢地在其掌控之中,由此标志着彼时中朝两国以"鸭—图"两江干流作为自然疆界的格局从此大体稳定了下来。而朝鲜王朝的后世君臣进而以此格局为基础,将包括江源段在内的整个两江以南疆土全部收归囊中,则乃后话。但正因如此,自然而然地涉及一个必须解答的疑问:如上所论,终究是体系促成了疆界的基本定型,那么,这与以往学界在相关研究中因着重关注"四郡六镇",而往往仅将它们的设立作为"鸭—图"两江自然界河早期形成标志的观点是否矛盾?

一方面,将"四郡六镇"的终设视为两江疆界早期形成的重要标志并非无稽之谈,因为除朝鲜王朝初期所继承的鸭绿江中下游自然界河的状况外,"四郡六镇"毕竟是朝鲜王朝建国以来新建的最重要的江防工程,它们从总体形式上的确可视为奠定"鸭—图"两江干流自然疆界早期形成基础的标志。然而,从客观实际出发,设于鸭绿江上游南岸的"四郡""三甲"(即三水、甲山二邑)与设于图们江中下游南岸的沿江五镇等邑城,再加上鸭绿江中下游南岸地区的其他沿江邑城,即如前述,仅凭此全部 20 座作为"骨干"的沿江邑城,显然难以实现对已涉及的"鸭—图"两江干流南岸地带的完全

---

① 任洛等:《辽东志》卷首《辽东志书序》。
② 葛剑雄:《中国历代疆域的变迁》,商务印书馆,1997,第 135 页。

防控,从而也就在一定程度上缺乏证实此两江界河已达到早期形成阶段的说服力,何况界河到了该阶段也只是处于基本定型的状态。因为这20座沿江邑城皆为相距隔远的单城独镇,宛如在两江南岸各自林立的"孤岛"一般,其充其量只不过是设于两江南岸的20个孤立的据点,如此连防御都难保万一,何谈疆界?这就需要与"骨干"工程配合防御的众多辅助工程。也正是有了这些辅助工程,并连同已设置的"骨干"工程在两江干流南岸构建形成了于所涉地域全面布控的"沿江防御体系",整个鸭绿江干流南岸地带与图们江中下游南岸地带才能共同得到足够深入的巩固,进而才有可能使两江界河趋于定型的状态充分明朗化。此外,体系中的各个要素大体都是随着拓疆需要尤其边防形势的发展相伴而建,故也难以把它们从体系中分开而只言疆界。

从另一方面讲,需要再次提及"北进"新战略。所谓新战略之"新",必然不同于先前高丽时期那样较为明朗、单纯的"北进"战略,而是朝鲜王朝在新的背景形势与边疆环境下,在继承前代已有北拓经营成果的基础上,继续到不易拓展之地进行深入开拓而不得不经过政策衡量后的产物。这就好比图们江南岸"本野人界,世宗以豆满江为限……此盖夺野人所居之地"①,其开拓难度可见一斑,需要转变拓疆策略,必须以防御为前提才能达成暗中"北进",否则就会如同古庆源镇起初的经历一样功亏一篑。但该战略绝非仅靠"四郡六镇"乃至全部"骨干"工程就能完全实现,而是需要整个体系。只有造就一个集各种工程之功能于一体的"沿江防御体系",发挥出其一体化防御的巨大功能,才能保证疆域之巩固有实、疆界之稳定可循。

由此可见,"沿江防御体系"才是能够促成"北进"新战略中"防御—北进—疆界"三者有机结合之真正载体,故而才是确认彼时已大体形成两江干流自然界河格局的真正标志,而这也正是本书引入"沿江防御体系"这一概念,至此需要特别言明之原因所在。

综上,作为主要防御北方游牧—渔猎民族之一的女真族来袭的优秀城防设计,形似于明朝"长城防御体系"却与之有着实质性差异的朝鲜王朝的"沿江防御体系",最终在朝鲜世宗时代"北进"新战略的推动下,在这一时

---

① 《朝鲜燕山君日记》卷25,三年七月甲辰。

期基本形成了以"鸭—图"两江作为天然疆界的格局。

## 二、体系构建的历史意义

15世纪中叶,朝鲜王朝通过建成较为成熟的"沿江防御体系",使得自高丽前期初步"北进"至鸭绿江下游义州邑辖地一带以来,至此终于造就了基本以"鸭—图"两江干流为界的历史事实。虽说明朝对于此两江干流大部分河段作界的状况未能悉知,且明朝与朝鲜王朝亦未能明确以成文法的形式对这种状况加以确认,但此后却被双方长期以天然疆界的标准相沿成习地遵循并传承、延续了下去。尤其是朝鲜王朝,在明朝对此两江界河及其相邻区域的状况终究不能详察、洞悉,亦无明确的全线勘界、定界主张的情况下,一直都能在开拓"封疆"心理与现实的强压作用下,不得不自觉地坚守此界,保守其土,直至清初不动摇。对此,仅从《朝鲜王朝实录》中的一些记载就足以知晓。

文宗即位年(1450),领议政河演奏称:

> 近年胡兵欲寇辽东地面,我国密迩,变在朝夕,苍皇急遽之时也。但赖鸭绿江为东北之限,势似缓弛耳。①

睿宗元年(1469),工曹判书梁诚之奏称:

> 连山把截,高皇所定,两国封疆不可相紊。碧潼以西、义州以北,大江(即鸭绿江,引者注)限隔,无足为虑。②

成宗五年(1474),大司宪李恕长等奏称:

> 平安道以鸭绿江为界,野人之境置镇列戍,堤防有备;中朝之界漫

---

① 《朝鲜文宗实录》卷1,即位年五月甲辰。
② 《朝鲜睿宗实录》卷6,元年六月辛巳。

无障塞,江冰若合,坦若平地,甚非固国封疆之义。①

成宗十六年(1485),金海府使李荪奏称:

臣窃惟四邑(即"四郡",引者注)皆以鸭绿为界……且鸭绿江天设限界,不可过鸭绿为境、缩鸭绿为境……四城之沿鸭绿江,犹六镇之沿豆满江,其形势大概相同。②

成宗十九年(1488),大司宪成俊奏称:

诸镇瓮城、长城已筑处无虞也,其未筑处亦须分授诸邑筑之,期以数十年尽筑,以长江(即图们江,引者注)为限,则国家永无北边之忧矣。③

燕山君三年(1497),右赞成成俊奏称:

五镇以豆满江为界,江外乃彼地。④

燕山君八年(1502),兵曹判书李克墩等奏称:

祖宗朝新设五镇,皆据豆满江而置。以江为限界,防戍至今无弊。⑤

中宗十一年(1516),文城府院君柳洵奏称:

---

① 《朝鲜成宗实录》卷48,五年十月庚戌。
② 《朝鲜成宗实录》卷181,十六年七月甲戌。
③ 《朝鲜成宗实录》卷214,十九年三月乙酉。
④ 《朝鲜燕山君日记》卷27,三年九月辛酉。
⑤ 《朝鲜燕山君日记》卷47,八年十一月辛卯。

以疆界言之,则鸭绿以南即我国之境。①

中宗三十七年(1542),善山府使鱼泳津奏称:

臣前为咸镜道别军官,又为节度使军官,又为权管,十有余年,长在防御之所,观其设镇之制。盖头漫长江(即图们江,引者注)限隔南北,是虽天作之险,然而御戎之道不可易而无备也。故缘江而列镇,据险而置堡,以御山戎,以固边防,则祖宗守国御侮之方至矣尽矣。②

宣祖六年(1573),玉堂柳希春奏称:

臣谪居六镇,庆兴府使因民乏食,越豆满江侵夺彼地……耕种。胡人结怨作贼……兵连祸结,此亦可戒也。③

宣祖三十八年(1605),宣祖王言称:

设言北道之地虽可弃之,狼贪之贼岂徒侵六镇而乃已乎？必有渐进之势矣,必须扼塞豆满江,庶可为矣。④

肃宗二十三年(1697),领中枢府事南九万奏称:

鸭绿、豆满二江之源并出白山之岭,东西分流而入海,此乃我国之界限。⑤

显然,从以上引文可知,在朝鲜世宗时代结束后的大约两个半世纪的时

---

① 《朝鲜中宗实录》卷25,十一年五月丁酉。
② 《朝鲜中宗实录》卷99,三十七年八月壬辰。
③ 《朝鲜宣祖实录》卷7,六年二月丙辰。
④ 《朝鲜宣祖实录》卷192,三十八年十月丁卯。
⑤ 《朝鲜肃宗实录》卷31,二十三年五月丁酉。

间里,朝鲜王朝上至君臣、下至边塞军吏,为了"封疆"防御之必要,无不始终恪守着"鸭—图"两江自然界河之状况。从当时来看,这是长期的军事现实之要求。但从对整个历史的发展影响来看,这实际就是对世宗时期所基本促成的两江界河事实的因循与遵守。这就有如后来的朝鲜王朝实学派大师丁若镛(1762—1836)所言一样:"我邦地势,北以二河为界(豆满及鸭绿),三面环以海水,疆场之制,浑然天成。"①

总之,"鸭—图"两江作为天然疆界,在整个明代至少以朝鲜王朝一方自我保守的方式被继承了下来。不过仍需强调的是,从长时段来看,自15世纪中叶开始,朝鲜王朝所继续积极坚守的这条天然疆界并非"鸭—图"两江的全部,因为此时不仅两江江源地区之疆界尚未区分,而且即便是整个两江干流界河也未能包含图们江上游河段,这是由于图们江上游南岸地区此时尚在朝鲜王朝的控制以外。换言之,整个"鸭—图"两江彼时尚未完整地作为明朝与朝鲜王朝双方的天然疆界,只是形成了大体定格于此的状态且稳定延续的趋势,故如上所述,笔者权且称之为"基本定型"。此外,纵然在朝鲜王朝的主导坚守下,这条天然疆界得到了稳定的维系,但整个过程也并非完全没有一点曲折,比如前述鸭绿江上游南岸的"四郡"地区后来遭遇撤废,从而对彼时中朝疆界的维系造成了一定冲击。那么,朝鲜王朝此后是如何维护"废四郡"地区进而维系该疆界的,以及这条天然疆界"基本定型"的状态最终又是如何继续保持并得到强化的,这就涉及15世纪中叶以后两江界河在延续过程中的两个重大问题,即"废四郡"问题与茂山镇的建置问题,同时也涉及"沿江防御体系"后续是如何得以长久巩固的状况,而这些正是本书接下来将要论述之重点。

---

① 丁若镛:《与犹堂全书》第一集卷12《诗文集·论·辽东论》,载《影印标点韩国文集丛刊·第281册》,韩国民族文化推进会,2002,第251页。

## 小结

自 1433 年全面经略"四郡六镇"起,朝鲜王朝也几乎同时开始了"鸭—图"两江"沿江防御体系"的不断完善构建。

构建"沿江防御体系",首先从客观上讲,与朝鲜王朝北部存在"两江一山"独特的地理构造特征密切相关。该体系虽来源于"保国封疆"的思想初衷,却饱含着"以守为攻"的思想内核。该体系以全面贯彻"北进"新战略为宗旨,以步步为营地建城置邑尤其是建设各种沿江城防工程并辅以军民驻防为具体实施手段,不仅在当时经受住了"实战"的成效考验,也确实对保障朝鲜王朝北方边境安稳具有长远的实效价值。总之,该体系对于朝鲜王朝在兼顾拓疆与边防两大问题的解决方面而言,是必不可少且势在必行之"利器"。

从构成成分上讲,"沿江防御体系"中首要为城防体系,其主要内含两大组成部分,一是以"四郡""六镇"中的沿江五镇为核心代表的众多沿江邑城("骨干"工程),二是涵盖要害小堡、沿江行城("长城")、烽燧等各类辅助工程的江防辅助系统("枝叶"工程)。这种组合形式,尤其是整体功能上展现出来的一体化的防御理念,虽可类比于同时期明朝的"长城防御体系",但与之不尽相同。这不仅在于其以"骨干"工程为体系中的核心要素,更在于其别有标示"北进"既得成果乃至"封疆"分界之用意。

朝鲜王朝在构建"沿江防御体系"中的城防体系之时,也已开始实施对其驻防巩固的措施,即一面采取徙民政策,一面加派南道赴防军。徙民与赴防军所形成的较为完备的驻防体系,与各种城防工程建设所形成的城防体系有机结合,共同成为保障"沿江防御体系"构建成型不可或缺的两大基本要素。

"沿江防御体系"在 15 世纪中叶的基本构建成型,使得"鸭—图"两江干流作为古代中朝双方天然疆界的格局也由此基本定型。

# 第六章　朝鲜王朝前期"废四郡"问题的出现

自世宗时代结束(即15世纪中叶)开始,凭借大体完善构建成型的"沿江防御体系",朝鲜王朝所积极坚守的"鸭—图"两江自然界河随之开始了延续的历程。然而,朝鲜王朝对于该界河的维系并非一帆风顺,仅在其通过此前主导经略并已促成的部分界河河段中就发生了一段不小的插曲,涉及明清中朝疆界史上的一个重大问题,这就是起源于朝鲜王朝前期的"废四郡"问题。

"废四郡"问题的发生地在鸭绿江上游南岸。该问题的产生,源自朝鲜王朝在世宗时代及以前所建闾延、慈城、茂昌、虞芮"四郡"的撤废。"四郡"撤废后,在鸭绿江上游南岸形成了所谓的"废四郡"地区,朝鲜王朝一度丧失了此前苦心经营的鸭绿江上游南岸的部分疆土所有权,以至于对鸭绿江上游一直以来作为界河的状况形成严重冲击。为了恢复管理这片地域的权益,朝鲜王朝开始了长期维护该地域的历程,其中所体现出的其君臣对于先前鸭绿江上游作为界河的历史记忆,成为其努力维护该地域进而维系此界河原貌的内驱力。

作为朝鲜王朝前期"鸭—图"两江自然界河延续期间所出现的两大问题之一,"废四郡"问题成为检视朝鲜王朝继续发挥其在北方经略中的主导权,以保障此两江界河得以稳定延续的典型例证。本书接下来即从"四郡"撤废事件开始谈起,力求系统地考察整个朝鲜王朝前期的"废四郡"问题。

# 第一节 "四郡"撤废事件的发生及相关问题的评判

前文已述，作为"四郡六镇"重要组成部分的"四郡"，是朝鲜王朝开拓鸭绿江上游南岸的重要工程，也是朝鲜王朝所建鸭绿江江防体系中的四个核心邑城。其从朝鲜太宗十六年（1416）闾延郡的始设，至世宗二十五年（1443）全部完成终设，其间历经了27年的时间，是朝鲜王朝尤其世宗时期君臣上下长期的边防探索与苦心经营的杰作，可谓建置不易且功用甚大。但正是这样一个关系到朝鲜王朝在这片所开拓地域的疆土利益的城防群，包括这四个郡连同其附属设施，却在之后的数年内突遭撤废，连带造成了这些城防设施所在地域也一并被废弃，从而形成了所谓的"四郡"撤废事件。显然，其中之过程以及个中原因，皆值得深究。不仅如此，"四郡"撤废事件的发生是最终导致"废四郡"问题产生的源头，也就是导致朝鲜王朝后续在鸭绿江上游南岸出现疆土归属权及疆界维系问题之始源，故而对其探讨又极为必要。然而，学界对于该事件的研究虽由来已久，却论著不多，更存在不少问题。① 比如，对于事件过程的梳理稍显薄弱，对于事件原因的解释或可延伸，对于某些观点也值得商榷。有鉴于此，下面即尝试阐述，并求教于方家。

---

① 学界对"四郡"撤废事件的研究可以上溯至上世纪初，但迄今为止与之直接相关的论著仅主要有濑野马熊的《朝鲜废四郡考》（《东洋学报》1923—1924年第13卷1、3、4号）、李仁荣的《韩国满洲关系史的研究》（乙酉文化社，1954）、梁泰镇的《韩国领土史研究》（法经出版社，1991）、方东仁与车勇杰合著的《四郡六镇的开拓》（《韩国史》1995年第22辑），等等。即便有限的这些论著，因大多侧重于"废四郡"地理考证，而对于该事件的探讨也是较为有限的。唯独值得一提的是李仁荣的论著，其中收录了其曾经所作《废四郡地理考》与《废四郡问题管见》二文，其观点大都被后世学者所沿用或继承，可谓相关研究领域最具影响力之作。尤其是《废四郡问题管见》一文，乃目前论述该事件中有关问题相对最详细的文章，但主要侧重于事件原因的考察，由此既给予笔者以可供参考的有益思路，又提供了可进一步研究的空间。

## 一、"四郡"撤废事件的酝酿

"四郡"的突然撤废,实与蒙古瓦剌部的突然强大及其侵入明朝,尤其是侵扰明辽东地区密切相关。

众所周知,元被明取代统治中原的地位,但势力并未完全消失。其退居蒙古草原及中国东北等地,形成了与明朝对峙的北方割据势力,成为明朝的长久边患。尤其是1433年以后,蒙古诸割据势力之一的瓦剌部逐渐崛起,"自脱欢杀阿鲁台并吞诸部,势浸强盛,至也先益横,(明之,引者注)北边自此多事矣"。①

对于大陆尤其是明辽东地区的实时状况以及明朝的动向,作为藩属国的朝鲜王朝向来就非常关注,因为这关系到其国家安危。为了能够密切保持对大陆事态发展的了解,其赴明使臣除了使行的本职目的之外,还携带了一项隐秘的特殊任务,即刺探情报。1447年六月,通过朝贡使通事金辛的报告,朝鲜王朝始知也先欲发兵东向之事:

> 达达(指瓦剌,引者注)也先太师屯兵黄河,冬月欲攻海西野人,辽东阅军堤备。建州李满住曾往北京,自请扈从,闰四月挈家赴京。童仓、凡察亦无如之何,欲将向东屯居。②

由此可知,朝鲜王朝一开始之所以关注也先,主要是担忧也先攻击女真人产生连锁反应,尤其是对建州女真的触动。但防备女真人已是其习以为常之事,所以其此刻见此情形仍按照以往的方略备边。然而,至本年十月,解送被掳明人的押送官金有礼在返途中,急速传来了其在辽东所闻:"也先率兵数万,屯黄河上,帝敕谕辽东堤备曰:'也先将并朝鲜打扰。'"③这突如其来的消息,让朝鲜王朝君臣上下顿时紧张了起来,开始议论并重新考虑平

---

① 严从简:《殊域周咨录》,余思黎点校,中华书局,1993,第560页。其中,脱欢为也先之父、瓦剌前首领,阿鲁台为北元前太师。
② 《朝鲜世宗实录》卷116,二十九年六月戊子。
③ 《朝鲜世宗实录》卷118,二十九年十月丁亥。

安道备防之策。直到次年初,朝鲜王朝君臣发现这只是虚惊一场,也先并无来攻的可能,才稍稍放松了警惕。只是没过多久,又有消息传来"也先军击三卫靺鞨,又击老温江、其里未等处野人,野人同力拒战,不利还退"①,使得朝鲜王朝君臣再次绷紧了神经。更有甚者,仅一年后,朝鲜王朝君臣得到了也先军直接攻掠明辽东辖地的消息,致使他们愈发恐慌,由此正式开始针对平安道的备防进行政策调整,其中的一项重要举措便是调老将金宗瑞接任平安道都节制使。②

金宗瑞上任后,通过其提议,朝鲜王朝审时度势,决定暂时全面转移边防重心,从而涉及了对于边防布局的局部调整。尽管朝鲜王朝在此期间通过不断地派员侦察与判断,深知"也先志在中国,必不分兵悬军远来,侵我(指朝鲜王朝,引者注)边鄙"③,但此边政调整的总方针既已定下,就不会停止。后来,也先军多次进犯明朝,威胁辽东,甚至发生了明朝历史上著名的"土木堡事变"④,事态发展之迅猛,也促使朝鲜王朝非但难以停止实施该方针,甚至不得不加快实施的速度。正因如此,朝鲜王朝在反复筹划边防布局的过程中,"四郡"撤废之议便随之逐步被提上日程。

综上可见,蒙古瓦剌部不断的侵扰活动对朝鲜王朝产生了极大影响,不仅作为"四郡"撤废事件的背景,更成为导致该事件发生的关键诱因,而关于这一点,下文还将详述。

## 二、闾延府、茂昌郡及虞芮郡的同时撤废

朝鲜王朝是何时开始计划撤废"四郡"的呢?有些学者将世宗三十年(1448)的慈城郡治下西解(海)万户堡之"万户",以及文宗即位年(1450)的虞芮郡治下泰日万户堡之"万户"、江界府治下满浦万户堡之"万户"的相

---

① 《朝鲜世宗实录》卷120,三十年四月庚辰。
② 《朝鲜世宗实录》卷125,三十一年八月己酉。
③ 《朝鲜世宗实录》卷125,三十一年八月癸亥。
④ 此即发生于1449年明英宗亲征瓦剌而兵败被俘的事件,对明朝历史产生了深远影响。

继革罢①,共同看作是"四郡"撤废的先兆②。事实上,这种说法并不完全准确。因为就在文宗即位当年,虞芮郡城还在继续修筑。③ 直到该年七月,时任平安道都节制使的金宗瑞突然上奏提出要革除"四郡"地区的"小虞芮""泰日",以及江界府治下"满浦"这三处要害小堡各由"万户"官员守卫的行政等级身份④,并由此不断引发朝臣们的激烈讨论,以此为标志,"四郡"的撤废才算正式拉开了序幕。虽然当时文宗王综合大臣们的多种意见,定下了留小虞芮堡之"万户"而革另外两堡之"万户"的决策,但此后朝鲜王朝王廷中却形成了主张"撤废论"与"反撤废论"两派。两派实质上正是以金宗瑞为代表的依据时局的变通派,以及以皇甫仁⑤为代表的希望坚守世宗遗策的保守派。而从一定程度上讲,作为世宗子嗣并从小对世宗边防大计耳濡目染的文宗王,显然会更偏向于保守派的意见。

　　文宗即位年八月,变通派迫于外部形势的突变及由此带来的边防压力,从闾延、虞芮、茂昌等邑辖域耕地偏少且南道赴防困难的角度,提出"四郡"之中的这三个最偏远之邑"固无利益,其弊甚巨,宜皆革罢,以慈城为界。今此深入设关防,实非万世长策"。⑥ 这是朝鲜王朝有史以来首次大规模地撤除"四郡"地区城防的议案,只是此次首次涉及的是其中的三邑,但该议因保守派的反对尤其文宗王的否决而一时告罢。当年九月,判中枢院事韩确又从闾延、茂昌两邑戍守困难致使平安道流民众多的角度,奏请"愿革两邑,以休平安一道之民",但被文宗王以"当初设立之功不易,不可遽革,且其利害,亦不可知"的态度再次否决⑦,而之后只同意将闾延邑城附近不甚

---

　　① 分别参见《朝鲜世宗实录》卷119,三十年三月甲辰;《朝鲜文宗实录》卷2,即位年七月戊午。根据前述李仁荣的考证可知,西解(海)堡与泰日堡分别相当于在今朝鲜慈江道慈城郡法洞里稍南(与旧称"远洞"之间)之地(旧称"西海洞")附近与延丰里附近。此外,西解(海)堡除了被革除"万户",居民亦被徙走,即相当于该堡被彻底革废。
　　② 比如,可参见李仁荣:《韩国满洲关系史的研究》,乙酉文化社,1954,第76页;方东仁、车勇杰:《四郡六镇的开拓》,《韩国史》1995年第22辑,第152页。
　　③ 《朝鲜文宗实录》卷1,即位年三月癸丑。前文已述,虞芮郡城的此次修筑,可能是对之前虞芮堡城在被新设为邑城后的一番改筑。
　　④ 《朝鲜文宗实录》卷2,即位年七月戊午。后来,鉴于满浦堡的边防重要性,很快就予以复设。
　　⑤ 前述皇甫仁在世宗时期曾任平安、咸吉两道都体察使,专门负责沿江布防及筑城事务,而后在文宗、端宗时期又历任左议政、领议政等政丞高位。
　　⑥ 《朝鲜文宗实录》卷3,即位年八月丁酉。
　　⑦ 《朝鲜文宗实录》卷3,即位年九月壬寅。

紧要的薰豆万户堡之"万户"革除①,以及将居民人数过少、可移并他处的茂昌郡治下家舍洞堡革废②。直到该年底,当朝鲜王朝君臣第二次收到瓦剌军队可能东进直接危及其国的传闻后,随着金宗瑞被任命为平安道都体察使而再度赴该道布防③,关于"四郡"撤废与否之议才逐渐显现出转折之势。

文宗元年正月,经过迅速查边,金宗瑞上奏称:

> 慈城军卒二百八十二,虞芮七十一,闾延一百二十一,茂昌一百六十九,以如此之兵,其能抗大敌乎?左道主将,必不能越险隘之路,而及机往救矣,况主将之兵亦不多乎?若有大党贼变,权撤慈城以上各官,退入江界邑城,并力固守,则谁能扰之?贼必不能弃江界,而逾狄岭矣。④

该奏报得到了不少朝臣的支持,尤其文宗王对此也给予了初步的认可,但考虑到仍有保守派的反对之声,并未置可否,只答复道"大臣之议及予之所度如此,议论不一。然遥度,古人所难,若有未便,则更悉陈达"。⑤ 尽管如此,朝中势头因迫于外部事态的急剧变化而出现了转向,特别是文宗王态度的松动,使得"四郡"撤废与否之议的天平开始倾向于变通派一方。随后,该年四月,刑曹参判朴以昌又奏:

> 国家置邑不毛之地,居民本少,不得已驱南道之民以实之,故边郡未实,而南民已破产。窃料国势,数十年之间犹可支也,长久之计,臣恐不给也。狄逾岭,实天作长城,然以此为域(城,引者校),固不可轻议。臣愿弃江界、闾延、慈城外地,以休民生。⑥

---

① 《朝鲜文宗实录》卷3,即位年九月壬子。据李仁荣的考证,薰豆堡相当于在今朝鲜慈江道中江郡章兴里附近。
② 《朝鲜文宗实录》卷5,即位年十二月壬申。据李仁荣的考证,家舍洞堡相当于在今朝鲜两江道金亨稷郡富田里(旧称"富兴洞")附近。
③ 《朝鲜文宗实录》卷5,即位年十二月癸未。
④ 《朝鲜文宗实录》卷5,元年正月戊申。
⑤ 《朝鲜文宗实录》卷5,元年正月己酉。
⑥ 《朝鲜文宗实录》卷7,元年四月庚寅。

朴以昌此论是又拿出了以往常提的"南道赴防之弊"①,来请示文宗王撤废闾延等邑。文宗王在得知上述瓦剌军东进的传闻不实且瓦剌军已撤退的情况后,虽没有最后落实朴以昌此论,但显然难以保证瓦剌军不会再来,故仍"优纳之"②。而到该年八月,更发生了一件让朝鲜王朝君臣措手不及的事情:李满住等建州女真诸部之人因"畏达达及辽东军马",已由原住地浑河区域向婆猪江(今中国浑江)流域一带南迁,并将居于兀剌山城(今中国辽宁省桓仁县五女山山城)附近。③ 也就是说,李满住部再次回到了前番居住的临近鸭绿江上游特别是朝鲜王朝"四郡"一带的地方。④ 虽说其此时乃至此后较长一段时间内并未有袭扰朝鲜王朝边境的意图,但鉴于针对女真人的传统观念及之前的"恩怨",朝鲜王朝君臣对其仍抱以防范之心,从而立刻加紧边备。因此,对于朝鲜王朝而言,此乃大边警未消,又生新边警。如此雪上加霜之事,让朝鲜王朝实难消受,也使得"四郡"的撤废显得愈发迫切。只是,没过多久,文宗王薨逝,继任者端宗国王尚幼,此事便落到了端宗时代的诸权臣身上。

端宗即位初年(1452),金宗瑞任左议政,与领议政皇甫仁同时作为顾命大臣主政,二人之前对边政虽互有异议,但此刻因共同辅政而相盟,且这时尚无紧迫边情出现。可次年(1453)二月,突然第三次传来瓦剌进军朝鲜王朝的消息。⑤ 众臣虽基于先前的经历,推测此次可能亦非实情,但仍受到了不小的震动,从而再一次调兵遣将、预备布防。不过,朝鲜王朝很快便验证了该消息又是虚惊一场,甚至一时来不及在边防整备上筹划"大动作"。然而,以往曾制定的边政调整的大方向,以及累次边情的叠加所形成的持续紧迫的大环境,终于在此次边情匆匆来去过后,产生了由量变转为质变的效果,并促使"四郡"的陆续、全面撤废终成事实。而朝鲜王朝王廷内部不久

---

① 联系当时的历史背景及上下文可知,此奏文中"驱南道之民以实之"应指的是"南道赴防",而非徙民实边,由此产生的所谓"南道赴防之弊"。如前所述,即指朝鲜王朝因边备不足而从南方加派赴防军马,进而造成的长期积弊。
② 《朝鲜文宗实录》卷7,元年四月庚寅。
③ 《朝鲜文宗实录》卷9,元年八月辛未。
④ 前文已述,建州卫李满住部曾于朝鲜世宗六年(1424)迁居朝鲜王朝对面的浑江流域,后在朝鲜王朝的两次征剿下,被迫远撤至浑河流域一带居住。
⑤ 《朝鲜端宗实录》卷5,元年二月壬寅。

发生了激烈的"癸酉靖难"事变①,随着以往主政过北疆事务的诸臣遇难,更进一步加快了"四郡"撤废结局的到来。这正如,该年十一月,经筵检讨官梁诚之(1415—1482)再度奏称:

> 今平安长城之役虽罢,闾延、茂昌、虞芮等郡隔在江边,南道军士越大岭而戍守,人马俱疲,尽卖田产,因而逃散流入辽潘(沈,引者校)者甚多。虽弃三邑,大江限带,我之封疆如旧。乞撤三邑之戍,以慈城为界,以休南民,以固邦本。②

此议再次打着"南道赴防之弊"的旗帜,而提出"保守慈城,先撤三邑"的请求,引起了朝鲜王朝王廷的高度重视。但为谨慎起见,王廷内部还是决定先派遣钦差大臣赴边巡审后再做定夺。于是,在经过一年的内政稳定后,朝鲜王朝特"以云城尉朴从愚为都体察使,南阳君洪达孙为副使,往平安道审定郡县口子因革便否"③。端宗三年(1455)四月,朴从愚回奏,将具体的巡审结果汇报如下:

> 臣巡审江边诸邑诸口子,虞芮、闾延、茂昌则本邑军士甚少,故都节制使以南道军士临时抄定往戍,有弊无益。当并所属诸堡革罢,其军资、义仓米谷分给慈城、江界之民,至秋各于其邑收纳。江界乃后门巨镇,且陈荒田地千余结,古龟州乃贼路要冲,城基东、西、北三面据险,城内多水泉,又有可耕之地数千余结。若复置守令,因古基筑城设关,则可与义州、江界鼎足而峙,相为掎角,控制贼路,当以虞芮之民徙处江界,闾延、茂昌之民徙处龟州,限年复户……在前渭原以上防御江界节制使,理山以下朔州节制使点检,今革虞芮、闾延、茂昌三邑,当更割碧

---

① "癸酉靖难"即由首阳大君(后来的世祖王)领导谋划的夺权事件。该事件中,金宗瑞、皇甫仁等当权的元老重臣,以及其他众多相关官员均被杀害,首阳大君一派登上了权力之巅,为其后来的篡位埋下了伏笔。
② 《朝鲜端宗实录》卷9,元年十一月甲寅。
③ 《朝鲜端宗实录》卷12,二年十一月庚午。

潼以上诸镇属江界节制使,昌城以下诸镇属义州节制使,使之点检。①

显然,该汇报明确再现了有关梁诚之所言及的"四郡"之地因防戍问题而亟须处理的情况,大致涵盖三个层面:1.鉴于的确存在梁诚之提到的"南道赴防之弊",故而三邑确实没有继续存在的必要,三邑之邑城及各自所辖所有大小城防工程或行政设施需完全废弃,当地居民也要一并撤离;2.鉴于古龟州(今朝鲜平安北道龟城市龟城邑附近)拥有重要的地理位置、优越的居住条件以及丰富的耕地,可复立此地的行政机构,以便将三邑中的闾延、茂昌二邑居民迁居此地,剩余的虞芮邑居民则迁至江界府;3.鉴于三邑撤废,减少了平安道沿边防戍的区域,就等于缩短了鸭绿江防线,从而可调整该道江防管领区,将两大管领区的原划分点沿江下移。由此可见,该汇报不仅确认了三邑不得不撤废的事实,更为重要的是为三邑撤废制定了详细的后续保障事宜,尤其使三邑之民能有所归属。整个规划层次分明,所道井井有条,从而最后获准实施。

世祖元年七月,随着龟城郡在古龟州之地的设立②,以及针对迁居民户所采取的一系列安抚、复苏措施的实施③,以上汇报得以落实,意味着三邑撤废最终完成。

### 三、慈城郡的最后撤废

闾延、茂昌、虞芮三邑撤废后,"四郡"中所剩的最后一邑慈城郡,就成为朝鲜王朝在鸭绿江南岸、平安道东北部边防的最前沿。世祖元年十一月,仍是梁诚之作为平安道敬差官在审查了上述三邑后,奏称:

闾延、茂昌、虞芮等邑列于江边,今罢三邑,慈城一郡独当贼冲。万一野人自茂昌竹田岘而至上奉浦,自豆加乙献岘而至下奉浦,自闾延新

---

① 《朝鲜端宗实录》卷14,三年四月戊子。
② 《朝鲜世祖实录》卷1,元年七月乙酉。
③ 《朝鲜世祖实录》卷1,元年七月乙未、戊戌;《朝鲜世祖实录》卷2,元年八月庚戌、丙辰。

路岘而至金昌洞,自虞芮新路洞而至昏夜洞,自小甫里而至虚空桥,则慈城之民岂不殆哉?今于上、下奉浦,金昌,昏夜洞新设木栅,然皆权管赴防,戍御诸事未免疏阔。虽未能尽除万户,虚空桥、金昌洞、上奉浦等处姑置万户,以固边鄙。①

从中可见,梁诚之一针见血地指出了慈城郡当下独处一隅,且与所罢三邑相接处防备已空虚的危险性。这正如,当时虽说缘于外部即数年间最大也是最主要的瓦剌边警至此已基本解除②,但已移居近地的建州女真诸部落仍让朝鲜王朝君臣总是心有余悸。因此,他们又要考虑如何防御女真人之事,何况此时整个鸭绿江防线因三邑的撤废而已出现漏洞,以至于像梁诚之才不得不为慈城郡能否独当一面的"命运"担忧。

以上梁诚之清晰地描述了慈城郡可能遭遇女真人来袭的路径及要地。比如:该郡西边位于鸭绿江岸边的虚空桥,郡北的昏夜洞、金昌洞,郡东的上、下奉浦等。③ 透过梁诚之的描述,也可以推测出慈城郡独存于"四郡"中的边防限界,即大致在今朝鲜慈城江流域附近。围绕这个限界,西、北、东三个面朝女真方向上的这几个要地的防御皆需兼顾。而梁诚之为确保防御万无一失,还提出在这些要地设万户的建议,只是一时未被采纳实施而已。这可能是由于受到刚刚撤废三邑的氛围影响,但其实更为重要的却是防戍慈城境地的军士数量有限。关于此,正如与梁诚之恰在同一日上奏的时任平安道都节制使李允孙所汇报的那样:

慈城上奉浦、下奉浦两堡,本以南道兵防戍,今照兵曹受教关文,除南道兵,用本邑兵防戍。臣亲审两堡,乃贼路要冲,当时只设木栅而无城堡,况本邑兵本少,不可分戍,请南道兵仍旧防戍。且慈城境内如虚空桥口子、池宁贵口子及池宁贵洞源里堡防戍处多,本邑则军器粮饷所

---

① 《朝鲜世祖实录》卷2,元年十一月辛巳。
② 从1453年以后,瓦剌渐起内讧,在1455年也先被杀后,从此逐渐衰落。
③ 根据李仁荣的考证,虚空桥、金昌洞、上奉浦、下奉浦四地分别相当于在今朝鲜慈江道慈城郡法洞里附近、慈城郡三巨里附近、和坪郡龙出里附近、慈城郡三兄弟坪附近。所谓"昏夜洞"的地名,位置不详,结合上述梁诚之的描述,推测该地应相当于在今朝鲜慈江道慈城郡鹤城山脉(主峰鹤城山,海拔约1276米)以南、慈城江以北某处。

在,而无军可守,诚为不可。臣意以为,虚空桥口子距邑城不远,请将所管军民并移入邑城,依金昌、昏夜两里例,只置烟台候望。①

李允孙在此指出了慈城郡可防之处多,而该郡原有兵力不足,无奈之下,像上、下奉浦这样的要地就只有再派南道军马赴防。显然,如此做法难保不会再次回到先前导致三邑撤废的原因之一即赴防问题上来。同时,还是鉴于慈城郡兵力不足而要收缩防御,李允孙提议要减少像虚空桥这样可以并合防御力量的要地,将军民移入本郡郡城进行集中防御。对于李允孙的奏议,朝鲜王朝议政府众臣们并不完全认同,他们同意适当增派南军赴防,但认为虚空桥等地也尤为重要,绝不能消极对待。② 由此,因要地较多而兵力却不足,导致的以何处为关键防范点的问题,开始困扰着朝鲜王朝君臣。

针对如此棘手的问题,直到朝鲜世祖四年(1458)六月,时任平安道都节制使的具致宽才更为奏请:

> 茂昌、闾延、虞芮革除后,慈城郡上奉浦、下奉浦两口子以壁为堡,南道军士及本邑军士一百四十名分戍。今观自此至闾延、茂昌,道路险恶,加以革三邑之后,距江边百四十余里间绝无居民,夏月水涨时,贼仅以皮船渡江,冰合则山路尤险,势难入寇,实为防御不紧之地。虚空桥、池宁贵两口子则贼路要冲,而只属军士百余名,慈城则距金昌、昏夜两洞未满三十里,两洞民居距江边三十余里,而无防戍军士,紧缓失宜。请以上奉浦所属南道军士移守虚空桥,下奉浦所属南道军士移戍池宁贵,而本邑军士从自愿分属于邑城及虚空桥、池宁贵三处,两浦口子防御军则令其里人正军各五六名仍属,俾守壁堡、烟台。③

通过此奏可以看出,具致宽认为慈城郡东部的上、下奉浦两堡,距江遥

---

① 《朝鲜世祖实录》卷2,元年十一月辛巳。
② 《朝鲜世祖实录》卷2,元年十一月辛巳。
③ 《朝鲜世祖实录》卷13,四年六月己未。

远、山川阻隔,女真人不易来袭,因而皆不重要,但位于郡城西部、沿鸭绿江南岸由上而下所设的虚空桥、池宁贵①两堡却相当重要,因此务须首要增强此二堡的防御,而后再考虑郡城的防御。应该说,这份较为翔实的奏报是在朝鲜王朝经过数年派员守备并加以关注的基础上,具致宽又进行了细致调查的结果,体现了慈城郡当时的防御实情,也印证了上述议政府众臣的看法,故而顺利获准实施。但总的来说,这仍是朝鲜王朝面对慈城郡兵力匮乏的无奈之举。

然而,就在朝鲜王朝以为数不多之兵来重点防御虚空桥等地之时,一件尤为严重的事情发生了。世祖五年正月,奉命巡边而被派为平安、黄海两道都体察使的申叔舟(1417—1475)回还后奏称:

> 平安道慈城郡人物鲜少,而分戍邑城及池宁贵、虚空桥三处,因病气,每当入保,转相传染,多致殒命。江界境内自上土至瓦洞、满浦,田多陈荒,地广人稀。请革慈城而移其民于上土、满浦、瓦洞,其前此徙居人移置龟城镇,并依新徙例复户免税。②

原来,慈城地区流行传染病,已历经数年了。早在上述梁诚之任平安道敬差官时就已发现了这个问题,而曾上奏道"慈城郡厉气大炽,转染不息"③,但当时并未引起重视。而此刻申叔舟发此议,显然是鉴于病情愈发加剧了。之所以造成如此情形,正在于朝鲜王朝集中兵力防御虚空桥等地,兵民聚集,从而致使疾病更便于传染的缘故。结果,也正因如此,慈城郡竟被申叔舟奏请撤废,且得到了世祖王的批准执行。同时,还将其民分别迁至邻近的满浦等江界府辖地,以及上述新置的龟城郡辖地。而此移民迁居事宜的完成,也就意味着慈城郡撤废的最后完成。

综上所述,慈城郡在以上三邑撤废后,一开始就面临着孤立地处于"四郡"的防御险地且兵力缺乏的问题,势难独存,最终在一场传染病的意外冲

---

① 池宁贵,即池宁怪,据李仁荣的考证,相当于在今朝鲜慈江道慈城郡云峰劳动者区附近。
② 《朝鲜世祖实录》卷15,五年正月戊戌。
③ 《朝鲜世祖实录》卷2,元年十一月辛巳。

击下被撤废。而其撤废,标志着整个"四郡"之地至此被全部废弃。

## 四、"四郡"撤废原因的另一种阐释

诚如上述,"四郡"撤废事件作为承接"四郡"设置与"废四郡"问题尤为关键的事件,不但其发生的经过需要了解,其为何会突然发生的缘由,更值得一探究竟。

在这个问题上,学界的研究者们其实很早便有所关注,但不是很多。而在既有研究中,最具代表性的就是前述韩国学者李仁荣所作《废四郡问题管见》一文,该文在日本学者濑野马熊的《朝鲜废四郡考》一文论述的基础上,指出了"四郡"撤废之内、外因。概括起来,其认为内因包括:1."四郡"防戍尤其是长年的南道赴防困难;2.由于年年筑城劳役,民力困乏,加之天灾及流行病,致使平安道疲敝已极;3.朝鲜世祖王因"癸酉靖难"上台,要求优先进行"内治",故而没有再保持世宗王那样积极的边防态度。而外因则主要在于蒙古瓦剌部不断攻明,女真人也趁机侵扰明辽东边境,其余波影响到了朝鲜王朝。正是这些原因的共同作用,致使朝鲜王朝君臣要急速撤郡。①

从李仁荣先生所分析的这些原因中,可见其用功之深入。但细品起来,这些原因却有主次轻重之分。比如说,世祖王上台伊始边防态度的改变就非主要原因,因为"四郡"特别是其中更为偏远的三邑撤废的趋势已然形成,不可阻挡,这些在上文已述。但像南道赴防,却是相当重要的因素,上文也曾多次提到这种"南道赴防之弊"的问题。而尤其重要的是蒙古瓦剌部攻扰的影响,这在上文的阐述中已有所体现,而李先生也用了不少的篇幅予以说明。只是,本书下面所论,包括上文所述,皆不是为了仅仅重复阐释这种外部诱因,而是在这种诱因的刺激作用下从一种新的角度进行探讨。这就是朝鲜王朝边防策略发生变化的问题。上文也曾立意并多次提到了朝鲜王朝所进行的边政调整之事,但单纯就本事件原因的专门考察而言,仍需详加补充。关于此,首先就涉及了"四郡"的地理状况,及其对朝鲜王朝在整

---

① 李仁荣:《韩国满洲关系史的研究》,乙酉文化社,1954,第57~86页。

个平安道沿边布防所产生的影响。

众所周知,鸭绿江从江源段南下流出,并至今朝鲜惠山市辖境一带后,先是向西北流,再急转直下向西南流。"四郡"地区正位于江流的这个大拐弯处。这意味着该地域是朝鲜半岛西北部最北、最偏远的地方。何况仅从该地域最东部与咸吉道"三甲"地区的分界处,到该地域最西部与平安道江界府辖域的分界处,大概就有接近 280 公里的间距。① 先前就是由于甲山郡城离该地域过远而无法有效兼管,才不得不另设闾延郡且将其划归平安道管辖。可这样一来,该地域又成了平安道的难题,让平安道一样不好掌控。尤其是在"四郡"全部设立后,较远的闾延府城乃至更远的茂昌郡城,加之条件苦寒、边患不断,朝鲜王朝民众大都不愿来居,即使徙民实边却逃还众多,同时也更让南道赴防军苦不堪言。此外还需注意的是,该地域除了东、西、北三面环鸭绿江,其南面则尽为高山峻岭,其中尤以狼林山脉及其向东北方与西北方延伸至鸭绿江南岸的支脉最著,而狼林山脉以西还有如前述朝鲜王朝大臣所言之"狄逾岭"(所处山脉为今朝鲜狄逾岭山脉)等在平安道内地延伸的其他诸山脉,狼林山脉以东的咸吉道内地则有盖马高原、赴战岭山脉等。显然,对于朝鲜王朝而言,整个"四郡"地区所展现出来的总的地理形势就是:偏处一隅、自成一区。

然而,"四郡"地区毕竟是朝鲜王朝历经太宗与世宗两代艰难得来的"北进"成果,也是朝鲜王朝在鸭绿江南岸所要建立完备"沿江防御体系"的重要组成部分,故为了全线沿江布防,就不得不在此不断设城筑堡。可如此一来,这就给朝鲜王朝增加了大量务须防控的要害地,从而加重了防御负担。何况,再加上平安道沿鸭绿江中下游南岸所形成的较为笔直、漫长的防御线,从而在总体上让朝鲜王朝对于该道东、西之防御容易顾此失彼、难以兼顾。因此,尽管朝鲜王朝将平安道的主将本营设于宁边府,却还要以江界

---

① 据《舆地图书》(上)《平安道·江界府·古迹·废四郡》条载:"茂昌,东至甲山界一百六十里……西至闾延界一百三十三里;闾延,东至茂昌界四十五里……西至虞芮界六十五里;虞芮,东至闾延界三十里,南至慈城界五十里;慈城……南至本府界九十里……北至虞芮界九十里。"若粗略将各邑城间距合并计算,那么从"四郡"地区与"三甲"地区相连的东界到"四郡"地区与江界府辖域相连的西界之间,大概总计有 663 朝鲜里即约合今 278 公里(按 1 朝鲜里≈0.42 公里计算)的距离,由此足见"四郡"地域之广远。参见金尚宝、罗永雅:《古代韩国的度量衡考察》,《东亚细亚食生活学会志》1994 年第 4 卷第 1 号。

府城与朔州府城为核心分别建立上述江防管领区,以便于常时的查边、巡视以及紧急情况下的救援。但即便如此,因有了"四郡",朝鲜王朝仍觉边防吃力,尤其是江界府很难做到对于包含了"四郡"辖地的鸭绿江中上游南岸地区边防及时、有效地全面把控。针对这些状况,早在世宗时期,就有大臣如此提议:

> 咸吉道布置庶几备矣,独平安一道连年被贼,沿边防御布置或未得其要也。咸吉道则自会宁历钟城、庆源至于庆兴,道路平坦,不过二三日程,而都节制使屯于鹿野歧等处,则四镇有变,一日之内可及救援矣。平安道则自闾延历慈城至江界,自江界历理山、碧潼、逾昌城、朔州至于义州,险路倾仄,骑不并行,历数十日,然后乃至。邻邑相距,近者一百五十余里,远者二百余里,都节制使屯于江界以上郡,则义州等处声息邈不闻知,屯于义州等处,则闾延等郡声息亦如是,其能及救乎……乞分平安为左、右道,皆置都节制使。左道营于江界,以援闾延、慈城、理山,右道营于朔州,以援碧潼、昌城、义州,则防御有备,而各尽其力,可以屈人兵于不战矣。①

此议中,以咸吉道沿图们江呈"几"字形防御的形势,与平安道作比较,清晰地展现了平安道边防的天然"缺陷"。为此,该议还请求将平安道一分为二,以利于防御,只是当时因朝中意见不统一,从而未能实施。不过,带着这种天然"缺陷",朝鲜王朝从那时起竟就此艰难地维持了下来,甚至不惜大建行城。这种局面直到世宗末期连续在外部爆发了蒙古瓦剌部袭扰之事,才得以改变。

如上所述,当第一次瓦剌欲危及朝鲜王朝的消息传来,金宗瑞临危受命而任平安道都节制使时,其巡边后奏称:

> 自古中国有变,则其害终及于我国,保民之所、御敌之备,诚不可缓也,岂以民劳而不举哉!然事有先后缓急之序,当务其先且急者,然后

---

① 《朝鲜世宗实录》卷80,二十年正月己酉。

事易成而功易就,此诚深思熟虑,以图永久之时也。中国号为我国善守城。唐太宗举天下之兵攻安市城,卒不能拔,辽圣宗亦以大众来袭龟州城,累月不克,乃因内间而获利。然则人民入保大城小堡,高坚修筑,休养士卒,训炼武艺,多畜粮饷,此固先且急者也……自义州至满浦皆大党贼路……皆汲汲修筑,不可少缓。①

由此奏可知,金宗瑞认为面对瓦剌这样的巨大威胁,应当学习古人之策,首先要考虑的是集中精力建造一些利于民众入保防御的大城小堡,尤其是边地可能便于瓦剌来攻的重要地点的城防布置,而其他一时能缓建的建筑或不紧急的防御地段,则可以暂时放一放。这也就是说,为了适应当时形势,要改变之前全线沿江防御的思路,代之以有目的地施行重点防御的布局策略。这就是上文所谓边政调整的开端。显而易见,"四郡"此时已被排除到新布局之外,而此新布局也就成为"四郡"终将被舍弃的最初信号。

对于金宗瑞此奏,当时朝鲜王朝议政府却考虑到平安道朔州府辖地沿江以上的许多小堡"非大敌行兵之路,只为农民仅避鼠窃而设"②,不久在沿边防御因迫于时势而终于将平安道分为左、右道③后,又进一步指出:

国家于江边择要害,筑城置兵,令大城小堡自相为援。然内地空虚,而又无关防之处,脱有彼贼大举入寇,江边各镇苟不能御,而径至腹里,则势成破竹,谁能沮遏?此乃已验于古,而为今之所当虞也,宁不预图?④

不难看出,议政府是在金宗瑞所提议的新布局基础上,进行了政策的重新解释,即非是布防沿江地区,而是布防江南内地的一些关键地点。为此,朝鲜王朝开始在平安道西半部分乃至黄海道计划加固一些重要的城池、关

---

① 《朝鲜世宗实录》卷127,三十二年正月甲午。
② 《朝鲜世宗实录》卷127,三十二年正月甲午。
③ 《朝鲜文宗实录》卷2,即位年七月乙卯。
④ 《朝鲜文宗实录》卷3,即位年八月乙亥。

隘，如平安道的安州邑城、黄海道黄州邑城南部的棘城①、黄海道瑞兴邑城南部的慈悲岭②等，而这些地方都是其基于历史经验认为有必要设防之处。既如此，朝鲜王朝自然就顾不上"四郡"，而"四郡"大规模撤废之议也就随之衍生。

就在以上重新规划后的新布局方案被陆续执行后，又很快传来了第二次瓦剌威胁朝鲜王朝的消息。这时，金宗瑞作为平安道都体察使再次巡边后，不仅完全认同了上述议政府的考量，还制定了足可弥补议政府正计划实施且更加详备的紧急应对方案。这正如金宗瑞的奏文中所言：

> 臣窃谓，沿边置邑与小堡，将以防鼠窃狗偷也。若巨盗至，则不可以此而待之也。是故世宗于己巳九月，谕臣曰："太宗之时，朝议以为：'平安道若有大党之贼，沿江州、郡并力，必不能敌也。当于其道中择要冲之地设险筑城，置重兵以守之。'"我二圣炳于几，先发为此训……以今日之布置，其不可与对敌，不待明智而胜负可知。大抵兵聚则力强，兵散则力弱，势之必然也。自麟山至茂昌将千有余里，其间沿江连设大城十六、小堡二十五，分属守兵多者仅三四百，少者三四十，故小寇之至尚虑攻守之不周，况遇巨盗乎？若不更张，预为布置，则诚恐巨盗之至，虽有良将，不得施其策矣。③

显然，金宗瑞充分回答了当前面对瓦剌强族，为什么不能再坚持以往的江防布局，甚至包括其最初所言及的方式，而要暂时转向内地进行重点布控的问题。为此，他所提出的应对方案中，在涉及"四郡"如何处理的事宜上，才有了如上所述的"权撤兵民"之议。

由此可见，因突发的瓦剌威胁，刺激朝鲜王朝不得不在仓促中采取马上行之有效的措施，此即临时加强关键点防御的新布局方案。该方案通过朝鲜王朝君臣反复的提请与审议，历经了一个有别于以往一贯的江防策略的

---

① 《新增东国舆地胜览》卷41《黄海道·黄州牧·古迹·棘城镇》。
② 《新增东国舆地胜览》卷41《黄海道·瑞兴都护府·山川·慈悲岭》。
③ 《朝鲜文宗实录》卷5，元年正月戊申。

新思路的形成、改善乃至再印证的变化过程,并配合进行了相应布防计划的实施。这就给"四郡"造就了一个不得不跟随新思路变化,以至于撤废的大环境。

与此同时,"四郡"之所以成为撤废的对象,又实与上述该地域的地理形势密不可分。正所谓,该地域如同"鸡肋",弃之可惜,防之不易。为了一并防护该地域,朝鲜王朝也进行过如上平安道分道的尝试,但紧迫的外部危机使其如此仍觉不足,所以才更要执行新思路。显而易见,在新思路的指导下,该地域不仅不是急需防控的关键点,甚至会成为朝鲜王朝在当时局势下的一种"拖累",所以如上金宗瑞等变通派大臣最终才不得不为此提出了"权撤兵民"之议,所展现出的是一种针对该地域的"退守"观念。而如此观念的产生其实由来已久。早在朝鲜世宗十年(1428),当时"四郡"之地仅有闾延一郡的情况下,时任平安道都体察使的黄喜(1363—1452)在审查完平安道内地城防后,就曾提出闾延乃至江界二邑"则本是极边,四无救授(援,引者校)之兵,脱有大事,则当举邑逾岭,退保熙川城"①的想法,并还得到了世宗王的认同。或许,正是这种根植于朝鲜王朝君臣脑海中的"退守"观念,使得"四郡"撤废在当时局势的压迫下变为可能,成为基于当时局势的无奈选择。

总之,当上述有着如此地理形势的"四郡",被放置于临时的防御新思路的大环境之中,并在这种大环境的"督促"下,其撤废便就此发展成为一种趋势。尽管此后针对"四郡"撤废存在着变通派与保守派的论争,也只是撤废过程中朝鲜王朝群臣为之在处置态度上所表现出的慎重考量。因此,再加上"南道赴防之弊"等其他因素的作用,当第三次瓦剌攻朝的消息传来后,便以三邑的先行撤废使之成为了现实,进而又使得最后慈城郡的撤废也终将不可避免了。

## 五、"四郡"撤废后原有地域的归属权辨析

通过以上考察"四郡"撤废事件的原因及经过可见,该事件的发生虽有

---

① 《朝鲜世宗实录》卷42,十年十一月丁卯。

其必然性的一面，但从总体上讲，的确更存在着较大的偶然性。而无论怎样，"四郡"终究都已撤废了。既如此，那么其结果如何呢？这就涉及了其撤废后原有地域的疆土归属。

关于这个问题，学界目前尚存争议。比如，最早对该问题作出评判的是濑野马熊，他认为"四郡"既已撤废，原地域就在朝鲜王朝的疆域之外，直到朝鲜王朝后期议定复设为止；也就是说，在此期间，朝鲜王朝完全放弃了该地域的疆土所有权。① 应该说，这种评判大体符合历史事实。但对此，李仁荣先生却予以坚决反对，他认为"四郡"撤废只是军事防御线的撤退，或者法制层面上的官制废止，而"四郡"民众撤离也或许只是抛弃了一部分经济权利。② 该观点后来得到了韩国学者们的支持，像方东仁等便在肯定李仁荣观点的基础上，又提出了"四郡"地区虽被空地化，却一直都被看作军事地域而进行管辖的观点。③

其实，针对韩国学者的观点，并结合濑野氏所述，或许还可如下将该事件置于更高的层面以及更长的历史时段加以衡量，也可见事实之分晓：

一方面，古代王朝的疆域是随着征服与扩张活动的开展而处于不断的发展变化之中，并非如近现代的领土及边界那样相对稳定。即使像朝鲜王朝逐渐将"鸭—图"两江变为古代中朝双方的界河，也是在不断推行北方经略的前提下实现的，只是该疆界在形成的过程中开始具备了一定的前近代特征。基于此，朝鲜王朝可以通过开拓经营"四郡"地区将其收归囊中，也可以通过撤废"四郡"放弃占有此地域。即，若像两江以南的其他沿江之地那样，以实际占据或管辖为标准来看的话，该地域先不说属于谁，至少朝鲜王朝的撤废等于放弃了这种权利。

另一方面，从后来历史发展的情况来看，女真人不断涌入该地域，甚至将该地域作为其居地，逐渐占据该地域，即拥有了实际所有权，而女真首领又大都是明朝的卫所官员，也就意味着该地域这时在一定程度上就成了明朝的属地。这就好比，朝鲜王朝之前可以通过强占女真地域达到两江，那么

---

① 濑野马熊：《朝鲜废四郡考》，《东洋学报》1923—1924 年第 13 卷第 1、3、4 号。
② 李仁荣：《韩国满洲关系史的研究》，乙酉文化社，1954，第 84~85 页。
③ 方东仁、车勇杰：《四郡六镇的开拓》，《韩国史》1995 年第 22 辑，第 152~160 页。

女真人也可以反过来再次占有。只不过,如上所述,为了保持该地域的"独有权限",朝鲜王朝随后才要一再对该地域进行维护,乃至采取了驱逐女真人的"恢复"实践。从这个意义上讲,这说明朝鲜王朝的后世君臣始终未放弃再次拥有该地域的想法,对该地域一直存续着这种"自视属地"的特殊情怀。也正是凭借这种情怀,尽管女真人长期占据着该地域,但朝鲜王朝依然还会等待时机,直至达成其"恢复"的夙愿为止,所以最终并无损于其疆域,也没有改变后来实际仍以"鸭—图"两江为界的状况。

诚然,当"四郡"在预备撤废之时,上述金宗瑞、朴以昌、梁诚之等众臣屡屡有"我虽弃之,彼不得来处,则亦非弃祖宗旧疆"①这样类似的言辞,但也只是他们一时的理想心愿而已。而事实上,在女真人进入撤废后的"四郡"之地之前,该地域尚保持了一段时间的权力"真空";可一旦女真人进入尤其是来居该地域之后,朝鲜王朝倘若维护不成,就只能无可奈何。结果,正是在如此过程中,因"四郡"撤废,从而产生了遗留数百年的"废四郡"问题。

## 第二节 前期"废四郡"问题的衍化与朝鲜王朝的对策

若欲探究本论题,首先需要明确一下什么叫"废四郡"问题,即前述"四郡"撤废后,围绕朝鲜王朝对其原有地域的所有权维护及再开发所产生的一系列相关问题,而这片原有地域便被称作"废四郡"地区。该系列问题总历时相当长,从朝鲜王朝前期持续到后期(即由明至清),且直到后期才得到完全实质性的解决,那么由此大体可分为前、后两个阶段,而本书主要阐述的是其前一阶段中所发生的种种问题,姑且称之为前期"废四郡"问题。之所以阐释该问题之概念,是因为学界对此尚未给予具体的定义,甚至容易将该问题与"四郡"撤废事件混为一谈。而只有弄清了这个概念,才能清晰

---

① 《朝鲜文宗实录》卷7,元年四月庚寅。

地理解该问题与"四郡"撤废事件乃至更早的"四郡"设置问题之间的关联与区分。

显而易见,"废四郡"问题是"四郡"设置后突遭撤废的产物。换言之,"废四郡"地区的出现,就是朝鲜王朝自开国以来在鸭绿江上游南岸力行开拓经营大业的一次倒退。既如此,那么该问题如何衍化,就直接关系到此前已然形成的鸭绿江上游界河此后能否继续维持。这是明清中朝疆界史研究中至关重要的问题,因此对其探讨就显得尤为必要。但目前学界对其关注却较为有限,除了研究考证"废四郡"地理的一些文章外,与之直接相关的成果主要有二:一则为日本学者河内良弘的《明代女真史研究》一书中的一章①,一则为韩国学者金顺南的《朝鲜中宗代的北方野人驱逐》一文。② 此二文皆是阐述中宗代朝鲜王朝驱逐女真人、维护"废四郡"地区的力作,只是相对整个"废四郡"问题的研究而言,并不全面。同时,此二文又皆偏向于朝鲜王朝与女真关系史方面的研究,并非以"废四郡"问题的探讨为中心,而对该问题的探讨却恰恰是其中发生的驱逐事件的核心问题,也是实质问题。此外更需指出的是,从金顺南此文中还可以看出,其已先入为主地默认"废四郡"地区一直都是朝鲜王朝国境内的疆土,这显然有违史实。

鉴于以往学者的研究状况与问题,本书将通过系统梳理朝鲜王朝维护"废四郡"地区的全过程,力求廓清整个前期"废四郡"问题的衍化脉络。为此,将主要从"废四郡"地区形成之初,亦即"四郡"撤废之时的朝鲜世祖时期(1455—1468年)开始论及,直到前期"废四郡"问题结束的朝鲜光海君时期(1608—1623年)为止。

## 一、朝鲜王朝对"废四郡"地区形成初期的态度

世祖元年及五年,朝鲜王朝先后将"四郡"撤废。就在此"四郡"之地被空弃前后不久的时间里,朝鲜王朝针对该地域相继作出了两项部署:一则是

---

① 河内良弘:《明代女真史研究》,赵令志、史可非译,辽宁民族出版社,2015,第 643~665 页。
② 金顺南:《朝鲜中宗代的北方野人驱逐》,《朝鲜时代史学报》2010 年第 54 辑。

令江界府节制使领军赴该地"一年两度巡察"①,以防邻近的女真人"托以畋猎来往"②;一则是考虑到该地域东、西部相邻地区的防御将更为严峻,而要加强这些地区的边防,如在其东部"令三水谨慎自固"③,而在其西部分别在上土、楸坡等堡置万户④,尤其还"以满浦为镇"并升为"佥节制使"堡⑤,即提升了江界府所属(镇)堡的防御规格。

相较而言,朝鲜王朝所作的这两项部署中的前一项其实更为重要,因为这将直接彰显其对于保有"废四郡"地区所有权的积极姿态。但事实上,朝鲜王朝就该项部署在"四郡"撤废后的二十余年间实施力度极为有限,故而主要凭借后一项部署保持戒备,这就致使"废四郡"地区长期处于缺乏监管、放任自流的状态。如此状况,究其原因,可能有二:

一方面,朝鲜王朝主观上并未对女真人是否会进入"废四郡"地区有所判断,显得有些疏忽大意。当时离"废四郡"地区最近、最有可能进入该地者是建州女真诸部之人,而朝鲜王朝与之关系一开始较好,尤其对李满住等众酋长恩抚多年,自觉"待满住、古纳哈父子兄弟素厚"⑥,不会想到这些女真人会任意入于"废四郡"地区。后来,双方的关系因朝鲜王朝肆意杀害当时居于咸吉道"六镇"城底的毛怜兀良哈部女真著名大首领郎卜儿罕等人之事⑦而逐渐恶化,以至于朝鲜王朝对于建州女真人在原本就存有偏见⑧的前提下更加不信任,禁止女真人过于靠近平安道边地。因此,像李满住次子

---

① 《朝鲜端宗实录》卷14,三年四月戊子。
② 《朝鲜成宗实录》卷141,十三年五月丙申。
③ 《朝鲜世祖实录》卷27,八年正月甲子。
④ 《朝鲜世祖实录》卷19,六年二月丁丑;《朝鲜世祖实录》卷34,十年八月癸未。上土堡大致相当于在今朝鲜慈江道满浦市松鹤里附近(朝鲜王朝后期曾将"江界府从浦镇"移设于此,今尚有从浦镇堡古城遗址见在),楸坡堡大致相当于在今朝鲜慈江道长江郡长江邑附近(今尚有楸坡镇堡古城遗址见在)。分别参见《朝鲜纯祖实录》卷18,十五年三月辛丑;《朝鲜乡土大百科》"江界郡",网址:https://terms.naver.com/entry.naver? docId=565243&cid=46618&categoryId=46618,访问时间2023年2月19日。
⑤ 《朝鲜世祖实录》卷19,六年二月壬子。佥节制使保(简称"佥使堡")一般是在极关键的要地所设小堡,其镇守长官(主将)即兵马佥节制使,根据朝鲜王朝文献《经国大典》所载为三品官职,职级更在镇守万户堡的兵马万户(四品官职)之上。分别参见《经国大典》卷4《兵典·外官职·永安道》、《兵典·外官职·平安道》。
⑥ 《朝鲜世祖实录》卷25,七年十月丁卯。
⑦ 王臻:《朝鲜前期与明建州女真关系研究》,中国文史出版社,2005年,第100~110页。
⑧ 刘阳、金成镐:《"庚寅事变"始末之再考察》,《韩国研究论丛·第27辑》,社会科学出版社,2014,第113~114页。

李豆里曾提出"欲移居(鸭绿江边的,引者注)皇城平"①,便立即遭到否决。而朝鲜王朝对建州女真诸部如此高度警惕的同时,还常常对其进行军事恫吓,甚至奉明朝敕令先后于世祖十三年(1467)及成宗十年(1479)两次助剿建州卫女真②,斩杀了李满住及其长子古纳哈③,连续给予其部以重大打击。也许就在这种情况下,朝鲜王朝似乎感觉建州女真人应该也不敢随意靠近朝鲜王朝边地,所谓"曩日往征,故畏威未敢耳"④即是如此。由此可见,正是这样针对建州女真不断保持警惕、威胁乃至军事自信态度的过程中,使得朝鲜王朝君臣对于"废四郡"地区的顾虑之心相较于之前,更是长期处于迷失的状态。

另一方面,建州女真等女真诸部对于朝鲜王朝边地的袭扰,客观上使得朝鲜王朝无暇且无力顾及"废四郡"地区。如上所述,朝鲜王朝与建州诸部女真仅在一开始维持了短暂的和平友好局面,但很快双方便逐渐进入紧张对峙的状态。事态变化的起因正源于上述郎卜儿罕被杀事件。此事引发连锁反应,郎卜儿罕家族"人民不忍,要选人马报仇"。⑤ 由此造成朝鲜王朝大小边患不断、边境动荡不宁,而这种动荡很快就从咸吉道蔓延到了平安道边地,甚至直到朝鲜王朝首次采取武力剿杀后也未停息。在这个事态长期持续恶化的过程中,包括建州女真在内的多个女真部落不断的报复行动,使得朝鲜王朝对此应接不暇,不得不专注于如何对付女真人,如何保护边地军民,从而根本无心兼顾此时已无军无民、相对来说已不甚紧要的"废四郡"地区。甚至,就朝鲜王朝对此事态恶化的实际反应来看,其非但不会为了这个已废弃之地而平添一份负担,反倒更担心女真人从该地域来袭,故而曾将该地域到江界府的来路堙塞⑥,以至于彻底将该地域置之度外了。

总之,以上两方面的因素交织在一起,共同导致朝鲜王朝在"废四郡"地区形成最初的一段时间里,基本保持一种漠视的态度。当然,或者还有其

---

① 《朝鲜世祖实录》卷34,十年九月甲寅。
② 《朝鲜世祖实录》卷43,十三年九月丙子;《朝鲜成宗实录》卷110,十年闰十月癸亥。
③ 《朝鲜世祖实录》卷44,十三年十月壬寅。
④ 《朝鲜成宗实录》卷38,五年正月甲辰。
⑤ 《朝鲜世祖实录》卷19,六年三月己卯。
⑥ 《朝鲜成宗实录》卷57,六年七月己巳。

他缘由来解释朝鲜王朝为何会有如此态度。但不管怎样,鉴于朝鲜王朝这般弃之不顾,而女真人又尚未来居的情况,这至少说明该地域在当时正处于权力"真空"的状态,或者说其时该地域完全可视为无主之地。然而,朝鲜王朝对于该地域的这种状态,到了成宗十三年(1482),却因一个突发事件而猛然发生了改变。

诚如上述,建州女真诸部在朝鲜王朝两次助剿的重创下,势力大衰,转而向朝鲜王朝请求归顺①,使得双方长期僵持的关系开始缓解。但恰在此时,朝鲜王朝按常规派出的江界府"体探人"(即侦察兵)李完等,侦察到三名女真人有造船越鸭绿江的可疑动向,结果在追杀这些女真人之余,无意中发现了他们是要去"废四郡"地区进行畋猎,且其"来猎处成路"。② 如此意外的消息传来,让朝鲜王朝君臣感到既突然又吃惊。而正是突然发现女真人的这种看似习以为常的现象,反过来也说明女真人绝非刚刚入猎于"废四郡"地区。事实上,至少在该地域附近的建州女真人起初并不是很清楚"四郡"已撤废之事,因为直到"废四郡"地区已存在了十年之久的情况下,甚至是建州女真部落中如李满住之子甫乙加大这样的酋长家族人物,还在声称"将寇于闾延(指古闾延邑辖地,引者注,下同)、江界等处"③,所以他们在此期间很可能也并未想到要在"废四郡"地区往来。不过,这以后却很难说。目前尚未发现有充分的史料证据来证明他们确切在哪一年首次入猎于该地域,只能稍微推测出他们或许是成宗十年至十三年间的某一次袭击发现了该地域无人,才想要入猎。④ 而之所以要入猎于此,是因为狩猎毕竟在女真的生产生活中占有重要地位,同时该地域又充分具备了入猎的条件。毋庸置疑,从女真人入猎已久的情况来看,说明该地域早已今非昔比。所谓"其地久旷,草木茂而禽兽多",即原先的城池、耕地因长久荒芜而发生了巨

---

① 《朝鲜成宗实录》卷141,十三年五月甲午。
② 《朝鲜成宗实录》卷141,十三年五月丙申。
③ 《朝鲜成宗实录》卷8,元年十一月壬辰。
④ 据《朝鲜成宗实录》卷181十六年七月甲戌条载:"李克均在平安道时,被虏(掳,引者校)唐人来言,野人有入寇四空城之计,必此地也。"其中,"四空城"即指"废四郡"。而女真人既然知道"四郡"已空弃,还要声言入寇,说明其或许是要试探朝鲜王朝对于该地域的态度。可能后来通过某一次真的袭击该地域后,女真人逐渐发觉朝鲜王朝官府对该地域实际并不关注,才慢慢入猎于此。因此,再根据李克均是从成宗十年开始任职于平安道的情况,即得出如此推测。

变,俨然已成猎场,因此"虏或潜来射猎"。① 显然,这么好的猎场对于女真人具有巨大吸引力。何况,像建州女真诸部的生活物资来源本就匮乏,而不得不经常向朝鲜王朝请求接济,如此来看该地域的经济价值就更不言而喻。只是,朝鲜王朝一旦得知了这种情况,便要迅速予以阻止,正如其立刻决定"自今每当春秋,节度使壮其军容巡审,或遣体探秘密巡哨,使彼人不得安心留在"②,也就是至此欲重新恢复针对"废四郡"地区的年例巡察政策。此策一出,预示着朝鲜王朝正式开始关注对于该地域所有权的维护。

## 二、朝鲜王朝维护"废四郡"地区与许混邀功事件发生

然而,就在朝鲜王朝果真将注意力转回到"废四郡"地区,并不意味着其先前的政策就能再次适用于该地域的现实状况。正如上述,鉴于该地域的自然环境变化,若再去执行年例巡察,就不甚便利,军士往来的风险也较大。这种境况被当时任平安道都节制使的李克均所觉察,他奉令首次巡察该地域,居然出现了在"伐木时,人多见死"③的局面,故而奏称该地域"不可轻易入归、观兵"④,也就是不能把巡察当作年例常行之事。该奏报引起了朝鲜王朝的重视。有些大臣基于该地域已成女真人猎场之现状,甚至担忧再巡察,万一与之前体探人李完等一样"猝遇彼人"而生更加严重的冲突,或者因此为女真人"斩木开路"而便于其袭扰,或者与之前女真人试问边将是否还"往来空城"之所言不符,可又不能再放任该地域不管,故不建议"节度使巡审",认为还是"择壮士深入体探,临机措置为便"。⑤ 根据这些议论,鉴于当前与建州女真诸部的关系有所缓解,并趋向于和平稳定的局面,为了边地的安危而尽量不破坏这种局面,朝鲜王朝决定对女真人采取温和"开谕"的态度,劝女真人"勿令来畋",即在保证本国对该地域的所有权且避免

---

① 《朝鲜成宗实录》卷248,二十一年十二月乙卯。
② 《朝鲜成宗实录》卷141,十三年五月丁酉。
③ 《朝鲜中宗实录》卷25,十一年五月庚戌。
④ 《朝鲜成宗实录》卷144,十三年八月己未。
⑤ 《朝鲜成宗实录》卷144,十三年八月己未。

冲突的前提下,支持某些大臣提出的择人谨慎体探而非巡察的建议。①

朝鲜王朝对于女真人的劝诫的确收到了较好的效果,且又或许因其常年遣军士体探"废四郡"地区②,在采取该方式后的数年间内也的确未再传来女真人入猎的消息。但女真人不来该地域,并不等于双方就不再有冲突。即使建州女真诸部的首领想要尽可能地维持与朝鲜王朝的安定局面,也不能保证所有下属都能听从,故曾因少许女真人又去掳掠朝鲜王朝边地而使该局面一度出现了危机。③ 而朝鲜王朝虽也鉴于来之不易的和平局面,曾多方面降低了对女真人的防范标准④,但并非不防范。由于如上对女真人的原有偏见加上之前曾发生过和平局面遭致破坏的前车之鉴,尤其又对女真人是否仍记恨前番两次剿杀的疑虑未消,故朝鲜王朝君臣对女真人始终存留一份戒心。正是在如此戒心的作用下,朝鲜王朝为防不测而将先世之策变为惯例,即严禁女真人在其边地近旁逗留太久,更别提在其江边对岸长期居住乃至恢复越江了。也正是基于如此戒心,一旦再次出现女真人掳掠之事,无论如何,都会被朝鲜王朝君臣归咎于建州女真诸部之首领,那么他们对这些女真部落之态度,即诸如成宗王对边将所谕:"三卫野人征讨之后,结怨于我深矣。今虽外顺,中心难测……毋狃于无虞,常如敌至,防戍诸事,谨慎措置。"⑤由此可见,双方和平相处的表面下暗藏隔阂。这就注定了双方再次交好的关系不会长久,终于随着又一个严重事件的发生而彻底破裂,而这正是许混邀功事件。

朝鲜成宗二十一年(1490),原庆尚道密阳府使许混被任命为平安道满浦镇佥节制使。⑥ 许混新受此职最初的目的是奉特旨驱逐在满浦对岸留屯居住的建州右卫女真童约沙一族人。在童约沙入此来居之前,已有数波女真人欲在朝鲜王朝边地对岸逗留乃至居住,且其留屯处离"废四郡"地区还

---

① 《朝鲜成宗实录》卷153,十四年四月壬午。
② 当时的史料对此并没有明确的记载,只能根据彼时其他相关的史实情况以及此后的史料进行推测。
③ 《朝鲜成宗实录》卷208,十八年十月壬午。
④ 比如,不再禁止女真人随意畋猎,但底线是女真人不越江。参见《朝鲜成宗实录》卷153,十四年四月壬午。
⑤ 《朝鲜成宗实录》卷223,十九年十二月戊申。
⑥ 《朝鲜成宗实录》卷240,二十一年五月乙丑。

都不远。对于这些女真人,朝鲜王朝无一例外要予以驱逐,以防其"后日窥觇虚实,潜行鼠窃之谋,或生鸱张之计"。① 在朝鲜王朝的武力威胁下,童约沙最终自"焚其庐舍,发向本土"。② 如此连续的驱逐,在不断增加女真人积怨的同时,更给因愤于些许女真人又来侵害而已充满疑心的朝鲜王朝君臣,对女真人的违禁以更加警惕的"假象",并被赴任不久的许混所利用。随着马上在满浦(镇)堡附近出现的一股女真人被许混所察觉并处理,这种"假象"开始一度掩盖了事实的真相。这正如许混在此番行事后奏称:

  九月十四日,彼人六名乘者皮船渡鸭绿江,四人潜入我界,二人因乘船棹向上流……十七日,令江界、上土、满浦三镇戍兵合势待变……十九日未时,贼十人还至向所渡处,左右伏兵一时大呼……追斩七级,贼二人投水,一人游涉而逃。③

按照许混此奏,女真人属于肆意越界,似有不轨图谋,故而对其斩杀理所应当。该奏报传至朝鲜王朝王廷,朝鲜王朝君臣起初也都觉得这是合情合理之事,甚至成宗王还赞赏许混"能先事而谋,捕斩殆尽,畅我国威"。④ 实际上,从后来逐渐显露的实情可知,这只是女真人正常的狩猎行为,而非有其他任何企图,更为重要的是女真人并未越江入猎。⑤ 可当时朝鲜王朝君臣并不清楚这一点。其原因如上所述,虽说之前一直未有女真人越江入猎的奏报,但毕竟已有几例小规模的女真人扰边事件,尤其朝鲜王朝君臣又担心女真人"迫于驱逐……怀愤必甚"⑥,让他们不仅误认为此次亦不过是女真人再次"欲为鼠窃之计"⑦。甚至,许混此奏还误导某些大臣认为"许混袭杀虏人于绝远之地,此非闾延之故墟,必是慈城(指古慈城邑辖地,引者

---

① 《朝鲜成宗实录》卷240,二十一年五月乙丑。
② 《朝鲜成宗实录》卷242,二十一年七月辛未。
③ 《朝鲜成宗实录》卷244,二十一年九月乙亥。
④ 《朝鲜成宗实录》卷244,二十一年九月丙子。
⑤ 《朝鲜成宗实录》卷249,二十二年正月己丑;《朝鲜成宗实录》卷253,二十二年五月己丑。
⑥ 《朝鲜成宗实录》卷245,二十一年闰九月庚辰。
⑦ 《朝鲜成宗实录》卷244,二十一年九月乙亥。

注,下同)之弃地"①,也就是推断女真人敢于入猎"废四郡"地区绝非不可能之事,如此就彻底超越了朝鲜王朝的底线,那么许混所做的一切看上去也就显得顺理成章。

好在,许混此事最后总算被朝鲜王朝查明,许混本人被断以"邀功生事,欺罔天聪"②之罪而遭到处决③。但这已不重要,因为此事在当时促使朝鲜王朝与女真的矛盾已然激化,从而对朝鲜王朝造成了无法挽回的严重后果,即从成宗二十二年(1491)正月的女真人第一次袭击平安道边地开始,直至燕山君时期,朝鲜王朝被迫针对女真人规模大小不等的报复行动的艰辛防卫,就此长期成为其保持与女真人紧张关系中的常事。正所谓"今西界之衅,肇于许浑(即许混,引者注)之妄举。彼之鼠窃,非陵我,特怀愤耳"。④ 这种后果对于朝鲜王朝产生了诸多影响,最为重要者正是累及了朝鲜王朝一直以来如上以体探维护的"废四郡"地区,即:

一方面,该后果带给朝鲜王朝君臣极为深刻的教训,即他们从此切忌"邀功生事"。其实,朝鲜王朝早先不是没有对边将下达过"邀功生事,得不补亡"⑤的警示,甚至得到如上许混袭杀女真人奏报之时,成宗王还如此告诫"为边将者,固不可有意邀功,以生边衅"⑥,但始终并未在其内部引起足够的重视,而在饱尝了许混一事所导致的惨痛后果后,让其君臣在痛定思痛之余,更是逐渐产生了疑畏的心理。但正缘于这种心理的作用,朝鲜王朝此后因过于担忧乃至忌讳轻易与女真人发生冲突,而为其接下来在中宗时代的"废四郡"问题上的被动处理埋下了伏笔。

另一方面,该后果也使得朝鲜王朝在不得不专注于防范女真人来袭的同时,放松了对于"废四郡"地区长年进行的"体探"式维护。正所谓"闾延等地在成宗朝,每于秋冬遣本道军官巡行体探,末年不能如此"⑦,那么到了

---

① 《朝鲜成宗实录》卷248,二十一年十二月乙卯。
② 《朝鲜成宗实录》卷255,二十二年七月丁丑。
③ 《朝鲜成宗实录》卷255,二十二年七月丙戌。
④ 《朝鲜燕山君日记》卷34,五年八月甲午。
⑤ 《朝鲜成宗实录》卷50,五年十二月己酉。
⑥ 《朝鲜成宗实录》卷244,二十一年九月丙子。
⑦ 《朝鲜中宗实录》卷38,十五年正月壬寅。

因内部政局动荡而边政逐步荒废的燕山君朝①就更不能如此。这样一来，"废四郡"地区便再次步入权力真空的状态。也就是该地域在二度无主的过程中，一个让朝鲜王朝君臣始料未及的标志性女真人的出现，更成为朝鲜王朝所将面临的中宗代"废四郡"问题突然严峻的关键诱因。而此人，正是温下卫女真金主成可。

## 三、女真人涌向"废四郡"地区与朝鲜王朝难断驱逐

金主成可，又称金主成哥、金主成介或金主成哈等，其原本应是生活于朝鲜王朝咸吉道"六镇"附近的城底女真人，后随所部温下卫（或称温火卫，该卫前身据学者考证为图们江下游岸边所居的由骨看兀狄哈部女真构成的喜乐温河卫②），从图们江附近迁居至鸭绿江近旁。由于朝鲜王朝严禁任何女真人寄居其对岸江边，因此金主成可随卫居于"距建州卫三日程"③之地，但也应离朝鲜王朝边地不远。④ 待所居暂时安定之后，金主成可等温下卫女真便利用自己靠近建州诸部女真且与之应有不少往来关系⑤的便利条件，频繁干起了向朝鲜王朝通风报信的"买卖"，以求得朝鲜王朝的赏赐与信任。比如，成宗二十二年，成宗王便针对金主成可如此下谕："彼人金主成可屡报声息，其功可赏，若又来报，令边将量加前数"⑥；后来更是将之"升上护军"且另除为三品"堂上职，以劝其后"⑦；甚至还念其"效顺告变"，将其因"掳三水人物"而被囚拘的儿子"戒敕送还"⑧。由此可见，金主成可以常年"告变"的"诚意"，一度打动了朝鲜王朝的君臣，使他们习惯性地将金主成可看作是平安道附近最顺服、最值得信赖的女真人。

---

① 燕山君在 1498 及 1504 年先后两次发动士祸，逐步迈向荒淫、暴政的极端，使得朝鲜王朝的边务由此乃至中宗即位初期的较长时间内，处于长年废弛的状态。
② 张士尊：《建州女真董鄂部族源考》，《东北史地》2007 年第 2 期。
③ 《朝鲜成宗实录》卷 223，十九年十二月甲午。
④ 张士尊：《建州女真董鄂部族源考》，《东北史地》2007 年第 2 期。
⑤ 这从该卫不时与建州诸部女真一起拜见朝鲜王朝边将，或代之向朝鲜王朝传话等种种迹象即可看出。
⑥ 《朝鲜成宗实录》卷 253，二十二年五月戊戌。
⑦ 《朝鲜成宗实录》卷 294，二十五年九月戊戌。
⑧ 《朝鲜燕山君日记》卷 13，二年三月壬午。

在这种情况下,在经历了"中宗反正"①后的政局恢复与稳定,已疏于维护"废四郡"地区长达二十余年的朝鲜王朝,到了中宗十二年(1517),突然收到了"金主成介来居闾延越边末彦川"的消息,且"来居已至六年之久"。②按照如上朝鲜王朝严禁女真人寄居近地的惯例,其本当严词拒绝乃至积极驱逐金主成可此举,可正是鉴于对金主成可的信任,其居然破例同意了金主成可的留居。与此同时,这本也更是一个事态已然严峻而应当引起其特别重视的信号。因为朝鲜王朝君臣根本不清楚"废四郡"地区在这二十余年间到底发生了什么,而事实上,该地域因再次长年无其"体探"而早已重新成为向女真人开放的"草木丛茂,仰不见天"③的天然猎场,且女真人也早就恢复了在该地域附近狩猎乃至入猎于该地域内部的状态④,甚至还有移居该地域附近乃至内部者。只是,仍鉴于只有可信的金主成可一家来居,朝鲜王朝君臣便低估了此中的严重性,以至于一时又忽略了对于直接关涉"废四郡"地区消息的追查。

然而,到了成宗十二年底,当金主成可女婿童尚时前来通报,称金主成可一族九户又要于次年"移居茂昌(指古茂昌邑辖地,引者注,下同)越边"⑤,尤其自此一年后更是得到了女真"金巨应仇乃等二十余家来寓闾延越边"⑥的消息之时,朝鲜王朝方才感觉事有可疑,遂始派军官前去探察。结果,这首次探察让朝鲜王朝发现了一个令其惊愕不已的现象:古闾延地域"沿(鸭绿,引者注)江上下,彼人来居者总计九十二户,壮者无虑四百余名,此人等来居已久"⑦,又"非特金主成可族亲",甚至还有"移入江内居闾延旧城傍近者二十户"。⑧显然,且不论是否追究金主成可此前或有隐瞒之

---

① "中宗反正"指1506年朝鲜王朝发生的一场旨在推翻燕山君统治的政变。政变后,燕山君被废,原晋城大君即位为王,即后来的中宗王。
② 《朝鲜中宗实录》卷28,十二年六月壬子。
③ 《朝鲜中宗实录》卷25,十一年五月庚戌。
④ 《朝鲜燕山君日记》卷34 五年七月丁卯条有"彼人(即女真人,引者注)所告古慈城指向出来人相逢"之语,《朝鲜中宗实录》卷12 五年八月丙申条亦有"我卫人(即温下卫,引者注)及建州卫人等托称田猎采参……发行,向古慈城近处"之语,故据此则有该推测。
⑤ 《朝鲜中宗实录》卷31,十二年十二月乙丑。
⑥ 《朝鲜中宗实录》卷35,十四年二月己丑。
⑦ 《朝鲜中宗实录》卷36,十四年六月甲戌。
⑧ 《朝鲜中宗实录》卷36,十四年六月丙子。

责,单就看如此史无前例的女真人来居现象,按照朝鲜王朝以往对这里的所有权进行坚决维护的态度,其也应是要马上予以驱逐的,何况其也明白女真人再这么来居"将为两界巨害,固当驱逐"①。但正是在这个要不要驱逐女真人的问题上,王廷内部开始产生分歧,由此也就开启了朝鲜王朝君臣针对该问题犹豫难决的序幕。只是,当时基于对金主成可的习惯性认知,"且前有许居之辞",诸多廷臣担心"遽即驱逐,恐生怨忿"②,不驱逐之声尚居于主流。尤其是中宗王,朝鲜王朝最终驱逐与否主要取决于他的决策,可其除了与否定驱逐的诸臣一样对金主成可仍抱有幻想外,更有"我国虚疏"③"兵食不裕"④等顾虑,但最关键的还是担忧轻易"逐之则必构边衅"⑤,且"一开边衅,后事亦难"⑥。而导致朝鲜王朝君臣总是持有这种担忧,正在于上述因许混事件影响而产生的疑畏心理的作用,即基于前车之鉴,他们对与女真人冲突尤其是主动"构衅"讳莫如深。也正因如此,他们的这般忌讳又作用并贯穿于其接下来的决策中。

在中宗王跟随大臣主流意见的决策下,朝鲜王朝君臣选择了再次相信金主成可,采取对金主成可开谕责还的办法,希望借对金主成可的劝离来带动其他所有来居女真人的离开,但收到了让其意想不到的结果反馈:金主成可非但不愿离去,反而威胁执行开谕的朝鲜王朝官员称"汝国若欲使我不得居于此地,则我亦为汝国患"⑦。这就彻底使朝鲜王朝执着于金主成可等人自动离开的"迷梦"破灭了。凭此,王廷大臣自然群情激奋,尤其主张驱逐一派的大臣们已开始倡议谋划"待秋成驱逐事"⑧。

不过,因仍有不少反对驱逐者,特别是中宗王也认为"如此事,慎重可也"⑨,故针对金主成可等来居女真人如何处理的问题,朝鲜王朝内部在此后又历经了两年的争议期。就在如此迟迟不能决断,且又拿不出切实有效

---

① 《朝鲜中宗实录》卷36,十四年六月丙子。
② 《朝鲜中宗实录》卷36,十四年六月丙子。
③ 《朝鲜中宗实录》卷37,十四年十一月己未。
④ 《朝鲜中宗实录》卷38,十五年正月壬寅。
⑤ 《朝鲜中宗实录》卷38,十五年三月丙午。
⑥ 《朝鲜中宗实录》卷38,十五年二月癸酉。
⑦ 《朝鲜中宗实录》卷39,十五年四月丙寅。
⑧ 《朝鲜中宗实录》卷39,十五年四月丙寅。
⑨ 《朝鲜中宗实录》卷39,十五年四月丁卯。

的策略之际,朝鲜王朝得知涌向"废四郡"一带的女真人数量突然猛增了起来,且有着一发不可收的态势。先是"数月之间,九百余户移居于此"①,而仅又过了一年,来居者更已增至"二千余户"②。与此同时,之前"本来居住者即温下卫也……闾延、茂昌新所来居者即金朱成哈也。自此人来居以后,六镇野人,或四五家,三四家,年年移居其处"③;而今连朝鲜王朝以往主要防范的建州三卫女真人亦要大量来居,"前后来居者,岁二百余户,而今方出来者络绎不绝。其居候州(即厚州,引者注)者,与三水之镇相接,而居上土,迫近于江界,此所谓终致西北之患也"④。更有甚者,不止"废四郡"地区,就连在该地域以西相邻并一度被朝鲜王朝视作禁地的满浦(镇)堡对岸,此时又有来"逼居满浦越边"者⑤。如此剧变的状况,不仅使得朝鲜王朝众臣中主张驱逐者的危机意识愈发强烈,更使得此前不少否定驱逐者也逐渐转向于主张驱逐派。也就是说,主张驱逐的声音逐渐占据优势。只是,最后仍有赖于中宗王的决策,而其面对众臣要求驱逐的奏请,仍亦每次给予不外乎之前态度的批谕。诸如:"决不可轻举,待时而动可也"⑥,"大抵喜开边则邀功生事之人从而出焉"⑦,"驱逐之事虽云不得已,后日防御之事亦重"⑧等等。

应当指出,中宗王自决定开谕金主成可以来如此地忌讳"构衅",自有其身为一国之君希望考虑万全的缘故。正如其曾言:"予之欲问于本道(即平安道,引者注)者,为举兵非轻,故欲旁求方略耳……若贼寇先侵我境,我不得已举兵应之则可也。今野人等虽来居我空地,别无显著之罪,可谓无名之师也。虽得驱逐,不能防守,则恐有后悔。"⑨而这也的确在后来的历史发展中逐步得到了印证。只不过,也恰恰是由于这般忌讳,致使其虽倾向于不驱逐,却并非完全不想驱逐,即其成了众臣犹豫的表率,如此不仅未能解决

---

① 《朝鲜中宗实录》卷44,十七年五月乙亥。
② 《朝鲜中宗实录》卷48,十八年五月丁亥。
③ 《朝鲜中宗实录》卷44,十七年三月甲寅。
④ 《朝鲜中宗实录》卷46,十七年十一月甲寅。
⑤ 《朝鲜中宗实录》卷48,十八年五月甲午。
⑥ 《朝鲜中宗实录》卷46,十七年九月己酉。
⑦ 《朝鲜中宗实录》卷47,十八年闰四月丁巳。
⑧ 《朝鲜中宗实录》卷48,十八年五月丙戌。
⑨ 《朝鲜中宗实录》卷46,十七年十一月甲寅。

诸臣的分歧,更使其治下的整个王朝就此驱逐问题长期处于犹豫未断的状态。结果,正是在这种状态下,从首次得知金主成可来居的中宗十二年(1517)至中宗十八年(1523),以中宗王为代表的朝鲜王朝王廷上下竟在无意中给予女真人长达七年的移居时间,那就无怪乎形成了如上来居女真人猛增直至难以控制的局面,以至于有大臣曾如此抱怨:"闻延、茂昌来居野人,当其初来也,听其边将驱逐之言,则恐不至于如此滋蔓,而自上重难其事,在下亦不敢启。"①

## 四、朝鲜王朝驱逐女真人失败与前期"废四郡"问题偶然中止

当然,中宗王既然并非绝对没有驱逐的想法,也就有同意驱逐的可能,那么就总有被群臣言动之时。果然,其在朝中重臣们的力谏下,最终极为勉强地听"从众议"②,并由此开始计议及筹备实施如何驱逐的事宜。但问题是,来居女真人的规模毕竟已今非昔比,而在如此境况下还要勉为其难地驱逐,真就能达到目的吗?这从朝鲜王朝议定乃至实施驱逐后的情况便可见分晓。

这正如,朝鲜王朝经过反复谋划,将原定部分驱逐改为全部驱逐,决议由咸镜南道主将配合平安道主将从东、西两向"同议合驱",意欲对包括金主成可在内的整个"废四郡"地区的来居女真人行"永绝根抵之略"。③ 按照既定驱逐方案,平安道与咸镜南道两军皆于中宗十九年(1524)正月初六日发军。先是平安道军马:初行军之时,与离其最近的三屯女真④童他时哈等人相遇,或许正是因此被女真人预先发现了异常而走漏了消息,加之当时正值雨雪寒冬之季,以及平安道主将"措置失宜",最后不仅"略无小利",反而"人马冻伤甚多",尤其又在回程中因遭遇女真人的伏击而惨败,致使整

---

① 《朝鲜中宗实录》卷48,十八年五月甲午。
② 《朝鲜中宗实录》卷49,十八年九月丁亥。
③ 《朝鲜中宗实录》卷49,十八年十月乙丑、十一月乙亥、十二月己亥、十二月丙辰。
④ 这三屯分别位于古道洞、波荡洞及斜乙外洞,结合前述河内良弘文中考证,它们分别大致相当于今朝鲜慈江道满浦市三江里(旧称"古城洞")附近、三江里稍南之地(旧称"松三洞")附近及烟浦里对岸(今中国吉林省集安市蒿子沟村)附近。参见河内良弘:《明代女真史研究》,赵令志、史可非译,辽宁民族出版社,2015,第649、655页。

体"过半死伤","且畏房人尾击,恐劫鼠窜",而临时改变计划,"径从他路而还"。① 再看咸镜南道军马:抑或因女真人提前察觉而走漏了消息,此行虽发现了来居女真人"家数无虑三四十家",却仅仅见到"年老无勇"者六七人,并且"以榜文开谕"这些女真人也未起效,最后只得"尽烧野人家财物"后回还。② 虽如此,朝鲜王朝重臣认为"冒禁来居各屯人,则所当尽皆驱逐,还由直路而来,而(之前平安道军马,引者注)闻变中止。最以近境居童他时哈等三屯房户,不可不尽驱逐"。③ 于是,平安道军马竟又奉命开始补驱三屯女真人。尽管此前朝鲜王朝三令五申"切戒贪杀",但该支驱逐军在具体执行时还是违令斩杀三屯女真三十人,并擒拿多人,最后又"焚其庐舍而还"。④

以上便是朝鲜王朝自女真人来居以来终于落实驱逐行动的全部经过。显而易见,朝鲜王朝妄图毕其功于一役,以达成一劳永逸目的的想法,在真正实施的过程中因保密不当、考虑不周、将领失策等多重因素的影响,而并未达到其理想的效果,甚至连其需要重点驱逐的金主成可等人的踪迹也未见到⑤,反倒却损兵折将。再加上此后不久,被驱女真人又复还居⑥,这等于此次驱逐行动以完全失败收尾。从根本上讲,这种失败似乎是注定的。因为一方面从上述朝鲜王朝在驱逐前的拖延及驱逐的经过可知,其实际并未完全做好驱逐的准备,只不过是为了应付其自觉已难承受的危局而进行的一场不得已之举,即如中宗王后来曾如此反思"前者驱逐之事,予则欲不为,而举朝强请驱逐,故为之"⑦。另一方面,这片"废四郡"地域对于女真人的吸引力与重要性在前文已述,因此来居女真人也不是朝鲜王朝想驱就能驱走的。甚至,在此次驱逐徒劳无功之后,朝鲜王朝君臣仍不甘心,还不时

---

① 《朝鲜中宗实录》卷50,十九年正月丙子、癸未、戊子。
② 《朝鲜中宗实录》卷50,十九年正月甲午。
③ 《朝鲜中宗实录》卷50,十九年二月丁酉。
④ 《朝鲜中宗实录》卷49,十八年十二月丁未;《朝鲜中宗实录》卷50,十九年二月乙卯。
⑤ 金主成可在此次驱逐后,或是因此迁离,或是不久死亡,或是其他某种原因,突然从朝鲜王朝的视线中消失,而终不见于史料。
⑥ 《朝鲜中宗实录》卷51,十九年六月甲寅。
⑦ 《朝鲜中宗实录》卷63,二十三年十月辛丑。

地派军体探并破坏还居女真人的生产生活活动①,却也并未见效,如此正如女真人后来曾自言这里"地品沃饶,农业甚好,虽逐而驱之,旋即还入而居矣"②。

此外,相比朝鲜王朝驱逐的失败,更为重要的是其驱逐大军不仅肆意烧毁来居女真人的家居财产,甚至不遵政令,因"希望恩赏,枉杀髦倪"③,这就与其驱逐只是为了迫使女真人离开的初衷背道而驰。但事已至此,后果便可想而知,正如朝鲜王朝君臣所自知的那样:"三屯驱逐……与驱逐本意大乖,彼必怨我,仍起边衅。"④而事实也的确如此,女真人时刻寻机,意欲报复,并终于以袭杀时任满浦镇金节制使沈思逊的方式,制造了让朝鲜王朝上下皆惊愕万状的"满浦之变"⑤。这正如一些大臣随后感慨道:"观祖宗征讨之时,其在世宗朝,闾延边民为彼人所掳而已,无杀将之事,受辱于彼人,莫如今时。"⑥

既然朝鲜王朝并不能将女真人彻底驱离,尤其"满浦之变"更给朝鲜王朝带来了巨大震动,这就迫使朝鲜王朝君臣逐渐认识到驱逐实为"无益而有害"⑦之举,从而再也不敢轻言驱逐之事,由此便使得上述朝鲜王朝尝试驱逐的行动,成为中宗代首次亦是唯一一次大举驱逐实践。与此同时,因"满浦之变"的惨痛教训,朝鲜王朝君臣开始检讨当初主张驱逐者的责任,并从此统一处于极为谨慎的状态,特别是中宗王较之之前也更加畏惧"构衅",再加上该事变后爆发于平安道且蔓延、持续的烈性传染病的影响⑧,以至于即便"满浦杀将之变惨不可言,而朝廷深惩顷祸,缩缩忍羞,口不言兵,置闾延之贼于相忘之域……逻卒之探亦不能渡一步而西"⑨。

结果,正是如上对驱逐行动丧失信心以及"满浦之变"的深刻影响,使

---

① 《朝鲜中宗实录》卷51,十九年六月戊午、八月戊午;《朝鲜中宗实录》卷55,二十年十月乙巳。
② 《朝鲜中宗实录》卷58,二十二年三月甲辰。
③ 《朝鲜中宗实录》卷50,十九年四月甲子。
④ 《朝鲜中宗实录》卷50,十九年三月庚寅。
⑤ 《朝鲜中宗实录》卷60,二十三年正月辛丑。
⑥ 《朝鲜中宗实录》卷60,二十三年三月丁丑。
⑦ 《朝鲜中宗实录》卷63,二十三年十月庚申。
⑧ 《朝鲜中宗实录》卷51,十九年七月辛未、己卯;《朝鲜中宗实录》卷61,二十三年四月己巳。
⑨ 《朝鲜中宗实录》卷80,三十年十一月癸酉。

得朝鲜君臣对于"废四郡"地区又渐渐处于长年忽视的状态,而女真人也趁此时机大举来居。直到中宗三十年(1535)以后,当朝鲜王朝君臣忽然反应过来,重新侦察已经"久不体探"①的"废四郡"地区之时,发现已有"来居彼人分百余户",且因"部落益繁"而大有"连居"之势②。尽管朝鲜王朝君臣为此局面再次苦恼、忧虑,但根本不敢再轻动,甚至鉴于"彼地之虏日益滋蔓,多有可忧之事,而未能措之",故已有"将弃其地"的想法③。而也正是朝鲜王朝君臣如此无所适从乃至心灰意冷之余,他们却再次猛然发现"自三水至闾延、茂昌之间,野人之来居者至于四五千"④,已然无法控制,亦无心思阻挡,从此除古慈城郡原辖地南部与江界府邻接的有限地域⑤外,便将余下占据"废四郡"大部分地域的女真人彻底弃于不顾。

总之,朝鲜王朝对于来居女真人的驱逐,就是对"废四郡"地区的维护,而其驱逐的失败就等于维护的失败,尤其是其对"废四郡"地区中的大部分地域还放弃驱逐,亦即不再维护。而来居女真人又不会轻易离开这些地域,如此就意味着朝鲜王朝对于这些地域很可能将处于一种无限期失去的状态。换言之,这就等于表明来居女真人必将无止境地居于此。而此后的事实也的确在不断地印证这一点,即自中宗代以后,朝鲜王朝历经仁宗(1545年在位)、明宗(1545—1567年在位)、宣祖(1567—1608年在位)三代国王,对于已经放弃的这些地域长期处于信息失联、几乎不知其情的状态,那么便可想而知来居女真人在这里任意居住及来去自由的情况。甚至,在这半个多世纪的时间里,朝鲜王朝对于尚还关注的"废四郡"地区西南陲,也就是上述古慈城郡南境直至江界府北境一带的有限地域都不能很好地把控。即,根据史料记载,朝鲜王朝基本相当于以今朝鲜慈江道慈城江为界,主要是在此界以南紧靠鸭绿江的几个地点进行过为数不多的维护活动。这几个

---

① 《朝鲜中宗实录》卷81,三十一年四月戊申。
② 《朝鲜中宗实录》卷90,三十四年四月丙寅。
③ 《朝鲜中宗实录》卷101,三十八年十二月壬申。
④ 《朝鲜中宗实录》卷102,三十九年四月甲申。
⑤ 这个区域被朝鲜王朝视为江界府辖地近境,故而其一直较为在意,后来甚至直接将这里当作江界府属地。参见《朝鲜明宗实录》卷23,十二年九月戊辰。

维护点自西向东分别为：林土（或称林投）、立岩、照牙坪、西海坪等地。① 而朝鲜王朝尽管只把精力放在区区这几个地方，也是成效不大。比如，其中相对最为明显的就是其对西海坪的维护，但就像上述中宗代驱逐时的遭遇一样，往往难达目的乃至得不偿失，正所谓"西海坪……绝远不能守，恐胡人来居滋蔓，故有时领兵驱逐，不从则击之。（这里，引者注）土地肥饶、宜菜谷，故胡人抵禁窃居，驱而复还"②。

然而，就在朝鲜王朝如上长期忽略"废四郡"绝大部分地区，乃至连其所唯独关注的几个地方也如同失去的情况下，到了光海君时期，来居女真人却突然从整个"废四郡"原辖地及其附近地区消失殆尽，使得朝鲜王朝又有了复取该地的希望，此为何故？其实，这涉及了整个女真民族内部剧烈的凝聚与整合变化，而对此则不得不提及一个伟大的女真英雄即后来的清太祖努尔哈赤。众所周知，努尔哈赤于1583年起兵开始了统一女真各部的战争，而在这个过程中，其对各个归附或战败的女真部落惯行的统治政策即所谓的"徙民政策"，也就是把新从属的周边各地女真民众徙至其统治腹地（即建州部居地内），以便纳入编户乃至统为"八旗"。③ 这种做法的目的，自然是为了尽可能地集中优势兵力及物力、财力，以利于其随后逐步发展的兼并战争，尤其是在面对更强大对手时的优势保持。正因如此，努尔哈赤在统一了建州女真各部后，为了与实力强劲的海西女真特别是乌喇部争雄，不断并吞鸭绿江流域、长白山以及图们江流域附近等各地域的女真诸部，④ 以至于"胁掠诸部，会宁以西藩胡尽为所制，或移于近地，或以为麾下，由此遂强"⑤。也正是在持续收取"鸭—图"两江附近女真人的同时，朝鲜光海君二

---

① 根据《朝鲜中宗实录》卷50十九年二月丁酉、《朝鲜明宗实录》卷14八年六月丁丑等条史料相关记载，并结合李仁荣的考证可知，这几个地点分别相当于在今朝鲜慈江道满浦市林土洞附近、三江里附近以及慈城郡照牙里（旧称"照牙洞"）附近、法洞里稍南（与旧称"远洞"之间）之地（旧称"西海洞"）附近。

② 《朝鲜宣祖修正实录》卷2，元年五月庚戌。

③ 松蒲茂：《努尔哈赤（清太祖）的徙民政策》，古清尧摘译，《民族译丛》1992年第1期。

④ 分别参见李燕光、关捷主编《满族通史（修订版）》，辽宁民族出版社，2001，第136～143页；董万仑：《明末清初图们江内外瓦尔喀研究》，《民族研究》2003年第1期。

⑤ 《朝鲜宣祖实录》卷191，三十八年九月己亥。

年(1610)三月,努尔哈赤下令"使梨坡①、照牙坪、立岩、西海地新卜家基急速移居,老迷弱则仍居旧基,尽食旧谷后移居",即应同样主要是出于收取女真人的目的,或兼带向朝鲜王朝示好之意,②而开始包括将来居"废四郡"地区及其附近等地在内的"(鸭绿,引者注)水上下诸(女真,引者注)部落撤移深处"③。随后到光海君四年(1612)二月,努尔哈赤通过接连在"四郡故地撤移胡家",又进一步将"阎延等地未尽撤移胡家并为尽撤",从而意味着女真人来居"废四郡"地区及其近地的历史至此终结。④

由此可见,来居女真人的突然消亡,从根本上讲主要是缘于以努尔哈赤为代表的建州女真势力的勃兴及其进行统一战争的政策需要,而从更高的层面上来看则依赖于当时东北亚局势的迅速变化而导致的结果。因此,就来居女真人本身很难自动离开而言,不得不说这实属历史的偶然。但不管怎样,来居女真人终究还是离开了,即整个"废四郡"地区从此再一次回到了"无主"的状态,这就至少给朝鲜王朝留出了可以继续维护乃至控制该地域的希望。而来居女真人的这种离开,也正标志着整个前期"废四郡"问题的中止。至于此后,女真(满族)人入主中原,亦即到了朝鲜王朝后期,朝鲜王朝面对新形势还将如何处理仍然延续存在的"废四郡"问题,则为后话。⑤

## 五、朝鲜王朝前期积极维护"废四郡"地区的根源及意义

纵观整个前期"废四郡"问题的发展史:自世祖王统治初年的"四郡"撤废起,朝鲜王朝对这个地区先是二十余年未予关注,直到成宗时代中期突然

---

① 据史料所载,梨坡在满浦堡对岸的鸭绿江以北之地,距满浦堡"三十里程道",也属于古慈城郡辖地近地,笔者推测其大概在今中国吉林省集安市通沟河流域一带。参见《朝鲜中宗实录》卷63,二十三年九月甲午。

② 努尔哈赤统下女真人之前常有越鸭绿江采参、狩猎的行为,让朝鲜王朝非常不满,甚至因此发生了"渭原事件"(1595年),而致使双方关系一度紧张。但努尔哈赤这时并不想与朝鲜王朝交恶,以免累及其统一大业。所以,笔者认为其撤走"废四郡"等地的女真人,并规范属下行为,以便尽量避免与朝鲜王朝不必要的冲突,或有向朝鲜王朝示好、缓解双方矛盾的用意。不过,这并非主要目的,而收人扩兵才是其根本意图。

③ 《朝鲜光海君日记(中草本)》卷10,二年三月乙酉。

④ 《朝鲜光海君日记(中草本)》卷17,四年二月癸酉。

⑤ 关于朝鲜王朝后期的"废四郡"问题,留待以后研究,下文也会简要提及部分相关内容。

发现了女真人入猎的现象,才始以派员体探的方式加以维护。可多年后突然发生的许混邀功事件所导致的严重后果,迫使朝鲜王朝中断了这种维护,再次回到了对该地域疏于关注的状态。而后到了中宗时期,朝鲜王朝又发现了女真人来居该地域的现象,但因许混邀功事件所产生的畏忌"构衅"的影响,更使朝鲜王朝君臣在是否驱逐来居女真人的考量上,陷入到了犹豫难断的境地。这种犹豫助长了女真人的来居,并酿成了朝鲜王朝军队驱逐失败的结局,以至于朝鲜王朝终究无奈地放弃了驱逐。然而,随着努尔哈赤的兴起以及女真统一进程的加速,该地域在被朝鲜王朝放弃半个多世纪之后,因来居女真人被努尔哈赤的突然迁离,朝鲜王朝却最终又再次有了取回该地域的新希望。

显而易见,该问题自产生后,在前一发展阶段里绵延逾一个半世纪,全面展现了朝鲜王朝对于"废四郡"地区的间隔式维护,整个过程可谓一波三折。而之所以会出现这种波折,或者说朝鲜王朝之所以不得不对该地域进行维护,是因为其始终并不情愿完全失去该地域的所有权,但恰恰缘于其对于该地域的废弃,致使该地域因环境变成猎场而吸引着女真人进入,更因该地域成为无主空地而便利了女真人来居。这就好比,"废四郡"问题之所以被总称之为问题,是因为"废四郡"地区的存在造就了种种问题,而根源也正在于朝鲜王朝早先的"四郡"撤废。

不过,总的来看,朝鲜王朝君臣毕竟曾努力维护过该地域,即充分体现了他们对于鸭绿江上游界河的积极维系,这源于其对先代所拓疆域的历史记忆,成为其要保有该地域乃至维系界河原先状况的主观动力。所以,尽管因女真人亦曾占据该地域,而致使朝鲜王朝只能长期放弃该地域,但这不仅不影响朝鲜王朝仍占有"鸭—图"两江南岸的其他地区,乃至彼时中朝界河大部分河段仍继续保持原有定型状态的大局,而且一旦因历史的偶然赋予了绝好时机,朝鲜王朝君臣还将在其主观动力的驱使下重新谋划取回曾经的这片废弃之地,以至于终究恢复了对该地域的疆土所有权,从而最终也就无损于鸭绿江上游界河的维系。当然,这要等到朝鲜王朝后期,亦即明清鼎革之后,直至朝鲜王朝像先前设置"四郡"时一样,再次完全实质化地占有该地域,由此终使得鸭绿江界河乃至整个"鸭—图"两江自然界河得以稳定延续。

## 小结

自15世纪中叶开始,位于鸭绿江上游南岸、作为标示朝鲜王朝北拓经营成果的"四郡",在被艰难设置后,却又在数年后被迅速撤废。这就是突然发生的"四郡"撤废事件。蒙古瓦剌部对明朝辽东地区突然的连续侵扰活动,乃至不断给朝鲜王朝所带来的威胁影响,成为"四郡"撤废的时势背景及关键诱因。基于这种突变的背景所带来的不同于以往的边防压力,"四郡"在朝鲜王朝众臣的争议中开始了被撤废的历程。1455年,闾延、茂昌、虞芮三邑先被撤废,而后难以独存的慈城郡亦于1459年被撤废。"四郡"撤废除了学界已论的多重原因外,或还可从朝鲜王朝在作为关键诱因的特定时势背景的刺激作用下,进行边政调整的角度加以考量。待"四郡"撤废后,朝鲜王朝虽有维护其原有地域疆土所有权的意愿,但也并不能否认女真人曾占有该地域的历史事实。

朝鲜王朝设于鸭绿江上游南岸的"四郡"撤废后,其遗存地域形成了所谓的"废四郡"地区。因女真人进入该地域,迫使朝鲜王朝为了维护该地域而采取了一系列对策。即,以朝鲜王朝在成宗时代发现女真人入猎该地域及在中宗时代发现女真人入居该地域,为女真人进入该地域的前后事态发展之节点。朝鲜王朝对该地域从疏忽到体探式维护,再从疏忽到驱逐式维护,最后从驱逐失败后放弃维护到因历史的偶然因素而又有了维护的希望,可见整个维护过程可谓一波三折。而正是朝鲜王朝的这种曲折维护过程,构成了整个"废四郡"问题在朝鲜王朝前期的衍化历程。总的来看,朝鲜王朝随着该问题的衍化而努力维护的表现,源于其君臣对先代所拓疆域的历史记忆,而这更成了其要保有该地域乃至后来重新占据该地域,进而维系先前鸭绿江界河状况乃至保障整个"鸭—图"两江自然界河稳定延续的主观动力。

# 第七章 朝鲜王朝"沿江防御体系"的后续巩固

自15世纪中叶起,在朝鲜王朝的主导维系下,"鸭—图"两江保持着作为彼时中朝双方天然界河的状态并开始了漫长的延续历程。在此历程中,朝鲜王朝不仅在鸭绿江上游南岸努力维护"废四郡"地区,以确保鸭绿江界河的状况,还在图们江上游南岸积极展开进一步的疆土经略,即进行了茂山镇及附属各城防工程的建置,以达成将图们江上游干流也变为事实疆界的目的。

作为与"废四郡"问题并存的另一重大问题,茂山镇的建置是朝鲜王朝"沿江防御体系"自构建成型以来,得到进一步巩固的典型代表和巩固后的重要组成部分,象征着朝鲜王朝对此前的图们江界河状况乃至整个两江疆界格局的进一步确认和强化。与此同时,除茂山镇所辖防段的城防建设外,在15世纪中叶以后,朝鲜王朝为维持"沿江防御体系",还不断开展实施了整个城防体系中其他城防工程的后续调整建设,并辅以相应驻防体系的后续保障性措施的落实,从而通过这种持续性的北方经略方式,以主导者的角色在根本上促成了"鸭—图"两江界河的稳固延续。这就为17—18世纪后金(清)与朝鲜王朝双方互认界河格局,乃至立约定界从而完全确立彼时整个中朝疆界,奠定了坚实的历史基础,创造了稳定的事实前提。

本书接下来即从茂山镇的建置谈起,并梳理朝鲜王朝"沿江防御体系"的后续巩固事宜,直至理顺"鸭—图"两江界河最终如何完全确立的过程,继而概述该界河形成及确立后的历史意义。

# 第一节　茂山镇的建置与新"六镇"的形成

前文已述,朝鲜王朝开国后从太祖至世宗时期(1392—1450年),分别在鸭绿江与图们江南岸设置"四郡六镇",并主要以包括"四郡六镇"中沿江诸邑在内的整个"骨干"工程为核心,兼及各种辅助设施,共同构筑起"沿江防御体系",从而奠定了彼时中朝双方以"鸭—图"两江作为自然界河的基本格局。只不过,在"六镇"设置完成之时,"沿江防御体系"中图们江防段的构建仅局限于图们江中下游南岸地区,即该江上游除江源段外,至少还有一段干流以南区域尚未在朝鲜王朝的管控范围内。此即茂山地域,而这就涉及朝鲜王朝针对茂山地域的经略。

关于茂山镇的建置问题,学界目前尚未见专门研究。但从茂山镇建置后的作用看,该镇应与前述传统"六镇"一样有着同等重要的地位,应当引起足够的重视。有鉴于此,下面试探讨茂山镇的建置历程,并将之放置于朝鲜王朝构建"沿江防御体系"的整个北方经略大背景下进行考察。而在爬梳茂山镇等城防经略线索的同时,也力图分析促成或迟滞茂山镇建置的诸影响因素。

### 一、体系构建形势下的茂山镇(堡)之初设

从1433年(朝鲜世宗十五年,明宣德八年)全面实施"六镇"建设开始,到1449年(朝鲜世宗三十一年,明正统十四年)最后设置了富宁镇(今朝鲜咸镜北道富宁郡富宁邑附近),朝鲜世宗时代在图们江中下游南岸以"六镇"中沿江五镇(庆兴、庆源、稳城、钟城、会宁)为核心的江防布局已成规模,"沿江防御体系"的防控模式也已然形成。"茂山"一地,正是在图们江"沿江防御体系"构建的过程中得以布置关防设施,只是其最初仅以要害小堡(亦即所谓的"镇堡")的形式存在,属于辅助设施的行列,而且史料未言明其初设时间。有关茂山堡(后称"古茂山",在今朝鲜咸镜北道富宁郡古

茂山劳动者区附近,今尚有古茂山古城遗址见在①)的最早记载出自《朝鲜王朝实录》世宗十八年:"要害小堡,唯会宁府茂山、丰山、元山、长川……而已。"②由此仅可推知,茂山堡至少应初建于1436年以前,归属当时已设立的会宁镇管辖。由于茂山堡与"六镇"设置有着密切的联系,可以通过分析"六镇"设置的过程,进一步缩小茂山堡初设的时间范围。为此,首先要明确茂山堡的设置地点,史载在富宁"府北十八里"③,即当时位处龙城川(今朝鲜咸镜北道输城川)上游一带,由此,可以大致推测茂山堡设置的时间段。因为当1411年朝鲜王朝撤废古庆源镇后,是以龙城川下游附近为其最北边防控制线,直到1432年才决定在石幕(今朝鲜咸镜北道富宁郡富宁邑稍南之地)稍北上平地设置宁北镇,即其势力此时才推进至龙城川上游。故至少在1432年以前,朝鲜王朝还没有达到开拓至龙城川上游的力度,不可能在此设立茂山堡。此外,1432年宁北镇新设后不久,朝鲜王朝开始全面兴建"六镇",将宁北镇治所北移,故其此时可能尚未顾及新设茂山堡。由此可见,茂山堡的初设就只能在"六镇"全面兴建的1433年以后,即总体上的初设时间大致在1433至1436年之间。

  茂山堡初设后,朝鲜王朝因该堡"紧要无比,择武臣之堪为千户者差遣,以实防御"④,不久又随"六镇"建设的推进及构建"沿江防御体系"的需要,而增设了万户并以石筑堡,⑤继续加固防御。当富宁镇设立之后,茂山堡可能因距离富宁邑城相较于其距会宁邑城更近,⑥而被从会宁镇所辖转归富宁镇所辖,成了富宁镇的北门户。从此,"茂山"的建置命运就与富宁镇紧密结合了起来。先看看富宁镇设置之初的防御处境。正如前文所述,

---

① 参见《朝鲜乡土大百科》"古茂山堡城",网址:https://terms.naver.com/entry.naver? docId = 2853592&cid = 58028&categoryId = 58037,访问时间 2023 年 2 月 19 日。
② 《朝鲜世宗实录》卷 75,十八年十一月壬辰。
③ 《新增东国舆地胜览》卷 50《咸镜道·富宁都护府·关防·茂山堡》。
④ 《朝鲜世宗实录》卷 75,十八年十一月壬辰。
⑤ 关于茂山堡万户及石堡的设置时间,根据相关史料记载推测,均应不晚于朝鲜世宗二十二年(1440)。此外,茂山石堡后来又被再次增筑,即得到了进一步的防御升级,但这要迟至朝鲜成宗二十年(1489)。分别参见《朝鲜世宗实录》卷 91,二十二年十一月乙丑;《朝鲜成宗实录》卷 192,十七年六月癸卯;《朝鲜成宗实录》卷 226,二十年三月戊子。
⑥ 据《朝鲜世宗实录》卷 155《地理志·咸吉道·会宁都护府》条载,会宁邑城"南距富宁境七十五里",距离茂山堡就更远,而茂山堡距离富宁邑城如上只有 18(朝鲜)里,显然茂山堡距离富宁邑城相较于距会宁邑城要近得多。

位处图们江江南内地的富宁镇承担沿江五镇"援助性后防基地"的角色,这是朝鲜王朝构建"沿江防御体系"中的重要一环。事实上,除此角色外,富宁镇还兼具自身特殊的防御使命,即要防控其西部地区。所谓"富宁都护府……西距彼土连境大山"①,此中"彼土",指的是图们江上游以南地域。当时,"六镇"刚刚完成设置,朝鲜王朝虽利用"沿江防御体系"得以掌控图们江中下游南岸地区,但图们江上游以南地域尚属于未开拓区。这里存在大量女真人,他们是建州兀良哈或斡朵里遗民②,属于该地原住民,而朝鲜王朝设置富宁镇正是主要兼防这些女真人(因在富宁镇西部车逾岭外,③以下简称"岭外女真")。即如富宁镇的前身宁北镇"以地为东良北野人往来要冲"④而设,富宁镇设立后便继承了这种防御使命。此"东良北"在前文已多次提及,实际上正主要用以泛指位处图们江上游以南沿江一带的岭外女真聚居地,其中的核心地点包含"上东良"(今朝鲜咸镜北道茂山郡兴岩里附近)、"中东良"(今朝鲜咸镜北道茂山郡茂山邑附近)与"下东良"(今朝鲜咸镜北道茂山郡西湖里附近)三地,统称"三东良",而整个"东良北"囊括的地域范围大体相当于今朝鲜咸镜北道会宁市辖境西部加罗支峰山脉附近

---

① 《朝鲜世宗实录》卷155《地理志·咸吉道·富宁都护府》。
② 董万仑:《东北史纲要》,黑龙江人民出版社,1987,第388~390页。
③ 车逾岭(海拔约914米),即今朝鲜咸镜山脉北段中一座山岭,长期作为富宁镇辖域的西界。但根据史料所载,在富宁镇设置初期,朝鲜王朝势力尚未达到该山岭附近,而图们江上游以南女真人主要在该山岭以西居生,从朝鲜王朝的角度看即在岭外。
④ 《朝鲜世宗实录》卷155《地理志·咸吉道·富宁都护府》。

以西,直至延面水下游附近以东之间的图们江南岸地带。① 这是图们江上游以南女真区域内最北且最重要的聚居地,而据史料所载,除"东良北"外,其实在朝鲜王朝东北部的会宁、富宁、镜城、吉州(今朝鲜咸镜北道吉州郡吉州邑附近)、甲山(今朝鲜两江道甲山郡甲山邑附近)等邑治地之间,皆属女真聚居地。② 可见,岭外女真区是一片广阔的女真聚居区,其范围大体相当于在今长白山东南、摩天岭山脉以东、咸镜山脉以北以及图们江上游以南之间。这也意味着包括富宁镇在内的会、富、镜、吉、甲等诸邑辖地,皆成了紧邻岭外女真区之边地。

如此来看,茂山堡随富宁镇面临同样的防御处境。茂山堡扼守在通往富宁镇的富宁大路(在龙城川边)附近③,辅助富宁镇防御,地理位置相当关键。此外,茂山堡北部隔茂山岭(今属咸镜山脉)是会宁镇南部辖堡即丰山堡(后称"古丰山",在今朝鲜咸镜北道会宁市丰山里附近,今尚有古丰山古

---

① 关于"三东良",李仁荣考证出"下东良"和"中东良"分别相当于在今朝鲜咸镜北道茂山郡西湖里(旧称"西湖洞")和茂山邑附近,只有"上东良"(连同其附近的"朴加非剌")仅给出了大概的推断,即在今朝鲜咸镜北道延面水及西头水流域。河内良弘在大体认同李仁荣这一推论的基础上,又考证出"东良北"指的是今朝鲜茂山地方至西湖里图们江流域一带的地名。笔者亦认同李仁荣有关"中、下东良"的考证,但"上东良"似同样有可推测的具体位置。根据史料所载,"上东良"应在与之相距不远的"朴加非剌"(河内良弘推定其在今朝鲜咸镜北道延面水支流朴河川一带)以北,且与"朴加非剌"及"中、下东良"等地"皆一路相通",由此可进一步推出"上东良"大致在今朝鲜延面水与图们江交汇处附近,亦即今朝鲜咸镜北道茂山郡兴岩里附近。此外,笔者还认为"东良北"并不是一个确切指向某一地点的限定性地名,而应是包括"三东良"及其附近地域连为一体的整个"东良"地面的泛称,其核心地点即"三东良",其总体囊括的地域范围大体相当于今朝鲜咸镜北道会宁市辖境西部加罗支峰山脉附近以西,直至延面水下游附近以东之间的图们江上游南岸地带。分别参见《朝鲜端宗实录》卷13,三年三月己巳;《朝鲜世祖实录》卷20,六年四月壬申;《朝鲜世祖实录》卷21,六年九月甲申;李仁荣:《韩国满洲关系史的研究》,乙酉文化社,1954,第117~122页;河内良弘《明代女真史研究》,赵令志、史可非译,辽宁民族出版社,2015,第395、396、660页。

② 据《朝鲜世宗实录》载:"会宁都护府……西邻东良野人"(卷155《地理志·咸吉道·会宁都护府》),"镜城郡……西距野人东良北境白山九十里"(卷155《地理志·咸吉道·吉州牧·镜城郡》),"吉州西北境与东良北野人居处相近"(卷113,二十八年九月丁卯),"甲山郡……东距野人东良地一百五十里"(卷155《地理志·吉州牧·甲山郡》)。由此可知,会、富、镜、吉、甲等诸邑之间皆为女真聚居地,而且皆与"东良(北)"有关。这说明"东良(北)"地名所指的范围有时也会被人为扩大化,似乎用以粗略代指整个图们江上游以南的岭外女真区。其实,除"东良(北)"地名外,史料可见在这片岭外女真区还有其他一些相对次要的女真聚居点地名,如虚水罗(剌)、朴加迁(非剌)、检天等。

③ 金正浩:《大东地志》卷20《咸镜道·富宁·山水·路岭》。

城遗址见在①)。丰山堡同样扼守在会宁大路(在斡木河即今朝鲜咸镜北道会宁川边)②上,在彼时"沿江防御体系"构建的要求下,茂山堡通过联结丰山堡,沟通富宁镇与会宁镇形成了"联防线"。这条"会宁—富宁"间"联防线"大体相当于今朝鲜咸镜北道"会宁川—输城川"西侧附近一线③,而这也是朝鲜王朝当时在图们江以南所能掌控的"六镇"辖域的西部极限。茂山堡作为该"联防线"中的重要枢纽,对于促成富宁镇与会宁镇实现联防意义重大。

不过,在"沿江防御体系"之图们江防段的构建过程中,朝鲜王朝将其东北部防控的重心集中在图们江中下游沿岸地区。即便茂山堡等地发生了岭外女真的袭扰事件④,甚至自知"镜城、吉州贼来之路则皆与东良北相连"⑤而存在防御问题,朝鲜王朝也只能做出类似"彼贼不能从虚水罗入侵,比于庆源数被侵害则似缓"⑥的处理结果。实际上,这主要是因为彼时朝鲜王朝尚没有过多力量,深入参与针对岭外女真的防控。直到"六镇"设置完成,朝鲜王朝才得以积极应对茂山堡等内地的城防布置问题。这正如,朝鲜端宗即位年(1452),由于发现"贼由虚水刺而入者,皆从茂山洞口八里许三

---

① 此丰山堡推测应于朝鲜世宗二十二年(1440)以前即被造筑了石堡,而后于朝鲜世祖八年(1462)又被升格为万户堡。此外,其石堡如同前述茂山堡一样,后来也被再次增筑,但同样要迟至朝鲜成宗二十年。分别参见《朝鲜世宗实录》卷91,二十二年十一月乙丑;《朝鲜世祖实录》卷29,八年八月己卯;《朝鲜成宗实录》卷226,二十年三月戊子;《朝鲜乡土大百科》"丰山镇城",网址:https://terms.naver.com/entry.naver?docId=2854736&cid=58028&categoryId=58037,访问时间2023年2月19日。
② 金正浩:《大东地志》卷20《咸镜道·会宁·山水·路岭》。
③ 在富宁镇设立之初,会宁镇西部的秃山烽燧(今朝鲜咸镜北道会宁市永绥里附近)以西起初设有保和堡及甫乙下堡及二堡近旁之烽燧,但很快就被革废。故朝鲜王朝最后应只是在秃山烽燧以东实现了稳定防控。秃山烽燧在斡木河西侧不远处;同样,斡木河及龙城川干流近地尤其西侧不远处亦由北向南接连排设有其他一些烽燧,而这大体上正是当时"会宁—富宁"间"联防线"防控西部岭外女真人的极限。分别参见《朝鲜世宗实录》卷155《地理志·咸吉道·会宁都护府》;《朝鲜世宗实录》卷155《地理志·咸吉道·富宁都护府》;《朝鲜文宗实录》卷8,元年七月癸卯;《朝鲜文宗实录》卷10,元年十月乙酉;《朝鲜端宗实录》卷12,二年十月丁未;《朝鲜世祖实录》卷16,五年四月壬申。
④ 《朝鲜世宗实录》卷89,二十二年五月壬寅、癸丑。
⑤ 《朝鲜世宗实录》卷90,二十二年七月己巳。
⑥ 《朝鲜世宗实录》卷91,二十二年十一月乙丑。

歧之地而下"①的问题,而制定了"茂山堡、富宁镇移排"②等防御布置计划。这本是茂山堡调整设置从而加快建置的一次契机,但因次年(1453)"癸酉靖难"事变的突发而搁浅。

朝鲜世祖王掌权后,因富宁镇治下有人奏称本镇有诸般民弊③,而请求将该镇"移置于古富居之地"④,朝鲜王朝批准了此建言,并将"茂山镇万户……改金节制使"⑤,加派防守军官,准备以此弥补防御空缺。但仅仅依靠一个辅助设施,显然难以达到邑镇(主城)居中防控的效果,且会致使上述"联防线"出现薄弱之处。因此,很快就又有富宁人上言"请于茂山置邑,革富居以属之"。⑥ 这又是一次茂山堡以镇守长官升格而加快建置的契机,但鉴于富宁镇原治所作为"贼路要冲,且镜城、会宁两间使客经宿支待之地",朝鲜王朝不仅未同意此次建言,甚至还"革富居……茂山则革节制使",而在原址复设富宁镇。⑦ 这等于茂山堡及富宁镇的设置又恢复了原样。尽管如此,这已充分说明富宁镇及所辖茂山堡对于防范岭外女真不可或缺的重要意义,并在"六镇"完成设置后,逐步引起朝鲜王朝重视。尤其是茂山堡,虽失去了上述两次建置契机,但在针对岭外女真的防控上,其重要性已开始凸显,建置问题也随之得到朝鲜王朝的关注。此后,随着富宁镇等内地邑治防御形势的不断紧张,朝鲜王朝君臣继续思考对付邻近这些邑治女真人的新方略,由此引发了图们江上游以南区域置镇议案的反复推出,茂山堡的建置也因之进入新阶段。

---

① 《朝鲜端宗实录》卷1,即位年五月辛亥。虚水剌即虚水罗(今朝鲜咸镜北道城川水中上游流域附近)。三歧应在茂山堡的西北部,可能指的是今朝鲜咸镜山脉主脉(车逾岭、茂山岭)与加罗支峰山脉(今咸镜山脉支脉之一)连接处附近之地,此连接处有民事峰(海拔约1429米)。

② 《朝鲜端宗实录》卷6,元年六月辛丑。

③ 民弊包括土地"不宜禾稼"、富宁镇辖下古富居等地军民"防戍甚难"、富宁镇与茂山堡之间不应"设两衙门"等。参见《朝鲜世祖实录》卷2,元年十一月甲午。

④ 《朝鲜世祖实录》卷9,三年九月丁亥。

⑤ 《朝鲜世祖实录》卷4,二年五月庚午。前文已述,金节制使的军政级别略高于万户,朝鲜王朝一般会根据需要将相对更紧要边堡的镇守长官(主将)设为金节制使。此时茂山堡主将级别的提升,恰恰说明了其有别于一般边堡的紧要性。

⑥ 《朝鲜世祖实录》卷9,三年九月丁亥。

⑦ 《朝鲜世祖实录》卷9,三年九月丁亥。

## 二、茂山镇(堡)的首度移设

上文提到茂山堡所在的"会宁—富宁"间"联防线"对于防范岭外女真的关键作用,但这毕竟只是部分前沿阵地。而如上所述,既然富宁镇以南、以西的镜、吉、甲等邑辖地皆成了边地,那么除本就为江防重地的甲山邑辖地外,远离"鸭—图"两江江岸的镜、吉等邑①辖地,也难免成为专门应对岭外女真的前沿阵地。起初,镜、吉等邑地的边情并不紧张,朝鲜王朝在此布防亦有限,但到了世祖王统治时期,因推行对图们江流域女真人的强势控制政策,并肆意杀害了东良北女真大酋长郎卜儿罕②,情势开始变得急转直下。镜、吉等邑地边患加剧,迫使朝鲜王朝从此定下了重防这些内地邑治的方略,并为此增设大量关防设施,又加派防军,直至形成的镜、吉等邑地边防线,与"会宁—富宁"间"联防线"衔接。但这样必将不断耗费大量人、财、物力,且因防线过长,兵分力弱,不一定能达到良好的防御效果。这成为严重困扰朝鲜王朝东北部布防之"弊病",由此也关系到茂山堡的建置事宜。

综观整个图们江以南地区之大势,之所以会出现上述弊病,归根结底在于岭外女真区未能像图们江中下游以南区域一样,形成沿江布防,加入到"沿江防御体系"中。甚至这里没有一处与当地女真势力相抗衡乃至达到制御效果的城防布置。事实上,早在世宗时期,朝鲜王朝君臣曾有所虑③,但当时无力顾及。到了世祖时期,朝鲜王朝迫于防御形势突变,又继续考虑是否应在岭外女真区置镇的问题,甚至此后又历经成宗、燕山君执政时期,三代君王都反复提议在这一区域置镇,最终皆未成功。④ 导致这三代君王均未能落实在此区域置镇的因由大体一致,无外乎困扰于民弊较大、选址不佳、防御为难等难题。更深入而言:一方面,置镇于岭外女真区就是对这片

---

① 这里面的"镜、吉等邑"除镜城、吉州二邑外,实际上还包括镜城与吉州二邑间的明川邑,以及甲山与吉州二邑间的端川邑。

② 有关郎卜儿罕遇难问题,具体可参见王臻:《朝鲜前期与明建州女真关系研究》,中国文史出版社,2005,第100~110页。

③ 《朝鲜世宗实录》卷88,二十二年三月丁未;《朝鲜世宗实录》卷91,二十二年十一月乙丑。

④ 关于这三朝针对岭外女真区如何提议置镇的具体过程,并非本书论述的重点,故不再展开。

地域的开拓,因这里遍布高山高原,环境较为恶劣,且存在较强的女真势力集团,① 故置镇受这些客观因素的制约,并非易事。另一方面,朝鲜王朝仍旧无足够的力量实现在此区域置镇,甚至其东北部的军事实力还不如世宗时期,故难以支撑置镇开拓之事,而这也是最重要的影响因素。②

不可否认,朝鲜王朝在岭外女真区尝试置镇的提议,既可有效解决上述镜、吉等地所造成的防御弊病,更是对富宁镇连同茂山堡仅局限于"联防线"防御的全面突破,的确不失为防控岭外女真的新构想。但置镇开拓新区域毕竟是关涉布防诸多方面乃至国计民生的大问题,因此每次提议都未形成统一意见,君王亦顾虑重重,致使三次置镇议案只能搁置,结果造成了两种局面的发生:其一,因屡次提议被搁置,特别是最后一次提议被搁置后,朝鲜王朝因国力积弱,长期无力再提及置镇之议。其二,置镇提议的搁置,反倒迫使朝鲜王朝最后决定改变对岭外女真防控的思考方向,即权衡之下,不再执拗于新置镇之事,而是回到原来的"联防线"上,寻求力所能及的防御突破,而这正是以茂山堡为突破口展开的。

燕山君八年(1502),为检验提议的新置镇处可否措置,朝鲜王朝派遣廷臣高荆山(1453—1528)为临时从事官去咸镜道实地踏查具体情况。高荆山回还后,曾另给出这样一条建议:"移茂山堡于梁永万洞上端,丰山堡于三歧,又除出会宁土兵,复设下甫乙下镇,则富宁、会宁之民所耕土田皆在内地。且三镇相连,虽有贼变,首尾相救,可无大患。"③ 其中,梁永万洞(今朝鲜咸镜北道富宁郡苍坪里稍西之地附近,今尚有梁永万洞古城遗址见

---

① 岭外女真区内不仅有很多女真聚居点,岭外女真又与邻近地带的其他女真人之间存在密切的亲缘关系,不乏背后力量支撑,而他们却不易被控制,令朝鲜王朝君臣甚为苦恼,正如有大臣言道"东良北等处非我国界,势难禁之"。参见《朝鲜成宗实录》卷92,九年五月乙亥。

② 朝鲜王朝的大臣们先后对此深有感触,"世祖尝欲置镇,第以六镇军民各自防御,无兵可成,事未举行。今六镇军丁比旧为减,且连岁凶荒,不可轻举大事";"今六镇军额减少,民生弱,而欲大张设置,恐非其时"。根据河内良弘的研究,造成朝鲜王朝东北部"六镇"等地军事实力持续下降的原因,可能与当地的貂皮纳贡等问题有关。分别参见《朝鲜成宗实录》卷194,十七年八月丙戌;《朝鲜燕山君日记》卷47,八年十一月辛卯;河内良弘:《明代女真史研究》,赵令志、史可非译,辽宁民族出版社,2015,第567~590页。

③ 《朝鲜燕山君日记》卷44,八年五月丁亥。

在①)、三歧(今朝鲜咸镜北道民事峰附近)、下甫乙下(今朝鲜咸镜北道会宁市鸿山里附近,今尚有甫乙下古城遗址见在②)三地,皆为位处"会宁—富宁"间"联防线"以西的地点。即,这是要将茂山等三堡向西移设或复设,并由此形成新的"联防线",以保护扩大到原"联防线"以外耕作的军民。但当时朝鲜王朝君臣的注意力集中于新置镇的相关事宜,即便移(复)设此三堡,也只不过是为了配合新置镇的防御,因此并未引起足够的关注。次年,高荆山再次提议移(复)设茂山等三堡之事,廷臣虽依旧执着于新置镇事,但已决定再次遣人"往审茂山堡、甫乙下堡移设事,并命审定"。③ 可不久"甲子士祸"④爆发,此议也再次中止。

朝鲜中宗二年(1507),历经"中宗反正"的功臣柳顺汀(1459—1512),终于又重提有关茂山等三堡之事:

> 咸镜道茂山堡土田本是瘠薄,而近又为水所侵损,尽为沙石。居民无一亩可耕,将无策可救。茂山堡西北距一十余里有梁杨万洞,土地沃饶,可以耕食。但堡在内,而洞在外,不可无守护,以卫农人。臣意以为:茂山堡移于梁杨万洞,丰山堡亦移于堡之前岘,而于会宁下甫乙下之地又置一堡,则自会宁由下甫乙下,经丰山、茂山往来新路,比旧路,其为便捷,且丰山、茂山居民耕食之地亦多矣。⑤

可见,此议案首先展现了茂山堡的如下状况:其一,茂山堡附近到处是贫瘠的田地,所谓"环三十里许,果皆沙石之地",且地力已尽,不再适宜耕作,以至于"茂山堡居民……欲移居者久矣"⑥;其二,可能是由于位处龙城

---

① 参见《朝鲜乡土大百科》"梁永万洞堡城",网址:https://terms.naver.com/entry.naver? docId = 2854284&cid = 58028&categoryId = 58037,访问时间2023年2月19日。
② 参见《朝鲜乡土大百科》"甫乙下镇城",网址:https://terms.naver.com/entry.naver? docId = 2854016&cid = 58028&categoryId = 58037,访问时间2023年2月19日。
③ 《朝鲜燕山君日记》卷48,九年正月丙戌。
④ 1504年,燕山君因早年生母赐死事,大兴祸狱,屠戮大臣,开始了荒淫残暴的生活,史称"甲子士祸"。
⑤ 《朝鲜中宗实录》卷2,二年二月壬寅。其中,"梁杨万洞"即"梁永万洞","前岘"应指上述"三歧"附近。
⑥ 《朝鲜中宗实录》卷3,二年七月癸丑。

川边,最近突然发生了水灾①,淹没了田地,茂山堡附近已完全失去了耕作条件,不得不迁移。此外,该议案又提出了具体对策,即向西移设茂山堡,同时另西移丰山堡及复建下甫乙下堡。显然,这是以茂山堡发生水灾为契机,重启移(复)设茂山等三堡的议案。该议案与之前高荆山所议有两点不同:首先,因已停止在岭外女真区置镇,故不再考虑是否附带移(复)设茂山等三堡,而是专门针对此三堡的设置议案。其次,这次议案发起之初衷,本为解决茂山堡的民生问题,可一旦移设茂山堡,不仅该堡原址处所在的"联防线"会出现防御空缺,该堡本身也会成为深处险地的孤堡,因此务须调配形成与之相应的新"联防线",这才要一并移(复)设另外二堡,故可以说新议案是以茂山堡为中心出台的。

不过,柳顺汀的新议案与高荆山前议的施行目标是一致的,即务须移(复)设茂山等三堡,以实现新三堡的联防。因此,当筹划相关设置事宜的命令传到了咸镜道地区,立即得到已任该道观察使的高荆山的认同。甚至,高荆山还在柳顺汀所议的基础上,上疏更加力陈移(复)设茂山等三堡之"大义"与"大利",认为这是至关紧要而亟待加快实施的边防要务。② 如此一来,在廷臣与边臣的共同力推下,朝鲜王朝最终认可了上述议案,但为了更稳妥起见,又"以宋轶为巡边使"③,令其"审利害察便否"④。宋轶(1454—1520)不仅深入实地审查前议,而且制定了具体的实施方案:

> 移排、复设实便益于耕戍……邻镇相援亦兵家之策也,若不得已移茂山,则丰山以邻镇尤不得不迁。甫乙下堡……当西北贼路要冲之地……在今复设得矣……设茂山于芦坡……设丰山于竹代……复下甫乙下于旧基……三堡土兵各一百……各定助战兵马一百共守之……贼路五处……撤茂山、丰山前排烟台七处,移设自甫乙下至东良洞,五处

---

① 茂山堡突发洪水灾害,可能跟河水大涨,造成倒灌有关。
② 其中,高荆山指出移(复)设三堡之"义"、"利"曰:"今两堡移排、甫乙下复立之事则事出民情,迁徙之苦固不足虑也。而又有一大义、二大利焉。复先祖之旧疆,一大义也;控贼路之要冲,一大利也;得耕戍之两便,二大利也……臣之汲汲于迁城,欲复甫乙下之堡者,良以此也。"参见《朝鲜中宗实录》卷7,三年十二月癸酉。
③ 《朝鲜中宗实录》卷7,四年正月庚子。
④ 《朝鲜中宗实录》卷7,四年正月甲寅。

候望之。彼我境不可不区别,当自会宁长城上端,因山削土或筑城……道路则旧路……新路……远近略同。①

从宋轶的奏报可以看出:首先再次印证了前议,即因茂山堡的移设导致出现防御问题,丰山堡与甫乙下堡务须配合移(复)设,以形成联防之势。随后,规划出移(复)设后的新联防点,由北向南分别为下甫乙下、竹代(疑在今朝鲜咸镜北道会宁市五柳里附近)、芦坡(今朝鲜咸镜北道富宁郡舞袖劳动者区附近,今尚有废茂山古城遗址见在②)。这意味着,原茂山堡(即"古茂山")与原丰山堡(即"古丰山")所在的"会宁—富宁"间旧"联防线",将变为沟通这些新联防点的新"联防线"。此外,紧随新"联防线"的布置,还要一并分配守军、加派赴防军,以及实施移设烽燧、增设沿江行城("长城")、开辟新道路等其他相关的备防措施。若按此新"联防线"及其他防御设施的布置情况,那么会宁镇与富宁镇西部的实际控制范围也将得到一定扩展,即大体相当于西达今朝鲜咸镜北道甫乙川流域西侧诸山及民事峰、车逾岭等山地(均为今咸镜山脉主脉或其支脉的一部分)附近一线。③

既然经审查无异议,且已拟好了城防布置规划,朝鲜王朝最终批准了茂山等三堡的建置事宜,并采用宋轶的方案迅速实施了相关建设。④ 从此,三堡及其所在的新"联防线",完全成为朝鲜王朝防御岭外女真的最前沿阵地,与其东部的会宁与富宁二邑城之间拉开了防御纵深。而在逼近岭外女

---

① 《朝鲜中宗实录》卷8,四年三月戊申。
② 参见《朝鲜乡土大百科》"废茂山堡城",网址:https://terms.naver.com/entry.naver? docId=2854731&cid=58028&categoryId=58037,访问时间2023年2月19日。
③ 按照新建的行城、烽燧的设置情况,一方面是会宁镇西部的控制范围,即最西可达下甫乙下及竹代等地(即相当于在今朝鲜会宁市甫乙川流域)西侧的诸山岭(如芦田项岭、奉德山等)附近。这支连绵的山岭今为甫乙川西侧支流的重要发源地,向南绵延并与民事峰等山峰相连。另一方面是富宁镇西部的控制范围,即最西可达芦坡西侧的车逾岭等山岭附近。而无论是今甫乙川流域西侧诸山,还是民事峰、车逾岭等山地,皆属于今朝鲜咸镜山脉主脉或其支脉的一部分。此外,因新"联防线"导致以这些山地附近为防控极限,从原先"六镇"控制下的朝鲜王朝东北部辖域的总体状况来看,这实际上将使"六镇"辖域稍再向西得以扩展。
④ 茂山等三堡移(复)设后,皆建造了石城。分别参见《新增东国舆地胜览》卷50《咸镜道·富宁都护府·关防·茂山堡》;《新增东国舆地胜览》卷50《咸镜道·会宁都护府·关防·甫乙下镇》;《舆地图书》(下)《咸镜北道会宁府邑志·古迹·废堡》。

真区的此三堡中,尤以茂山堡所处的位置最为特殊,也就相对最为紧要。①甚至,为了减少茂山堡的防御负担,朝鲜王朝还在其北部不远处的梁永万洞,另加设了梁永万洞堡②,以便于专门防护梁永万洞民户的农作③,但这却等于在原定茂山等三堡所形成的新"联防线"上又增加了一处联防点,即实际共进行了四堡的移(复或增)设④,由此更将进一步增强新"联防线"的防御效力。

经此移设,茂山堡作为"会宁—富宁"间"联防线"中关键节点的重要性较之前更为突出,特别是在防控岭外女真上的独特意义,较之前已愈发明朗化,成为后来再次被朝鲜王朝选中建置的前奏。

### 三、茂山镇(府)二度移设的完成

茂山堡移设后,所在新"联防线"自然融入"六镇"所在的"沿江防御体系"中,成为该体系的西部延伸,由此开始为"六镇"守卫西部边境,并稳定于此长达百余年。历经朝鲜中宗、仁宗、明宗三朝,除了偶发岭外女真的袭扰事件,茂山堡所在的"六镇"西部防线以及西南部镜、吉等地防线,大体保持较安定的状态。甚至,这些边堡还成了女真人与朝鲜人"潜商"之地,双方"交通而潜相买卖"⑤之风盛行,并以此维系着相对平静的局面,以至于有大臣曾担忧"胡人依赖我国,小无离心,可谓万世无虞矣。然若生离叛之心,变生肘腋矣"⑥。正是在朝鲜王朝如此"恩养"之下,"胡虏益繁"⑦,而咸

---

① 在整个新"联防线"中,茂山堡的位置距离岭外女真区内的各个女真居地,相对来说都较为适中。特别是,该堡距离作为女真聚居重地的"三东良"中的"中东良"女真相对最近,距离"上东良"与"下东良"女真相对也不太远。
② 梁永万洞堡城基石筑于明正德癸酉(即朝鲜中宗八年,1513年)。参见《新增东国舆地胜览》卷50《咸镜道·富宁都护府·关防·梁永万洞堡》。
③ 《朝鲜中宗实录》卷8,四年三月戊申;《朝鲜中宗实录》卷16,七年六月丁巳。
④ 此外,实际移设茂山、丰山二堡后,原址(古茂山堡、古丰山堡)即被革废。分别参见《舆地图书》(下)《咸镜北道富宁府邑志·古迹·古茂山》;《舆地图书》(下)《咸镜北道会宁府邑志·镇堡·古丰山堡》。
⑤ 《朝鲜中宗实录》卷93,三十五年九月癸卯。
⑥ 《朝鲜中宗实录》卷98,三十七年五月辛丑。
⑦ 《朝鲜明宗实录》卷29,十八年七月甲辰。

镜道地区却"疲弊已极,人民凋残"①。

到了朝鲜宣祖时期(1567—1608),岭外女真区新形成了以"老土"女真为首的岭外女真群体。朝鲜王朝因其为"未尝亲附者,谓之深处胡"②。所谓"老土"部落,为其中诸"部落之最大者也"③,即清代文献中记载的瓦尔喀女真安楚拉库部,首领称"老土"(或"罗屯")④。当时"长白山⑤外深处胡伺隙猝入,时害人畜"⑥,而"会宁以南各邑每扰者,皆由老土……诚为腹心之疾,肘腋之患"⑦。显然,新"联防线"尤其是茂山堡也将首当其冲地承担边防重任。

宣祖二十五年至三十一年(1592—1598),"壬辰战争"爆发。⑧ 朝鲜王朝在战前已处于军备废弛的境况,此时其北方更是疏于边防,而"老土"等岭外女真却"益肆猖獗"⑨。有鉴于此,有大臣提议:"茂山一堡正当要害……今若升万户为堂上金使,稍加戍兵,设关市于此堡,令远近胡人举蒙鱼盐之利,则狼贪之辈复将弭耳以趋,而山外之贼必至少寝矣。"⑩这是迫于边备现状,企图利用岭外女真长期以来嗜好边贸的习性,而提出的缓和边防危局的建议。建言中,特别选定茂山堡,将其升级别、加驻军,以之为关市贸易点,由此希望通过取消潜商禁令,转而采取与岭外女真人直接开市贸易的办法,以求抚制之效。可以说,这将是茂山堡再次得遇新的建置之机。但当时朝鲜王朝鉴于"老土"女真长期以来为患不贷,执意要对之实施军事打击,因此一时并未重视茂山堡开关建置之议。结果,"老土"本人及一部分女真人逃遁,留下了严重的"后遗症"。此外,彼时杰出的建州女真首领努

---

① 《朝鲜明宗实录》卷29,十八年八月癸丑。
② 《朝鲜宣祖修正实录》卷17,十六年二月甲申。
③ 郑允容:《北路纪略》卷3《故实·边胡·野人》。
④ 董万仑:《明末清初图们江内外瓦尔喀研究》,《民族研究》2003年第1期。
⑤ 此"长白山"指的是朝鲜王朝东北部的"镜城长白山",今属于咸镜山脉主脉的一部分。
⑥ 《朝鲜宣祖修正实录》卷19,十八年十二月丁卯。
⑦ 郑允容:《北路纪略》卷3《故实·边胡·野人》。
⑧ 壬辰战争,即1592—1598年间由日本悍然发动的侵朝战争,最终在中朝联军的反击下以日军的失败告终。
⑨ 《朝鲜宣祖实录》卷111,三十二年四月戊辰。
⑩ 《朝鲜宣祖实录》卷121,三十三年正月辛未。

尔哈赤也已兴起，并将势力深入到图们江流域，而"老土既附老酋"①，以至于"焚荡之后……今又跳梁"②。因"老土"女真倚靠努尔哈赤，朝鲜王朝对之更加无能为力，这才被迫启用了之前的茂山堡开市之议。由此，茂山堡以"万户秩卑"，正式"升为金使，以堂上有名望可堪将领之人差送，以重体面，然后可以镇压诸胡"。③ 这是茂山堡在继之前曾有过此类建置经历后，第二次升为金节制使堡。④ 虽说只是在原地提升了此堡镇守长官的军政等级，却标志着朝鲜王朝对茂山堡作为控御"老土"等岭外女真特殊地位的认可。⑤

但是，上述举措最终还是收效甚微。朝鲜王朝始终未能实现对"老土"等女真人的有效掌控，而这归根结底也还是在于其本身总是长期处于"民饥兵弱，无一可措"⑥的状态。直到努尔哈赤的势力不断扩展至整个图们江流域，并将包括"老土"女真在内的图们江流域女真人全部收编，掳掠西迁，朝鲜王朝疲于防范女真人的困境才突然有了转机，以至于茂山堡的建置也随之有了新的改变。

从朝鲜宣祖三十一年（1598）努尔哈赤始派兵收服"老土"女真部落起，⑦至仁祖元年（1623）"咸镜道六镇藩胡等尽数撤入于深处"⑧。又历经"丁卯之役"及"丙子之役"⑨，朝鲜王朝与后金（清）定下了"各守封疆"之

---

① 《朝鲜宣祖实录》卷127，三十三年七月戊午。
② 《朝鲜宣祖实录》卷135，三十四年三月丁巳。
③ 《朝鲜宣祖实录》卷163，三十六年六月己丑。堂上官是三品以上的高级官阶，以堂上官担任茂山堡金节制使，体现了对该堡的独特重视。
④ 金正浩撰《大东地志》卷20《咸镜道·茂山·沿革》条认为，茂山堡此次升作金使堡是在朝鲜宣祖三十三年（1600），实误。
⑤ 据《朝鲜宣祖实录》卷163三十六年六月乙未条载："茂山距山外诸胡部落不满六十里，潜商之弊自前难禁。不若因其请而快许之，以结其心，以为得策之宁……数年以来……房中动静，惟茂山一堡独知之。"可见，茂山堡因距离岭外女真较近，不仅是此前潜商的关键地点，其所在还有保障朝鲜王朝及时获取女真情报的特殊意义，因而才得以被朝鲜王朝优选为开市贸易地。
⑥ 《朝鲜宣祖实录》卷165，三十六年八月癸丑。
⑦ 《清太祖武皇帝实录》卷1，戊戌年正月。引自潘喆、李鸿彬、孙方明编《清入关前史料选辑（一）》，中国人民大学出版社，1984，第319页。
⑧ 《朝鲜仁祖实录》卷2，元年六月壬午。
⑨ "丁卯之役"及"丙子之役"，即后金（清）先后于1627年及1636年发动的两次对朝征服之役，最终迫使朝鲜王朝脱离明朝，臣事于清。

约。此后,图们江以南已"无胡人行迹"①,而朝鲜王朝却开始出现边民潜入车逾岭外耕作的趋势。首先越入岭外女真区耕作的边民就来自茂山堡,原因可能还在于该堡附近地力已尽而导致的耕垦不便问题。正所谓"茂山设镇之处,本是恶石不毛之地,土卒无所耕食,不能保存,故自仁祖朝己卯年(1639年,引者注)间,金使朴深始为作耕车逾岭外"。② 可见,起初只是少量茂山堡军民小规模地进入车逾岭外耕作。但当不断收获耕作之利,且未遭到女真人等外界因素的任何制约影响后,除茂山堡军民外,更有大量该堡以外的其他朝鲜王朝边民越入耕居。到朝鲜孝宗元年(1650)以后,在岭外甚至逐渐形成了"百余里之间,人家几于相望,而亇乙于施培则村落尤多"的局面。③ 因此,待到了显宗时期(1659—1674年),朝鲜王朝终于不得不对这一现象重视起来。但朝鲜王朝就此着重关注的问题,却并非茂山堡等边民的民生问题,而恰恰还是边防问题。

事实上,到了显宗时代,图们江以南早无女真人,茂山堡边民在耕作时一直也确未发现车逾岭外还存在女真人,朝鲜王朝按理应无须担忧那里的边防问题。但朝鲜王朝因对已定鼎中原的清朝长怀仇意,故对作为清朝龙兴之地的图们江江北地区亦长持警惕之心,再加上当时其还受到基于"胡无百年之运"思想的"宁古塔败归说"的影响④,所以才会仍对图们江以南的防御问题别加关注,进而重视起边民岭外耕作的防护问题。由此,茂山堡作为朝鲜王朝此前在边防方面越来越看重的前沿据点,此时又顺其自然地成了其解决岭外边民防护问题的首选关注地。首先提出相关议案的是曾任过咸镜道观察使的闵鼎重(1628—1692),他认为:"车逾岭外,其土甚沃……无蕃胡,其土可耕而食,如茂山、梁营等地土瘠民贫,若移置两镇于其处,似

---

① 郑允容:《北路纪略》卷3《故实·边胡·野人》。
② 南九万:《药泉集》第4《疏劄·陈北边三事仍进地图疏》,载《影印标点韩国文集丛刊·第131册》,韩国民族文化推进会,1994,第498页。
③ 南九万:《药泉集》第4《疏劄·陈北边三事仍进地图疏》,载《影印标点韩国文集丛刊·第131册》,韩国民族文化推进会,1994,第498页。其中的地名"亇乙于施培",即相当于在今朝鲜茂山郡茂山邑附近。
④ 李花子:《清朝与朝鲜关系史研究——以越境交涉为中心》,延边大学出版社,2006,第232~247页。

为好,但与富宁相去绝远,有警不能相连以通,此为难便矣。"①这是鉴于车逾岭外有耕作之利,更考虑到相配套的防御问题,而建议将茂山、梁营(即梁永万洞)二堡一并移设于岭外②,以便作为守护边民之所,不失为解决岭外耕地边防问题的首创性提议。但同时又担心富宁镇难以支援和监管,以至于移堡后仍将遇到如前番那样联防不便的新难题。

对于闵鼎重所议,朝鲜王朝王廷内部一些守旧大臣不免有反对之声。他们认为岭外耕作处"本来树木蔽塞,禁民入居,镇堡亦为设置车逾岭之内"③,希望沿袭旧制,不要移设茂山等堡,以免造成边民难禁之患。正是由于这些异议的影响,让显宗王长期犹豫难决。有鉴于此,闵鼎重曾再次进言:"豆满江边自作一局,故茂山土兵于此耕作,愿得仍居,而茂山是富宁地……故今姑仍存茂山,别为设行一堡者……未知何以则为可否。"④在闵鼎重看来,由于茂山堡治下耕戍的土兵早已习惯于在图们江上游南岸耕居,不愿失去岭外耕地之利,因而移设茂山堡已如箭在弦上,不得不行之。甚至,闵鼎重还提出了新的建设性议案,即在不移设茂山堡的前提下,是否可为岭外耕地的边防另设一堡。此议是在尽可能地兼顾岭外边民的防护问题和反对者疑议的基础上提出的,其中已然顾不上上述可能出现的联防难题,却将因之成为后来在此地新设治所的先声和思路参考。但结果,显宗王一时还是没有下定在岭外设防的决心。这种局面直到咸镜道观察使南九万(1629—1711)上奏,才得以改变。

南九万在咸镜道赴任期间,通过实地调查,针对岭外设防与否等相关问题,呈报了一篇全面而翔实的长篇奏疏。在疏文中,南九万先是详细陈述了前朝以来尤其世宗时期如何在咸镜道地区艰难开拓的历史,"老土"等女真人在图们江上游南岸为患朝鲜王朝边地的历史,朝鲜王朝边民在"老土"等女真人撤走后如何在岭外耕作的历程,以及岭外直至当前已有耕地的范围等大致状况。随后就岭外耕垦区务须设防建治,南九万提出了四点认识:其

---

① 《承政院日记》204 册,显宗八年十月甲戌。
② 这里所言的二堡移设,是以茂山堡为中心,实际上后来朝鲜王朝君臣重点讨论并移设的也正是茂山堡。
③ 《承政院日记》470 册,肃宗三十八年七月辛丑。
④ 《承政院日记》209 册,显宗九年七月辛亥。

一,岭外耕地在"豆满江内,则元是我地",何况正"空弃之时,占为我有,实是不可失之机会也",故要抓紧设防建治;其二,大量朝鲜王朝边民"入居耕作,数百里间已成不可迁之业",因而不得不设防建治;其三,朝鲜王朝边民入居耕作已久,"尚无来诘之事",而就算日后"胡人若或还寻故地,有所争诘",也可以"指江水之界以对,辞直理顺,保无他忧",所以完全可以放心设防建治;其四,当前朝鲜王朝边民大量入居耕作,却"无主管统率之人",有鉴于"防禁潜越之道",也应当尽快设防建治,"速置镇将,分守要地"。① 南九万进而提供了具体执行措施:

> 臣意富宁车逾岭以外……宜置一府于彳乙于施培古基……列置二三镇堡,以为沿江防守之处……朝廷如或以一时新设,一时革罢为难,则姑先移置茂山镇于彳乙于施培……待其人民益聚,形势益成,然后徐议设府,亦或未晚……而佥使为任,地望不重,新设之地恐难堪任,必须设府置倅,其于镇边之道实为合当,伏愿圣明询问庙堂而处之,幸甚。②

据此可知,南九万建议直接在车逾岭外的图们江南岸地区新设邑治,而非仅仅移设茂山堡,同时还要为新设邑治加设小堡协同防御,以便沿江重新形成联防之势。若如此,就是对燕山君时期以来被搁置的置镇议案的重提及实施,更是对上述闵鼎重所议的承接及发展;其中,尤其因邑、堡同设,将成功化解此前闵鼎重顾虑的联防难题,而朝鲜王朝边民岭外耕居的边防问题,也会因沿江重构"联防线"得以迎刃而解。当然,南九万也考虑到所奏措施,或许较原有的边防设置改观幅度过大,建议可以先移设茂山堡,再徐图发展,但终归还是要设邑。否则,仅靠佥节制使的职衔将难以在图们江上游以南区域独立行使管治权,也承担不起全面守护该区域的重任。

针对南九万所奏,朝鲜王朝高度重视,经过廷臣们合议以及显宗王的权衡,大体认可并最终批准了该奏议。不过,为了谨慎从事,朝鲜王朝实施的

---

① 南九万:《药泉集》第4《疏劄·陈北边三事仍进地图疏》,载《影印标点韩国文集丛刊·第131册》,韩国民族文化推进会,1994,第498~499页。
② 南九万:《药泉集》第4《疏劄·陈北边三事仍进地图疏》,载《影印标点韩国文集丛刊·第131册》,韩国民族文化推进会,1994,第499页。

是南九万议中先移设茂山堡的方案,即"令茂山、梁永金万户时时巡视……常为留着于江边,以探彼意"①,期于逐步设邑。显宗十五年(1674),茂山堡被移治于图们江上游南岸的"三峰坪"(今朝鲜咸镜北道茂山郡茂山邑附近)一带,同时被移治江边的边堡还有原隶属于会宁镇的丰山堡(旧堡革废②;新堡即新丰山堡,今朝鲜咸镜北道会宁市松鹤里附近)和原隶属于富宁镇的梁永万洞堡(旧堡革废③;新堡即新梁永万洞堡,今朝鲜咸镜北道茂山郡塞谷里④附近)。⑤ 肃宗十年(1684),朝鲜王朝以二度移设之茂山堡"地当要害,宜置府,于是始设邑置守"⑥,故新设茂山都护府⑦,这标志着茂山镇建置的最后完成。⑧

茂山镇(府)新设后,朝鲜王朝将新丰山堡和新梁永万洞堡划归茂山镇(府)管辖⑨,又移设会宁镇下辖甫乙下堡于云头城(旧堡革废⑩;新堡即新甫乙下堡,今朝鲜咸镜北道会宁市城北里附近五国山城,今尚有山城遗址见在⑪),⑫大体完成了图们江上游南岸以茂山镇(府)为中心的江防建设,实现与沿江五镇江防布置的防御对接,而图们江上游干流也由此开始成为古代中、朝间的天然界河。与此同时,茂山镇(府)以东、以南地区的原边防诸堡特别是富宁、镜城、吉州等邑辖下边堡已然变得不甚紧要,被朝鲜王朝逐

---

① 《承政院日记》237册,显宗十四年十二月癸丑。
② 《舆地图书》(下)《咸镜北道会宁府邑志·古迹·废堡》。
③ 《舆地图书》(下)《咸镜北道富宁府邑志·古迹·废梁永》。
④ "塞谷里"为音译,意译为"间谷里",旧称"梁永洞"。
⑤ 金正浩:《大东地志》卷20《咸镜道·茂山·镇堡》。
⑥ 《朝鲜肃宗实录》卷15,十年三月辛卯。
⑦ 茂山堡移设后,原址所在堡城后来得以复设,被称作"废茂山堡"。参见《舆地图书》(下)《咸镜北道富宁府邑志·镇堡·废茂山堡》。
⑧ 茂山府新设后不久,因发生了弑夫犯罪,而被一度降格为县,但很快又恢复为都护府。此外,朝鲜肃宗二十年(1694),茂山府邑城亦完成石筑。分别参见《承政院日记》345册,肃宗十七年六月癸酉;《承政院日记》389册,肃宗二十六年正月甲辰;《朝鲜肃宗实录》卷26,二十年二月癸未。关于茂山镇建置的总体线索图,可另参见本书附录A-1。
⑨ 金正浩:《大东地志》卷20《咸镜道·茂山·镇堡》。
⑩ 《舆地图书》(下)《咸镜北道会宁府邑志·古迹·破镇》。
⑪ 参见《朝鲜乡土大百科》"云头山城",网址:https://terms.naver.com/entry.naver?docId=2854410&cid=58028&categoryId=58037,访问时间2023年2月19日。
⑫ 据金正浩撰《大东地志》卷20《咸镜道·会宁·镇堡》条载,甫乙下堡的此次移设时间要迟至朝鲜英祖七年(1731)。

步革废或改设。① 从此，茂山镇（府）与沿江五镇并列，被朝鲜王朝合称为"新六镇"，而"富宁作南邑"②，与镜城、明川、吉州三邑一起被朝鲜王朝合称为"南四邑"③。此外，茂山镇（府）的新设，也促使越来越多的朝鲜王朝边民涌入图们江上游以南区域，并将开发的步伐逐步深入至江源地带，由此不断产生了朝鲜王朝边民的犯越问题，那么如何处理此犯越问题，成为朝鲜王朝直到1712年清差穆克登勘界以后，都将不得不面对的新难题。

## 四、茂山镇建置的阶段性特征与影响建置的诸因素

纵观茂山镇的建置历程，可大致分为三个阶段：

首先是初设后的镇（堡）早期阶段。1433至1436年期间，在朝鲜王朝兴建"六镇"及构建江防体系的形势下，茂山镇以要害小堡的状态得以初设。茂山堡（古茂山）作为"沿江防御体系"内的辅助设施，起初归属会宁镇所辖，在富宁镇设立后转归富宁镇所辖，从此其建置命运与辅助富宁镇防御紧密结合了起来。由于以"六镇"中沿江五镇为核心的"沿江防御体系"之图们江防段仅覆盖了图们江中下游以南地区，图们江上游以南的大片区域仍属于岭外女真的聚居地。作为"六镇"中唯一设于江南内地的富宁镇，其主要兼防的对象正是岭外女真，由此也决定了茂山堡的主防目标。在"六镇"完成设置后，位处"会宁—富宁"间"联防线"中关键枢纽的茂山堡，迎来了两次建置契机，虽说最终未达目的，但其在防控岭外女真上的重要性已初步凸显出来。

其次是从初设后的镇（堡）向首度移设后的镇（堡）过渡的阶段。茂山堡（古茂山）初设后固守于原地的状态，一直持续到朝鲜中宗时代初期。在此期间，针对岭外女真区边防危机的突然加剧，朝鲜王朝历经三代君王反复

---

① 比如，复设茂山堡（废茂山）和古丰山堡，并将富宁镇所辖"玉连万户移设于废茂山"，将钟城镇所辖"细川权管移设于古丰山"。分别参见《朝鲜肃宗实录》卷9，六年正月乙巳；《承政院日记》450册，肃宗三十五年九月戊辰；《舆地图书》（下）《咸镜北道会宁府邑志·镇堡·古丰山堡》；《舆地图书》（下）《咸镜北道富宁府邑志·镇堡·废茂山堡》。
② 《承政院日记》807册，英祖十一年八月丁亥。
③ 郑允容：《北路纪略》卷3《故实·拓边·本朝》。

商讨在该区域新置镇的议案,以便彻底解决岭外女真带来的边患困局。虽然此议总是被迫搁置,但朝鲜王朝君臣通过改变防控思路,引发了茂山堡的移设。1507年,茂山堡出现了耕作不便的民生问题,以此为契机,当茂山堡可否移设的问题一提上议程,很快就得到了朝鲜王朝君臣的一致认同。经过仔细规划布置,1509年以茂山堡为中心的原定三堡(实为四堡)的移(复或增)设行动同时开展实施,由此在"会宁—富宁"间形成了新"联防线",并稍稍扩展了朝鲜王朝在"六镇"西部的实际控制范围。茂山堡(废茂山)从此成为新"联防线"中的最紧要边堡,在防控岭外女真方面的独特意义进一步凸显,从而为其下一步的建置埋下了伏笔。

最后是从首度移设后的镇(堡)向二度移设后的镇(府)过渡的阶段。茂山堡(废茂山)及其所在的新"联防线",作为首度移设后新的防御前沿的状态,又延续至朝鲜显宗时代晚期。在此期间,岭外女真区形成了以"老土"女真为首的新女真势力集团,并不断袭扰朝鲜王朝边境。在武力打击该女真部落效果不佳的情况下,朝鲜王朝被迫采取抚制的政策,即利用这些女真人欲求边贸而长期潜商的嗜好,破除禁令,开市边贸,以求缓和边患危局。茂山堡(废茂山)因之前在防控岭外女真方面的特殊地位,而被选中作为新"联防线"上最具优势的官定边贸地,故于1603年被从万户堡升格为佥节制使堡,并以堂上高官作为主将镇守。此次建置进一步增强了茂山堡在针对性地防控岭外女真方面的特殊性,只是并未改变治地,最终也未达到建置目的。直到1639年以后,随着岭外女真区的女真人全部西撤,朝鲜王朝边民开始不断越入岭外耕垦居住,茂山堡(废茂山)的建置才又一次迎来转机。1667年,关于茂山堡移设岭外的议案首次提出,由于朝鲜王朝君臣尚未形成统一意见,因而该议案一时未能成为决议施行。1673年,南九万的长篇奏疏再次专门论及茂山堡的移设。经过朝鲜王朝君臣的权衡布置,茂山堡最终在1674年被移治于图们江上游南岸,又于1684升为都护府(茂山邑),同时以其为中心重构沿江"联防线",完成了全部的建置历程。

综上可见,茂山镇从起初作为一个要害小堡到最后成为都护府,从起初作为隶属于富宁镇的辅助设施到最后脱离富宁镇独立成治,从起初设于图们江江南内地到最后移设于图们江上游江边并完成建置,其间历时竟达两个半世纪之久,建置周期跨度之长、过程之复杂,远超传统"六镇"。在这个建置历程中，茂山镇逐步移建直至完设的推动力，虽说夹杂有民生等问题因素，但主导因素还在于防御问题。特别是在岭外女真存续期间，这些女真人作为原住民不易撼动的势力，与朝鲜王朝渐趋衰退的边防军力乃至国力形成较大反差，使得朝鲜王朝长期只能勉强维持边防现状，而这正是造成茂山镇建置长期延迟的主要根源。甚至在女真人撤离后，朝鲜王朝还将其长期对于女真人的这种历史性担忧转化为现实担忧，又导致其继续不忘巩固边防建设，从而最终成全了茂山府的设置。

总之，茂山镇的完设及其所辖区域江防建设的完成，使得朝鲜王朝的"沿江防御体系"覆盖到整个图们江干流南岸地区，由此使朝鲜王朝得以完全占有整个图们江干流以南区域，从而标志着图们江作为彼时中朝界河的格局，在此前基本定型的基础上得到了进一步发展，大体实现了以整个图们江干流为天然疆界。茂山镇完设后不久，很快到了1712年就又涉及下文即将详讨的穆克登勘界问题。

## 第二节 "沿江防御体系"的后续巩固状况

从15世纪中叶开始，朝鲜王朝所促成的"鸭—图"两江自然界河在此前基本定型的基础上，进入到稳定的延续时期。这得益于朝鲜王朝坚持主导下的持续性的北方经略，具体即表现在对此前构建成型的"沿江防御体系"的后续维护及巩固。前述茂山镇的设立，正是朝鲜王朝积极巩固"沿江防御体系"的标志性城防建置，这成为其主动强化两江界河格局的典型例证。除此之外，在15世纪中叶以后，朝鲜王朝还大力开展了有关城防体系维护与调整的其他相关建设，以及不时采取了相应针对驻防体系的后续配备措施。通过不断调整沿江城防设置，充实沿江驻防军民，朝鲜王朝的"沿江防御体系"得以在两江南岸稳定地维持到了明末清初以后。

## 一、体系的城防维护状况

自15世纪中叶即朝鲜世宗时代结束后,朝鲜王朝"沿江防御体系"中的城防体系建设开始全面进入到如何维持的阶段,包括对该体系的维护与调整两个方面。如前文所述,维护与调整的对象仍主要可分为北方边邑中作为"骨干"的沿江邑城与各邑所属"枝叶"工程。其中,沿江邑城是朝鲜王朝设于"鸭—图"两江干流南岸的"大城巨镇"(主城),一般表现为牧、府、郡等较高的行政等级状态,且每个邑城皆独立为治,有以之为中心的专属的行政辖区,统管辖下的各类"枝叶"工程。"枝叶"工程则以要害小堡、沿江行城("长城")、烽燧三类辅助性的防御设施为主,统称为"江防辅助系统"。

朝鲜王朝对以上两大类城防工程维护与调整的频度不同,下面先探讨其开展城防维护的大致状况。大体来看,各道、州、府、郡等地方官针对所负责的城防随时巡审、勘验、修补等维护的方式,是一种常设、常行的城防巩固方式,是为尽量避免城防工程过度受损而要采取一些保护措施,尤其要及时修缮已损坏处。因为这些城防工程建造完成后,不可能一劳永逸,受人为或自然因素的影响,很容易出现破坏,就需要常加维修,这样才能保持其长久牢固。① 由此而言,对于这些城防工程在被建造完成之日起的维护,就成了朝鲜王朝从中央政府到地方各辖区官员往后习以为常的重要事宜,特别是在世宗时代以后更总体成为朝鲜王朝需要持之以恒地贯彻实施的常规性事务。下面仅以上述各类城防工程中起初建筑难度相对较大,且建造完成后维护成本亦相对较高的沿江行城为例,予以具体说明。

如前所述,朝鲜王朝所建沿江行城是一种在总体形式上类似于传统长城的绵延型城防工程,同时也是一种耗费大量人力、物力和财力的大型人工建筑,是建造一般的邑、堡等工程在城体的长度、规模及各种消耗上都难以企及的。沿江行城兴建跨度就从1440年至1450年,给朝鲜王朝造成严重的劳民伤财乃至疾疫大兴等问题,甚至因此遭受不少大臣的反对之声,最后还是在世宗王的强烈坚持以及以皇甫仁为代表的部分大臣的强力贯彻下,

---

① 景爱:《长城》,学苑出版社,2008,第293页。

才得以执行下去,可见其建造过程着实不易。相比兴建期,沿江行城的维护期其实更加漫长。而且,整个沿江行城比起邑、堡等其他工程,其延续型的城体构造,加之又位处江防的最前沿,更易受损且需要维护的工程量也更大,足以成为朝鲜王朝维护各类城防设施的典型代表。因此,随着世宗王的离世,以及主要执行者皇甫仁在端宗元年(1453)发生的"癸酉靖难"中被杀,大力兴建沿江行城的政策最终于朝鲜王朝文宗、端宗时期被逐步暂停。此后,在包括文宗、端宗直至中宗七代国王统治的时期里,朝鲜王朝除仍有限地实施了沿江行城的局部续修工程外,即开始了总体以维护为主的行城巩固历程。

其实,朝鲜王朝早在试建第一段行城即平安道闾延府与碧潼郡辖内行城时,鉴于彼时"二城多有崩颓处"①出现而使王廷上下惊动、议论纷纭的教训,就已开始密切关注行城维护之事。比如,在世宗二十六年(1444),巡查平安道边防布置的皇甫仁面对该道行城"内外草木茂盛,则雨水停留,颓圮可虑"的现象,便立时上奏立规"自今每年春秋,所在守令及口子万户、千户等,于农隙量率军人,城内则五十步,城外则百步,悉令斫伐,以为恒式"。②由此到世宗时代以后,朝鲜王朝又陆续对维护包括行城在内的各类城防工程作出了其他多种规定,直至将之形成成文法,写入其国家法典《经国大典》之中:"诸镇邑城、山城、行城,兵马节度使巡审颓圮后,修筑处开坐,每岁抄启。闻如有颓圮而未即修筑者、修筑而不坚牢者,该官罢黜。"③即最终以法律条文的形式明确了维护沿江行城等城防设施,已成为王朝要常年恪守的准则。

有了这些成规乃至成文法后,朝鲜王朝也的确把沿江行城的维护当作一项长期履行的边防要务。除了大小边将按照法规对所管处行城经常进行的补修外,朝鲜王朝有时在从中央派员巡边、审查建造其他城防设施之时,也会不时地注意到已筑行城的现状,并对其中需要维护之处,根据派员所报进行及时处理。比如,世祖时期曾派上党府院君韩明浍(1415—1487)巡边

---

① 《朝鲜世宗实录》卷93,二十三九月壬戌。
② 《朝鲜世宗实录》卷104,二十六五月乙亥。
③ 《经国大典》卷4《兵典·城堡》。

筑城,韩明浍注意到平安道行城损坏之情形,即令从事官李寿男回奏"行城颓圮处,亦渐次修筑",受到了君王及廷臣们的重视。① 当然,一旦发现行城维护上的疏漏问题,甚至因此而造成了不良后果,朝鲜王朝也必然将对相关责任官员予以严惩。比如,成宗时期曾发生了"会宁镇人畜为兀狄哈所掳"事件,相关责任者之一的"虞侯吴滢所管长城拒柴不牢实排设罪",被朝鲜王朝处以"杖八十,附过还职"。② 正是如此这般对于行城维护的关注及相应法规的奉行,一直持续到中宗时期。由此可见,在兴建沿江行城之举截止后的近百年时间里,守维护行城之法、行维护行城之实,俨然已成为朝鲜王朝恒久力行之边策。

只是在中宗时代以后,随着朝鲜王朝的北方边备渐趋废弛,沿江行城的维护亦渐趋怠懈。比如,明宗五年(1550),许多朝中大臣因看出图们江防段行城多年未能维护以致受损严重的迹象而提出:"咸镜道五镇沿江一带曾筑长城,而年久颓圮,故镇将个满内限尺修筑,已有其法,而慢不举行。若复修筑,则虽有虏变,势不得冲突。"③但该提议后来并未得以有效执行,而是继续疏于维护。待到宣祖时期,沿江行城因"壬辰战争"的爆发而被无暇顾及,以至于伴随着建州女真努尔哈赤的崛起,其在接下来的"丁卯之役"及"丙子之役"中更已形同虚设。直至清初以后,随着清朝统治的逐步稳定以及对边疆管理的不断加强,沿江行城因失去防备之前相对弱小的女真部族时的功用,而被逐渐废弃。这正如19世纪的朝鲜王朝地理文献《北路纪略》所载的那样:"今沿江诸处往往有石堆旧址,土人指为行城遗址,宛然可见。岂藩胡撤去,复遂废而不筑欤。"④显然,朝鲜王朝曾经艰辛兴建,并历经漫长维护期的沿江行城,在清初以后逐渐失去了往日的光辉。不过,这并不影响沿江行城以往的价值体现。从作为朝鲜王朝长期巩固边防的重要工程的历史见证而言,沿江行城久经维护而在明末清初以前的大部分时间内,已然完成了其固守疆界的历史使命,使两江界河得以度过了大体稳定的延

---

① 《朝鲜世祖实录》卷38,十二年二月乙亥。
② 《朝鲜成宗实录》卷188,十七年二月丙戌。
③ 《朝鲜明宗实录》卷10,五年二月辛酉。
④ 郑允容:《北路纪略》卷1《关防·城池·江边行城》。所谓"藩胡",指的是在朝鲜王朝咸镜道"六镇"城防近地居住的图们江流域女真人,故又被朝鲜王朝称作"城底野人",最终在17世纪初被努尔哈赤征调撤离此居地。

续期。

以上即是以沿江行城为代表的朝鲜王朝城防工程的整个维护过程,而其他类型的城防设施也大体类似,拥有漫长且常态化的维护期。不过,稍有区别的是,诸如邑、堡等其他类型城防设施的维护期比起行城要长久得多,一直持续到朝鲜王朝后期。这些大城小堡等城池在行城逐渐疏于维护之际,仍旧能得到不断维护。甚至到1636年的"丙子之役"结束后,清朝为了杜绝朝鲜王朝利用城防反清之后患,将降旨朝鲜王朝"新旧城垣不许缮筑"①之严令写入双方的盟约中,虽说此后一时遏制了朝鲜王朝修筑城池的势头,但终究难以长期禁止②,只是这些大、小城防设施往日紧防女真人的形势早已不复存在而已。

## 二、体系的城防调整状况之一:"骨干"工程的调整

朝鲜王朝长年对北方边地尤其沿江各类城防工程持续性地维护,成为其"沿江防御体系"在总体上得以巩固并维持下去的关键路径与根本方式。与此同时,在这些城防设施维护期间,还有一个根据防御局势的变化需求对某些城防布置进行调整的方式,作为配合巩固城防体系的另一种相当重要的方式。相较之而言,由于采取维护的方式实质上并未改变原有的城防布局状态,故原有城防发生调整的地方在城防巩固实践中显得更为突出。这分别表现在对于前述"骨干"工程及江防辅助工程即城防体系两大组成部分的调整上。在此两大类城防工程中,有些只是被施以局域性或小范围的调整,而有些则被调整的力度较大。接下来首先看"骨干"工程的调整。

在"骨干"工程中,除前述出现新变化的"废四郡"与茂山镇外,其他邑城大部分保持较为稳定的沿革状况,如此再除去有些邑城在行政等级上或城池建造上等历经微调的情形③,大致还有五个邑城得到相对较大程度的

---

① 张存武、叶泉宏编《清入关前与朝鲜往来国书汇编(1619—1643)》,台湾"国史馆",2000,第214页。
② 《朝鲜肃宗实录》卷49,三十六年十月甲申;《朝鲜肃宗实录》卷50,三十七年正月癸丑;《承政院日记》547册,景宗二年十一月辛亥。
③ 行政等级上的微调,如由郡升为府,或由府降为郡,但仍然是独立为治的一方邑城;而城池建造上的微调,则指的是针对原邑城城址基础上的扩建或改筑。

调整。它们全部是鸭绿江南岸的邑城,以下按照从鸭绿江下游南岸到上游南岸的顺序,依次为:

(一)麟山郡。前文略有提及。该郡在鸭绿江下游入海口南岸、义州邑城西"南三十五里"①,"本高丽灵蹄县,显宗戊午(1018年,引者注)置麟州防御使,后改知郡事",②即其在高丽时代已是独立为治的一方邑城,直到朝鲜王朝"太宗十三年癸巳(1413年,引者注),例改今名",③正式称之为麟山郡(治所相当于在今朝鲜平安北道新义州市中心附近)。但当世宗大王去世后,即在朝鲜文宗即位当年(1450),麟山郡因"邻于义州,而户数不多",被撤郡"合属义州"。④ 不过,到朝鲜端宗即位年(1452),麟山郡人李同良等上奏称"麟山郡与上国接境,且海寇门户……加以召募,人物渐盛"⑤,请求恢复麟山郡治,得到朝鲜王朝王廷的首肯。可没过多久,到朝鲜世祖元年,麟山郡再次遭遇撤郡,被"合属义州"⑥。此后,麟山被设为隶属于义州牧的万户堡乃至佥节制使堡,以彰显其在沿江诸堡中依然具有较高的关防价值和地位。此外,朝鲜王朝又于成宗二十二年新建了麟山堡城,"高十尺,周九千二十七尺"⑦,该城之沿革从此大体稳定了下来。

(二)定宁郡。该郡原为定宁县,在义州邑城"东南二十五里"⑧,朝鲜王朝"太祖五年丙子(1396年,引者注)以定戎、宁德、灵州、宁朔四镇合为本县"⑨,独立为治。正如前述,到世宗二十七年(1445),该县被移设于鸭绿江下游南岸、义州邑城以东的新治所(名曰"方山",大致相当于在今朝鲜平安北道朔州郡方山里附近),升为定宁郡,"筑邑城,围九千四百八十四尺",⑩并重新划分了辖治地域。但到了朝鲜端宗三年(1455),伴随着鸭绿江上游南岸"四郡"的撤废,朝鲜王朝在整理、收缩沿江城防之时,因"方山无可耕

---

① 《新增东国舆地胜览》卷53《平安道·义州牧·古迹·古麟州》。
② 《朝鲜世宗实录》卷154《地理志·平安道·义州牧·麟山郡》。
③ 《朝鲜世宗实录》卷154《地理志·平安道·义州牧·麟山郡》。
④ 《朝鲜文宗实录》卷5,即位年十二月庚辰。
⑤ 《朝鲜端宗实录》卷1,即位年五月辛亥。
⑥ 《朝鲜世祖实录》卷2,元年十一月戊寅。
⑦ 《朝鲜成宗实录》卷258,二十二年十月壬申。
⑧ 《新增东国舆地胜览》卷53《平安道·义州牧·古迹·古定宁县》。
⑨ 《朝鲜世宗实录》卷154《地理志·平安道·义州牧·定宁县》。
⑩ 《朝鲜世宗实录》卷107,二十七年正月癸未。

之地,故其人吏奴婢仍居古定宁,险阻九十里程,裹粮往来,受弊无穷",故一并将定宁郡移还原治地,同时针对新治地(方山石堡)的防御空缺,则移该堡以东"青水万户于方山,以固防御"。① 朝鲜世祖三年(1457),朝鲜王朝又鉴于平安道"义州乃明使出来初面巨镇,而人物凋残,土地狭窄"②,因此最终彻底革除定宁郡,将之治地全部归隶于义州牧管辖。

(三)朔州府。该府在义州牧与昌城府之间,"本高丽宁塞县,显宗戊午称朔州防御使,后升为府"③,一直到朝鲜太宗时期以后仍为都护府。但如前文所述,该府治所原为大朔州城(治所相当于在今朝鲜平安北道大馆郡大馆邑附近),"石筑,周四千六百十五尺,高七尺",而在大朔州城北部"六十五里"本还有其辖治的一处要害小堡,被称为小朔州城(治所相当于在今朝鲜平安北道朔州郡朔州邑附近)。④ 小朔州城北"至鸭绿江三十六里"。⑤ 世祖十二年(1466),朝鲜王朝将"朔州治所移小朔州"⑥,不久又将新治所"石筑,周二千九百三十三尺,高九尺"⑦。从此,小朔州城正式成为更加靠近鸭绿江的朔州府治地(此即新朔州府城),从而更有利于朝鲜王朝进行沿江防控。

(四)渭原郡。该郡"本理山郡都乙汉口子,初置万户防戍。世宗二十五年,以口子介在理山、江界两邑间,相距遥远,割理山……民户土地置郡,改今名"⑧。世祖六年(1460),新设不久的渭原郡在朝鲜王朝进行边防布置整顿的时期,不知何具体缘故而被突然撤郡⑨,降为万户堡,治地重新归属于理山郡管辖⑩。但很快于世祖十年,渭原郡又因"本郡去江界、理山甚远,

---

① 《朝鲜端宗实录》卷14,三年四月戊子。据此条史料记载,青水万户所在的原"青(清)水口子"距方山石堡四十五(朝鲜)里,而"自青水至仇宁口子二十里,下至水口口子四十五里,自水口至义州三十三里,道路适均,应援便易",可见朝鲜王朝因定宁郡移还而不得不对鸭绿江下游南岸的江防布置进行调整。
② 《朝鲜世祖实录》卷7,三年三月壬辰。
③ 《朝鲜世宗实录》卷154《地理志·平安道·朔州都护府》。
④ 《新增东国舆地胜览》卷53《平安道·朔州都护府·城郭·大朔州城》。
⑤ 《新增东国舆地胜览》卷53《平安道·朔州都护府》。
⑥ 《朝鲜世祖实录》卷38,十二年二月乙亥。
⑦ 《新增东国舆地胜览》卷53《平安道·朔州都护府·城郭·邑城》。
⑧ 《朝鲜世宗实录》卷154《地理志·平安道·江界都护府·渭原郡》。
⑨ 在笔者目前所掌握的史料中,皆未言明该郡撤除的具体原因。
⑩ 《新增东国舆地胜览》卷55《平安道·渭原郡·建置沿革》。

居民等艰于往来"之弊,而被再次复立郡治。① 成宗十年(1479),渭原郡突发火灾,"烧民居殆尽"②,加之"城中狭隘,水泉亦少"③,故有大臣就此建议"距旧城数里许有闲地,又有水泉,请移筑邑城"④,即要选择新治所移筑邑城。此建言虽受到成宗王的重视并下旨调查移筑邑城之地,但一直拖到成宗十四年(1483),渭原郡再次发生火灾,以至于"公私室庐焚荡"⑤,朝鲜王朝才选定新治所,在原治所西七里(今朝鲜慈江道渭原郡古城里稍西之地,即旧称"旧邑洞"附近)⑥处筑新"渭原邑城,高八尺,周四千二百三十七尺五寸"⑦,并长期以此城为渭原郡治所。

(五)三水郡(府)。该郡"本甲山郡三水堡,初置万户防戍,世宗二十八年以堡为贼路要害置郡"⑧。起初,该郡治所在鸭绿江边,前文已考,大概相当于在今朝鲜两江道金贞淑郡金贞淑邑附近,并且已经造筑了石城,"周一千八百十二尺,高八尺"⑨。在如此维持了近两个世纪后⑩,到朝鲜仁祖八年(1630),该郡因原治地"四面皆夹山水,无尺寸可耕之土,无一步措身之地",已不利于郡民之生计,同时"本郡吏民皆宅于积生村,而身役于城中,赍粮往来,有同立番之军,此莫大之弊也",从而引发郡民上奏请愿之举,希望移治于"积生"之地。⑪ 所谓"积生"即三水郡辖下一驿站,"在(三水,引

---

① 《朝鲜世祖实录》卷33,十年七月乙卯。
② 《朝鲜成宗实录》卷102,十年三月癸未。
③ 《朝鲜成宗实录》卷103,十年四月辛卯。
④ 《朝鲜成宗实录》卷103,十年四月辛卯。
⑤ 《朝鲜成宗实录》卷157,十四年八月壬戌。
⑥ 前文已述,渭原郡的旧治所城址大概就是都乙汉堡附近的"古城"(今朝鲜慈江道渭原郡古城里附近),该"古城"据《新增东国舆地胜览》卷55《平安道·渭原郡·古迹》载,"在郡东七里",即新治所在旧治所以西七里,正合前述在"距旧城数里许有闲地"处移筑邑城的大臣建言。另据《朝鲜成宗实录》卷157十四年八月壬戌条载,新郡治在"鸭绿江边、长城洞口,地势平衍,薪水俱足,西南有大川",故推测此次重建的渭原新郡治大致相当于在今朝鲜慈江道渭原郡古城里稍西之地(旧称"旧邑洞")附近。此外,据《舆地图书》(上)《平安道·渭原郡·建置沿革》条载:"当宁(指朝鲜英祖,引者注)二十年(应为十九年,引者校)癸亥,以水患移置于东去十里松岘",即之前重建的渭原邑城后来在1743年又东移十里,再次重建;而二次重建地,大致相当于在今朝鲜慈江道渭原郡古城里稍东之地(旧称"城内洞")附近。
⑦ 《朝鲜成宗实录》卷159,十四年十月己丑。
⑧ 《朝鲜世宗实录》卷155《地理志·咸吉道·三水郡》。
⑨ 《新增东国舆地胜览》卷49《咸镜道·三水郡·城郭·邑城》。
⑩ 在此期间,三水郡曾在"鲁山(即端宗,引者注)二年(1454)罢郡复置万户,世祖七年还为郡,八年升为护府,十年复降为郡"。参见《新增东国舆地胜览》卷49《咸镜道·三水郡·建置沿革》。
⑪ 《朝鲜仁祖实录》卷23,八年十二月庚午。

者注）郡东一百五里"①，据相关古地图及文献资料考证可知，其大致相当于在今朝鲜两江道三水郡三水邑附近。② 经过慎重考察三水郡的实际状况，朝鲜王朝批准郡民的奏文，将之移治于稍稍远离鸭绿江的"积生"新治地③，而原治地后来设置了新加（茄）乙坡（波）知堡④。朝鲜孝宗七年（1656），移治后的三水郡邑城得以新建石城⑤，此后又在朝鲜肃宗三十六年（1710），"以本郡僻在绝北，与六镇无异"⑥而被升作都护府（此即新三水府城），完成了移设及相应城防建设的全部过程。

综上所述，从15世纪中叶开始，一直到18世纪初，朝鲜王朝通过对沿江邑城在维护中进行了缩减、撤废或新建等局部的不断调整后，最后在鸭绿江下游南岸至图们江下游南岸总体延续而来包含15座主城大镇的"骨干"工程。它们依次为：义州牧城、（新朔州府城）、昌城府城、碧潼郡城、新理山郡城、新渭原郡城、（江界府城）、（新三水府城）、（甲山府城）、茂山府城、会宁府城、钟城府城、稳城府城、庆源府城、庆兴府城。⑦

## 三、体系的城防调整状况之二："枝叶"工程的调整

下面再看看"枝叶"工程即江防辅助系统的调整，依次按要害小堡、沿江行城和烽燧的顺序逐一考察。

---

① 《新增东国舆地胜览》卷49《咸镜道·三水郡·驿院·积生驿》。
② 据《新增东国舆地胜览》卷49《咸镜道·三水郡·山川》条载"因遮外川，在郡东七十里，源出积生洞，北流入惠山江"。其中，因遮外川即今朝鲜两江道三水川，惠山江即今鸭绿江。由此可知，"积生"即在今三水川旁。另结合金正浩绘《大东舆地图》中对于"积生"和三水郡位置的描绘，可推测移治后的三水郡大致相当于在今朝鲜两江道三水郡三水邑附近。
③ 三水郡新治地稍稍远离鸭绿江是相较于原治地而言的，前述原治地就在鸭绿江南岸一里处，而新治地则距离鸭绿江"三十五里"，但这并不影响其仍为行政上的沿江邑城。参见金正浩：《大东地志》卷19《咸镜道·三水·山水·鸭绿江》。
④ 据《舆地图书》（下）《咸镜南道三水府邑志·镇堡》条载："旧茄乙波知堡……本为金使镇，辛未年移金使于茄乙波知，降为权管。"其中，"辛未年"应指的是朝鲜仁祖九年（1631）。这也就是说，三水郡自移治于"积生"之地的次年起，原治地即被调入加（茄）乙坡（波）知（后被称作"旧加乙坡知"）金使，而得以另设为小堡（后被称作"新加乙坡知"）。
⑤ 《朝鲜孝宗实录》卷16，七年正月丁亥。
⑥ 金正浩：《大东地志》卷19《咸镜道·三水·沿革》。
⑦ 前文已述，加括号的邑城指代本身非临江，却有一段江边辖区的邑城，也可算作沿江邑城，它们皆为鸭绿江南岸邑城。关于这些沿江邑城（"骨干"工程）的建置调整情况，可另参见本书附录A-5。

(一)**要害小堡** 要害小堡(在朝鲜世宗时代以后亦常称为"镇堡")是朝鲜王朝鉴于漫长的北防线尤其"鸭—图"两江防线而建造的最重要的辅助工程,因为仅靠边防诸邑城难以实现全线的紧密布防,甚至根本无法满足能够形成有效防御的最低要求。故在诸邑城力能防控的范围之外,特别是距离诸邑城较远而需布防的地带,朝鲜王朝采取了广设小堡的方式,与诸邑城形成密集型的联防之势,以最大限度地填补防御漏洞,尽可能地保障全线防御的稳妥。正所谓"巨镇之间设堡者,欲其救援也。若无救援,则虽巨镇不能独当"。① 前述朝鲜王朝自建国之初进行江防建设之日起,就开始一并推行小堡的建造。到世宗时代结束前,朝鲜王朝围绕作为"骨干"的沿江各邑城已建起了大量小堡,仅万户堡据不完全统计就有30多座。② 待世宗时代结束后,朝鲜王朝在调整"骨干"工程建置的同时,也随之对北方边地诸小堡的防御布局进行了调整,而且由于小堡的基数本身较大,尤其有些邑城的调整将影响到其辖下周围众多小堡的命运,因此朝鲜王朝对整个北方边地小堡的调整比对"骨干"工程的调整,在总体幅度上看起来要大得多。

朝鲜王朝所调整的小堡大体可分为三种情形:

其一,因沿江诸邑治地发生较大变动而调整的临江小堡。此种情形下的小堡调整既集中又明确,主要是依托少数几个典型邑城的增减或移动,而同步进行了相应小堡的增减或改动。正如前述,"四郡"的撤废直接导致其辖内小堡一并革废,像原慈城郡辖内的池宁怪堡,原虞芮郡辖内的赵明干堡、榆坡堡,原闾延府辖内的下无路堡,原茂昌郡辖内的甫山堡,等等。这些万户堡都属于随"四郡"撤废而革废的小堡的代表。③ 相反,茂山府终设于图们江上游南岸,同时一并移建了新丰山堡、新梁永万洞堡、新甫乙下堡。以上麟山、定宁、朔州、三水四个经调整的邑城,或者辖属小堡发生了改动,

---

① 《朝鲜世祖实录》卷23,七年正月辛未。
② 这些万户堡绝大部分为临江万户堡。关于朝鲜世宗时代结束前所建万户堡的具体情况,可详见本书附录A-3。
③ 也有一些原"四郡"辖属万户堡早在"四郡"撤废前,就因朝鲜王朝边防部署的调整而被革除"万户"或被彻底革废,如有原慈城郡辖内的西海(解)堡革废于1448年,原虞芮郡辖内的泰日堡之"万户"被革除于1450年,原闾延府辖内的薰豆堡之"万户"被革除于1450年,原茂昌郡辖内的家舍洞堡约革废于1450年以前,等等。分别参见《朝鲜世宗实录》卷119,三十年三月甲辰;《朝鲜文宗实录》卷2,即位年七月戊午;《朝鲜文宗实录》卷3,即位年九月壬子;《朝鲜文宗实录》卷5,即位年十二月壬申。

或者本身就在小堡与邑城的不同状态之间发生了改动。① 其中,麟山郡本身成了隶属于义州牧的一处小堡,只不过是在镇守长官的军政级别上较万户堡更高的佥节制使堡;定宁郡革废后,原址有方山堡继续维持防御②;朔州府移治小朔州后,小朔州城由小堡升为邑城,下辖由原定宁郡分出的仇宁万户堡③;三水郡移治积生后,原址后来设立新加(茄)乙坡(波)知堡,成为该郡(后升府)辖下的新增小堡,加入到其长期管辖的其他临江小堡的防御序列中,而这些其他临江小堡包括旧加(茄)乙坡(波)知堡④、罗暖堡⑤、小农堡⑥、仁(因)遮外堡⑦,等等。

---

① 上述还有渭原郡治地发生了变动,但只是旧、新邑城间的移建,未能成为其辖下诸堡调整的影响因素。

② 前述定宁郡原址方山堡通过移青(清)水万户来守御,而青(清)水万户原守御的青(清)水堡,后来则以军政级别较低的"权管戍之"。朝鲜成宗二十三年(1492)筑"青水石堡城,高九尺,周八百尺"。至少到朝鲜宣祖时代以前,青(清)水堡又恢复了作为万户堡的等级。分别参见《新增东国舆地胜览》卷53《平安道·义州牧·关防·青水堡》;《朝鲜成宗实录》卷263,二十三年三月庚子;《朝鲜宣祖实录》卷67,二十八年九月庚辰。

③ 仇宁堡起初属义州牧,后划归朔州府,在定宁郡终设后又划归定宁郡。但当定宁郡革废后,仇宁堡再次被划归朔州府管辖,朝鲜成宗六年(1475)"复立仇宁万户",同时"筑平安道仇宁堡城,高十九尺,周六千四百五十尺"。分别参见《朝鲜成宗实录》卷58,六年八月己卯;《朝鲜成宗实录》卷59,六年九月丙子。

④ 旧加(茄)乙坡(波)知堡与新加(茄)乙坡(波)知堡是相对而言的。旧加(茄)乙坡(波)知堡在三水郡原治地"西十里",早在朝鲜世宗二十五年就已设立,附近原有"毚城",后废弃。该堡原隶属于甲山郡,三水郡设立后划归三水郡辖属,直到"弘治庚申(1500年,引者注)始筑石城,周六百十尺,高八尺,置权管一人"。后来即如前述,旧加(茄)乙坡(波)知堡升为佥节制使堡,但因三水郡的移设,该堡佥使移入新加(茄)乙坡(波)知,而被"降为权管"。分别参见《朝鲜世宗实录》卷101,二十五年九月辛未;《新增东国舆地胜览》卷49《咸镜道·三水郡·关防·加乙波知堡》;《新增东国舆地胜览》卷49《咸镜道·三水郡·古迹·加乙波知堡》;《舆地图书》(下)《咸镜南道三水府邑志·镇堡·旧茄乙波知堡》。

⑤ 罗暖堡在三水郡原治地"东四十二里",具体设置时间不详,根据史料推测应大致在世宗时代末期。朝鲜文宗元年(1451)筑"罗暖石堡八百二十五尺",后设为万户堡。分别参见《新增东国舆地胜览》卷49《咸镜道·三水郡·关防·罗暖堡》;《朝鲜文宗实录》卷10,元年十月乙酉。

⑥ 小农堡在三水郡原治地"东二十二里",具体设置时间不详,但应不会晚于朝鲜成宗时代。早先附近原有"毚城",后废弃。"弘治庚申(1500年,引者注)始筑石城,周六百四尺,高八尺,置权管一人"。分别参见《新增东国舆地胜览》卷49《咸镜道·三水郡·关防·小农堡》;《新增东国舆地胜览》卷49《咸镜道·三水郡·古迹·小农堡》。

⑦ 仁遮外堡在三水郡原治地"东八十五里",朝鲜世宗二十五年设立,世宗二十八年筑石堡,"周回两千四百尺"。起初作为万户堡隶属于甲山郡,朝鲜端宗二年"革万户"、废置,"居民只七八户,宜徙居南道"。朝鲜成宗二十年(1489),复立该堡,"差万户",并重修石城,"周一千八百五尺,高八尺……燕山八年来属"三水郡。分别参见《朝鲜世宗实录》卷101,二十五年九月辛未;《朝鲜世宗实录》卷113,二十八年七月己卯;《朝鲜端宗实录》卷12,二年十月丁未;《朝鲜成宗实录》卷228,二十年五月丁丑;《新增东国舆地胜览》卷49《咸镜道·甲山都护府·关防·因遮外堡》;《新增东国舆地胜览》卷49《咸镜道·三水郡·关防·仁遮外堡》。

其二,沿江诸邑治地未变动状态下实施调整的临江小堡。此种情形下的小堡调整是琐碎且常态化的,往往是根据不同时期的需求,而适时地在每个邑城辖内进行个别小堡的增减或改动。但诸如此类经过调整的临江小堡为数众多,而且历经几个世纪的时间,这些小堡的调整过程总体来看更是尤为复杂,故在此难以一一详述。仅以朝鲜王朝前期的官方地理文献《新增东国舆地胜览》为例。该文献成书于朝鲜成宗时期,增修于中宗时期,因此从有关沿江各邑城条目的"关防"和"古迹"两栏中,即分别可见成宗时代仍继续维持或至此革废的临江小堡状况,而此两栏也内含"新增"的部分,则可见截至中宗时期最新增加或革废的临江小堡状况。按此,则仅在朝鲜成宗到中宗时代,即从15世纪后期到16世纪前期已有大量临江小堡历经调整。如果再对比15世纪中期以前曾设置的小堡状况,以及16世纪后期直至18世纪初后续的小堡设置状况,就会发现有更多的临江小堡历经调整。

另外,经以上两种情形下的小堡调整,仍不乏一些临江小堡长期存续。下面仅列举其中相对重要者(所涉第一种情形中已述及的不再赘述)以略作说明。它们包括:义州牧辖属的乾川堡、水口堡、玉江堡、清(青)城堡、青(清)水堡;昌城府辖属的甲岩[川]堡、云头里[山]堡、庙洞堡、于汀(丁)[滩]堡、昌洲堡、大吉(失)号里堡;碧潼郡辖属的小吉(失)号里堡、碧团堡、楸仇非堡、大坡(波)儿堡、小坡(波)儿堡、广坪堡;理山郡辖属的阿耳堡、山羊会堡;渭原郡辖属的加乙轩(罕)洞堡、直[叱]洞堡、吾老梁堡;江界府辖属的高山里堡、伐登[浦]堡、满浦堡;甲山府辖属的惠山堡;会宁府辖属的高岭堡;钟城府辖属的防垣堡、潼关堡;稳城镇辖属的永建(达)堡、柔远堡、美钱堡、黄拓(柘)坡堡;庆源镇辖属的训戎堡、安原堡、乾元堡、阿山堡;庆兴府辖属的抚夷堡、造山[浦]堡、西水(修)罗堡,等等。①

其三,非临江但亦属于沿江城防体系范畴内或其延伸的分支小堡。由于"沿江防御体系"存在一定的防御纵深,沿江诸邑还有辖下的非临江小堡

---

① 所列举的这些重要小堡,是根据《新增东国舆地胜览》《舆地图书》《大东地志》等地理文献,并结合《朝鲜王朝实录》《承政院日记》等官方史籍以及《大东舆地图》等古地图资料中的记载综合而得。需要说明的是,这些小堡都是截止到18世纪初仍在正常运行的小堡,且大部分为造筑了石城的关防镇堡,其中不乏万户堡乃至佥节制使堡。此外,因存在同一个小堡在不同的文献中或有略微不同的称呼;故文中在列举这些小堡时,除前文已使用的括号,以括号中的字指代可与前字替换的字外,另使用中括号,以中括号中的字指代可在前字后增加的字,下同。关于长期存续的这些临江小堡的情况,可另详见本书附录A-5。

同样属于江防的一分子,也历经了调整的过程。此种情形下的小堡数量及历经调整的总体复杂程度,相较于上述临江小堡更是有过之而无不及。前述茂山镇建置时,涉及会宁府辖下保和堡、古丰山堡、丰山堡、甫乙下堡等,这些小堡建置的兴废或改动正是沿江城防体系内非临江小堡调整的典型例证。在各种相关的史料文献中,类似的沿江邑城辖下非临江小堡调整的例子更不胜枚举,如上述《新增东国舆地胜览》中有关沿江各邑城"条目"下"关防"和"古迹"两栏乃至"新增"部分,就包含了大批经调整的非临江小堡。下面仍需重点提及的是为防御"鸭—图"两江上游以南的两个特殊区域,而在整个沿江城防体系后续调整期间特别新设的非临江小堡(其中也包含个别应在朝鲜世宗时代结束以前已设置的相关小堡)。

这两个特殊区域包括"废四郡"地区,以及茂山府设置前的图们江上游以南的岭外女真区。而防御这两个区域的非临江小堡涉及一些邑城,其中既有沿江邑城,又有非沿江邑城。它们分别为江界、三水、甲山、富宁、镜城、明川、吉州、端川等邑。这些邑城所属的非临江小堡连接形成了三条防线,成为"沿江防御体系"在"鸭—图"两江以南、朝鲜王朝北部内陆区延伸出的特殊的防御分支线。具体而言,"废四郡"地区形成后,朝鲜王朝在该地区的西部,亦即江界府东部与之分隔地带,曾相继新设了诸如上土堡、楸坡堡、外[叱]怪堡、从浦堡、马马(么么)海[里]堡等非临江小堡①;而在该地区的东部,亦即三水郡(府)西部与之分隔地带,也曾相应新设了诸如自作[仇非]堡、鱼面堡、江口堡、神方[仇非]堡、庙坡堡、别害堡等非临江小堡②。茂

---

① 这五座小堡自设置后长期存续且皆为石堡,其中上土、楸坡、外怪三堡较早设置,并且上土、楸坡、外怪、从浦四堡曾分别升作万户堡乃至佥节制使堡。此五堡及临江的满浦堡形成了江界府辖下防控"废四郡"地区西部的"联防线",成为"沿江防御体系"在"鸭—图"两江以南、朝鲜王朝北部内陆区延伸出的一条特殊的防御分支线。分别参见《新增东国舆地胜览》卷55《平安道·江界都护府·关防》;《舆地图书》(上)《平安道·江界府·镇堡》。

② 此六堡自设置后长期存续,其中鱼面、神方[仇非]、别害三堡较早设置,不仅均为石堡,而且曾升作万户堡乃至佥节制使堡。此六堡沿鱼面江(即今朝鲜长津江)防御,并称为"三水西六镇",后来到朝鲜正祖时期(1776—1800)因长津府设立并"移治于三水府之别害镇"而被全部革废。不过,它们在存续期间与三水郡(府)原治地(后设新加乙坡知堡)结成了由三水郡(府)所辖的防控"废四郡"地区东部的"联防线",同样也成为"沿江防御体系"在"鸭—图"两江以南、朝鲜王朝北部内陆区延伸出的另一条特殊的防御分支线。分别参见《新增东国舆地胜览》卷49《咸镜道·三水郡·关防》;《舆地图书》(下)《咸镜南道三水府邑志·镇堡》;金正浩:《大东地志》卷19《咸镜道·三水·镇堡》;《大东地志》卷19《咸镜道·长津·沿革》;《大东地志》卷19《咸镜道·长津·镇堡》。

山府设置前,岭外女真区是一个东邻会宁府与富宁府辖地、西接甲山府辖地、北濒图们江、南达镜城府等南部四邑辖地的广阔地域,为了防范从该区域而来的女真人,朝鲜王朝沿着这些相邻邑城与之分隔地带,曾新设过数十个非临江小堡。比如,甲山辖地的云宠堡、同仁堡、镇东堡,会宁辖地的古丰山堡、甫乙下堡,富宁辖地的玉莲(连)堡、古茂山堡、废茂山堡、梁永万洞堡、镜城辖地的鱼游涧堡、朱乙温堡、森森坡堡、吾村堡、甫老知堡、甫化[德]堡、斥洞堡,明川辖地的斜亇洞堡,吉州辖地的西北堡、斜下北堡、德万洞堡、将军坡堡,端川辖地的吾乙足堡、双青堡、甑山堡,等等。①

(二)**沿江行城**　　如前所述,在对整个沿江行城(又称"长城")进行积极维护之际,朝鲜王朝也不忘对行城进行不定期的调整建设,即主要表现在行城的局部续修事宜上。而在朝鲜王朝所续修的几小段行城中,大多属于图们江防段行城。因此,接下来主要先就图们江南岸所续修的行城予以阐述,大体有如下三个时期的续修过程:

首先,世祖时期续修了会宁府辖内西段行城。即,在世祖五年,原先甫乙下堡(今朝鲜咸镜北道会宁市鸿山里附近)附近所设甫乙下烽燧因位处会宁府辖地较为偏西的前沿地带,过于逼近女真居地,而有些远离朝鲜王朝的有效控制区,故对于这个不在行城线上的烽燧②,朝鲜王朝担心其"深入彼境,势甚孤单,脱有贼变,必不及救援"③,再加上女真人经常"放牧牛马,踏损(其附近朝鲜王朝边民的,引者注)禾谷,又当春月纵火山野,延烧(朝鲜王朝边民的,引者注)木栅……实是巨弊"④,朝鲜王朝便下令予以废弃,

---

① 朝鲜王朝东北疆邻近岭外女真区的这些邑城辖下小堡构成的边防线,成为"沿江防御体系"在"鸭—图"两江以南、朝鲜王朝北部内陆区延伸出的第三条特殊的防御分支线。总体来看,这第三条防御分支线是由甲山邑辖地的小堡与会、富、镜、吉、明、端六邑辖地的小堡交接形成的"人"字形复合防线;而上述两条看似单一的纵贯型防御分支线若非因山脉(如狼林山脉)阻隔,其实也大体共同构成了类似于第三条防御分支线的"人"字形复合防线。那么,能有这样三条特殊的防线参与到"沿江防御体系"中,不仅进一步使主体为两江南岸江防网的体系防护所涉范围得到延展,更使朝鲜王朝的整个北方边地完成了防御的闭合。此外还需说明的是,此处所列举的有关第三条防御分支线的小堡有24座,均参考自《新增东国舆地胜览》中的记载,此后这些小堡又历经调整变化,甚至有些后来被革废。而上述前两条防御分支线中列举的小堡虽皆长期存续,但可见并非同时一蹴而就,即同样也是历经了调整的过程。
② 景爱:《中国长城史》,上海人民出版社,2006,第361~363页。
③ 《朝鲜世祖实录》卷16,五年四月壬申。
④ 《朝鲜世祖实录》卷16,五年四月壬申。

而后更于次年革废了甫乙下堡。① 大概就在革废甫乙下烽燧及小堡的这个过程中,朝鲜王朝则另"自行城上头至秃山烟台(今朝鲜咸镜北道会宁市永绥里附近,引者注)筑石城,以固关防"②,也就是在原行城的基础上,继续新建了从"会宁府城前坪"③向西延伸至秃山烽燧的行城,以便对女真人进行隔离。该行城的长度据史料推测应不超过 18 朝鲜里④,约合 32400 尺⑤。

其次,成宗时期分别续修了稳城府辖内行城及会宁府辖内东段行城。即,一方面,由于原行城的建造相对较完善的部分仅"自会宁至(稳城邑城西北部的,引者注)柔远堡"⑥,因此朝鲜王朝在成宗五年(1474)正式下达了大力续修行城的指令:"五镇长城未筑处尺量,分授五镇各官,每年渐次毕筑事,面嘱节度使。"⑦其中,前述稳城府辖内自柔远堡(今朝鲜咸镜北道稳城郡丰西里附近)至立岩之间的行城大多未筑,存在较大缺漏,故成为朝鲜王朝重点建造的防段。首先在成宗九年(1478),朝鲜王朝筑柔远堡以东的部分行城 52330 尺⑧,后于成宗十八年(1487)再次东筑行城 8345 尺⑨。两次共续修稳城府辖内行城 60675 尺,并由此将稳城府东、西段行城基本衔接完毕。另一方面,朝鲜王朝还于成宗十一年(1480),在会宁府邑城东北部、女真人常爱袭扰的要害之地高岭堡(今朝鲜咸镜北道会宁市仁溪里附近)旁又续修行城,长 8805 尺。⑩

最后,中宗时期再次续修了会宁府辖内西段行城。即,如前所述,在中

---

① 《朝鲜中宗实录》卷 7,三年十二月癸酉。
② 《朝鲜世祖实录》卷 16,五年四月壬申。
③ 《朝鲜世宗实录》卷 155《地理志·咸吉道·三水郡》。
④ 这段行城的长度在史料中并未明确记载,仅据《新增东国舆地胜览》卷 50《咸镜道·会宁都护府·烽燧》载:"秃山烽燧,在府西十八里。"可知其长度应不超过 18 朝鲜里,这里权且按 18 朝鲜里来计算。
⑤ 此处暂且仍按前述"1800 尺≈360 步≈1 朝鲜里"的尺度换算比例进行计算,下同。
⑥ 《朝鲜成宗实录》卷 19,三年六月乙酉。
⑦ 《朝鲜成宗实录》卷 48,五年十月壬寅。
⑧ 《朝鲜成宗实录》卷 89,九年二月壬戌。
⑨ 《朝鲜成宗实录》卷 208,十八年十月甲午。
⑩ 《朝鲜成宗实录》卷 122,十一年十月甲戌。因朝鲜世宗时期所筑会宁府辖内北段行城与钟城府辖内南段行城已大体完成对接,也就是此前高岭堡附近应已有行城。而且,另据《朝鲜世祖实录》卷 23 七年正月丁未条载"斡朵里向化李巨儿帖哈、浪三波等……请于高岭长城外附筑土城",也证明了这一点。那么,此次所建行城要么可能是新加筑的支线或复线行城,要么因上一年高岭堡城新筑(参见《朝鲜成宗实录》卷 111 十年十一月辛亥),而为此在原行城基础上另改筑的新行城。

宗四年（1509），朝鲜王朝鉴于茂山堡出现民生问题而移堡之时，一并移设了丰山堡及复设了甫乙下堡，同时建造了行城，"自会宁长城上端因山削土或筑城……自新设甫乙下、丰山越边高山峻岭间，或削土筑城……自新设茂山西至十余里，或削土筑城"①，最终"退筑"行城，长度达到了19880尺②。这就是在原秃山烽燧以西（或西南）再次续修的会宁府辖内西段行城，从而也就使得世宗时代所建原行城得到再次延伸。

通过以上三个时期五次续修，朝鲜王朝共新建行城121760尺（约合今25.3公里③），④如此使整个图们江中游防段的行城在扩展后，得以自会宁府甫乙下堡附近延袤至稳城府立岩附近，从而在最终大体实现贯通一体的同时，达到了朝鲜王朝沿江行城在图们江南岸建造史上所能达到的最长防线。⑤

此外，再看看鸭绿江南岸的行城续修，主要有四次：即，在文宗元年，朝鲜王朝续修了"甲山郡虚川行城二千三百六十尺"⑥；在成宗六年（1475），朝鲜王朝续修了朔州府仇宁堡（今朝鲜平安北道朔州郡水丰劳动者区附近）行城1363尺⑦；在成宗十七年（1486），朝鲜王朝续修了"义州九龙渊长城……一万六百十七尺"⑧；仍是在成宗十七年，朝鲜王朝又续修了义州牧

---

① 《朝鲜中宗实录》卷8，四年三月戊申。
② 据《新增东国舆地胜览》卷50《咸镜道·会宁都护府·城郭·行城》所载，行城建在会宁"府境者"，原本总长11720尺（该尺度数值存疑），因"新设甫乙下镇退筑"后，总长达到了31600尺，那么，此次新续修的行城即为19880尺。
③ 此处仍如前述暂且按周尺的长度数值（即1周尺≈20.8厘米）进行计算，下同。
④ 关于图们江南岸各防段行城的续修细节及长度的具体数值，可详见本书附录A-5。
⑤ 关于图们江防段行城的起止，除上述朝鲜中宗时期增筑的会宁段行城外，据《新增东国舆地胜览》卷50《咸镜道·会宁都护府·城郭·行城》载："自（会宁，引者注）府西秃山烟台始起，依豆满江岸回迁延袤至庆源府训戎镇而止。"显然，该行城东端与庆源府训戎镇堡的记载与本书所述不符，这也是目前学界在介绍该行城时往往依据之处。事实上，根据更多相关文献的史料记载指向可知，该行城自会宁府辖区仅止于稳城府辖区，但包含训戎镇堡在内的庆源府辖区，乃至整个图们江下游南岸地区因不具备筑行城的各种条件而一直未筑。比如，《朝鲜燕山君日记》卷36 六年二月癸巳条中，就明确指出"咸镜道自会宁至稳城皆筑长城，而庆源以下，其地沮洳，不能筑城"。既如此，又因在庆源府最北端的训戎镇堡与稳城府"立岩"附近的行城较近，笔者推测以上《新增东国舆地胜览》所记，或许正意在指代"立岩"附近的行城。
⑥ 《朝鲜文宗实录》卷10，元年十月乙酉。
⑦ 《朝鲜成宗实录》卷59，六年九月丙子。
⑧ 《朝鲜成宗实录》卷188，十七年二月乙巳。

以及昌城府辖内行城共 4797 尺①。以上这四次续修的行城合计共 19137 尺（约合今 4 公里）。② 显然，相对于图们江南岸地区，朝鲜王朝在鸭绿江南岸所续修的行城要少得多。更有甚者，因前述"四郡"在端宗三年及世祖五年被相继撤废，即成了"废四郡"之地，致使原在这里的行城也一并被废弃。这就使得整个鸭绿江南岸的行城反倒大为缩减，并最终仍以前述"延袤断续"的状态，仅从义州牧尤其昌城府辖域以东至于江界府辖下满浦堡（今朝鲜慈江道满浦市中心附近）一带即止。③

（三）**烽燧** 烽燧通常以邑城为中心，设于各邑城周边及小堡附近，是朝鲜世宗时代以后一直延续使用的相对最普遍的防御工事。其不仅设于"鸭—图"两江南岸的沿江地带，还广布朝鲜王朝内地，彼此相维，环环相扣，直至联设到京城。其在以上江防辅助系统中处于最次级的防御地位，却相当重要，用以时刻监测、侦探及快速传送边防前沿的紧急军情，以便朝鲜王朝及时作出防御对策，从而有助于边地尤其沿江诸邑及所属小堡的妥善防御。正所谓"角声相闻之处，联设烟台，大城、小堡前后相望"。④

朝鲜王朝在世宗时代以后，针对烽燧除经常性的维护外，也作出了类似于"骨干"工程及边地诸小堡的增减式调整，此外还加强了相关条规、律法的完善。即，一方面，朝鲜王朝根据边防的紧要程度、不同时期的变化乃至边防范围的增减，而适时地对烽燧予以相应增减。这种增减如同小堡一样，一般还是围绕各边邑的防御需求而实施的。比如，上述甫乙下烟台因过于深处朝鲜王朝边防的前沿而被罢撤；再如，"四郡"的撤废及茂山府的沿江设立都有相应的烽燧被罢撤或增设。但由于烽燧增减的数量与复杂程度也与小堡一样，故而也是难以枚举其例，仅在《新增东国舆地胜览》中的各边邑条目"烽燧"一栏，即同样有大量烽燧新增的例证。不过，这里需要强调烽燧较为特殊的地方是，其在新增设之后，仍要形成新的联络相继、烽火相

---

① 《朝鲜成宗实录》卷 195，十七年九月辛未。关于这两地续修的行城之所属，该史料原记为永安道即咸镜道，此误。笔者推测这两地行城应分别归平安道昌城府及义州牧辖属。其中，昌城府辖属三处，共计 3031 尺；义州牧辖属六处，共计 1766 尺。
② 关于鸭绿江南岸各防段行城的续修细节及长度的具体数值，可详见本书附录 A-5。
③ 柳馨远：《东国舆地志》卷 9《平安道·昌城都护府·城郭·鸭绿江行城》。
④ 《朝鲜文宗实录》卷 8，元年七月丙辰。

望的排设布置模式,并将之加入到整个烽火信号的传递网络,以便于重新组合构成闭合式的烽火信号网。比如,前述茂山镇建置过程中,当时富宁镇辖下茂山堡移设于芦坡(废茂山),同时朝鲜王朝针对"贼路五处……撤茂山、丰山前排烟台七处,移设自甫乙下至东良洞,五处候望之"。① 只是,朝鲜王朝在罢撤和新增设这些烽燧之时,并未明确说明包括哪些烽燧,但通过《新增东国舆地胜览》可以考证。②《新增东国舆地胜览》记载了"会宁—富宁"间原有的七座烽燧,即为此次罢撤的烽燧,包括秃山烽燧、瓮山烽燧、烽火岘烽燧、念通山烽燧、泉场烽燧、钱挂岘烽燧、梁永万洞烽燧;而另在"新增"条目下记载的烽燧,即为此次在"甫乙下至东良洞"两地附近或之间新增设的烽燧,包括古烟台烽燧、甫乙下镇南峰烽燧、松峰烽燧、丰山堡西峰烽燧、南峰烽燧、金世洞烽燧、亏无介烽燧、茂山堡南峰烽燧。③ 同时,原有的七座烽燧中最北的秃山烽燧本来"北应上门"烽燧,最南的梁永万洞烽燧本来"南应东良洞"烽燧,而新增设的烽燧中最北的古烟台烽燧依然"北应上门"烽燧,源于"正德己巳(1509年,引者注),革秃山移于此",最南的茂山堡南峰烽燧依然"南应东良洞"烽燧,亦源于"正德己巳,革梁永万洞移于此"。④ 也就是说,新增设的烽燧替代了原烽燧在整个烽燧系统中的角色,重新与整个烽燧系统妥善衔接,使之依然妥善保持闭合式的信息传递状态。

另一方面,在对烽燧的排设、布置进行调整之余,朝鲜王朝还对烽燧如何快速且高效地监测军情、传递信号以及烽燧军丁如何管治等相关的法规予以补充调整,以保证这种辅助设施的功能尽可能地得到最大发挥。比如,世祖五年,朝鲜王朝通过新规"燧卒五人……勤于候望、能报事变者,勤于

---

① 《朝鲜中宗实录》卷8,四年三月戊申。
② 《新增东国舆地胜览》中"新增"部分的编撰大致成书于朝鲜中宗二十五年(1530)左右,与此次茂山堡移设的时间(朝鲜中宗四年,1509年)相距不久,对于"新增"部分的编者来说属于刚刚发生的事情,因此有关此次茂山堡移设时的"烽燧"的相关记载,可信度较高。
③ 这些烽燧的顺序依照《新增东国舆地胜览》中所载的顺序,即它们是由北向南依次排设且首尾相应、烽火相望。此外,除古烟台烽燧在会宁府所辖甫乙下堡稍北之地外,其他诸烽燧皆位于甫乙下堡以南、富宁府所辖东良洞烽燧以北之间。分别参见《新增东国舆地胜览》卷50《会宁都护府·烽燧》;《新增东国舆地胜览》卷50《富宁都护府·烽燧》。
④ 分别参见《新增东国舆地胜览》卷50《会宁都护府·烽燧·秃山烽燧》;《新增东国舆地胜览》卷50《会宁都护府·烽燧·古烟台烽燧》;《新增东国舆地胜览》卷50《富宁都护府·烽燧·梁永万洞烽燧》;《新增东国舆地胜览》卷50《富宁都护府·烽燧·茂山堡南峰烽燧》。

修治、功绩现著者,令其道都节制使第其功劳启闻,论赏叙用,其不勤谨奉行者,论罪削到"。① 成宗六年,国王下旨"今后自边镇至京师所在烽燧不谨候望,如有中绝不通者,穷鞫重论……烽燧军……今后并以附近居人差定,常时不离候望,所在守令严加考察,违者并论守令……昼报必以烟,有风则烟不直上,候望为难,今烽燧处,烟筒悉令造设……风乱烟散、不得候望之时,则所在烽燧军驰告转报"。② 成宗七年(1476),朝鲜王朝又专门针对沿江烽燧下达严令"烟台候望不可不谨,筑台亦须高峻牢致"。③ 后来,朝鲜王朝多次颁布关于加强烽燧防御与管理的新条例。甚至,朝鲜王朝还将烽燧在遭遇边情后,如何传信发号的诸步骤细节写入其国家大法《经国大典》中:"烽燧平时一炬,贼现形则二炬,近境则三炬,犯境则四炬,接战则五炬;京则五员告本曹(指兵曹,引者注),外则伍长告镇将。"④这成为朝鲜王朝以后例行之规范。

综上所述,自 15 世纪中叶起,随着"骨干"工程的调整建设,朝鲜王朝也相应对北方边地各个类型的"枝叶"工程进行了长时段且针对性、系统化的布置规划调整。其中,要害小堡与烽燧的调整方式大同小异,都是局部范围内的增减或不同防地上的改建,且都包含临江与非临江两种不同情形下的调整建设;而沿江行城("长城")则是以最紧要、最关键防御部位的续修为主。此外,三种辅助设施的调整共同受到"四郡"撤废的影响,而小堡和烽燧的调整又另外受到茂山镇建置的影响,这可以说是此三者之间因何调整的共性因素。总的来说,这些"枝叶"工程调整的关键期主要集中在朝鲜世祖、成宗及中宗三代,同时还有与之伴随施行且更为漫长的维护期,而它们的调整及维护主要都是密切围绕"骨干"工程展开的。朝鲜王朝通过"骨干"工程与各种"枝叶"工程共动式的调整及维护,使得整个北方边地尤其"鸭—图"两江南岸的各类城防工程始终处于紧密搭配、多重联防的立体防御状态,亦即继续保持此前江防网的防御形态,并一直持续到清初时期。这就为"沿江防御体系"的稳固维持奠定了坚实的城防基础条件,进而为"鸭—图"两江自然界河的稳

---

① 《朝鲜世祖实录》卷 16,五年四月庚辰。
② 《朝鲜成宗实录》卷 55,六年五月乙亥。
③ 《朝鲜成宗实录》卷 72,七年十月丁丑。
④ 《经国大典》卷 4《兵典·烽燧》。

定延续创造了一个首要且根本性的客观前提。①

## 四、体系的后续驻防状况之一：徙民政策的延续

如前所述，"沿江防御体系"包括两大组成部分，即城防体系与驻防体系。尽管有城防体系的精细布置，但仅凭此不足以保障整个体系防御功能的充分施展。毕竟有城则务必有人，对城防的有效驾驭则必须有驻防军士的妥善配置。因此，从世宗时代结束以后的15世纪中叶开始，到清初即18世纪初的漫长时期里，在不断进行城防设施的维护与调整的同时，朝鲜王朝也一并在对相应的驻防措施保持适时更新与跟进，以便在城防体系持续加强建设的基础上，进一步配合维系整个"沿江防御体系"的长期稳固。

朝鲜王朝针对其北方城防地域尤其江防一线的后续驻防措施，较世宗时代及以前有继承，也有发展。其中，继承的方面主要表现在仍旧采取的是实施徙民政策及加派南道赴防军两种驻防巩固的手段，而发展的方面则突出表现在明末清初以后采用了一种新的沿江把守制度。下面首先就后续的徙民政策进行阐述。

对于朝鲜王朝而言，所谓徙民政策，就是从其南方地区（包括庆尚、忠清、全罗"下三道"以及京畿道），向其北方地区（包括黄海、江原、平安、咸镜四道）移民实边。朝鲜世宗时期所实施的徙民政策，主要源于四种途径，包括：平安、咸吉（镜）两道（即"两界"）南部民徙边，"下三道"民徙居"两界"，犯罪实边，以及边地流移民刷还。不过，由于时代背景的变化，朝鲜王朝的后续徙民行动虽大体沿袭了此前"南民北移"的形式，但在徙民路径的具体执行表现上却不完全相同。以后续开展的几次大规模集体徙民为例。比如，后续集体徙民并未大体遵循此前从"下三道—两界南部—沿江边地"渐次移徙的规律，而是许多情况下的移徙仅仅将"下三道"民按需求移入北方各地尤其是沿江边地以南的内地。此外，后续集体徙民的侧重点和力度也

---

① 即便是到了清初以后，虽如沿江行城已消颓，但朝鲜王朝北方众多边邑及小堡等城防工程依然存续，亦即整个体系中的城防力量大多健在。更重要的是，体系一旦维持至清初，早已不影响两江界河的既成事实，而接下来就涉及后续诸如长白山勘界等有关中、朝交涉分界的问题。

与此前不尽相同,即主要侧重于平安、黄海、江原三道,而非平安、咸镜两道,同时在力度上更是大不如前。

总体来看,朝鲜王朝向北方尤其沿江边地的后续徙民行动,以采取罪犯实边和边地流移民刷还的方式为常态化的重要方式。所谓犯罪实边,即将犯流刑者徙居边地。朝鲜王朝在立国之初就开始执行这种徙民方式,世宗十二年(1430)还详细规定了犯流罪者发往远近等次不同的配所,如"京城京畿左右道、留后司流三千里者,配庆尚、全罗、咸吉、平安道滨海各官;流二千五百里者,配庆尚、全罗、平安、咸吉道中央各官,江原道滨海各官;流二千里者,配庆尚、全罗、平安、咸吉道始面各官,江原道中央各官"。① 这里的"滨海各官"指的是沿海地区的邑治辖地,也包括"鸭—图"两江以南的沿江边邑辖地,又被称作"极边之地",而"中央各官"与"始面各官"则分别为距离京城、京畿及留后司(即开城)地区越来越近的内地邑治。显然,流配"极边之地"成为流罪中的最严重者。朝鲜王朝在后续的徙民行动中,不仅继续执行这种已成为惯例的徙民方式,而且从端宗时代开始,随着边民数量的不断减少以及大规模徙民活动的开展,出于保障边防安全的考虑,朝鲜王朝更是在这种原以单个罪犯作为对象的徙民举措基础上,大力强化推行前述各种流犯来源者全家徙边的律法,此即"全家徙边律"。正所谓"全家徙边,虽罪有轻重,初为实边"②;"犯流者全家徙边,乃我国常行之令典"③。

边地流移民刷还的方式,通常是指将原本居住"鸭—图"两江以南的沿江边民,从流散地遣返回沿江边地。这里的沿江边民既包括土生土长并世代居此的当地"土民",也包括主要在世宗时代新移徙至沿江边地的新边民,而在边地流移民中,以后者居多。事实上,朝鲜王朝全国各地都曾有流移民产生,而将流移民"还本"(即还归原居地)貌似与徙民政策无关,但因大多数流移民都是从北方流移到南方,与徙民政策的施展方向正好相反,所以在刷还边地的流移民时,即使这些流移民或许算不上严格意义上的新徙民,至少也是针对他们的徙民政策的再实施。此外,民户的流移给朝鲜王朝

---

① 《朝鲜世宗实录》卷48,十二年五月甲寅。
② 《朝鲜燕山君日记》卷49,九年四月丙辰。
③ 《朝鲜明宗实录》卷14,八年二月辛未。

的统治带来了各种不利的后果,特别是流移民产生状况相对较为严重的上述北方四道,成为朝鲜王朝就此重点关注的地区,而其中边地流移民所在的咸镜、平安两道因作为此前新边民的徙居地,又直接关系到朝鲜王朝的边防安全,更成为朝鲜王朝不容忽视的关注对象。以平安道为例。比如,文宗即位初年,元老重臣金宗瑞就指出"平安之民,疲困极矣。自前年八月以至于今,本国及中朝使臣络绎往来,番上则役于边镇,番休之时劳于支待。在家余丁无遗出役,无少无大,奔走东西。且入居之户本一千,今流移者九百八十余。以此观之,他人之流亡者,不知其几"。① 显然,平安道因作为使臣往来支供地以及受无休止的兵役、徭役等各种因素影响,导致该道民户流移极多。为了防止流移民的出现,特别是严禁北方民户流移到南方各道,朝鲜王朝自立国之初就曾颁布了相应法令以便惩戒,在文宗时代以后更是不断加大惩戒力度,甚至出台了"全家徙边律"等规约,形成了严厉的惩戒制度。②与此同时,朝鲜王朝还加强了与户籍相关的流移民"还本"制度管理,比如为此强化执行了五家作统法③等法规。这些制度的建立,以及朝鲜王朝前期历代国王努力刷还流移民的相应实践,对于其北方尤其边地流移民的控制裨益良多,特别是有利于保障其北方尤其边地防控的稳固。不过,也需要指出的是,这些制度虽一度起到一定效果,但无法亦不可能完全遏制流移民的出现。因此,流移民问题是直到朝鲜王朝后期都始终存在的难解之题。

在朝鲜王朝后续的徙民行动中,除犯罪实边与流移民刷还这两种一以贯之之策的施行外,还有单次徙民人数较多的上述几次大规模集体徙民的具体状况务须提及。其涉及朝鲜世祖、成宗、燕山君、中宗四代国王执政期,徙居之地仍主要是北方四道,但起初徙民的重点却是在平安、黄海、江原三道。这是因为此三道出现了户口"空虚"的现象,正如当时"江原、黄海、平

---

① 《朝鲜文宗实录》卷4,即位年十月己丑。
② 如徙民逃亡者成为流移民,朝鲜王朝对此有严苛的法规,据《经国大典》载:"徙民逃亡者,妻子属残驿;奴婢捕获,则户首斩;自现,则还元徙处,妻子放。"成宗九年,朝鲜王朝针对平安道徙民流亡之弊,进一步对流移民容纳方做出规定:"许接户首,全家徙边。知而不告邻里及劝农,论以制书有违律,流亡五口以上,则守令罢黜。"分别参见《经国大典》5《刑典·逃亡》;《朝鲜成宗实录》卷94,九年七月壬申。
③ 如据《朝鲜世祖实录》卷38十二年二月丙子条载:"(世祖王,引者注)命兵曹移文平安、咸吉道曰:'诸道居民,互相移徙,检举无据。今各以邻近作统,每五户为一统,统内有流移者,统人即告里正,转达守令、监司,每月季启闻。有不告者,守令以下,杖一百论罪。'"

安道多以一丁为一户,庆尚、全罗道及咸吉道六镇或有数十人为一户,而京畿、忠清道不至甚滥"①。可见平安、黄海、江原三道已表现出了严重的人口匮乏的危机,甚至与咸吉(镜)道六镇都形成了鲜明的反差。造成此局面的原因正是上述民户的流移。因此,朝鲜王朝着重对这三道筹划实施了大规模的集体徙民行动。

朝鲜王朝后续所进行的大规模集体徙民行动,主要采取"勒令入居"和"自募入居"两种形式,也就是前文曾提到的强制与鼓励两手政策。世祖五年,朝鲜王朝以"平安、黄海、江原三道人物凋残……欲募民移居三道"②,正式开始了第一次徙民。为此,朝鲜王朝先是颁布了"下三道"应募者的徙民方案,即"黄海道徙民一千户、江原道二百七十三户、平安道一千户"③;后又制定了"下三道""勒令入居"的计划,即将"庆尚道二千五百户、全罗道一千五百户、忠清道五百户,抄定徙居于平安、黄海、江原道闲旷之地"④。与此同时,朝鲜王朝还对徙民在"良人受职"、"贱籍免贱"、一定期限的减免租税以及在分拨土田、农器、农牛等方面给予照顾,即通过加大政策扶持与奖励力度的方式,尽可能地增强自募入居者参与的兴趣以及降低勒令入居者的抵抗情绪,并助他们在新徙居地"复户"即恢复生产、生活。此外,此次徙民又专门选择了"下三道"民户中家庭人口三人以上的"多丁富实户"移徙,并从徙出地到入居地筹备了具体且较为完善的一整套徙民"安接事目"。可见,为保障徙民计划的顺利、有效推进,朝鲜王朝可谓做足了功课。⑤ 但实际上,徙民并非易事,"诸邑人民惮于迁徙,多般窥免"⑥,故总计大约只徙民共1801户。⑦ 其中,如果按照起初应募者向黄海、江原、平安三道徙居方案

---

① 《朝鲜世祖实录》卷7,三年三月戊寅。
② 《朝鲜世祖实录》卷18,五年十二月丙寅。
③ 《朝鲜世祖实录》卷20,六年四月己巳。
④ 《朝鲜世祖实录》卷22,六年十一月辛巳。
⑤ 李相协:《关于朝鲜前期北方徙民的研究》,韩国成均馆大学校博士学位论文,1996,第26~27页。
⑥ 《朝鲜世祖实录》卷22,六年十二月甲申。
⑦ 根据韩国学者李相协引述另一韩国学者金锡禧的考证(《关于世祖朝的徙民考察Ⅱ》,《釜大史学》1980年第4辑)可知,从朝鲜世祖七年至十二年(1461—1466)共有六次集体徙民,依次为360户、300户、327户、327户、327户、160户,除世祖九年(1463)外基本每年至少有一次集体徙民,得出的集体徙民总数为1801户。分别参见李相协:《关于朝鲜前期北方徙民的研究》,韩国成均馆大学校博士学位论文,1996,第25~26页;《朝鲜世祖实录》卷39,十二年七月庚辰。

的比例计算,则平安道应徙民户数占总户数的四成多,那么平安道实际徙民总共只有不到800户①,而平安道沿江边地的徙民数更只是这里面的一小部分②。

到了成宗时期,再次发生"平安、黄海两道凋残"的问题,这主要由于此前"虽徙民实之,然疠疫死亡,存者无几"。③ 因此,朝鲜王朝再次发动集体徙民,在仍大体依照世祖时期徙民的思路与方针的情况下,从成宗十五年(1484)开始至二十二年,向平安、黄海两道共徙居四次,总计1500户。④ 其中,若按照成宗十五年"平安道二百户、黄海道一百户入送"⑤的比例计算,则平安道实际徙民约占总数的三分之二,即大概有1000户,而这些徙民也是以安置在平安道内地为主。⑥ 到了燕山君时期,朝鲜王朝又一次筹划集体徙民,此次由于咸镜道边地也已出现了较严重民户流移问题,故徙民的移徙地变为平安、黄海、咸镜三道,计划从"下三道"移入民户"合一千六百户,壮老弱男女并二万一千六十一名"⑦,但实际因徙民行动的艰难及政局的变动,而未能实施。中宗初年,朝鲜王朝曾尝试接着完成燕山君时期的集体徙民计划,结果仍因其国内外政局交困,尤其此前计划"抄定人户贫穷死亡者多"⑧,最后竟还是不了了之。此后,朝鲜王朝不得不完全放弃了大规模集体徙民,而是对包括沿江边地在内的北方各道,选择继续执行犯罪实边及流移民刷还的徙民方式。

综上所述,朝鲜王朝的后续徙民大体承袭了世宗时代的徙民政策,但有

---

① 根据上述应募方案,平安道应徙民1000户约占黄海、江原、平安三道应募总数2273户的44%。若以此比例,则平安道实际的集体徙民数约占三道实际的集体徙民总数1801户的44%,即约有792户。
② 朝鲜世祖朝有明确记载向平安道沿江边地的集体徙民发生在世祖十年(1464),即该年"将徙本道者一百七十九户,沿江诸镇分居"。参见《朝鲜世祖实录》卷34,十年九月丙辰。
③ 《朝鲜成宗实录》卷161,十四年十二月壬戌。
④ 李相协:《关于朝鲜前期北方徙民的研究》,韩国成均馆大学校博士学位论文,1996,第27~30页。
⑤ 《朝鲜成宗实录》卷166,十五年五月丁未。
⑥ 朝鲜成宗时期平安道沿江边地集体徙民的数量多少,史料中未能明确记载,但有一条史料或许可以给我们提供一点线索。即,在成宗十五年准备实施集体徙民计划时,成宗王欲将"江边之地,当先徙居",结果遭到众臣的一片反对之声,由此可知后来徙民时应该是多以平安道内地为主。参见《朝鲜成宗实录》卷162,十五年正月丙申。
⑦ 《燕山君日记》卷44,八年五月甲申。
⑧ 《朝鲜中宗实录》卷14,六年九月壬子。

所区别的是，在两百多年的漫长时间里，更多执行的是犯罪实边与流移民刷还的方式。而由于"由南向北"尤其向沿江边地大规模集体徙民的方式，与世宗时代相比表现得过于相形见绌，因此甚至可以说，这两种方式正是后续徙民的主导方式。导致如此状况的原因就在于大规模集体徙民并非易事，特别是将无罪之民"勒令入居，则势有难焉"①，而迁徙之后徙民日久又逃亡，由此就容易陷入到"徙民—流亡—再徙民"这样恶性循环的怪圈之中。② 不过，正因如此，可以看出朝鲜王朝为稳固其北方各道统治尤其平安、咸镜两道边防安全所做出的努力。或者，也可以将大规模集体徙民看作是其他两种作为主导的徙民方式的补充，而正是这些徙民方式在共同为朝鲜王朝的北方边防尽可能地保驾护航。这是因为当徙民加入到朝鲜王朝北方尤其平安、咸镜两道的城邑中，就成为朝鲜王朝沿江边防军力的重要来源，即如前述，平安、咸镜两道的沿江邑、堡调入多少民户，就至少能从中大致定役多少本城所属防守正军，他们亦兵亦农、且耕且戍；此外，在这些沿江邑、堡防军中，还可能有来自包括两道南部各邑的多地赴防军。

## 五、体系的后续驻防状况之二：南道赴防军的接续加派

南道赴防军是专门为巩固边防而加派的军事力量，在朝鲜王朝全国各边防紧要之地常有运用。对于平安、咸镜两道而言，其作为朝鲜王朝沿江驻防体系除徙民外的又一大军力来源，是朝鲜王朝为了加固沿江防御，而特别从此两道沿边以南地区向边地增派的军队。此军队起初只是临时委派，负责配合平安、咸镜两道沿江边地的防御，但如前文所述，历经世宗时代却逐渐形成了一种周期性赴防的模式，以至于成了朝鲜王朝难以解除的弊病。甚至，到了世宗时代以后，在尽可能地减轻该弊政之害的同时，这种赴防模式又进一步发展成为一种长期固定的体制，完全成了朝鲜王朝辅助徙民驻防至关重要的边防力量。

后续赴防军的核心军种仍为赴防正军与赴防甲士。其中，赴防正军是

---

① 《朝鲜中宗实录》卷51，十九年八月戊申。
② 李相协：《关于朝鲜前期北方徙民的研究》，韩国成均馆大学校博士学位论文，1996，第33页。

赴防军的主力,进一步可细分为赴防马军与赴防步军。在平安、咸镜两道沿边,赴防正军的兵源在朝鲜世宗时代主要来自此两道南部的本道军马,而此后黄海道等地军马也被加入赴防军之列①,甚至还出现了又另外新加派所谓的"别赴防"军士②。赴防甲士是职业化的军种,虽说数量上不比主要由良人农民组成的赴防正军,却是需要通过科举考试选拔而有着高超武艺的一支精兵队伍。甲士本有固定的人数数额,起初有"元数一千五百,又加一千五百"③,总计3000人,被称为"旧甲士",后又增设3000"新甲士"④。他们其中一部分被分入平安、咸吉(镜)两道长年赴防,被称为"两界甲士"。此外还有所谓"充补甲士","取才入格者",也令赴防平安、咸吉(镜)两道。⑤ 世宗时代以后,甲士的人数编制进一步增长,到成宗时期仅"两界甲士,元额各三千四百"⑥,总计6800人,而后又出现了更多的"额外甲士"⑦,甚至是"冒滥甲士"者⑧。

　　前文已述,南道赴防本为朝鲜王朝边防的一大弊政,世宗时期欲去除而不得,只得出台了一些奖励赴防以及尽可能地降低此害的政策。比如,按军人赴防时间长短受职或升资,减少单次赴防时间"以便民生","量减沿江诸军南道赴防军士"等。⑨ 世宗时代以后,朝鲜王朝不仅仍旧离不开此弊政,反而直面该问题,着眼于延续利用此前的政策手段,企图通过加强、扩充以至完善相关政策,使赴防军更好地为其边防服务。比如,朝鲜世祖二年(1456),有大臣提出"南道军士……令附近处次次赴防(平安道沿边,引者注),以均劳逸,其军数不足处,推移入防"的议案得到批准颁行。⑩ 到了世祖五年,朝鲜王朝则将此前全国南北不一的军队称号进行了统一,即将平

---

① 《朝鲜成宗实录》卷93,九年六月甲午。
② 《朝鲜中宗实录》卷26,十一年八月癸丑。
③ 《朝鲜太宗实录》卷16,八年十月辛丑。
④ 《朝鲜世宗实录》卷89,二十二年五月壬子。
⑤ 《朝鲜世宗实录》卷102,二十五年十一月甲寅。
⑥ 《朝鲜成宗实录》卷11,二年七月乙亥。
⑦ 《朝鲜中宗实录》卷64,二十三年闰十月庚辰。
⑧ 《朝鲜中宗实录》卷95,三十六年六月丁丑。
⑨ 《朝鲜世宗实录》卷105,二十六年七月庚申;《朝鲜世宗实录》卷120,三十年五月庚寅;《朝鲜世宗实录》卷123,三十一年三月甲申。
⑩ 《朝鲜世祖实录》卷5,二年十一月壬午。

安、咸吉(镜)道专称的"正军"和其余诸道所称之"侍卫牌"皆"并称正兵(或仍称正军,引者注),有马者称正骑兵,无马者称正步兵",同时再次明确规定了包括平安、咸镜两道在内的全国赴防正兵服役授职的基本条件要求。① 尤其重要的是成宗元年(1470),朝鲜王朝针对包括平安、咸镜两道在内的全国赴防军如何"分番"赴防以及如何得到供养和协助,颁布了详细的条规及相应的惩处制度。② 此后,朝鲜王朝更将与赴防相关内容继续补充并写入《经国大典》之中,像赴防军当值即"番上"怎样查岗,规定"兵马节度使点阅,移文本曹(即兵曹,引者注),本曹都总府又点考"③,诸如此例,可见已逐渐形成了一整套严格且制度化的法规。这些措施俨然是要将赴防模式引入法治化的轨道,目的就是为了使赴防走向常规化,而实际情况也的确如此。朝鲜王朝坚持赴防北方边地,并一直延续到宣祖时期以后,甚至还在"壬辰战争"(1592—1598)后放开启用非良人的"公私贱、内奴赴防"④。直至明清鼎革前后,因北方女真人撤离,朝鲜王朝"顷缘北方之无事",甚至还一度"废防征布",⑤最终赴防军没有了为防备女真人而加派的紧迫局势,功用大减,只是以后这种北方赴防模式(如仍在实施的针对武科及第者的"义务赴防制"⑥等)一时尚未完全解除而已。

总之,朝鲜王朝南道赴防军的后续加派举措,不断补充并极大增强了其在"鸭—图"两江以南的江防驻军军力,由此得以继续配合其在两江南岸以徙民为主的边军防御,特别是在边情紧急或边地紧要处的加急固防,从而与其北方沿江边地的徙民一道,共同成为其"沿江防御体系"中后续驻防体系稳定延续的有力保障。

---

① 《朝鲜世祖实录》卷18,五年十一月己卯。
② 《朝鲜成宗实录》卷3,元年二月己卯。比如,其中专门规定平安、咸镜道正兵赴防"仍旧四番",亦即"四番一朔相递赴防"(《朝鲜成宗实录》卷76,八年二月甲午)。
③ 《经国大典》卷4《兵典·番上》。
④ 《朝鲜光海君日记(中草本)》卷51,十一年十二月丁卯。
⑤ 《朝鲜孝宗实录》卷12,五年六月壬戌。
⑥ 禹仁秀:《朝鲜后期武科及第者的义务赴防制及其运营实态》,《历史教育论集》2022年第80辑。

## 六、体系的后续驻防状况之三:沿江把守制度的形成

在朝鲜王朝后续的沿江驻防措施中,除继续徙民及加派南道赴防军外,还有一个尤其值得注意的驻防政策,此即在"鸭—图"两江南岸把守制度的施行。该制度大体形成于明末清初之际,即朝鲜宣祖至肃宗时期(1567—1720年之间),此前并未施行,此后却成为朝鲜王朝直至王朝后期都在长期例行的制度。由于明末清初东北亚国际局势发生变化,导致朝鲜王朝北方边防形势亦随之改变;尤其自女真人从"鸭—图"两江南北地域撤离后,两江以北逐渐发展为清朝的"封禁区",即留下了一大片广袤且人烟稀少的空旷地带,这使得朝鲜王朝的边防面临新环境。从此,朝鲜王朝已然不再有以往防范女真人的紧迫背景,却迎来了另一个棘手的问题,即犯越问题,以至于江滩别设把守军的沿江把守制度才得以应运而生。与此同时,朝鲜王朝虽说没有了防御女真人之需,但依然有严守其边防的必要,何况再加上新出现的犯越问题,沿江把守制度无疑是其继此前曾大力推行徙民与南道赴防军加派政策后,面临新形势对此前的驻防主导措施的重大调整,成为整个"沿江防御体系"中体现在沿江驻防方面的一个新举措,也是关键举措。

根据现存史料记载可知,沿江把守制度最早发轫于宣祖时期在全国范围内广泛推行的关防把守策略。由于壬辰战争的爆发,朝鲜王朝利用有限兵源在全国重要的关隘之地布置防守,以尽力阻止、迟滞日军入侵的步伐。正所谓"直路要害及关防重地,则极择文、武才略之人为守令,严设把守"。[①]光海君时期,在明朝与后金于1619年发生"萨尔浒之战"前后,朝鲜王朝也将此前的关防把守策略引入防范后金军,其中就包括"把守江边,以示虏不可犯之形"[②]。仁祖时期历经丁卯、丙子两役(1627—1637),朝鲜王朝再次为北防后金(清)军而采取了在重要关防处施以把守的策略,即对包括鸭绿江江边地带在内的北方各关隘要地设置了把守军,并配备了把守将。经过这一系列面对重大历史事件后关防把守策略的实施,沿江把守随之有了确

---

① 《朝鲜宣祖实录》卷72,二十九年二月癸丑。
② 《朝鲜光海君日记(中草本)》卷46,十年六月辛酉。

保制度化施行的"土壤"。恰在此时,犯越问题出现了,特别是在清军入关后愈演愈烈,沿江把守制度也因此逐步得以稳定推行。

所谓"犯越",就是中朝边民私自越过"鸭—图"两江,侵入对方国境的状况。该状态的出现是以中朝双方相沿成习的两江自然疆界,作为彼此边民是否犯越的事实依据进行区分的。据《朝鲜王朝实录》记载,早在朝鲜太宗、世宗时期,就有朝鲜王朝边民到鸭绿江对岸越境耕田,甚至曾一度得到了朝鲜王朝官方的允诺。① 这与当时明朝在辽东的管辖政策有关②,后来建州女真来居鸭绿江附近而很快遏制了这种状况③,所以彼时的犯越并非常态。但到了仁祖时期以后,以朝鲜王朝边民为主的犯越事件就开始频发。越境的朝鲜王朝边民无非是为了采参、打猎、伐木或者潜相贸易,其中最重要的就是采参。尤其犯越的同时还造成了不少严重的边境犯罪事件,导致清朝与朝鲜王朝为此而屡番交涉。④ 为了防止犯越带来的困扰,朝鲜王朝除采取严刑峻法等加强边境治理的手段外,还包括不断强化实施沿江把守措施。显宗十年(1669),朝鲜王朝下达严旨:"越境采参之禁,非不严明,而大利所在,冒死犯禁,生事之患,十分可虑……此后则令各其守令,别为劝农,使民知务本,把守讥察等事,十分严饬,勿令犯法。"⑤但此次禁令仍收效甚微。肃宗十一年(1685),在鸭绿江北岸发生了恶劣犯越的"三道沟事件"。⑥ 事情的严重性让朝鲜王朝君臣始料未及:"自前西北江边各处把守,常时虽有点考之规,近来禁令解弛,致有今日生事之患,既往无及,而此后则不可无申严敕励之道。"⑦但由此也迫使其开始实行更为严厉的沿江把守措施。朝鲜王朝沿江大量增置把守处,从而大幅提升整个沿江把守的密度,以

---

① 《朝鲜太宗实录》卷19,十年二月癸丑;《朝鲜世宗实录》卷55,十四年正月甲子。
② 明初由于辽东人口稀少,明朝的东部防御前沿只到辽阳城以东的连山关一带,而连山关以东到鸭绿江之间几乎荒无人烟。参见张士尊:《明代辽东边疆研究》,吉林人民出版社,2002,第55页。
③ 《朝鲜世宗实录》卷71,十八年三月辛卯。
④ 李花子:《清朝与朝鲜关系史研究——以越境交涉为中心》,延边大学出版社,2006,第9~39页。
⑤ 《朝鲜显宗实录》卷17,十年十月庚辰。
⑥ 所谓"三道沟事件",指该年八月朝鲜王朝平安、咸镜两道边民、土兵数十人越过鸭绿江,在清朝三道沟一带遭遇清军官兵并用鸟铳袭击的事件。因袭击过程中,清朝驻防协领勒楚等多人被击伤,故事后受到清廷的格外关注及严正交涉。此次事件成为朝鲜王朝边民犯越的典型案例。参见李花子:《清朝与朝鲜关系史研究——以越境交涉为中心》,延边大学出版社,2006,第55~63页。
⑦ 《承政院日记》313册,肃宗十二年正月癸亥。

保证各把守之间形成密切的联防关系,即如上述各邑、堡之间的联防机制。在这个过程中,不得不提及一个重点加设把守的地方,此即"废四郡"区域。正如前述,朝鲜王朝从未想永久放弃这片区域,特别是明末以来女真人的撤离带给其有望恢复的契机,而设置把守成为其中较早实践的有效方式之一。该区域自撤废后被朝鲜王朝形式上划归江界府管辖,而此次三道沟犯越事件的发生正是从其中的"厚州"地方①越境所致。为防从该区域犯越,朝鲜王朝曾于显宗执政末期至肃宗执政初年在此"沿江千有余里,设置把守,讥察犯越",共约设置了把守63处,"每把定送领将一人、军卒十四名,而每三把又置部领将一人,领率三把将逐日巡逻",而今为了加强防禁,则又在"把守稀阔之处"添设把守,并"以其别巡逻之军分屯要害,而又合三把将卒逐日巡逻"。②后来,据统计"江界则废四郡无人地境一千余里,入送把守者几至百处"。③尽管如此,犯越问题还是始终难以根除。

朝鲜肃宗时期(1674—1720)以后,朝鲜王朝边民的犯越事件虽仍在持续发生,但全面实施沿江把守的制度却已大体稳定了下来,而且该制度愈发高度严格化的确起到良效,使得相关犯越案件在此后百余年间渐趋减少。④该制度后来曾例行的做法即如:"沿江诸邑镇,择要害处设把守幕,每幕戍守三人,五日轮递,以瞭望江岸,种树到植,以为藩蔽。"⑤此外,把守军通常由平安、咸镜两道沿边各邑、堡驻地军民妥善分配发遣,把守将也得到妥善

---

① "厚州"地境原为"四郡"中的茂昌郡辖属,其以东与三水邑治辖地相邻,在"四郡"撤废后也随之成为废地。朝鲜显宗十四年(1673),时任咸吉道监司的南九万奏请厚州置镇,得到批准,次年设厚州金使。此次"三道沟事件"发生后,鉴于其为犯越出入地而在次年(1686年)罢撤,直到正祖时期(1776—1800)才又恢复设镇。

② 《承政院日记》316册,肃宗十二年六月乙卯。据此条史料所载,江界府管防区(含"废四郡"区域)已设置把守"十余处",推测当在显宗执政末期至肃宗执政初年之间。此外,所设把守处以胡芮(今朝鲜慈江道湖内江附近)为界,其以东至厚州共有把守38处,其以西至渭原之界推测共约有把守25处[另结合《舆地图书》(上)《平安道·江界府·烽燧》中的相关记载分析,其中,胡芮洞西岸至照牙坪8处,知弄怪至崔用洞6处,狄洞以下9处,崔用洞至狄洞之间还有乾浦、加罗地2个把守处],总计63处。

③ 《承政院日记》327册,肃宗十四年正月丁酉。

④ 这主要指的是清同治时期以前(亦即朝鲜高宗时期以前),同治以后才开始掀起朝鲜王朝边民向"鸭—图"两江以北的大规模移民浪潮。参见李花子:《清朝与朝鲜关系史研究——以越境交涉为中心》,延边大学出版社,2006,第68~83、161~176页。

⑤ 郑允容:《北路纪略》卷1《关防·镇堡·关隘筹议·附江路守幕》。

指派,甚至一度形成了较为严密的把守监管系统。① 只不过,朝鲜肃宗时期以后有关沿江把守制度的具体实施状况,涉及朝鲜王朝后期的众多史事,超出了本书的研究范畴,且非本书的研究重点,故在此暂不赘述。

总之,沿江把守制度是朝鲜王朝大体自明末清初之际推出并在此后长期力行的关键驻防措施,是对此前主要采取的徙民与南道赴防军加派举措延续实施到新的历史时期的有力补充,对沿江驻防体系乃至整个"沿江防御体系"的持续稳步维持具有重大意义。

## 第三节　体系后续稳定巩固的结局及意义与影响

"沿江防御体系"的后续巩固,是"鸭—图"两江界河自世宗时代基本定型后,朝鲜王朝在两江南岸继续推进并长期稳定实施的主要边防举措。自15世纪中叶开始,朝鲜王朝在世宗时期全面兴建的"鸭—图"两江"沿江防御体系",直到17世纪的明末清初之际,大体稳定地维持了下来,甚至此后仍继续存留。正如上述,这主要得益于朝鲜王朝对该体系中的两大构成要素进行了持久性的巩固,即:在城防体系方面,主要对"骨干"工程以及"枝叶"工程进行了常态化维护乃至合理化调整;在驻防体系方面,继续落实徙民政策与加派南道赴防军的举措,甚至还加入了新的沿江把守制度。朝鲜王朝对于"沿江防御体系"积极维持的状况,意味着"鸭—图"两江作为中朝疆界在世宗时期基本定型的格局,由此得以稳定地延续了下来。这是朝鲜王朝在世宗时期作为促成该界河基本定型的主导者,在此后仍保持其事实

---

① 以上述江界府辖内"废四郡"区域的把守为例。据成海应撰《研经斋全集》中载:"江界府发精抄城丁、拦后兵,择橾校伉健者监其伍。马马海、从浦、楸坡、上土、高山里、伐登、满浦、外叱怪等八镇发土卒,亦以壮校监其伍……有摘奸、别摘奸将校分所调察。有都监、都都领都监……又使马马海、从浦、外叱怪等三镇分管信地。又列置传牌十四所,以通各把消息。又置通事三所,属之三镇留防所,以通胡人问答。"参见成海应:《研经斋全集·外集》卷51《地理类·四郡考·参政》,载《影印标点韩国文集丛刊·第277册》,韩国民族文化推进会,2001,第412页。

上的主导者角色,继续致力于坚守该界河状况的明确表现。

　　当然,朝鲜王朝针对整个体系维持的过程中并非一帆风顺,但曲折的过程并未有损于体系防御的大局乃至结局,从而也就无损于两江界河的延续。这正如,"四郡"撤废留下了"废四郡"地区,使整个体系中出现一小部分断裂区域,但朝鲜王朝不久就在此断裂区域的两端逐步建立起新的联防镇堡,作为整个体系的防御分支线;不仅如此,朝鲜王朝基于对先辈坚守过"四郡"防御的历史记忆,还对该区域前有努力维护之举,后有加派把守之策。由此来看,在整个体系维持期内即便存在曲折,非但不影响两江界河的正常延续,反而更加见证了朝鲜王朝依托得到及时修复的体系对于两江界河格局的积极坚守。何况,朝鲜王朝还通过完成新设茂山府及辖下的城防设施,促使整个体系在此前控御范围的基础上进一步延伸至图们江上游南岸。这是朝鲜王朝继采用"北进"新战略建置"四郡六镇"之后的再次实践,象征了整个体系得以囊括除江源地区以外的整个"鸭—图"两江干流以南地区,从而意味着此两江界河先前基本定型的格局,在保持延续之余的进一步稳固。

　　因此,可以说,朝鲜王朝积极维持"沿江防御体系",成为15世纪中叶以来"鸭—图"两江作为其与中国明清两朝疆界之所以能够保持相沿成习的延续状况的根源之所在。只是彼时中朝双方虽说以此疆界相沿成习,但毕竟一直以来并未得到双方专门为此而进行的划分协议,而疆界能否正式确立,最终还在于分界双方能否共同明文认定此疆界。实际上,就在朝鲜王朝利用"沿江防御体系"严守整个两江干流界河的同时,真正意义上的界河划定也随之一并开始。这与朝鲜王朝北部女真人的崛起乃至定鼎中原有关。作为朝鲜王朝北方经略时所要制御的主要对象,女真人的存在是导致朝鲜王朝产生"保国封疆"思想,进而执行"北进"新战略乃至构建"沿江防御体系"的一个关键影响因素,从而也就间接促成了两江界河的早期形成及延续。不过,这只是女真人势力分散、相对弱小时的状况,而一旦形成了一个强大的女真政权联合体乃至国家,那么朝鲜王朝的整个"沿江防御体系"将难以发挥出固有的边防效力。① 正如朝鲜王朝大儒梁诚之针对体系中的行城兴建曾奏请指出的那样:"行城,所以备小敌之具也。若大敌分道突入,则何有于行城,亦何有于口子哉。"②既如此,面对强大后的女真人的军事实力,朝鲜王朝免不了对与之接壤的女真人产生直接的分界诉求,因为对其而言,为避免可能出现的军事冲突,或许强调分界可以作为有利于其国家安全的关键保障。与此同时,强大后的女真人也有分界需要,毕竟和平稳定的边疆环境是其能否长足发展的重要前提。这样一来,双方因分界而交涉,进而产生协议立约分界事宜。只是双方无论谁提及分界事宜,而决定采取的分界原则都是继续遵循朝鲜王朝长期坚守,并让女真人也早已习惯,亦即双方都相沿成习的两江为界。

朝鲜王朝与女真人进行直接的分界交涉,最早可溯源至女真民族的杰出领袖努尔哈赤统治时期。诚如前述,通过不断的兼并战争,努尔哈赤将包括从两江流域撤离的女真人在内的各部女真人都编入"八旗",形成了一个以建州女真为主体的女真联盟,由此与朝鲜王朝的分界交涉也逐步提上了日程,但首先在双方的交涉中明确提出有关分界之事的一方却是朝鲜王朝,且是单方面的提议。1595年(朝鲜宣祖二十八年,明万历二十三年),因朝鲜王朝边防军杀死入境采参的女真人的"渭原事件"爆发,③为了避免与新崛起的女真人发生军事冲突,朝鲜王朝派员出使建州,并致书要求"各守封疆,不相侵犯"④,隐隐表达了彼此保持原有分界之意。在1616年努尔哈赤建立后金国后,朝鲜王朝与之分界交涉愈发频繁且进一步明朗化。1619年(朝鲜光海君十一年,后金天命四年),努尔哈赤在起兵反明后通书朝鲜王

---

① 这与该体系一直以来所展现出的一体化的巨大防御功效并不矛盾,也不妨碍该体系在明末清初以后继续存在且承担朝鲜王朝的北方边防任务。这是因为体系的防御是有针对性的,它是此前在防范势力相对较弱的女真人时出现的这一特殊历史时期的产物,而难以威慑强大后的女真势力集团,更难以抵挡强大的女真大军的集中突破,当然还不免受到朝鲜王朝此时的国力已大不如前等内因的重要影响。这就与明朝的"长城防御体系"前期力防蒙古人、后期难挡女真人的情况类似。只不过,在女真强大乃至建国后,该体系实际上的主导功能,从此前外防女真人的随时来袭,逐渐向此后内防犯越为主转变。
② 《朝鲜世宗实录》卷127,三十二年正月辛卯。
③ 王臻:《清朝兴起时期中朝政治秩序变迁研究》,商务印书馆,2017,第57~60页。
④ 《朝鲜宣祖实录》卷69,二十八年十一月丙戌。

朝,寻求相助,但朝鲜王朝却予以拒绝,并以"两国各守封疆,相修旧好"答复。① 这是朝鲜王朝慑于后金之威,又不愿与之交恶,而再度以"各守封疆"的方式,重申了保持原有两江分界的态度。此后,朝鲜王朝又多次向后金表明彼此"各守封疆"的意愿,虽然一直尚未得到后金的应允,但双方皆在按两江分界行事。

皇太极即后金汗位后,于 1627 年发动了"丁卯之役"。战后,朝鲜王朝君臣与后金使臣共同焚香立誓:"我两国已讲定和好,今后各遵约誓,各守封疆。"②由此正式拉开了双方共同协议立约分界的序幕。次年,皇太极又致书朝鲜王朝国王,"吾二国人民,有私自越境采取者。以后当严守疆界,禁断私越"③,即以犯越之事为由提醒朝鲜王朝方面遵守界约,得到了朝鲜王朝的认同,从而再次为明确双方的分界达成了共识。此后,双方围绕两江界河展开了有关犯越、逃人遣还、边境开市贸易等一系列边务交涉事宜,而两江界约的规定也随之将朝鲜王朝长期以来主导维系的分界格局,逐渐变成了双方共信共守且具有同等约束力的分界准则。该分界准则在 1636 年的"丙子之役"后,得到了双方的进一步确认,即"(朝鲜王朝,引者注)作我藩屏,带河砺山不改"④。此时,清朝已经建立,双方维持此分界准则一直到清军入关以后。

不过,从清军入关前乃至清军入关后半个多世纪的时间里,朝鲜王朝与后金(清)之间虽有共同相守之界约,但实质上彼此遵循并互认的只是两江干流界河,而非整个两江。所谓"各守封疆",守的就是两江中的干流部分。尤其对于朝鲜王朝而言,整个两江作为天然疆界是其"沿江防御体系"布置在干流南岸而逐步塑造的结果,而后金(清)成立后也只好追认此既成事实。但是,除两江干流以外,还有一片江源区域。这里是长白山(朝鲜王朝一方称作白头山)主峰所在地,是鸭绿江、图们江以及松花江等河流的发源

---

① 《朝鲜光海君日记(中草本)》卷 49,十一年四月甲戌。
② 《朝鲜仁祖实录》卷 15,五年三月庚午。
③ 张存武、叶泉宏编《清入关前与朝鲜往来国书汇编(1619—1643)》,台湾"国史馆",2000,第 43 页。
④ 张存武、叶泉宏编《清入关前与朝鲜往来国书汇编(1619—1643)》,台湾"国史馆",2000,第 240 页。

地,属于"鸭—图"两江连陆地区,海拔高且常年积雪,不利于人们生产生活,因此"上下累百里,荒绝无人烟"①。简言之,这本是一片朝鲜王朝尚未涉足的地区。在后金(清)建国以前,该地区附近长期作为女真人活动的区域范围,甚至直到茂山府设立前夕,朝鲜王朝君臣还依然认为"白头在于胡地"②。故就朝鲜王朝而言,其对这个荒僻之地一直以来并没有足够的开发兴趣,事实上其也根本未作任何开发的准备。但对清朝来说,在其定鼎中原后,这里成为其崇祀祭奠的祖先发祥地。清康熙皇帝不仅多次派员亲往长白山祭祀,尤其还专门为编撰《大清一统志》、绘制《皇舆全览图》等事屡番派员造访长白山,其中就有要查明中朝疆界的计划,而当时犯越伤人事件多发,除了上述1685年的"三道沟事件",1710年(朝鲜肃宗三十六年,清康熙四十九年)又爆发了更为严重的"李万枝等人越境凶杀案",由此正好给了清朝查边勘界的理由。③ 清朝突然的勘界之举,着实令朝鲜王朝君臣一度始料未及;而朝鲜王朝君臣全力应对,反倒借此轻易地新获取了长白山地区的大片疆土。

1711年,康熙帝以"鸭绿江……土门江……以江为界……俱已明白,但鸭绿江、土门江二江之间地方知之不明"④,故特派清差乌喇总管穆克登前往长白山江源段勘察疆界,而朝鲜王朝君臣却"周旋防塞"⑤,予以阻挠。次年,穆克登再次奉命勘界,朝鲜王朝也随之制定好了对策,其中特别议定"彼人若以白头山南我国把守处谓之渠境,则甚为难处矣。我国既以豆、鸭两江为界,则毋论发源处与下流,水南皆当为我地,此可为执言而力争者……如有此争端,使之极力辨争"⑥。按照事先拟定的此对策,朝鲜王朝陪同官员开始随穆克登登山勘界。在会同勘界的过程中,穆克登果然问到有关两江江源区域如何分界之事,朝鲜王朝官员对称"长白山巅有一大池(即天池,引者注),东流为豆满江,西流为鸭绿江,大池之南即我小邦地

---

① 金指南:《北征录》,载陆洛现编《间岛领有权关系资料集2》,白山文化,1993,第11页。
② 《承政院日记》204册,显宗八年十月甲戌。
③ 李花子:《清朝与朝鲜关系史研究——以越境交涉为中心》,延边大学出版社,2006,第84~100页。
④ 《清圣祖仁皇帝实录》卷246,康熙五十年五月癸巳。
⑤ 《朝鲜肃宗实录》卷50,三十七年五月辛卯。
⑥ 《承政院日记》467册,三十八年三月辛卯。

界";当问到有何文书凭证,朝鲜王朝官员竟说"自上古以来立国之后以此为界,流传至今,儿童走卒无不知之,何待文书而为证乎";当又问到"长白山南连有把守乎",朝鲜王朝官员居然答道"此是山顶绝险之地,人迹不到,难容把守,故荒废空弃,有同大国栅门外之地耳"。① 几句问答中,尽显朝鲜王朝君臣对其重点关注的长白山天池以南地域的强烈诉求,甚至不惜隐瞒事实,妄图利用穆克登对这里不一定详知的预判,意欲浑水摸鱼、蒙混过关。结果,穆克登此后并未再过问此事,从而轻易地让朝鲜王朝君臣得偿所愿,使之暗自庆幸"白山以南,似无征地之虑"②。至于朝鲜王朝君臣为何会有如此诉求以及穆克登为何会有如此表现,李花子先生就此分别进行过深入的分析。她指出:在朝鲜王朝方面,一则出于疆土需求的考虑,二则出于对清朝的不信任与防备,才要极力争取长白山天池以南的空旷地;而在清朝方面,一则出于此次勘界的出发点是两国以两江为界的事实,以及两江发源于长白山天池的地理认识,二则出于对这片空旷地不如朝鲜王朝那样重视,只是为了制图分界的需要。③ 可以说,这正是当时朝鲜王朝与清朝对待突然新出现的协定分界事宜的各自真实反映。

会同勘界阶段结束后,穆克登根据皇命与朝鲜王朝官员在"鸭—图"两江江源指定水派之间共同"竖碑定界",并"眷送碑文,文曰'乌喇总管穆克登奉旨查边,审视至此,西流为鸭绿江,东流为土门江,于分水岭上勒石为记'云"④。立碑后,朝鲜王朝方面又根据穆克登的指示,在图们江源断流处设标以为凭据,并作为彼此以后的分界界线,即在立碑处以东"自上而下,无木而有石则筑石作墩,有木而无石则斫木设栅"⑤,直至与图们江源头一派水源相连,此水即红土山水。⑥ 经此立碑设标,除了让朝鲜王朝轻易获取的长白山天池以南土地得以确认,更为重大的意义即,清与朝鲜王朝之间不仅"鸭—图"两江江源得以正式分界,同时此前相沿成习并在丁卯、丙子两

---

① 金指南:《北征录》,载陆洛现编《间岛领有权关系资料集2》,白山文化,1993,第29页。
② 《朝鲜肃宗实录》卷51,三十八年五月丁酉。
③ 李花子:《清朝与朝鲜关系史研究——以越境交涉为中心》,延边大学出版社,2006,第106~112页。
④ 金指南:《北征录》,载陆洛现编《间岛领有权关系资料集2》,白山文化,1993,第44页。
⑤ 《朝鲜肃宗实录》卷52,三十八年十二月丙辰。
⑥ 李花子:《清代中朝边界史探研:结合实地踏查的研究》,中山大学出版社,2019,第96页。

役前后协议遵行的两江干流界河,也因此得到进一步确认。这标志着彼时中朝两国以包括江源段连陆地区在内的整个两江为界的状况,在双方共同协定、明文立约的方式下得到完全确立,亦即此两江自此完全成为双方法定划分的疆界。时至今日,中国与朝鲜民主主义人民共和国在尊重历史传统的前提下,仍在沿用这条中朝双方已相守、相约、传承数百年的界河。①

总之,"鸭—图"两江作为古代中朝自然界河,是在朝鲜王朝的主导下得以从逐步定型发展到完全确立。而也正因在这个过程中乃至以后,此两江从部分到整体的界河"身份"不断形成,并能长久保持大体稳定的状态,从而得以展现出其在历史中的重要意义。除曾作为"沿江防御体系"倚仗的边防天堑,而纯粹针对朝鲜王朝一方所具有的军事意义外,其对于朝鲜王朝前期以来的中朝双方还具有如下在政治、经济、文化等方面的意义:

第一,在政治上,该界河的存在与明晰,是朝鲜王朝前期以来中朝双方维护边疆稳定乃至睦邻友好关系的根本依据与重要前提。正所谓"大抵,彼此疆界有截然后,大小事情得无意外横生之弊"②,而即便"天朝(即明朝,引者注)之于我国(即朝鲜王朝,引者注),虽视同内服,无间彼此,而封疆有限,内外相截,天朝之人非因公干不得已者,则不可任意越境"③。故自明初初定以鸭绿江为界开始,以朝鲜王朝一方为代表除了不可擅自接纳明朝官民入境,更制定了严刑峻法禁止其本国官民肆意犯越。比如,针对"越境兴利者,勿论钱物多少,为首者典刑"。④ 此外,也有朝鲜王朝边民越江到"鸭—图"两江北岸进行耕垦、捕猎、伐木、采石等诸事,因不断有女真人袭击等风险,朝鲜王朝最后仍不得不予以严禁;甚至,朝鲜王朝军队还曾一度越境征剿过女真人,但如此行径并非常态,而且征剿过后即刻回师江南之地。随着自然界河的范围由鸭绿江向图们江全线扩展、定型乃至确立,朝鲜王朝以江作为禁防线也在逐渐延展,直至遍及整个两江干流。甚至到了明末清初之际,朝鲜王朝还形成了专门为江边禁防而设的沿江把守制度,并继

---

① 现今中朝双方通过谈判先后于1962年及1964年签订了两份边界条约,确定了当前"鸭—图"两江与长白山天池的边界状况。
② 《朝鲜宣祖实录》卷201,三十九年七月癸未。
③ 《朝鲜宣祖实录》卷203,三十九年九月辛卯。
④ 《朝鲜太宗实录》卷15,八年三月戊午。

续维系界河截然区分、不可犯越的原则。可见,正是有了这种稳定的疆界,彼时中朝双方才能在宗藩体制下长期保持和平共处、各尽义务的关系。尤其对朝鲜王朝而言,正因有如此疆界,不仅有利于其获得在疆土安全感上的保障,从而尽快融入明朝特别是清朝的"天下"体系中,更有利于其国家及社会的发展,对于其在"封疆"之下形成一个统一体的朝鲜民族更是作用甚大。

第二,在经济上,自然界河的逐步界定,客观上使得朝鲜王朝前期以来中朝双方得以有秩序地加强以义州、庆源、会宁等边贸城镇为中心的经济交往,间接促进了彼时生活在这些城镇附近的中朝双方各民族的不断发展。例如,从起初在鸭绿江沿岸仅偶尔以义州牧辖地作为牛、马与纺织品大宗贸易的输出地,以及在图们江岸首以古庆源府辖地作为盐、铁等有限商品的贸易地,①到后来涉及多种商品而在义州牧辖地近旁的鸭绿江内进行"中江开市"贸易,以及以庆源、会宁两地为中心的"北关开市"贸易,乃至随后形式与内容更加丰富却设于义州牧辖地对岸、清朝地界的"栅门后市"贸易。②可见,因界河渐趋稳定,彼时中朝双方随之进入边贸正常化轨道。而随着沿江贸易地点的增加、确定,以及贸易商品数量与品种的不断增多,双方经济交往的可观形势也不断升级,从而在整体上有力地推动了双边各民族的进步及区域社会的发展。其中尤其值得一提的是建州女真,其正是极大地受益于这种沿江贸易,社会才得以快速发展,进而在后来成为继统中国的清朝。

第三,自然界河的形成与确定,随着朝鲜王朝前期中朝双方经济交往的不断加强,固然得以以这些边贸城镇为平台,实现并不断强化双方的文化交融;但与此相较,更重要的是在政治上随着彼此疆域的分野形势渐明、禁防范围的扩大,双方民族文化的区分亦逐渐明朗。这可以两江南北地区的女真族的流向为突出例证。其中,江北的女真(满)族,随着后来清朝的建立与统一,得以将其民族文化逐渐与汉文化等其他民族文化相融合,成了今中

---

① 据《朝鲜太宗实录》卷11六年二月己卯条载:"初,野人至庆源塞下,市盐、铁、牛马。"可见庆源府辖地是朝鲜王朝建国以来,在其东北疆出现最早且较为重要的边贸地,更是当时唯一一一沿江边贸地。

② 关于明、清两代中朝贸易的发展历程,可参见《增补文献备考》卷164《市籴考二》中的记载。

华民族文化之一分子。而图们江以南的女真族,随着朝鲜王朝北拓进程的加速推动乃至以"沿江防御体系"确立疆界之后,其在逐渐融入朝鲜民族之时,其文化亦与朝鲜民族文化相融合,①成为今朝、韩两国民族文化中不可或缺的一分子。

  此外,"鸭—图"两江自然界河的形成及确立,除了所具有的上述种种历史意义,也对后世产生了深远影响。后来无论是在清光绪十一年(1885)的中朝共同勘界("乙酉勘界")中,还是在清光绪十三年(1887)的中朝共同勘界("丁亥勘界")中,乃至在1909年的《图们江中韩界务条款》签订以及1962年中朝划界中,都曾以穆克登定界以前的两江界河形成史作为历史依据,足见这段界河形成史在明清中朝疆界史中的地位。也正是因这段界河形成史所提供的历史依据,足以见证传承至今的中朝疆界的真正渊源。然而,历史发展的进程中却出现了一些有违上述历史实情的"谬论"。这正如,当1712年中朝双方勘界立碑后不久,朝鲜王朝竟为此出现了"坐失数百里疆土……国人犹恨不能以尹碑争执"②的"疆土得失论"。③ 到了19世纪末,朝鲜王朝继而又出现了所谓的"土门、豆满两江说"。更有甚者,这些"论说"后来在潜移默化中对国外学界相关认知所形成的持续性影响还经久不绝,乃至遗留至今。这些连贯性现象的出现,自然值得我们警惕。但至于为何会不断产生这些现象,更值得我们深思。本书所述正是从历史的角度回溯古代中朝"鸭—图"两江自然界河形成及确立的源流,这或许能对我们理解这些现象产生的缘由乃至根源提供一点启示。

---

  ① 孙进己、孙泓:《女真民族史》,广西师范大学出版社,2010,第313~318页。
  ② 徐荣辅等:《万机要览·军政编五·白头山定界·军旅大成》。其中,"尹碑"指的是高丽大将尹瓘在"九城之役"时的拓疆立碑处。
  ③ 这是18—19世纪朝鲜民族意识复兴期作用于疆土问题上的情绪表现,实质上也正是前述北拓意识的继承重现。参见李花子:《明清时期中朝边界史研究》,知识产权出版社,2011,第156页。

## 小结

自朝鲜世宗时代结束的15世纪中叶起,"鸭—图"两江自然界河在基本定型之后开始转入延续阶段。在此阶段,朝鲜王朝在图们江上游以南区域开启了茂山镇的建置历程,而同时一并进行的还有整个两江"沿江防御体系"的后续巩固。

茂山镇最早是在朝鲜世宗时期加紧构建"沿江防御体系"的形势下展开设置的。该镇初设于1433至1436年间,彼时仅是一个边堡(古茂山),辅助富宁镇重点防御位于其西部、图们江上游以南的女真人。1509年,茂山堡向西进行了首度移设,随同实际另有三堡移(复或增)设,从而稍稍扩展了朝鲜王朝的控制区。1603年,茂山堡(废茂山)因被选中作为抚制西部女真人的官定优势边贸地,而被升格为堂上佥使堡。1674年,因图们江上游以南的女真人西撤,在此地形成了势力真空区,吸引大批朝鲜王朝边民越入耕居,茂山堡二度移设于图们江上游南岸。1684年,茂山堡升格为都护府(茂山邑),完成建置。总的来说,茂山镇建置的主推力是防御问题,而朝鲜王朝渐趋衰退的边防军力乃至国力,是该镇建置被长期延迟的主要根源。茂山镇及辖下城防设施建置的完成,使得朝鲜王朝的"沿江防御体系"延伸至图们江上游南岸地区,从而标志着除江源地区外的图们江上游干流河段开始成为古代中朝自然界河。

茂山镇及辖下城防设施的建置,虽说助力朝鲜王朝开拓了图们江南岸的新区域,但毕竟只是整个"沿江防御体系"的一部分。整个体系可分为城防体系与驻防体系两大构成要素,朝鲜王朝后续对二者施以巩固之策,以维持体系的正常运行。其中,在城防体系的后续巩固方面,朝鲜王朝除实施了常态化的维护举措外,还随时根据边防需要,对一些重要的"骨干"工程及要害小堡、沿江行城、烽燧等江防辅助系统进行了妥善布置和规划调整。而在驻防体系的后续巩固方面,朝鲜王朝则继续推动徙民与南道赴防军加派政策的后续实施,并随后适时地加入了新的沿江把守制度。通过积极推行这些后续巩固措施,整个体系大体稳定地维持到17世纪的明末清初之际,甚至此后仍继续存留,由此使之前的"鸭—图"两江界河格局延续了下来,而这正是朝鲜王朝在该界河延续阶段再次发挥其主导者角色的结果。不过,这条延续下来的两江自然界河仅仅只有相沿成习的干流河段,而两江江源地区直到茂山府设置时仍处于尚未分界的状态。1712年,在遵循两江自然界河相沿成习状况的前提下,并基于此前后金(清)与朝鲜王朝之间分界交涉乃至相约"各守封疆"的基础上,清朝与朝鲜王朝首次针对江源地区立碑定界,正式完全确立了包括两江江源连陆地区在内的整个中朝自然疆界,并在后世一直承袭这种界河状况,直至今日。

"鸭—图"两江自然界河的稳定传承,对于朝鲜王朝前期以来(或明清以降)的中朝两国在政治、军事、经济、文化等多个方面都具有重要的历史意义,并对后世也产生了深远影响。

**附:《大东舆地图》中所展示与本章论述"茂山"设置有关的重要地名**
(以下括号内即为本章所述的对应地名)

**茂山镇辖属地名**:茂山(亇乙于施培,三峰坪,茂山府邑城);梁永万洞(新梁永万洞堡);丰山(新丰山堡);车逾岭(车逾岭)。

**会宁镇辖属地名**:会宁(会宁府邑城);甫乙下(云头城,新甫乙下堡);古烟台(古烟台烽燧);甫乙下(下甫乙下,甫乙下堡);古丰山(古丰山堡)。

**富宁镇辖属地名**:富宁(富宁府邑城);梁永万洞(梁永万洞堡);废茂山(芦坡,废茂山堡);茂山(古茂山堡);富居(古富居之地)。

**资料来源**:金正浩绘《大东舆地图(缩刷本)》二·二"会宁·钟城"、二·三"茂山"、三·二"富宁·镜城",(首尔)真善出版社(音译),2019。

# 结　　语

　　朝鲜王朝前期的北方经略经历了漫长而复杂的历史过程,并大体以15世纪中叶为分界线,整个过程可分为前后两个阶段。第一个阶段从朝鲜王朝建国初的14世纪末到15世纪中叶,但也离不开高丽王朝时代的北方经略作为朝鲜王朝进一步实施北方经略政策的重要前期基础,故可由此再往前追溯至高丽建国的10世纪初期;第二阶段从15世纪中叶到18世纪初,即大致截止到朝鲜肃宗三十八年(即清康熙五十一年,1712年)。按此时间节点划分,朝鲜王朝前期两个阶段的北方经略状况分别如下:

　　第一个阶段为朝鲜王朝的早期经略阶段。10世纪初期,高丽王朝建国时仅仅继承了统一新罗在大同江以南的疆域,而大同江以北则为辽朝管辖下的女真人居地。但高丽建国后迅速投入到开疆拓土的北方经略状态,向其北方大肆拓占疆土,不断挤压女真人的生存空间。高丽起初主要致力于其西北疆的经略,至11世纪前期(德宗年间)已将疆土扩展至鸭绿江南入海口附近,并修建了"千里长城"作为界线。12世纪初,高丽越过"千里长城"西北端,通过占领原为辽、金的保州城(改名为"义州")而得以全面拓疆至鸭绿江下游南岸地区,致使鸭绿江下游由此正式全面开启了成为古代中朝自然界河的历史。与此同时,高丽又尝试越过"千里长城"东南端,发动了"九城"开拓之役,结果以失败告终,元朝征服时期更是经历了疆界南移的变动。但这只是暂时的状况,到了14世纪中叶以后的高丽王朝末期,恭愍王代在朝鲜半岛的东北部和西北部分别皆进行了大规模的北拓经营,其中,尤以东北部最为突出。经此开拓,不仅致使鸭绿江中游界河初步形成,更造就了图们江以南疆界的剧变。显而易见,整个高丽时代的北方经略行动为后来朝鲜王朝在两江南岸全面施展北方经略政策,创造了基本的前提条件。

朝鲜王朝建立后不久,便立即接替高丽王朝开启了新的北方经略之路。截至15世纪初期,朝鲜王朝先是修建了孔州与甲州二城(1393年),其中,孔州城的修建象征图们江下游自然界河开始形成,并与甲州城一起共同作为朝鲜王朝以后分别向整个图们江南岸和鸭绿江上游南岸渗透的大本营。与此同时,朝鲜王朝也向鸭绿江中游南岸地区实施了继高丽王朝后的进一步开拓,而且连同丽末东北部的新开拓地域一并加强了行政巩固,从而在这个过程中亦使鸭绿江中游作为天然界河的状况变得更为稳固。随着鸭绿江中下游及图们江下游自然界河的逐步形成,朝鲜王朝得以分别向鸭绿江上游南岸地区与图们江中游南岸地区继续拓展经营,由此引发了"四郡六镇"的全面设置。1433年,朝鲜王朝分别以"阿木河事变"及"癸丑之役"为契机,依次在图们江中下游南岸(或以南)地区完成设立了庆源(1434年)、会宁(1434年)、钟城(1441年)、稳城(1441年)、庆兴(1443年)、富宁(1449年)"六镇(府)",以及在鸭绿江上游南岸地区完成设立了慈城(1433年)、闾延(1435年)、茂昌(1442年)、虞芮(1443年)"四郡"(其中,闾延为府)。"四郡六镇"的设置,再加上此前已初步形成的鸭绿江中下游界河,从而大体奠定了整个"鸭—图"两江自然界河形成的基础。与此同时,朝鲜王朝更以"四郡六镇"中的沿江诸邑为核心代表,构建起"沿江防御体系"。该体系主要包含两大构成要素,即由沿江邑城("骨干"工程)与江防辅助设施("枝叶"工程)共同构成的城防体系要素,和以徙民政策与南道赴防军加派为基本举措的驻防体系要素。其中,在城防体系方面,朝鲜王朝在两江南岸已总体构筑起布局合理且多为石筑坚城的20座沿江邑城,作为整个城防体系的核心力量,以及要害小堡、沿江行城(总计共建约合今136.4公里或138.3公里)与烽燧三类基本的江防辅助设施,作为主要配合沿江诸邑防御的辅助力量(即"江防辅助系统");这些城防设施成为整个体系得以构建的首要要素。在驻防体系方面,除犯罪徙民、流移民刷还等徙民方式外,朝鲜王朝还在北方的平安、咸吉两道大体按照"下三道—两界南部—沿江边地"渐次移徙的模式,集中且有序地实施了一系列规模较大的官方集体徙民行动,作为沿江边地防御的主要军力来源,以及向沿江边地增派了赴防正军与赴防甲士为核心军种的大量南道赴防军,作为沿江边地防御军力的补充;这些驻防军力成为搭配城防体系建设及防御至关重要的人力保障。该体系的大体构建成型,使得朝鲜王朝至 15 世纪中叶已完全占有了整个鸭绿江干流南岸疆土与图们江中下游干流南岸疆土,从而标志着整个鸭绿江干流自然界河和图们江中下游干流自然界河皆业已形成。从整个两江界河形成史长时段的角度来看,这象征"鸭—图"两江作为古代中朝天然疆界的格局已基本定型。

第二个阶段为朝鲜王朝的后续经略阶段。自世宗时代结束后(即 15 世纪中叶)起,朝鲜王朝的"沿江防御体系"进入到维持与巩固的历程,进而促使"鸭—图"两江界河也随之开始了延续的历程。在此历程中,出现了对"沿江防御体系"产生深刻影响的两个重大问题,一则为"废四郡"问题,二则为茂山镇的建置问题。其中,"废四郡"问题源于新建不久的"四郡"的撤废,当世宗时代刚刚结束,因受蒙古瓦剌部的活动等诸多因素的影响,"四郡"中闾延、虞芮、茂昌三邑先于世祖元年(1455)被撤废,剩下的慈城郡后又于世祖五年(1459)被撤废。"四郡"撤废后,空弃的"四郡"之地变成了所谓的"废四郡"地区,进而衍生出直到朝鲜王朝前期结束也未能彻底解决的"废四郡"问题。这主要是因为"废四郡"地区长期荒废,从而逐渐成为女真人天然的狩猎场,甚至后来更成了女真人优良的入居地,这是朝鲜王朝君臣绝对不能容忍的。为此,朝鲜王朝开始了对"废四郡"地区一波三折的长期维护历程,结果却维护失败。但恰好不久之后,一个历史偶然事件的发生,即受努尔哈赤崛起而要将女真人撤离居地的影响,朝鲜王朝又燃起了复取该地域的希望;这意味着其始终没有放弃拥有该地域的意识,根源就在于朝鲜王朝君臣对先代所拓疆域的历史记忆。

"四郡"的撤废是对朝鲜世宗时代已大体构建完善的"沿江防御体系"中鸭绿江上游防段的严重破坏,也是对彼时已形成的鸭绿江上游界河的严重冲击,只不过在朝鲜王朝的努力维护下,最终并未有损于整个体系,也未有损于整个界河。恰恰相反,"沿江防御体系"中图们江防段原本只防护在图们江中下游南岸地区,但因茂山镇的建置,而使防护的范围与规模出现较大程度地延展与扩充的态势。茂山镇初为会宁府辖下茂山万户堡(古茂山),初设于 1433 至 1436 年之间,后转隶于富宁府,负责协助富宁镇防御图们江上游以南的(车逾岭)岭外女真区,并与富宁镇连同会宁镇及辖下丰山堡(古丰山)共同结成了"会宁—富宁"间"联防线"。直到 1509 年,茂山镇因防御、民生等问题迎来了首度移设,随同移(复或增)设的还有甫乙下堡、丰山堡以及梁永万洞堡,并结成了"会宁—富宁"间新"联防线"。1603 年,茂山镇(废茂山)因作为防控岭外女真的特殊地位而被优选为针对这些女真人的官定边贸地,并由万户堡升为佥节制使堡。1674 年,因在岭外女真人撤离后,朝鲜王朝边民不断越入该区域耕垦居住,茂山镇迎来了二度移设,最终被移治于图们江上游南岸,并于 1684 年升为都护府(茂山邑),完成其建置历程。茂山镇北移图们江边,与为配合其防御而北移的梁永万洞堡(新梁永万洞)、丰山堡(新丰山)、甫乙下堡(新甫乙下)结成了新的沿江"联防线",直至与会宁镇所在的沿江五镇的江防布置实现防御对接,从而加入到"沿江防御体系"中,并使整个体系延伸至图们江上游南岸地区,即覆盖了整个图们江干流南岸地区。这标志着图们江干流河段至此已全部成为彼时中、朝间的自然界河;换言之,"鸭—图"两江为界的状况在此前已基本定型的基础上得到了进一步的发展,即大体实现以整个两江干流作为天然疆界。

当然,以上对"废四郡"地区的维护与茂山镇的建置,毕竟只是朝鲜王朝后续维持"沿江防御体系"的两大典型特例。除此之外,朝鲜王朝后续还对整个体系开展实施了全面化、长期化、系统化的巩固举措。这包括对体系中的两大构成要素即城防体系与驻防体系分别进行巩固。其中,针对城防体系的巩固,又包括维护与调整两个方面。即:在城防体系的后续维护方面,无论是北方边邑中作为"骨干"的沿江诸邑城,还是要害小堡、沿江行城、烽燧等江防"枝叶"工程,都被持续施以常态化维护;在城防体系的后续调整方面,这些沿江邑城及北方边地的各类"枝叶"工程则随时根据朝鲜王朝的需要得以妥善调整,像沿江邑城在 18 世纪初以前经调整延续下来 15 座,行城曾经在两江南岸共扩建的长度约合今 29.3 公里,而小堡和烽燧历经调整的数量更是不可胜数。针对驻防体系的巩固,则主要体现在继续实行徙民和南道赴防军加派政策,只不过徙民是以犯罪实边和流移民刷还为后续最重要且常行的方式,南道赴防军的派遣也从此前作为一种"弊政"而逐步走入常规化。此外,在徙民与南道赴防军加派二策之外,朝鲜王朝在明末清初还形成了沿江把守制度,作为前述二策持续主导施行到新的历史时期的有力补充,也是这一时期乃至此后新加入实施的关键驻防措施。通过上述城防体系与驻防体系的持续巩固,"沿江防御体系"得以在"鸭—图"两江南岸大体稳定地维持了下去,并一直持续到17世纪的明末清初之际,乃至此后仍有留存。尽管体系维持的整个过程并非一帆风顺,特别是因朝鲜王朝北方边防形势的改变、国力的减弱乃至国际局势的变化,使得体系在维护期内存在些许曲折,但至少在明末清初以前这个历史关键期,大体上完成了其作为朝鲜王朝固守两江干流南岸的主要依托与凭证的历史使命。这意味着,至少在明末清初以前,除江源地区以外的"鸭—图"两江干流界河,也因此真正以相沿成习的方式稳固地延续了下去。而到了明末清初之际,这两条相沿成习的干流界河又因彼时中朝双方以"各守封疆"的分界方式,使之正式成为双方协议公认的疆界。直到1712年,清差穆克登奉命勘界,与朝鲜王朝官员共同立碑定界,彻底将包括江源段在内的整个"鸭—图"两江界河连同二江在长白山连陆地区的分界,以双方明文约定的方式完全确立,并由此延传了下来。

综上所述,不难看出,朝鲜王朝井然有序的北方经略进程与"鸭—图"两江自然界河从形成直至确立的过程息息相关、如影随形。或者可以说,整个古代中朝两江界河全面而漫长的形成史,就是以朝鲜王朝循序渐进开拓及持之以恒的坚守为主导的北方经略史。只不过,朝鲜王朝的经略,除最初以高丽王朝的前期开拓为其继续经略的基础外,还往往受到其北部边疆自然环境、国际形势、自身国力的消长、女真民族的盛衰与动向等诸多因素的影响乃至桎梏,以至于其在经略并促成界河形成的整个过程中,呈现出如下规律或特征:

第一,总体而言,力图突破三面环海的地理条件对发展空间的限制、对北方土地所有的渴望以及便利防御的要求,是朝鲜王朝北方经略的根本目的,也是"鸭—图"两江自然界河得以早期形成及延续的主要根源。以设邑置堡、实行军事占领的方式达成拓疆,并积极维护拓疆所得,是朝鲜王朝北方经略的基本模式,也是其主导两江界河早期形成并延续的关键手段。巧借国际局势及边疆形势的变化而及时转变对策以达成拓疆,则是朝鲜王朝北方经略的"潜规则",也是导致整个两江天然疆界从逐步形成到最终完全确立的重要原因。

第二,发源于先代,且充分结合了自身独特需求而形成的北拓意识,是朝鲜王朝不断实施北方经略政策并拓疆至两江南岸的动力源泉。此意识主要来源于高丽王朝,最早更可追溯至统一新罗。只是,高丽王朝以高句丽的继承者自居,在其北拓意识的支配下,要重点占据取得靠近其"西京"平壤且便于开拓的朝鲜半岛西北部地区;而朝鲜王朝却要重点获取位于朝鲜半岛东北部的其王室"祖宗旧地"。

第三,与接壤大国的国家关系,以及边疆自然环境,是影响朝鲜王朝北方经略的两大客观因素。首先就前者而言,其中既包含有对其制约的一面,又有可以转化为对其有利的一面。因此,如何较好地处理特别是巧妙地利用与二者的关系以达到北拓经营之目的,不仅是朝鲜王朝,也是其前代要面对且必须解决的问题。何况,这往往还是关系到王朝安危、存续的大问题。比如,高丽前期,当面对视为"夷狄"的辽、金两朝政权,其虽充满"鄙夷"心态,却仍要采取灵活的实利外交,以称臣朝贡换取疆土实利。朝鲜王朝建立后,面对"心仪"之明朝,则更是主动"慕华",至诚"事大",由此赢得了明朝的信任优待,从而获得了诸如其太宗时期"十处女真人民准请"的疆土实利;而面对清朝,朝鲜王朝虽说是被迫称臣,但却因之得以保存其国,也维护了其既得的疆土权益。再就后者而言,不像高丽王朝时期开拓的区域主要是地理条件相对较为优越的朝鲜半岛西北部平原及东北部沿海地带,朝鲜王朝主要开拓的区域中大部分却是其平安、咸吉(镜)二道北部的高原、山地地带,地理条件相对较为恶劣,这就给其北拓经营带来较大的不利因素,从而在一定程度上影响了其在经略北疆过程中的战略制定。

第四,与北方女真民族的关系,虽说也是影响朝鲜王朝北方经略的另一大客观因素,但相较于上述两大客观因素,此因素最为重要,对朝鲜王朝北拓经营的影响最大、也最直接。这是因为朝鲜王朝乃至其前代高丽王朝所拓区域,原本都是女真民族世代居住的土地。所以,从高丽到朝鲜王朝的北拓经营史,就是对女真民族的驱赶、压迫乃至征剿的历史,或者说是女真民族自身的苦难与被迫迁徙的历史。然而也正因如此,女真人为了守护其家园而要对高丽尤其朝鲜王朝的大肆开拓予以抵抗,却成为迟滞乃至严重阻碍高丽特别是朝鲜王朝拓疆的关键制约因素。比如,高丽前期在其东北部的"九城"经略的失败,就是因女真人的抗击而导致的结果。到了朝鲜王朝时期,建州女真在鸭绿江中上游北岸与图们江两岸的出现及对抗,更成为朝鲜王朝无限度地发挥北拓意识的"噩梦";而这就迫使朝鲜王朝在不得不采取有别于高丽王朝的"北进"新战略的同时,其北拓的步伐则完全被阻挡在"鸭—图"两江一线以南,从而使两江自然界河的早期形成及延续在女真人的被动抵制中成为可能。

第五,在继承高丽王朝北方经略所得疆土的基础上,"北进"是朝鲜王朝之所以能够持续获取疆土的永恒主题。只不过,由于时代的变迁以及朝鲜王朝拓疆比高丽时期更加深入,造成了以上国际形势的变化与边疆自然环境的不同,加之更有女真人的阻挡,迫使朝鲜王朝及时进行了经略思想及战略方式上的调整。这正如,虽有来自高丽王朝纯粹的足可效仿的"北进"战略,但朝鲜王朝却仍要在新的背景形势的制约要求下,产生了"保国封疆"的总体经略思想,乃至为了"保国封疆"而要特别实施"北进"新战略。

第六,"四郡六镇"(含茂山镇)的设置是朝鲜王朝前期大力实施北方经略政策的重点与核心环节,也是朝鲜王朝实现自高丽前期初步北拓至鸭绿江下游南岸以来,全面完成以"鸭—图"两江干流为界的最关键一步,但也只是作为整个经略行动中所构建的"沿江防御体系"的重要组成部分,即整个体系才是最终决定两江干流自然界河基本定型乃至长期延续的具体表现形式与事实象征。该体系全面贯彻了朝鲜王朝的"保国封疆"思想,在朝鲜王朝为深入女真腹地而采取的历次北拓经营行动中,集中体现出以首重防御且步步为营的"北进"新战略为指导的原则,实乃促成"防御—北进—疆界"三者有机结合之终极载体,是"鸭—图"两江自然界河得以基本定型的最终标示物,也是朝鲜王朝作为促成此两江界河早期形成的主导者的重要印证。在体系后续维持的过程中,朝鲜王朝继续坚守"保国封疆"理念,通过对体系积极且长久的巩固举措,始终一以贯之地将体系维持在整个"鸭—图"两江干流南岸地区,从而保证了界河的稳固延续,也再次印证了朝鲜王朝在此两江界河延续期间,依然继续承担至为关键的主导者角色。

第七,随着"鸭—图"两江自然界河的不断形成,朝鲜王朝以此两江为界的观念在不断深化,附带对相邻的女真人也产生了相应影响。诚然,朝鲜王朝之所以会有如此观念,主要是在设置"四郡六镇"乃至构建"沿江防御体系"的过程中逐渐形成的。待界河基本定型之时,该观念也已成型,并不断深入朝鲜王朝后世君臣之心,使他们产生了全面保有两江以南疆土、固守两江疆界的意识。比如,朝鲜王朝对于"废四郡"地区的努力维护,在女真人撤离后针对茂山镇的二度移设,以及穆克登勘界时为获取长白山天池以南的大片疆土而提前制定好了对策等,都是该意识的典型体现。与此同时,正是基于朝鲜王朝有此意识并付诸实践,这对女真人形成以"鸭—图"两江为界的观念也产生了间接影响,故而当界河以相沿成习的方式延续至明末清初之时,崛起建国乃至入主中原之后金(清)才能与朝鲜王朝达成"各守封疆"的共识,直至最后完成立碑定界之约。

第八,最后还需强调一下明、清两朝身为宗主国的角色,对于朝鲜王朝前期的北方经略乃至彼时中朝自然界河形成及确立的作用。明朝在其辽东东、北部地区(特别是东部的中朝相邻地带),尽显了基于宗主国传统疆域认识中的两大特征(自我中心主义与"柔远"思想)的东北边疆观。这种观念是朝鲜王朝继高丽王朝后得以继续利用而完成拓疆,进而导致形成两江疆界格局的一个重要原因。这正如,朝鲜王朝从起初屡番利用明朝的"一视同仁,不分化外"而不断索取疆土,到后来开拓"四郡六镇"时则更是在明朝尚不知晓的情况下,才有机可乘、有疆可拓。当然,自明太祖起以之为代表的明朝君臣彼时实际认知的中朝界河主要是鸭绿江下游河段,该认知虽说对朝鲜王朝拓疆产生了一定的约束力,但这远远不够,而明朝统治下的女真子民之阻力,才是朝鲜王朝拓疆时的主要顾忌,也是迫使朝鲜王朝选择以"封疆"防御作为其北方边防基本国策的关键原因。清朝入关之初,虽说因"鸭—图"两江以北作为其发祥地域,而相较于明朝要重视得多,但此时的两江界河毕竟已从疆界基本定型的状态发展到整个干流疆界的全线形成,唯独剩下的江源区域却又在穆克登勘界时被朝鲜王朝轻易索取了长白山天池以南的土地,从某种程度上讲,这仍是宗主国的传统疆域认识在发挥作用。

总之,朝鲜王朝前期的北方经略,最终造就了"鸭—图"两江自然界河的形成乃至确立。整个经略历程弥久而曲折,对于彼时中朝两国的关系发展乃至双方各自的历史进程,都产生了相当重要的影响。尤其通过经略所促成的两江自然疆界,对此后的中朝后世全面开启法定划界的历史篇章更是影响深远,故而对该经略史的考察意义重大。不过,由于课题关注点所限,本书所述毕竟只是探讨了朝鲜王朝前期经略北疆的基本历程,此外还有朝鲜王朝后期如何继续施展经营管理其北疆的政策,乃至更多该领域的其他相关问题,都值得我们继续深入挖掘、思考。

# 附　　录

## A-1 "四郡六镇"(含茂山镇)设置线索图

四郡：

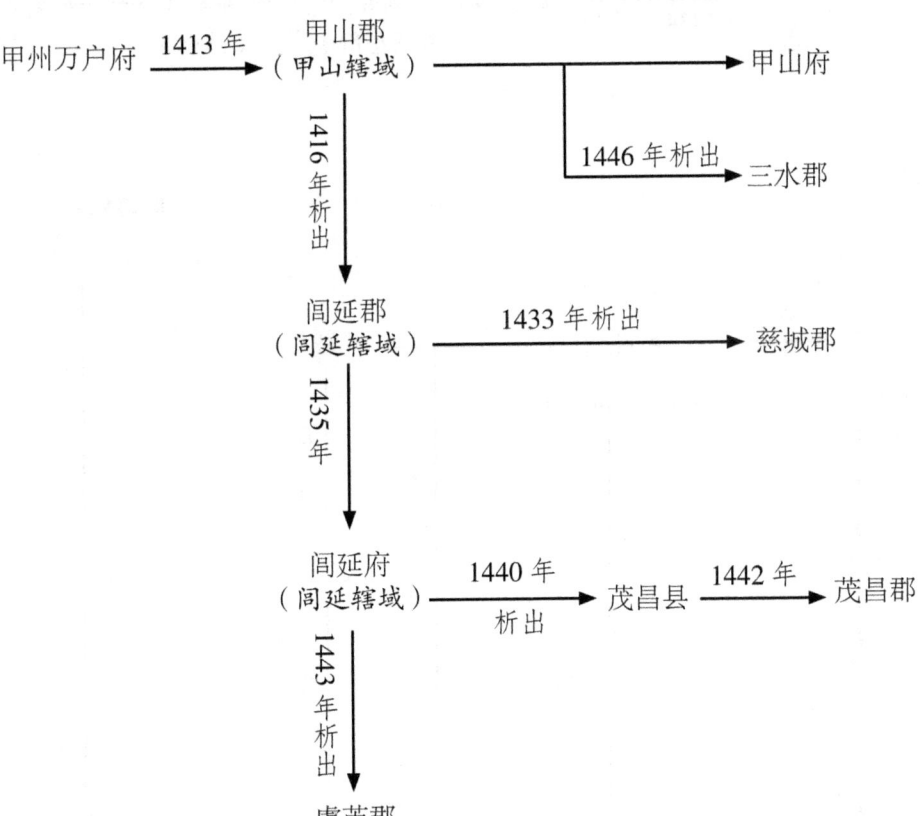

庆源镇：

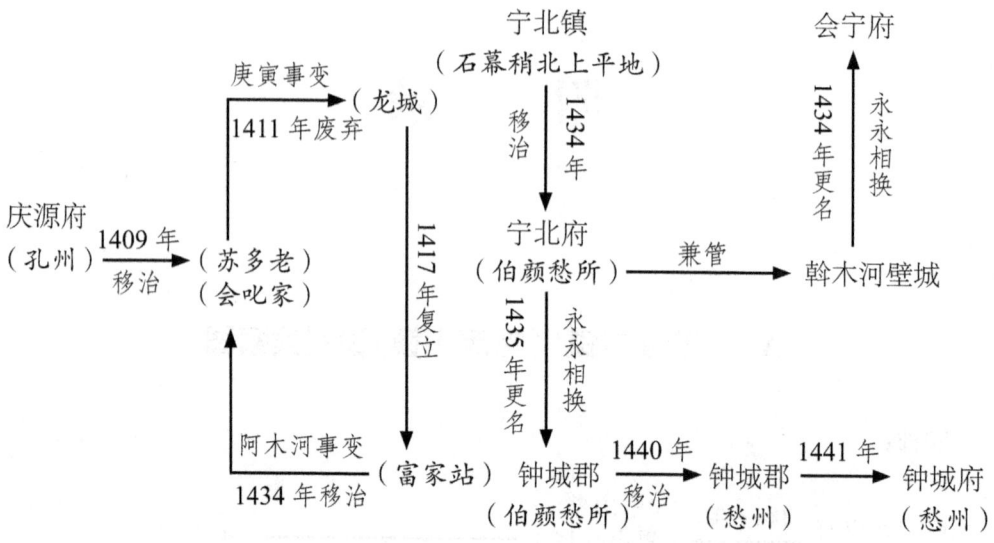

会宁镇与钟城镇：

庆兴镇：

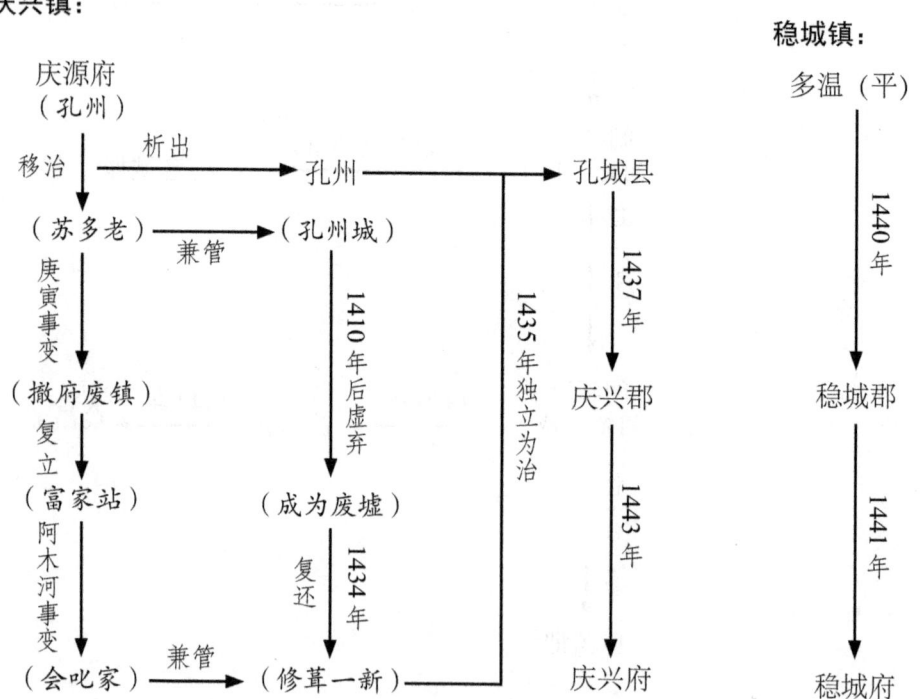

稳城镇：

附录 | 335

富宁镇：

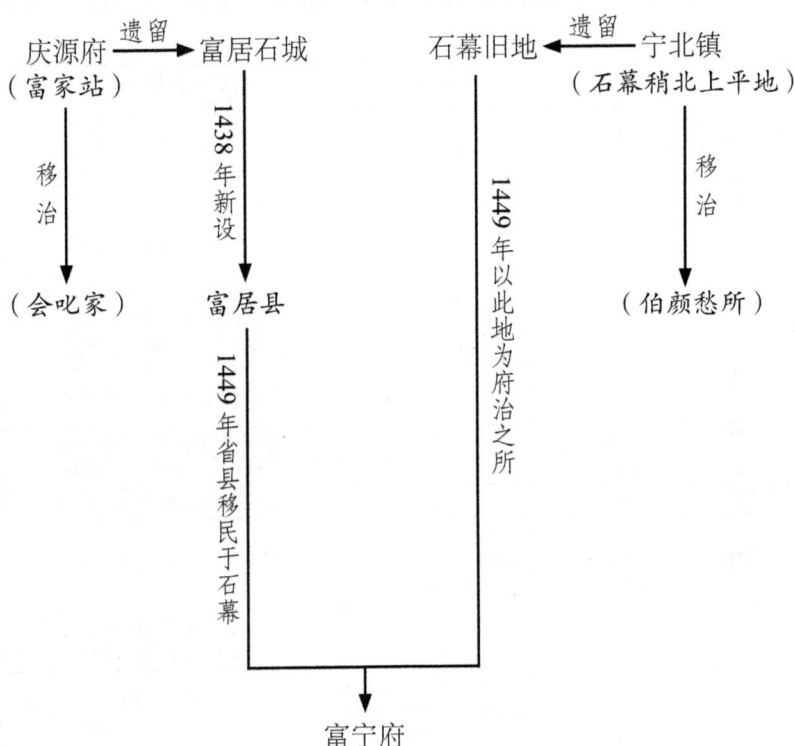

茂山镇：

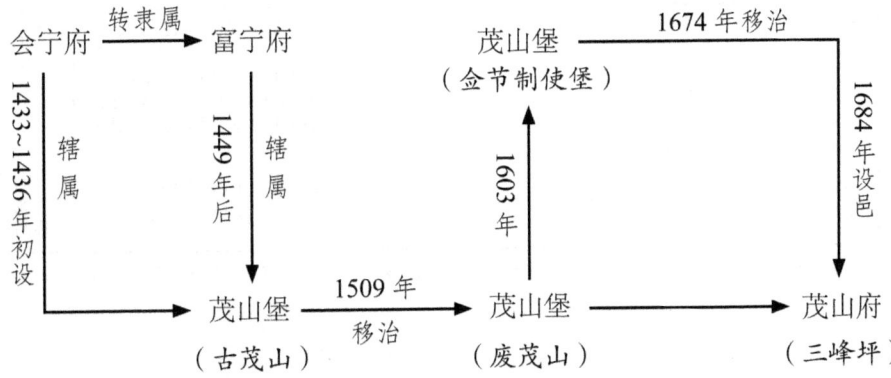

## A-2 朝鲜王朝沿江邑城("骨干"工程)建置情况表

| 邑城名 | 初设时间<br>(按初改为该邑名) | 石筑时间<br>(按初次完成造筑) | 各邑城大致相当于<br>在今朝鲜的位置 | 所归属的<br>两江防段 |
|---|---|---|---|---|
| 麟山郡 | 1413 | —— | 平安北道新义州市中心附近 | 鸭绿江干流下游南岸 |
| 义州牧 | 1117 | 1410 | 平安北道义州郡义州邑附近 | |
| 定宁郡 | 1396 | 1445(方山城) | 平安北道朔州郡方山里附近 | |
| 朔州府<br>(大朔州) | 1018 | 1410 | 平安北道大馆郡大馆邑附近 | 鸭绿江干流中游南岸 |
| 昌城府 | 1402 | 1402 | 平安北道昌城郡峰川里稍西之地<br>(旧称"城丰洞")附近 | |
| 碧潼郡 | 1403 | 1435以后 | 平安北道碧潼郡东主里附近 | |
| 理山郡<br>新理山 | 1447—1450 | —— | 慈江道楚山郡楚山邑附近 | |
| 渭原郡 | 1443 | 1444 | 慈江道渭原郡古城里附近 | |
| (江界府) | 1369 | 1402 | 慈江道江界市中心附近 | |
| (慈城郡) | 1433 | 1434 | 慈江道慈城郡慈城邑附近 | |
| 虞芮郡 | 1443 | 1442(原虞芮堡城)<br>1450(石城、壁城<br>相半,改筑) | 慈江道中江郡土城里附近 | 鸭绿江干流上游南岸 |
| 闾延府 | 1416 | 1431(石、土相半,<br>新城基) | 慈江道中江郡中德里稍北之地<br>(旧称"下长洞")附近 | |
| 茂昌郡 | 1440 | 1439(原上无路堡城)<br>1440以后(石城、壁城<br>相半,改筑) | 两江道金亨稷郡杜芝里稍北之地<br>(旧称"河山堡")附近 | |
| 三水郡 | 1446 | 1440(原三水堡城) | 两江道金贞淑郡金贞淑邑附近 | |
| (甲山郡) | 1413 | 1437(虚川城) | 两江道甲山郡甲山邑附近 | |
| 会宁府 | 1434 | 1436 | 咸镜北道会宁市中心附近 | 图们江干流中游南岸 |
| 钟城府 | 1435 | —— | 初设地:咸镜北道会宁市行营里附近;<br>终设地:咸镜北道稳城郡钟城劳动者区<br>附近 | |
| 稳城府 | 1440 | | 咸镜北道稳城郡稳城邑附近 | |
| 庆源府 | 1398 | 1401(初设)<br>1437(终设) | 初设地:咸镜北道罗先市四会里<br>稍东之地(旧称"古邑洞")附近<br>终设地:咸镜北道塞别郡城内里附近 | |
| 庆兴府 | 1437 | 1437(更作该邑名后) | 咸镜北道罗先市四会里稍东之地<br>(旧称"古邑洞")附近 | 图们江干流下游南岸 |

注:本表时间截止至朝鲜世宗时代结束(1450年)以前。此外,邑城名加括号表示该邑城仅辖城沿江。

## A-3 朝鲜王朝沿江各邑所属要害小堡建置情况表(部分)

| 堡名 | 是否为万户堡 | 是否临江 | 初置时间(万户堡按设为"万户"的时间) | 行政归属(按各堡所在地的隶属邑城划分) |
|---|---|---|---|---|
| 暗林堡 | 是 | 是 | 1442 | 义州牧 |
| 箭竹洞堡 | 是 | 是 | 1442 | 义州牧 |
| 宝镇场堡 | 是 | 是 | 1442 | 义州牧 |
| 水口堡 | 是 | 是 | 1442 | 义州牧 |
| 方山堡 | 否 | 是 | 1440以前 | 定宁郡 |
| 青(清)水堡 | 是 | 是 | 1437 | 定宁郡 |
| 仇宁堡 | 否 | 是 | 1440 | 定宁郡 |
| 小朔州堡 | 否 | 是 | 1437以前 | 朔州府 |
| 头乞理堡 | 是 | 是 | 1442 | 昌城府 |
| 昌洲堡 | 是 | 是 | 1437 | 昌城府 |
| 碧团堡 | 是 | 是 | 1437 | 碧潼郡 |
| 大坡(波)儿堡 | 是 | 是 | 1442 | 碧潼郡 |
| 小坡(波)儿堡 | 是 | 是 | 1442 | 碧潼郡 |
| 阿耳堡 | 是 | 是 | 1442 | 碧潼郡 |
| 山羊会堡 | 是 | 是 | 1437 | 理山郡 |
| 央土里堡 | 否 | 是 | 1439以前 | 理山郡 |
| 都乙汉堡 | 是 | 是 | 1442 | 渭原郡 |
| 烽火台堡 | 是 | 是 | 1442 | 渭原郡 |
| 高山里堡 | 是 | 是 | 1437 | 江界府 |
| 满浦堡 | 是 | 是 | 1443 | 江界府 |
| 馀屯堡 | 是 | 是 | 1442 | 江界府 |
| 楸坡堡 | 是 | 否 | 1442 | 江界府 |
| 池宁怪堡 | 是 | 是 | 1442 | 慈城郡 |
| 西海(解)堡 | 是 | 是 | 1437 | 慈城郡 |
| 虚空桥堡 | 否 | 是 | 1442以前 | 慈城郡 |
| 小甫里堡 | 否 | 是 | 1432以前 | 慈城郡 |
| 泰日堡 | 是 | 是 | 1442 | 虞芮郡 |
| 虞芮堡 | 是 | 是 | 1442 | 虞芮郡 |

| 堡名 | 是否为万户堡 | 是否临江 | 初置时间（万户堡按设为"万户"的时间） | 行政归属（按各堡所在地的隶属邑城划分） |
|---|---|---|---|---|
| 小虞芮堡 | 是 | 是 | 1442 | 虞芮郡 |
| 赵明干堡 | 是 | 是 | 1437 | 虞芮郡 |
| 榆坡堡 | 是 | 是 | 1442 | 虞芮郡 |
| 下无路堡 | 是 | 是 | 1442 | 闾延府 |
| 薰豆堡 | 是 | 是 | 1442 | 闾延府 |
| 家舍洞堡 | 是 | 是 | 1442 | 茂昌郡 |
| 上无路堡 | 是 | 是 | 1436 | 茂昌郡 |
| 甫山堡 | 是 | 是 | 1442 | 茂昌郡 |
| 加(茄)乙坡(波)知堡 | 否 | 是 | 1443 | 三水郡 |
| 罗暖堡 | 否 | 是 | 世宗朝末期 | 三水郡 |
| 三水堡 | 是 | 是 | 1441 | 三水郡 |
| 仁(因)遮外堡 | 否 | 是 | 1443 | 甲山郡 |
| 惠山堡 | 否 | 是 | 1421以前 | 甲山郡 |
| 高郎歧堡 | 否 | 否 | 1423 | 会宁府 |
| 茂山堡 | 是 | 否 | 1440以前 | 会宁府 |
| 丰山堡 | 否 | 否 | 1436以前 | 会宁府 |
| 元(圆)山堡 | 否 | 否 | 1436以前 | 会宁府 |
| 高岭堡 | 是 | 是 | 1443—1445 | 会宁府 |
| 雍熙堡 | 否 | 是 | 1441 | 会宁府 |
| 防垣堡 | 是 | 是 | 1448以前 | 钟城府 |
| 东丰堡 | 否 | 否 | 1441 | 钟城府 |
| 西丰堡 | 否 | 否 | 1441 | 钟城府 |
| 鹰谷堡 | 否 | 否 | 1441 | 钟城府 |
| 潼(童)关堡 | 是 | 是 | 1441 | 钟城府 |
| 时建堡 | 否 | 否 | 1445以前 | 稳城府 |
| 乐土堡 | 否 | 否 | 1441 | 稳城府 |
| 周原堡 | 否 | 是 | 1441 | 稳城府 |
| 丰川堡 | 否 | 是 | 1441 | 稳城府 |
| 训戎堡 | 否 | 是 | 1441 | 庆源府 |
| 镇北堡 | 是 | 是 | 1441 | 庆源府 |
| 古乾原(元)堡 | 是 | 否 | 1440以前 | 庆源府 |

| 堡名 | 是否为万户堡 | 是否临江 | 初置时间（万户堡按设为"万户"的时间） | 行政归属（按各堡所在地的隶属邑城划分） |
|---|---|---|---|---|
| 吾弄草堡 | 是 | 是 | 1441 | 庆源府 |
| 古阿山堡 | 否 | 否 | 1441 | 庆源府 |
| 古阿吾知（地）堡 | 否 | 是 | 1410以前 | 庆源府 |
| 抚夷堡 | 否 | 是 | 1436以前 | 庆兴府 |
| 镇边堡 | 否 | 是 | 1441 | 庆兴府 |

**注：** 本表时间截止至朝鲜世宗时代结束（1450年）以前。此外，其中有个别小堡（如优宁堡、泰日堡、赵明干堡、榆坡堡等），因原属邑治辖地内设立新邑治，而与所在地一并转归新邑治辖属；同时，也有个别小堡（如方山堡、虞芮堡、上无路堡、三水堡等），是直接原地升格为邑治，故所在地就在其升邑后的辖属范围内。

## A-4 朝鲜王朝平安、咸吉两道沿江行城("长城")构筑情况表

| 构筑时间 | 构筑区域 | 所归属的两江防段 | 构筑长度 |
| --- | --- | --- | --- |
| 1440年九月 | 平安道闾延府赵明干口子行城 | 鸭绿江干流上游南岸 | 56755尺 |
| 1440年九月 | 平安道碧潼郡碧团口子行城 | 鸭绿江干流中游南岸 | 36014尺 |
| 1441年三月 | 平安道赵明干行城 | 鸭绿江干流上游南岸 | 石筑50947尺<br>设鹿角城5807尺7寸<br>(疑为上一年数据的重复细分,不计入总长) |
| 1441年三月 | 平安道碧团行城 | 鸭绿江干流中游南岸 | 石筑30795尺6寸<br>设鹿角城5218尺4寸<br>(疑为上一年数据的重复细分,不计入总长) |
| 1441年九月 | 咸吉道稳城府行城 | 图们江干流中游南岸 | 石筑85205尺<br>设鹿角城46717尺 |
| 1442年三月 | 平安道赵明干行城(修筑颓圮处) | 鸭绿江干流上游南岸 | 24110余尺<br>(非新筑,不计入总长) |
| 1442年三月 | 平安道虞芮口子行城 | 鸭绿江干流上游南岸 | 10590余尺 |
| 1442年三月 | 平安道慈城郡地(池)宁怪口子行城 | 鸭绿江干流上游南岸 | 3090余尺 |
| 1442年三月 | 平安道江界府满浦口子行城 | 鸭绿江干流中游南岸 | 15675尺 |
| 1442年三月 | 平安道江界府高山里口子行城 | 鸭绿江干流中游南岸 | 12619尺 |
| 1442年三月 | 咸吉道稳城府行城 | 图们江干流中游南岸 | 16970余尺<br>削土14460余尺 |
| 1442年三月 | 咸吉道钟城府行城 | 图们江干流中游南岸 | 2370余尺<br>削土2630尺 |
| 1443年三月 | 平安道昌城府昌州(洲)口子行城 | 鸭绿江干流中游南岸 | 石筑18804尺<br>设鹿角城2769尺 |

| 构筑时间 | 构筑区域 | 所归属的两江防段 | 构筑长度 | |
|---|---|---|---|---|
| 1443年九月 | 咸吉道稳城府行城 | 图们江干流中游南岸 | 石筑380尺 | 削土2219尺 设鹿角城175尺 |
| 1443年九月 | 咸吉道钟城府行城 | 图们江干流中游南岸 | 石筑19917尺 | |
| 1444年四月 | 平安道渭原郡行城 | 鸭绿江干流中游南岸 | 3598尺 | |
| 1445年正月 | 平安道慈城郡西解岘至时番(反)川、泰日洞口至北边洞口行城 | 鸭绿江干流上游南岸 | 石筑5308尺 削土900尺 | |
| 1445年七月 | 咸吉道钟城府北啸岩至府南烟台峰行城 | 图们江干流中游南岸 | 石筑24540尺 削土20500尺 设鹿角城、杙木3680尺 | |
| 1446年正月 | 咸吉道钟城府啸岩等处行城 | 图们江干流中游南岸 | 石筑370尺 削土2537尺 | |
| 1446年二月 | 平安道碧潼郡大波(坡)儿主路南峰至松林口子行城 | 鸭绿江干流中游南岸 | 石筑37379尺 削土8070尺 | |
| 1446年二月 | 平安道定宁郡玉冈(江)洞口古长城基至东毛老行城 | 鸭绿江干流下游南岸 | 石筑2000尺 | |
| 1446年七月 | 咸吉道钟城府南甫罗大家烟台毛老至细川洞口行城 | 图们江干流中游南岸 | 石筑11834尺 削土55133尺 | |
| 1446年七月 | 咸吉道会宁府北细川洞口至斡朵里束时家峰头行城 | 图们江干流中游南岸 | | |
| 1447年正月 | 平安道碧潼郡小波(坡)儿松林岘至非所里平行城 | 鸭绿江干流中游南岸 | 石筑14471尺 削土8178尺 | |
| 1447年正月 | 平安道定宁郡玉刚(江)洞口至獐项峰行城 | 鸭绿江干流下游南岸 | 石筑3153尺 削土1500尺 | |
| 1447年七月 | 咸吉道会宁府北束时家南峰至吾都里金瑞家之里行城 | 图们江干流中游南岸 | 石筑8749尺 削土41789尺 | |
| 1447年七月 | 咸吉道三水郡西鱼洞(面)江口至桑木原行城 | 鸭绿江干流上游南岸 | 石筑3050尺 | |
| 1448年七月 | 咸吉道会宁府北至邑城前平(坪)江边行城 | 图们江干流中游南岸 | 石筑12662尺 削土17812尺 设杙800尺 | |
| 1448年七月 | 咸吉道甲山郡西池巷浦洞口至古军营行城 | 鸭绿江干流上游南岸 | 石筑3046尺 削土250尺 | |
| 1449年正月 | 平安道理山郡央土里至渭原郡行城 | 鸭绿江干流中游南岸 | 石筑7478尺 削土11660尺 设杙400尺 | |
| 1450年闰正月 | 平安道义州牧城北至九龙渊行城 | 鸭绿江干流下游南岸 | 6720尺 | |

注：本表时间截止至朝鲜世宗时代结束(1450年)以前。

## A-5 朝鲜王朝"沿江防御体系"之城防体系调整情况表

| 沿江邑城名称 | 沿江邑城调整情况 | 沿江邑城辖下长期存续的重要临江小堡 | 沿江邑城辖下续修的沿江行城("长城") | 所归属的两江防段 |
|---|---|---|---|---|
| 麟山郡 | 1455年撤郡为堡，隶属义州牧 | —— | —— | 鸭绿江干流下游南岸 |
| 义州牧 | 长期存续 | 麟山堡<br>乾川堡<br>水口堡<br>玉江堡<br>方山堡<br>清(青)城堡<br>青(清)水堡 | 九龙渊行城10617尺；镇前西隅482尺、都魏洞345尺、无仇洞365尺、和仓洞口263尺、冷井洞83尺、鸺鹠迁洞228尺，共6处行城，总1766尺 | 鸭绿江干流下游南岸 |
| 定宁郡 | 1457年革除，治地归隶义州牧 | —— | —— | |
| 朔州府（小朔州） | 长期存续（1466年移治于小朔州） | 仇宁堡 | 仇宁堡东行城1201尺，西行城162尺，总1363尺 | |
| 昌城府 | 长期存续 | 甲岩[川]堡<br>云头里[山]堡<br>庙洞堡<br>于汀(丁)[滩]堡<br>昌洲堡<br>大吉(失)号里堡 | 姑林烟台底1225尺、失号里洞口1400尺、徐加洞406尺，共3处行城，总3031尺 | |
| 碧潼郡 | 长期存续 | 小吉(失)号里堡<br>碧团堡<br>楸仇非堡<br>大坡(波)儿堡<br>小坡(波)儿堡<br>广坪堡 | —— | 鸭绿江干流中游南岸 |
| 理山郡<br>新理山 | 长期存续 | 阿耳堡<br>山羊会堡 | —— | |
| 渭原郡<br>新渭原 | 长期存续（1483年移治于原治所西7里） | 加乙轩(罕)洞堡<br>直[叱]洞堡<br>吾老梁堡 | —— | |
| （江界府） | 长期存续 | 高山里堡<br>伐登[浦]堡<br>满浦堡 | —— | |

| 沿江邑城名称 | 沿江邑城调整情况 | 沿江邑城辖下长期存续的重要临江小堡 | 沿江邑城辖下续修的沿江行城("长城") | 所归属的两江防段 |
|---|---|---|---|---|
| (慈城郡) | 1459年撤废 | —— | —— | 鸭绿江干流上游南岸 |
| (虞芮郡) | 1455年撤废 | —— | —— | 鸭绿江干流上游南岸 |
| (闾延府) | 1455年撤废 | —— | —— | 鸭绿江干流上游南岸 |
| (茂昌郡) | 1455年撤废 | —— | —— | 鸭绿江干流上游南岸 |
| 三水府(新三水) | 长期存续(1630年移治于积生驿) | 旧加(茄)乙坡(波)知堡 / 新加(茄)乙坡(波)知堡 / 小农堡 / 罗暖堡 / 仁(因)遮外堡 | —— | 鸭绿江干流上游南岸 |
| (甲山府) | 长期存续 | 惠山堡 | 虚川行城2360尺 | 鸭绿江干流上游南岸 |
| 茂山府 | 1674年新设于图们江边,1684年升府 | 新梁永万洞堡 / 新丰山堡 | —— | 图们江干流上游南岸 |
| 会宁府 | 长期存续 | 新甫乙下堡 / 高岭堡 | 邑城前坪至秃山烽燧行城不超过32400尺;高岭堡行城8805尺;自秃山烽燧以西(或西南)退筑行城19880尺 | 图们江干流上游南岸 |
| 钟城府 | 长期存续 | 防垣堡 / 潼关堡 | —— | 图们江干流上游南岸 |
| 稳城府 | 长期存续 | 永建(达)堡 / 柔远堡 / 美钱堡 / 黄拓(柘)坡堡 | 所要项至浦项行城43808尺,所要项至汁浦行城8522尺,总52330尺;美钱烽燧至东水口行城8345尺 | 图们江干流中游南岸 |
| 庆源府 | 长期存续 | 训戎堡 / 安原堡 / 乾元堡 / 阿山堡 | —— | 图们江干流中游南岸 |
| 庆兴府 | 长期存续 | 抚夷堡 / 造山[浦]堡 / 西水(修)罗堡 | —— | 图们江干流下游南岸 |

注:本表时间起止是从朝鲜世宗时代结束(1450年)以后至18世纪初。此外,邑城名加括号表示该邑城仅辖域沿江。

# 主要参考文献

## 一、著作

[1] 津田左右吉.朝鲜历史地理[M].东京:南满洲铁道株式会社,1913.

[2] 园田一龟.明代建州女直史研究[M].东京:国立书院,1948.

[3] 园田一龟.明代建州女直史研究:续篇[M].东京:东洋文库,1953.

[4] 李仁荣.韩国满洲关系史的研究[M].汉城:乙酉文化社,1954.

[5] 和田清.东亚史研究:满洲篇[M].东京:东洋文库,1955.

[6] 金英夏.国史的研究[M].汉城:博友社,1958.

[7] 朴容大等.增补文献备考[M].汉城:明文堂,1959.

[8] 孟森.明清史论著集刊[M].北京:中华书局,1959.

[9] 承政院日记[M].汉城:韩国国史编纂委员会,1961—1977.

[10] 明实录[M].台北:"中央研究院"历史语言研究所,1962.

[11] 陈子龙等.明经世文编[M].北京:中华书局,1962.

[12] 池内宏.满鲜史研究:中世第3册[M].东京:吉川弘文馆,1963.

[13] 李肯翊.燃藜室记述[M].汉城:韩国民族文化推进会,1966—1967.

[14] 金宗瑞等.高丽史节要[M].汉城:韩国民族文化推进会,1968.

[15] 魏焕.皇明九边考[M].台北:台湾华文书局,1969.

[16] 郑晓.皇明四夷考[M].台北:台湾华文书局,1969.

[17] 李相佰.韩国史:近世前期篇[M].汉城:乙酉文化社,1969.

[18] 李荇等.新增东国舆地胜览[M].汉城:韩国民族文化推进会,1969—1970.

[19] 朝鲜王朝实录[M].影印缩刷版.汉城:韩国国史编纂委员会,1970.

[20]徐荣辅等.万机要览[M].汉城:韩国民族文化推进会,1971.

[21]权踶等.龙飞御天歌[M].汉城:亚细亚文化社,1972.

[22]池内宏.满鲜史研究:近世篇[M].东京:中央公论美术出版社,1972.

[23]舆地图书[M].汉城:韩国国史编纂委员会,1973.

[24]李瑄根.大韩国史[M].汉城:新太阳社,1973.

[25]脱脱等.辽史[M].北京:中华书局,1974.

[26]张廷玉等.明史[M].北京:中华书局,1974.

[27]郑允容.北路纪略[M].汉城:亚细亚文化社,1974.

[28]脱脱等.金史[M].北京:中华书局,1975.

[29]朝鲜科学院历史研究所.朝鲜通史:上卷[M].吉林省哲学社会科学研究所,译.长春:吉林人民出版社,1975.

[30]尹甲植.李朝相臣史[M].汉城:东明社,1975.

[31]宋濂等.元史[M].北京:中华书局,1976.

[32]金正浩.大东地志[M].汉城:亚细亚文化社,1976.

[33]李相玉,金显吉.韩国史新讲[M].汉城:理工图书出版社,1976.

[34]赵尔巽等.清史稿[M].北京:中华书局,1977.

[35]李贤等.大明一统志[M].台北:台联国风出版社,1977.

[36]韩国古地图[CM].汉城:韩国图书馆学研究会,1977.

[37]孙弘烈.图说韩国史[M].汉城:玄岩社,1977.

[38]河炫纲.韩国的历史[M].汉城:新丘文化社,1979.

[39]朝鲜社会科学院历史研究所.朝鲜全史[M].平壤:朝鲜科学·百科辞典出版社,1979—1982.

[40]吴晗.李朝实录中的中国史料[G].北京:中华书局,1980.

[41]张天复.皇舆考[M].台北:"国立中央"图书馆,1981.

[42]张博泉,苏金源,董玉瑛.东北历代疆域史[M].长春:吉林人民出版社,1981.

[43]孟森.明清史讲义[M].北京:中华书局,1981.

[44]李炫熙,郑国老.韩国史概论[M].汉城:日新社,1981.

[45]梁泰镇.韩国的国境研究[M].汉城:同和出版公社,1981.

[46]杨旸,袁闾琨,傅朗云.明代奴儿干都司及其卫所研究[M].郑州:中州书画社,1982.

[47]谭其骧.中国历史地图集[CM].北京:中国地图出版社,1982—1987.

[48]王其榘.明实录·邻国朝鲜篇资料[G].北京:中国社会科学院中国边疆史地研究中心,1983.

[49]傅朗云,杨旸.东北民族史略[M].长春:吉林人民出版社,1983.

[50]李载龒,柳永烈.韩国史大系5:朝鲜前期[M].汉城:三珍社,1983.

[51]李丙焘.韩国史大观[M].汉城:东方图书,1983.

[52]闵贤九.朝鲜初期的军事制度与政治[M].汉城:韩国研究院,1983.

[53]潘喆,李鸿彬,孙方明.清入关前史料选辑(一)[G].北京:中国人民大学出版社,1984.

[54]清实录[M].北京:中华书局,1985.

[55]崔恒等.经国大典[M].汉城:景仁文化社,1985.

[56]李章熙.韩国史概说[M].汉城:探求堂,1985.

[57]李健才.明代东北[M].沈阳:辽宁人民出版社,1986.

[58]李健才.东北史地考略[M].长春:吉林文史出版社,1986.

[59]孟森.明清史论著集刊续编[M].北京:中华书局,1986.

[60]潘允洪.朝鲜时代史论讲[M].汉城:教文社,1986.

[61]边太燮.韩国史通论[M].汉城:三英社,1986.

[62]董万仑.东北史纲要[M].哈尔滨:黑龙江人民出版社,1987.

[63]张存武.清代中韩关系论文集[M].台北:台湾商务印书馆,1987.

[64]韩国教养国史研究会编.故事韩国史[M].汉城:菁莪出版社,1987.

[65]李元淳,崔柄宪,韩永愚.韩国史[M].詹卓颖,译.台北:幼狮文化事业股份有限公司,1987.

[66]梁泰镇.韩国边境史研究[M].汉城:法经出版社,1989.

[67]徐兢.宣和奉使高丽图经[M].朴庆辉,标注.长春:吉林文史出版社,1991.

[68]李国祥,杨昶.明实录类纂:涉外史料卷[G].武汉:武汉出版社,1991.

[69]薛虹,李澍田.中国东北通史[M].长春:吉林文史出版社,1991.

[70]梁泰镇.韩国领土史研究[M].汉城:法经出版社,1991.

[71]严从简.殊域周咨录[M].余思黎,点校.北京:中华书局,1993.

[72]金指南.北征录[M]//陆洛现.间岛领有权关系资料集2.汉城:白山文化,1993.

[73]杨昭全,孙玉梅.中朝边界史[M].长春:吉林文史出版社,1993.

[74]贾敬颜.东北古代民族古代地理丛考[M].北京:中国社会科学出版社,1994.

[75]南九万.药泉集[M]//影印标点韩国文集丛刊:第131—132册.汉城:韩国民族文化推进会,1994.

[76]刘永智.东北亚研究——中朝关系史研究[M].郑州:中州古籍出版社,1994.

[77]李基白.韩国史新论[M].厉帆,译.厉以平,译校.北京:国际文化出版公司,1994.

[78]车文燮.朝鲜时代军制研究[M].汉城:檀大出版社,1995.

[79]姜孟山,刘子敏,金荣国.中国正史中的朝鲜史料[G].延吉:延边大学出版社,1996.

[80]吉林省社会科学院韩国独立运动研究中心.中朝关系通史:古代卷[M].长春:吉林人民出版社,1996.

[81]李汉基.韩国的领土:关于领土取得的国际法的研究[M].汉城:韩国汉城大学校出版部,1996.

[82]葛剑雄.中国历代疆域的变迁[M].北京:商务印书馆,1997.

[83]方东仁.韩国的国境划定研究[M].汉城:一潮阁,1997.

[84]朴真奭等.朝鲜简史[M].延吉:延边大学出版社,1998.

[85]刘惠云.朝鲜·韩国地图册[CM].北京:中国地图出版社,1998.

[86]姜龙范,刘子敏.明代中朝关系史[M].哈尔滨:黑龙江朝鲜民族出版社,1999.

[87]张存武,叶泉宏.清入关前与朝鲜往来国书汇编(1619—1643)[G].台北:台湾"国史馆",2000.

[88]姜龙范.近代中朝日三国对间岛朝鲜人的政策研究[M].哈尔滨:

黑龙江朝鲜民族出版社,2000.

[89]马大正.中国边疆经略史[M].郑州:中州古籍出版社,2000.

[90]李章熙.近世朝鲜史论考[M].汉城:亚细亚文化社,2000.

[91]成海应.研经斋全集[M]//影印标点韩国文集丛刊:第273—279册.汉城:韩国民族文化推进会,2001.

[92]杨昭全,何彤梅.中国-朝鲜·韩国关系史[M].天津:天津人民出版社,2001.

[93]李燕光,关捷.满族通史[M].修订版.沈阳:辽宁民族出版社,2001.

[94]丁若镛.与犹堂全书[M]//影印标点韩国文集丛刊:第281—286册.汉城:韩国民族文化推进会,2002.

[95]张士尊.明代辽东边疆研究[M].长春:吉林人民出版社,2002.

[96]卢启铉.高丽外交史[M].紫荆,金荣国,译.金龟春,译审.延吉:延边大学出版社,2002.

[97]李治亭.东北通史[M].郑州:中州古籍出版社,2003.

[98]王颋.驾泽抟云——中外关系史地研究[M].海口:南方出版社,2003.

[99]张碧波.中国东北疆域研究[M].哈尔滨:黑龙江人民出版社,2004.

[100]顾祖禹.读史方舆纪要[M].贺次君,施和金,点校.北京:中华书局,2005.

[101]王臻.朝鲜前期与明建州女真关系研究[M].北京:中国文史出版社,2005.

[102]申景濬.海东舆地图[CM].首尔:韩国国立中央图书馆古典运营室,2005—2007.

[103](郑尚骥的)东国地图:原本系统的笔写本[CM].首尔:首尔大学奎章阁韩国学研究院,2006.

[104]李春虎等.朝鲜通史:第二卷[M].延吉:延边大学出版社,2006.

[105]姜龙范等.清代中朝日关系史[M].长春:吉林文史出版社,2006.

[106]李花子.清朝与朝鲜关系史研究——以越境交涉为中心[M].延吉:延边大学出版社,2006.

[107]景爱.中国长城史[M].上海:上海人民出版社,2006.

[108]孙卫国.大明旗号与小中华意识:朝鲜王朝尊周思明问题研究

(1637—1800)[M].北京:商务印书馆,2007.

[109]林荣贵.中国古代疆域史[M].哈尔滨:黑龙江教育出版社,2007.

[110]东北工程相关韩国学者论文选[M].首尔:韩国东北亚历史财团,2007.

[111]孙乃民.吉林通史[M].长春:吉林人民出版社,2008.

[112]杨旸.明代东北疆域研究[M].长春:吉林人民出版社,2008.

[113]景爱.长城[M].北京:学苑出版社,2008.

[114]孙春日.中国朝鲜族移民史[M].北京:中华书局,2009.

[115]徐善继,徐善述.地理人子须知:上[M].杨金国,点校.呼和浩特:内蒙古人民出版社,2010.

[116]孙进己,孙泓.女真民族史[M].桂林:广西师范大学出版社,2010.

[117]费正清.中国的世界秩序——传统中国的对外关系[M].杜继东,译.北京:中国社会科学出版社,2010.

[118]高丽大学校韩国史研究室.新编韩国史[M].孙科志,译.济南:山东大学出版社,2010.

[119]陈慧.穆克登碑问题研究:清代中朝图们江界务考证[M].北京:中央编译出版社,2010.

[120]柳馨远.东国舆地志[M]//域外汉籍珍本文库.第1辑·修订本.史部:第3册.重庆:西南师范大学出版社,2011.

[121]李花子.明清时期中朝边界史研究[M].北京:知识产权出版社,2011.

[122]葛兆光.宅兹中国:重建有关"中国"的历史论述[M].北京:中华书局,2011.

[123]朴英海(音译).朝鲜对外关系史2[M].平壤:朝鲜社会科学出版社,2012.

[124]姜秀玉,王臻.朝鲜通史:第三卷[M].延吉:延边大学出版社,2013.

[125]郑麟趾等.高丽史[M].标点校勘本.重庆:西南师范大学出版社,2014.

[126]南炳文,汤纲.明史[M].上海:上海人民出版社,2014.

[127]金富轼.三国史记[M].杨军,校勘.长春:吉林大学出版社,2015.

[128]郑红英.朝鲜初期与明朝政治关系演变研究[M].北京:社会科学文献出版社,2015.

[129]河内良弘.明代女真史研究[M].赵令志,史可非,译.沈阳:辽宁民族出版社,2015.

[130]任洛等.辽东志[M].孙倩,点校.北京:科学出版社,2016.

[131]李辅等.全辽志[M].韩钢,点校.北京:科学出版社,2016.

[132]王臻.清朝兴起时期中朝政治秩序变迁研究[M].北京:商务印书馆,2017.

[133]金正浩.大东舆地图[CM].缩刷本.首尔:真善出版社(音译),2019.

[134]李花子.清代中朝边界史探研:结合实地踏查的研究[M].广州:中山大学出版社,2019.

[135]周敏.世界热点国家地图:朝鲜·韩国[CM].修订本.北京:中国地图出版社,2021.

[136]刁书仁,王崇时.古代中朝宗藩关系与中朝疆界历史研究[M].北京:北京大学出版社,2021.

[137]屈广燕.元明嬗代之际中朝政治关系变迁研究[M].北京:中国人民大学出版社,2021.

[138]韩永愚.新编韩国通史[M].李春虎,译.首尔:韩国东北亚历史财团,2021.

[139]中国地图册:地形版[CM].北京:中国地图出版社,2023.

## 二、论文

[140]池内宏.鲜初的东北境与女真的关系[G]//满鲜地理历史研究报告:第2、4、5、7.东京:东京帝国大学文学部,1916—1920.

[141]池内宏.完颜氏的曷懒甸经略与尹瓘的九城之役[G]//满鲜地理历史研究报告:第9.东京:东京帝国大学文学部,1922.

[142]濑野马熊.朝鲜废四郡考[J].东洋学报,1923—1924,13(1、3、4).

[143]稻叶岩吉.置疑铁岭卫的位置[J].青丘学丛,1934,(18).

[144]李仁荣.鲜初废四郡地理考[J].青丘学丛,1937,(29、30).

[145]李仁荣.废四郡问题管见[J].震檀学报,1941,(13).

[146]李仁荣.李氏朝鲜世祖代的北方移民政策[J].震檀学报,1947,(15).

[147]深谷敏铁.关于朝鲜世宗朝在东北边疆的(第1—4次)徙民入居[J].朝鲜学报,1956—1961,(9,14,19,21、22合辑).

[148]金龙德.铁岭卫考[G]//中央大论文集:通卷.汉城:韩国中央大学校,1961,(6).

[149]宋炳基.关于世宗朝的平安道移民[J].史丛,1963,(8).

[150]李炫熙.关于朝鲜前期来朝野人政略上的待遇[J].史学研究,1964,(18).

[151]闵贤九.镇管体制的确立与地方军制的成立[G]//陆军士官学校韩国军事研究室.韩国军制史:近世朝鲜前期篇.汉城:陆军本部,1968.

[152]金成俊.李澄玉和六镇[J].史丛,1968,(12、13合辑).

[153]张存武.清代中韩边务问题探源[J]."中央研究院"近代史研究所集刊,1971,(2).

[154]宋炳基.东北·西北界的收复[G]//韩国国史编纂委员会.韩国史,1974,(9).

[155]金九镇.尹瓘九城的范围与朝鲜六镇的开拓——以女真势力关系为中心[J].史丛,1977,(21、22合辑).

[156]杨旸,李治亭,傅朗云.明代辽东都司及其卫的研究[J].社会科学辑刊,1980,(6).

[157]姜英哲.朝鲜初期的军事道路——关于北方两江地带的境遇试考[J].韩国史论,1981,(7).

[158]车勇杰.朝鲜前期关防设施的整备过程[J].韩国史论,1981,(7).

[159]金九镇.朝鲜前期对女真关系和女真社会的实态[J].东洋学,1984,(14).

[160]张炳仁.朝鲜初期的兵马节度使[J].韩国学报,1984,(34).

[161]全海宗.胡乱后的对清关系[G]//韩国国史编纂委员会.韩国史,1984,(12).

[162]吕光天,古清尧.明代女真族的分布与发展[J].社会科学辑刊,

1985,(2).

[163]许善道.近世朝鲜前期的烽燧制(上、下)[J].韩国学论丛,1985—1986,(7、8).

[164]李淳信.十四世纪末至十五世纪初朝鲜与女真关系略述[G]//顾铭学,译.朝鲜历史研究论丛(一).延吉:延边大学出版社,1987.

[165]谭其骧.历史上的中国和中国历代疆域[J].中国边疆史地研究导报,1988,(3).

[166]河内良弘.关于明代辽阳的东宁卫[J].杨旸,梁志忠,译.黑河学刊,1988,(3).

[167]河内良弘.关于明代辽阳的东宁卫(续)[J].杨旸,梁志忠,译.黑河学刊,1988,(4).

[168]吴宗禄.朝鲜初期的边镇防卫和兵马佥使·万户[J].历史学报,1989,(123).

[169]王兆兰.15世纪30年代朝鲜两次入侵建州[J].社会科学战线,1990,(1).

[170]徐炳国.朝鲜前期对女真关系史[J].国史馆论丛,1990,(14).

[171]松蒲茂.努尔哈赤(清太祖)的徙民政策[J].古清尧,摘译.民族译丛,1992,(1).

[172]董万仑.《龙飞御天歌》记东女真族属与分布研究[J].黑龙江民族丛刊,1993,(2).

[173]吴宗禄.朝鲜初期两界的军事制度与国防体制[D].汉城:韩国高丽大学校,1993.

[174]董万仑.明代三万卫初设地研究[J].北方文物,1994,(3).

[175]蒋秀松.高丽末期的东、西女真[J].黑龙江民族丛刊,1994,(3).

[176]蒋秀松."东女真"与"西女真"[J].社会科学战线,1994,(4).

[177]杨旸.明代通往东疆的丝绸之路——"开原东陆路至朝鲜后门"[J].文史知识,1994,(6).

[178]李志雨.世宗朝北方赴防的实态[J].加罗文化,1994,(11).

[179]金尚宝,罗永雅.古代韩国的度量衡考察[J].东亚细亚食生活学会志,1994,4(1).

[180]方东仁,车勇杰.四郡六镇的开拓[G]//韩国国史编纂委员会.韩

国史,1995,(22).

[181]魏嵩山.朝鲜八道建置沿革考[G]//复旦大学韩国研究中心.韩国研究论丛:第2辑.上海:上海人民出版社,1996.

[182]柳在春.朝鲜前期城郭研究——以《新增东国舆地胜览》的记录为中心[J].军史,1996,(33).

[183]李相协.关于朝鲜前期北方徙民的研究[D].汉城:韩国成均馆大学校,1996.

[184]李镐经.世宗大王的国防政策——以北方政策为中心[G]//暻园大学校论文集:人文系·社会系·自然系·艺体系14.城南:韩国暻园大学校,1996.

[185]王冬芳.关于明代中朝边界形成的研究[J].中国边疆史地研究,1997,(3).

[186]刘子敏,金宪淑.辽代鸭绿江女真的分布[J].东疆学刊,1998,(1).

[187]刘子敏,金星月.辽代女真长白山部居地辨[J].延边大学学报(社会科学版),1998,(4).

[188]李善洪.猛哥帖木儿与朝鲜关系述略[J].史学集刊,1999,(3).

[189]刁书仁,崔文植.明前期中朝东段边界的变化[J].史学集刊,2000,(2).

[190]谢肇华.评析朝鲜对建州卫女真的第一次用兵[J].中央民族大学学报(哲学社会科学版),2000,(4).

[191]刁书仁,卜照晶.论元末明初中国与高丽、朝鲜的边界之争[J].北华大学学报(社会科学版),2001,(1).

[192]刁书仁.元末明初朝鲜半岛的女真族与明、朝鲜的关系[J].史学集刊,2001,(3).

[193]刁书仁.中朝边界沿革史研究[J].中国边疆史地研究,2001,(4).

[194]姜性文.朝鲜初期六镇开拓的国防史的意义[J].军史,2001,(42).

[195]柳在春.15世纪明的东八站地域占据与朝鲜的对应[J].朝鲜时代史学报,2001,(18).

[196]刁书仁.论明前期斡朵里女真与明、朝鲜的关系——兼论女真对

朝鲜向图们江流域拓展疆域的抵制与斗争[J].中国边疆史地研究,2002,(1).

[197]孙卫国.论事大主义与朝鲜王朝对明关系[J].南开学报(哲学社会科学版),2002,(4).

[198]张辉."铁岭立卫"与辛禑朝出师攻辽[J].中国边疆史地研究,2003,(1).

[199]董万仑.明末清初图们江内外瓦尔喀研究[J].民族研究,2003,(1).

[200]朴宦洙.关于世宗的国防与军事领域的业绩研究[D].大田:韩国大田大学校,2004.

[201]尹薰杓.朝鲜前期北方开拓与领土意识[J].韩国史研究,2005,(129).

[202]于晓光.元末明初高丽"两端"外交原因初探[J].东岳论丛,2006,(1).

[203]方铁.古代治边观念的研究内容与主要特点[J].中国边疆史地研究,2006,(1).

[204]彭巧红.中越历代疆界变迁与中法越南勘界问题研究[D].厦门:厦门大学,2006.

[205]柳在春.十五世纪前后朝鲜对北边两江地带的认识与领土问题[J].朝鲜时代史学报,2006,(39).

[206]李花子.朝鲜王朝的长白山认识[J].中国边疆史地研究,2007,(2).

[207]张士尊.建州女真董鄂部族源考[J].东北史地,2007,(2).

[208]王臻.建州女真李满住部与朝鲜王朝的关系探析[J].满族研究,2007,(4).

[209]刁书仁.明代女真与朝鲜的贸易[J].史学集刊,2007,(5).

[210]李恩卿.关于朝鲜时代中期的布帛尺研究——以《朝鲜王朝实录》为中心[J].韩国生活科学会志,2007,16(3).

[211]赵永春,玄花.辽金与高丽的"保州"交涉[J].中国边疆史地研究,2008,(1).

[212]吴宗禄,李尚燮.世宗的北方领土开拓与国防[J].乡土首尔,

2009,(73).

[213]刁书仁."长吉图"地区与古代东亚各国的交往[J].东北师大学报(哲学社会科学版),2010,(4).

[214]李陆华.明代通往北国东疆的丝绸之路——冰川雪域的"纳丹府东北陆路"丝绸古道[J].黑龙江社会科学,2010,(6).

[215]金顺南.朝鲜中宗代的北方野人驱逐[J].朝鲜时代史学报,2010,(54).

[216]朱永杰,韩光辉.明代建州女真发展前期农业区域特征述论[J].北方文物,2011,(2).

[217]徐东日.试论朝鲜朝燕行使臣眼中的满族人形象[J].东疆学刊,2011,(4).

[218]陈放.朝鲜与女真、满族诸政权关系变迁研究[D].延吉:延边大学,2012.

[219]南义铉.通过古地图来看15—17世纪的边境地带——以鸭绿江、豆满江沿岸为中心[J].满洲研究,2012,(14).

[220]倪屹."间岛问题"研究[D].延吉:延边大学,2013.

[221]王臻.古代中朝关系史中"事大"与"字小"问题的认识论[J].学术界,2013,(3).

[222]刘阳,金成镐."庚寅事变"始末之再考察[G]//复旦大学韩国研究中心.韩国研究论丛:第27辑.北京:社会科学文献出版社,2014.

[223]程尼娜.羁縻与外交:中国古代王朝内外两种朝贡体系——以古代东北亚地区为中心[J].史学集刊,2014,(4).

[224]王春桥.明清云南西部边地土司"内外"分际的历史过程[J].中国历史地理论丛,2019,(1).

[225]禹仁秀.朝鲜后期武科及第者的义务赴防制及其运营实态[J].历史教育论集,2022,(80).

# 后　　记

　　拙著系鄙人国家社科基金青年项目(项目名称为"朝鲜王朝前期的北方经略与中朝界河形成诸问题研究")结项成果的修改版,也是在博士学位论文(题目为《朝鲜初期中朝自然界河的形成研究》)的基础上扩展而成。因此,拙著汇集了我从完成博士论文到完成国家项目历时十余年研究的心得体会,是在以往相关领域进行系列性研究的一次成果总结。在拙著即将付梓之际,回首以往,心中充满了对两位授业恩师及其他诸多师友的无限感激。

　　我的硕、博士导师,中国朝鲜史研究会前会长、著名朝鲜史研究专家、延边大学金成镐教授犹如一盏明灯,指引我从一名学术"小白"慢慢走进神圣的学术殿堂。自2009年硕士阶段开始,我有幸忝列为金老师门下弟子,并于2012年作为关门弟子得以继续跟随金老师攻读博士学位,直至2015年博士毕业。六年间,针对我薄弱的史学基础,金老师经常以谈心谈话的方式给予学术辅导,为我打开学术视野。在研究方向的选择上,金老师结合我的研究兴趣,并基于对学界相关领域学术研究状况的整体把握及国家需要的现实关切,给我指明了开展明清时期中朝疆界问题相关研究的重要意义,使我此后得以以朝鲜王朝"四郡六镇"的研究为中心,逐步形成了自己可以长期坚守的研究课题;并且为了更加开阔我的学术视野,从硕士阶段起,金老师就多次带我参加国内外相关学术会议,使我能够在学术的饕餮盛宴中迅速成长。在博士论文写作期间,金老师以高标准、严要求对我进行了全面指导,并且一遍遍不厌其烦地为我修改论文;这些布满老师笔迹的论文修改稿,最终使得我的博士学位论文有幸获评2016年吉林省优秀博士学位论文。时至今日,每每翻阅这些论文修改稿,都能感受到老师的良苦用心,不断给予我克服困难、坚守初心的力量。

我的博士后合作导师、南开大学韩国研究中心主任、中国史学史与朝鲜·韩国史研究方面的著名专家孙卫国教授，给我提供了一个崭新的高水平学术平台，不仅让我在学术的海洋中增长了见识，更带给我全新的学术理念。2015年博士毕业后，正当我又一次站在人生的十字路口踌躇不前时，孙老师热忱接纳了我，同意我跟随他继续开展博士后研究工作，从而使我有了一次能够磨砺自己的宝贵机会。在站期间，孙老师尽己所能地为我提供各种方便与帮助，以便我能够快速提升自己的研究能力。他不仅积极鼓励我旁听他的硕、博士课程，参与硕、博士生别开生面的学术辩论，而且时常邀请我参加教研室、学院的各种内部学术会议乃至与韩国合作开展的国际学术研讨会；与此同时，他还及时为我解答各种学术疑题，以及指点我如何更好地撰写、修改论文。正是在上课、开会及论文写作等反复进行学术强化培养的这个过程中，我体会到了如何从史学史或东亚文化交流史等各种新视角重新思考朝鲜·韩国史，从而打开了研究的新思路，也深刻感受到了南开史学的大家庭如何在以学术行动贯彻"南开精神"的内在力量。

感念金老师与孙老师两位学林大家对我求学生涯的拔擢之恩，感念他们赋予我学术生命，感念他们让我在兴趣与理想的碰撞中找到实现自己人生价值的契合点。甚至，我在博士后出站后，正式独立走上了高校教学科研的工作岗位，他们仍对我关怀备至，不仅时常询问我的学术研究进展情况及工作、生活的状况，而且在我遇到困难时一如既往地给予我各种帮助与支持。他们的谆谆教诲，以及他们严谨、孜孜不倦的治学态度和对学生无私奉献的精神，无不深深影响着我，时刻鞭策着我在科学研究和工作中行稳致远。如今，当他们得知拙著即将出版，又欣然拨冗赐序，更让我感动不已。

此外，本人在求学及进行学术研究的过程中，还得到了母校延边大学、南开大学及国内多所高校或科研院所的众多前辈学者、师友的大力帮助、支持与鼓励，故而需要衷心表达感谢者太多，恕我在此不能——枚举。

拙著作为一项研究课题能够顺利完成，离不开国家社科基金的资助与相关匿名评审专家的支持。尤其承蒙《世界历史》《中国历史地理论丛》《史学集刊》《东疆学刊》《韩国研究论丛》《暨南史学》《朝鲜·韩国历史研究》等刊物诸编审及外审专家的厚爱，拙著中不仅大部分章节在研究的过程中得以刊载，而且经小论文（相关内容在拙著中有所增删或修改）的锤炼更促进了本书稿质量的提升,故在此一并谨表谢忱。

由于种种原因,拙著的出版过程较为坎坷,幸得河南大学诸位老师的倾力帮助,才得以顺利出版。特别是河南大学出版社的马博老师为我排忧解惑并提供了很多专业方面的修改思路,展文婕、王珂、靳开川三位老师则先后从很多细节之处给予我无私的帮助,在此致以诚挚的感谢。拙著的出版有幸获批河南省高等学校哲学社会科学创新人才项目资助以及信阳师范大学学术著作出版资助,亦在此对省教育厅及我校的相关老师与评审专家谨表谢意。当然,还应感谢关爱我的每一位家人,他们成为保障我完成学业及研究课题的坚强后盾。特别要感谢拙荆张雨雪博士,她为辅助我的研究工作而做出的努力无以言表,可以说从开展课题研究到拙著的出版,都倾注了她与我从相识、相恋到结婚、生子整个过程点点滴滴的付出,而这本小书正可权作赠礼,聊表拳拳心意。

最后务须指出,由于鄙人水平有限,拙著中定然不乏缺漏,也难免讹误,企盼学界有关专家学者指点迷津,留作他日修正、完善。

刘阳

2024 年 12 月 3 日于河南信阳寓所